Grandeza para cada día

Inspiración para el diario vivir

Inspiración para el diario vivir

Grandeza para cada día

ELABORADO Y COMENTADO POR

Stephen R. Covey

Compilado por David K. Hatch

GRUPO NELSON
Una división de Thomas Nelson Publishers
Juntos inspiramos al mundo

www.gruponelson.com

Editorial 10 Puntos es una división de Grupo Nelson
© 2006 por Grupo Nelson
Una división de Thomas Nelson, Inc.
Nashville, Tennessee, Estados Unidos de América
www.gruponelson.com

Título en inglés: *Everyday Greatness*
© 2006 por Franklin Covey Co. y The Reader's Digest Association, Inc.
Publicado por Rutledge Hill Press®
Una división de Thomas Nelson, Inc.

Editora en jefe: *Graciela Lelli*
Tipografía: *Grupo Nivel Uno, Inc.*

ISBN-10: 0-88113-994-7
ISBN-13: 978-0-88113-994-5

Impreso en Estados Unidos de América
Printed in the U.S.A.

Contenido

INTRODUCCIÓN

DR. STEPHEN R. COVEY

Me siento bendecido.

En un mundo en que la confusión domina las noticias, y en que a menudo predominan las palabras de desánimo, me siento bendecido por encontrar diariamente individuos cuyas vidas me convencen de que hay mucho bien entre nosotros.

En una época en que oímos mucho de escándalos empresariales y de violaciones a la moral, me siento bendecido por vincularme con líderes nacionales, dirigentes empresariales y alcaldes elegidos por primera vez cuyas vidas están llenas de rectitud y fortaleza moral.

En un tiempo en que son comunes el crimen, la guerra, los desastres naturales y las enfermedades, me siento bendecido por trabajar con personas que hacen cumplir la ley, con expertos militares, administradores cívicos y profesionales médicos que sacrifican mucho, cuyas intenciones son honrosas.

En una era en que los lazos paternales y familiares se están poniendo en peligro quizás como nunca antes, me siento bendecido por conocer padres firmes y madres nobles que día y noche dan lo mejor de sí para proporcionar sustento y educación a sus hijos.

Además, en un período en que los colegios y los jóvenes son bombardeados con negativismo y dilemas sociales sensibles, me siento bendecido por conocer maestros y jóvenes talentosos con gran carácter y comprometidos con el cambio... cada uno a su propia manera.

Así es, me siento bendecido por encontrar individuos de todas las profesiones y condiciones sociales, y de todas partes, que son verdaderamente buenos y que hacen mucho por contribuir con el mundo que los rodea. Ellos me inspiran.

Son muchas las probabilidades de que usted sea una de esas personas.

UNA RECOPILACIÓN PARA NUESTRA ÉPOCA

Sí, creo que la mayoría de los habitantes de este mundo son buenas personas que hacen cosas buenas, y que no debemos dejar que el ruido de la minoría negativa ahogue el constante sonido del bien que nos rodea.

Pero también deseo decir que aunque muchos de nosotros hacemos lo bueno y quizás merezcamos más mérito del que nos damos, la mayoría sabemos que el *bien* que hacemos no siempre representa *lo mejor* de nosotros. Por tanto en nuestros momentos de mayor calma podemos sentir que le sacamos a la vida más de lo que le damos.

¿No pasa eso con usted?

Me gusta enfocar la vida creyendo que mi trabajo más importante siempre está por delante de mí, no detrás, y mi lema personal es «Vivir intensamente». Como resultado, siento un persistente deseo de exigirme en nuevas direcciones y de buscar maneras dignas de influir. Y cuando personalmente experimento deseos de mejorar la vida, encuentro útil contar con un recurso como esta recopilación para leer y reflexionar. Reunida por *Selecciones de Reader's Digest* de décadas de clásica literatura de «éxito» y de muchas de las personas actualmente más respetadas en todo el mundo, es un tesoro de principios eternos y de prácticos discernimientos para optimizar la vida... una antología para nuestra época.

Espero que esta recopilación tenga al menos tres consecuencias en usted. Primera, que se pueda recostar, descansar y disfrutar su lectura. Seamos realistas. La vida no es fácil. El mundo está en conmoción y todas las predicciones señalan más perturbación por venir. Por eso mucho de lo que oímos y leemos en estos días es inquietante, y hasta angustioso. Como tal, cada vez es más raro poder sentarse a disfrutar la experiencia de una lectura como esta, que eleva el espíritu.

Ojalá que sea un refugio en la tormenta y un remanso de esperanza para usted.

Segunda, espero que esta recopilación le brinde inspiración en cuanto a cómo puede sacar personalmente un poco más de la vida... y, sí, también cómo puede dar un poco más. *Selecciones de Reader's Digest* ha sido por más de ochenta años una fuente de reflexiones para una vida eficaz. Somos muy afortunados de tener reunidas en esta recopilación a prácticamente cientos de sus historias y perspicacias más inspiradoras. Mi deseo es que alguna parte de lo que usted lea le brinde el incentivo que tal vez ande buscando para pasar de hacer lo bueno a dar lo mejor de usted, tanto hoy como en su camino venidero.

Tercera, espero que esta recopilación haga surgir dentro de usted una pasión más excelsa por ser una persona de transición. Es decir, alguien que rompa el flujo de tradiciones negativas o costumbres peligrosas que se transmiten de generación a generación, o de situación a situación, sea en una familia, un lugar de trabajo, una comunidad o en cualquier parte. Las personas de transición van más allá de sus propias necesidades, y aprovechan los impulsos más nobles y profundos de la naturaleza humana. Son luz en épocas de oscuridad, no jueces; son modelos, no críticos. En períodos de divergencias son catalizadores, no víctimas; son sanadores, no acarreadores. El mundo de hoy necesita más individuos de transición. Confíe en llegar a ser uno de los mejores, y observe cómo aumenta su influencia.

GRANDEZA PARA CADA DÍA

De vez en cuando el mundo presencia una proeza heroica o descubre a alguien con extraño talento. Cada cierto tiempo un científico hace un descubrimiento fundamental o un ingeniero diseña un aparato revolucionario. Más o menos en cada década un par de políticos firman una valerosa iniciativa de paz. Anualmente se promocionan a los mejores actores, músicos, atletas y vendedores del año, mientras que festivales en pueblos natales coronan a quien logra comer más pimientos o cantar al estilo tirolés.

Tales sucesos y logros singulares aparecen a menudo en llamativos titulares de medios de difusión bajo el estandarte de «grandezas». En la mayoría de los casos representan una clase de proeza que merece atención y aplauso, porque muchas de ellas simbolizan logros que empujan a la sociedad en maneras importantes y progresivas, aunque otras simplemente añaden a la vida una medida necesaria de sabor y humor.

Pero la mayoría de la gente sabe que existe otra clase de grandeza que tiende a ser de naturaleza más tranquila, que por lo general no aparece en titulares. Sin embargo, es una iniciativa que en mi opinión merece el más elevado honor, y aun más respeto. La denomino Grandeza para cada día.

Grandeza para cada día es lo que en otros ambientes he llamado «grandeza principal». Tiene que ver con carácter y aportación, a diferencia de la «grandeza secundaria», que tiene que ver con notoriedad, riqueza, fama, prestigio o posición. La Grandeza para cada día es una manera de vivir, no un acontecimiento de una época. Dice más respecto de lo que alguien *es* que de lo que tiene, y se describe más por la bondad que irradia de un rostro que por el título en una tarjeta de presentación. Dice más acerca de los motivos de las personas que de sus talentos; más respecto de realidades pequeñas y sencillas que de logros fabulosos. Es humilde.

Cuando se les pide que describan la Grandeza para cada día, las personas típicamente describen a individuos que conocen personalmente, tales como un granjero que año tras año capea los temporales de la vida, provee para la familia y ayuda a los vecinos. O una madre que sabe que no es perfecta pero que persevera en dar cada día lo mejor de sí por mostrar amor incondicional a un hijo que representa un desafío. Describen a un abuelo, un maestro, un compañero de trabajo, un vecino o un amigo con quienes siempre se puede contar, que son sinceros, trabajadores y respetuosos. Por sobre todo, describen a alguien a quien se puede imitar, y creen que no tienen que ser el próximo Gandhi, Abraham Lincoln o la Madre Teresa para exhibir Grandeza para cada día.

Sí, los individuos descritos al tratar de definir la Grandeza para cada día son del mismo calibre de los que describí en las primeras líneas de esta introducción: seres que, a pesar de la algarabía negativa en el mundo, encuentran maneras de redoblar esfuerzos y de hacer su parte y aporte positivo. La clave es que todo es parte de quiénes son cada día.

TRES DECISIONES DIARIAS

Por tanto, ¿qué conduce a la Grandeza para cada día? ¿Qué hay en sus raíces?

Estoy convencido de que la respuesta yace en tres decisiones diarias, las que todos tomamos cada día de nuestra vida, estemos conscientes de ellas o no.

1. LA DECISIÓN DE ACTUAR

La primera decisión que tomamos cada día es: *¿Obramos en la vida o simplemente cumplimos?*

Es claro que no podemos controlar todo lo que nos ocurre. La vida golpea como las olas del océano a medida que aparecen sucesos tras sucesos. Algunos acontecimientos son incidentales y nos causan poco o ningún impacto. Otros prácticamente nos apalean. Pero cada día tomamos una decisión: ¿Seremos como troncos a la deriva que flotan pasivamente con las olas y las corrientes del día o, en vez de eso, nos responsabilizamos por determinar nuestras acciones y nuestros destinos?

Aparentemente la decisión es fácil. Después de todo, ¿quién no preferiría obrar en la vida en vez de solo cumplir? Pero al final del día, solo nuestras acciones proporcionan las respuestas más cercanas a la verdad. Porque muchas personas *dicen* que desean encargarse de sus vidas, pero entregan sus programas nocturnos a sus aparatos de televisión para que estos determinen qué hacer y cuándo. Otros *dicen* tener nobles sueños de carreras y metas, pero entregan a sus empleadores la responsabilidad del desarrollo de sus habilidades. Aun hay quienes *dicen* que desean aferrarse a valores firmes, pero dejan que su integridad se marchite bajo el obstáculo más intrascendente. Por tanto, muchas personas *dicen* que quieren obrar en la vida, pero al final del día más parece que es esta la que obra en ellas.

Por otra parte, todas y cada una de las historias en esta antología representan a quienes decidieron actuar. Son personas que reconocen que aunque no siempre podemos escoger lo que nos ocurre, sí podemos hacerlo con nuestras respuestas. Algunas de ellas son muy conocidas por nombre, la mayoría no. Unas toman decisiones heroicas por naturaleza, aunque la mayoría no. Muchas son personas comunes y corrientes que toman decisiones comunes en maneras cotidianas privadas. Lo desafío a explorar las vidas de esas personas y las decisiones que toman. Vea si no observa el mismo tema que yo: que quienes sacan lo mejor de la vida y quienes dan lo mejor de sí son aquellos que deciden actuar.

Podemos y debemos convertirnos en la fuerza creativa de nuestras vidas... y de nuestros futuros.

2. LA DECISIÓN CON PROPÓSITO

Muchos decidimos actuar solo para descubrir que tomamos malas decisiones... decisiones que al final no tuvieron ningún valor para nosotros ni para otros, algunas de ellas hasta perjudiciales. Por ende, la decisión de actuar en sí no es suficiente.

En consecuencia la segunda decisión que tomamos cada día es de suma importancia: *¿A qué fines, o propósitos, llevarán nuestras decisiones diarias?*

Cada uno de nosotros quiere ser de valor... saber que nuestra vida importa. No queremos estar solo ocupados sino ocuparnos en ir tras propósitos que valgan la pena. Sin embargo, en el mundo apresurado de hoy es fácil pasar cada día sin siquiera pensar en los propósitos tras los que vamos, mucho menos en detenernos lo suficiente para reflexionar en los propósitos que más nos *gustaría* buscar.

Y por consiguiente vemos a muchas personas corriendo muy deprisa de un lado al otro, pero sin ir en realidad a ninguna parte. Pero eso no ocurre con las personas de esta recopilación. Desde John Baker hasta Maya Angelou, desde Luba Gercak hasta Joe Paterno, desde un hombre que fabrica sillas de ruedas hasta una familia que se une para ofrecer apoyo a un niño discapacitado, todos toman decisiones activas de ir tras propósitos significativos y honorables... a veces aun con grandes riesgos o sacrificios personales.

Es más, los orígenes de esta recopilación provienen de dos individuos que tomaron una decisión con propósito —los finados DeWitt y Lila Wallace— fundadores de *Selecciones de Reader's Digest.* Empezaron la revista en 1922 siendo recién casados y estirando sus ingresos para llegar al fin de mes. Pero sus metas se extendieron más allá de ganar dinero cuando pusieron la mira en una determinación que DeWitt había escrito de joven: «Cualquier cosa a la que me dedique, pretendo hacer tanto bien en el mundo como sea posible». Juntos decidieron «ayudar a la gente a ayudarse» llenando cada edición con historias, anécdotas, humor —*mucho humor*— y reflexiones prácticas que reforzaban los principios de vida eficaz que más admiraban, entre ellos: valor, caridad, integridad, calidad, respeto y unidad.

Hoy día, impresa en veintiún idiomas, *Selecciones de Reader's Digest* promueve esos mismos principios y sigue tocando fibras sensibles con lo que ha llegado a ser una comunidad de ochenta millones de lectores en todo el mundo: la revista más leída en el planeta.

Así fue que los Wallace —página a página, número a número— decidieron llevar vidas con propósito. Así también las personas en esta antología —paso a paso, día a día—, decidieron igualmente ir tras fines dignos. Espero que disfrute la lectura de los propósitos tras los que esas personas fueron y que tome la oportunidad para reflexionar en sus propios esfuerzos por llenar su vida de significado y aporte.

3. LA DECISIÓN BASADA EN PRINCIPIOS

Pero, por supuesto, nada de esto sucede por magia o suerte. Aunque creo en el poder del pensamiento positivo, no pienso que usted o yo podamos condicionarnos simplemente en cuanto al éxito o la paz mental. Más bien, disfrutar una vida rica en significado y progreso —una vida de Grandeza para cada día— solo llega cuando vivimos en armonía con principios universales y eternos.

Por lo que la tercera decisión que tomamos cada día y todos los días es: *¿Llevaremos nuestras vidas de acuerdo a principios probados o sufriremos las consecuencias de no hacerlo?*

Para explicar en parte lo que quiero decir narraré una anécdota favorita de la edición de diciembre de 1983 de *Selecciones de Reader's Digest*. Aunque su finalidad era el humor, creo que ilustra vívidamente el poder de los principios y cómo influyen en nuestras vidas y decisiones.

Una noche nublada en el mar, el capitán de un barco vio lo que parecían las luces de otra nave que se dirigía hacia la suya. Hizo que su encargado de comunicación por luces se contactara con el otro barco.

—Cambie su curso diez grados al sur —envió el mensaje.

—Cambie usted su curso diez grados al norte —recibió la respuesta.

—Soy un capitán —contestó el comandante—, así que cambie su curso diez grados al sur.

—Soy un marino de primera clase —recibió la respuesta—, y cambie su curso diez grados al norte.

Este último intercambio enfureció de veras al capitán, así que devolvió la señal.

—Soy un acorazado... cambie su curso diez grados al sur.

—Y yo soy un faro. ¡Cambie su curso diez grados al norte!

(CONTRIBUCIÓN DE DAN BELL)

Aunque gracioso, el mensaje es directo: No importa el tamaño de la nave ni el rango del timonel. El faro no cambiará su curso. Era permanente, fijo. Solo el capitán tenía la alternativa de corregir el curso o no.

El faro es como un principio. Los principios son inalterables; son eternos y universales. No cambian. No hacen distinción de edad, raza, credo, género o prestigio; todo el mundo está igualmente sujeto a ellos. Como el faro, los principios proporcionan indicadores permanentes con los cuales la gente puede establecer su dirección en tiempos de tormenta y de calma, de oscuridad y de luz.

Gracias a los Einstein y Newton del mundo se han descubierto en campos científicos muchos de esos principios o *leyes naturales*. Los pilotos, por ejemplo, se rigen por los cuatro principios del vuelo: gravedad, propulsión, fuerza aerodinámica y resistencia al avance. Los agricultores deben aprender a dominar principios similares o leyes de la cosecha. Los gimnastas y los ingenieros trabajan en el marco de los principios de la física, que incluyen leyes de fuerzas opuestas. Pero ni los pilotos, ni los agricultores, ni los gimnastas, ni los ingenieros inventaron los principios, ni los pueden alterar. Al contrario, igual que el capitán del barco, solo pueden elegir si se guían por ellos o sufren las consecuencias. Pues aunque los valores motivan las conductas, los principios gobiernan las consecuencias.

Igual que la ciencia, estoy convencido de que en el reino humano existen principios similares al del faro, varios de los cuales se han reunido en esta recopilación; tales como: *innovación, humildad, calidad, empatía, magnanimidad, perseverancia* y *equilibrio*. Todos son principios que nos pueden movilizar hacia una mayor eficiencia personal y satisfacción de vida. Si duda de eso, piense en la vida basada en los opuestos a esos principios, como falta de visión, pereza, vanidad, descuido, mala disposición, venganza, falta de determinación o desequilibrio. Estos difícilmente son ingredientes del éxito.

Algunas de las acotaciones que contiene esta recopilación se escribieron décadas atrás. Pero el mismo hecho de que se basen en principios las hace eternas y oportunas, se aplican igual hoy día que hace veinte años. Por tanto, al leer los relatos y las reflexiones de las personas en esta selección, no piense en la época en que ocurren o en los nombres que participan. Más bien, enfóquese en los principios y en cómo la gente los aplicó a sus vidas. Aun más importante, piense en cómo personalmente podría usar mejor los principios faro como señales por las cuales seguir su camino, medir su progreso y hacer modificaciones en su propio viaje hacia la Grandeza para cada día.

¿Y USTED?

Aquí tiene las tres decisiones que proveen la base de la Grandeza para cada día. En cierto modo la decisión de actuar representa la *energía* que damos a la vida: nuestro poder. La decisión de propósito representa nuestro *destino*: a dónde decidimos ir en la vida, qué tratamos de conseguir. La decisión por principios determina entonces el *medio* por el cual llegar allá: cómo alcanzar nuestros objetivos.

Creo que las personas que mencioné al principio de esta introducción —individuos que exhiben Grandeza para cada día en el mundo de hoy— se distinguen por sus respuestas a estas tres decisiones. También creo que las personas de las que leerá en esta recopilación se han distinguido en varios puntos de sus vidas por responder positivamente a estas tres opciones.

Pero esta antología no trata de esas personas sino de usted. En otras palabras, su intención no es resaltar lo que otros han hecho o dicho, sino más bien animarlo a examinar su propia vida. Con qué contribuye a una base diaria. Cómo trata a los demás. Cómo usa su tiempo. Si está haciendo lo bueno o dando lo mejor de usted.

Así que pregunto:

- ¿Es su vida como madera que flota a la deriva arrastrada de un lado a otro, o está haciendo sus propias olas y yendo en direcciones a las que —por decisión propia— desea ir?

- ¿Hacia qué fines, o propósitos, está llevando sus decisiones diarias? ¿Hacia qué fines, o propósitos, le gustaría llevarlas?

- ¿Está su vida en armonía con los principios eternos y universales?

Estas son preguntas difíciles. Si usted no está seguro, o si está inconforme con alguna de sus respuestas, espero que aproveche este compendio; porque cada acotación es un recordatorio de que su vida importa y que sus días —a pesar de lo que ocurra en el mundo que lo rodea— pueden ser ricos en significado y progreso.

Observará que las acotaciones se han dividido en siete categorías, cada una con tres principios. Dentro de cada uno de estos veintiuno hay una serie de historias que ilustran el principio, seguidas por citas y anécdotas de apoyo. Se han intercalado comentarios breves y reflexiones con que he contribuido a vía de explicación y aplicación al mundo de hoy. Uno de los aspectos que hace agradable la presentación del libro es que se puede abrir en cualquier página y encontrar inspiración. No es necesario comprender un capítulo previo para beneficiarse de otro posterior.

Puedo prever muchos usos de este material. Veo padres y maestros extrayendo de él pensamientos o historias para inspirar a la juventud. Visualizo oradores profesionales y líderes empresariales usándolo como una fuente de contenido. Imagino equipos de trabajo analizando los principios y aplicándolos a variados esfuerzos laborales. Veo individuos como usted usando el material para descubrir conocimientos que inspiran y amplían la mente, además de soluciones a retos personales específicos. Por consiguiente, lo desafío a darle palmaditas a su conciencia. Resalte citas o principios específicos que crea que le ayudarán a cumplir sus objetivos. Mientras lo hace, considere las sugerencias proporcionadas en el epílogo para generar un plan realista de progreso a fin de mejorar su capacidad para la Grandeza para cada día.

EN CONCLUSIÓN

Deseo concluir con una expresión de agradecimiento y respeto para quienes ayudaron a reunir esta compilación, así como también brindar un mensaje final de ánimo.

Primero quiero rendir tributo a *Selecciones de Reader's Digest*, desde los Wallace hasta el equipo de hoy. Todas las anotaciones en esta recopilación fueron publicadas anteriormente en *Selecciones de Reader's Digest*. Cada una es un elogio para ellos y para los propósitos que persiguen. Admiro en gran manera su éxito continuo permaneciendo tan válidos y siendo una voz tan influyente en la realidad actual.

Segundo, aplaudo los esfuerzos completos de David K. Hatch por recopilar esta obra. Fue él quien inició este proyecto cuando buscaba historias y citas para usarlas en su profesión como asesor de liderazgo. Sin embargo, mientras más organizaba el material, más creía que se debía expresar en audiencias más grandes. Ha sido muy valioso su juicio para revisar meticulosamente las más de mil entregas de *Selecciones de Reader's Digest*, igual que su visión del potencial para el bien que esta recopilación puede hacer en las vidas de personas como usted.

Tercero, expreso gratitud por la gran riqueza de sabiduría brindada por los muchos autores, filósofos y héroes comunes citados en este compendio, a muchos de quienes conozco y admiro personalmente. Cada uno es una inspiración a su manera. Ellos, igual que todos nosotros, no son perfectos, pero se han reconocido sus hechos honorables y de este modo ayudan a forjar dentro de nosotros la confianza que puede ser determinante.

Finalmente ofrezco mi respeto a usted como individuo único. Creo que es una de las personas de quienes hablé al principio, alguien que ya realiza cosas buenas en un mundo que da alaridos de gran confusión. Usted tiene experiencias y talentos únicos. Confíe en ellos. Úselos para mejorar a través de las muchas reflexiones en esta recopilación. Pero sobre todo, tome las tres decisiones. Actúe en la vida. Vaya tras propósitos significativos que levantan el espíritu. Viva de acuerdo a principios eternos y universales. Si lo hace, tengo la firme confianza de que encontrará mayor gozo, más paz mental y una sensación reafirmada de valía que viene al llevar una vida de Grandeza para cada día.

BÚSQUEDA DE SIGNIFICADO

Tengo anhelos inmortales dentro de mí

—WILLIAM SHAKESPEARE

Dentro de cada individuo yace la necesidad de ser importante, el anhelo de ser valioso. Estas ansias de propósito nos impulsan a tomar las decisiones que nos darán mayor gozo y satisfacción en la vida. Pero en un mundo ajetreado es muy fácil desviarse hacia decisiones menores... decisiones que a la larga tienen poco valor o significado. Para ganar la paz mental y la sensación de lograr lo que deseamos debemos detenernos por un instante para desarrollar una imagen clara de los sueños, las prioridades y las metas que creemos que deben tener el significado más duradero, tanto para nosotros como para otras personas.

Los principios que nos ayudan en nuestra búsqueda de significado incluyen:

- Colaboración
- Caridad
- Atención

I

COLABORACIÓN

Todos los hombres antes de morir deberían luchar por saber de qué están huyendo, adónde van y por qué.

—JAMES THURBER

E n nuestros momentos más reflexivos, cada uno de nosotros desea influir... hacer una contribución. Ya sea una causa o una misión, queremos participar en algo importante. Sin embargo, no siempre es fácil detectar cuál será nuestra colaboración en una base diaria, en especial cuando estamos muy enredados con cosas insignificantes de la vida. Pero llega un momento en que cada individuo debe luchar por clarificar su significado y qué propósitos decidirá perseguir.

Las siguientes historias destacan a tres individuos que llegan a un punto de decisión en su vida, una época en que se vieron obligados a decidir si obrar en la vida dando un paso al frente y hacer una contribución, o simplemente sentarse y cumplir. La primera historia habla de un joven llamado John Baker. Cual corredor talentoso con aspiraciones olímpicas, el sentido de significado y colaboración de John es puesto a prueba como nunca antes. A medida que lea las decisiones que tomó y los propósitos que decidió seguir, reflexione en lo que hará con su vida en las próximas semanas, meses y un año. ¿Qué contribuciones hará?

LA ÚLTIMA CARRERA DE JOHN BAKER

William J. Buchanan

En la primavera de 1969, el futuro se veía brillante para John Baker, un joven de veinticuatro años. En el pináculo de una asombrosa carrera como atleta, era elogiado por los periodistas deportivos como el corredor de la milla (1,600 metros) más rápido del mundo. Su sueño era representar a los Estados Unidos en los Juegos Olímpicos de 1972.

Nadie durante los primeros años en la vida de Baker habría pensado que alcanzaría tal prominencia. De constitución endeble y más pequeño que la mayoría de sus amiguitos adolescentes de Albuquerque, cuando cursaba la secundaria se lo consideraba «demasiado torpe» para ser corredor. Pero algo ocurrió durante esa época que cambió el curso de su vida.

Durante algún tiempo, Bill Wolffarth, el entrenador atlético de la escuela Manzano, había tratado de convencer a un joven alto, toda una promesa, llamado John Haaland —que era el mejor amigo de Baker— para que se integrara al equipo de atletismo. Pero Haaland se resistía. Un día, Baker le dijo al entrenador: «¿Por qué no me deja entrar a mí en el equipo? Así podría entrar también Haaland». Wolffarth accedió y la estratagema dio resultado. Y John Baker se transformó en un corredor.

RESERVA DE ENERGÍA

La primera prueba aquel año fue una carrera a campo traviesa de 1.7 millas (2,720 m) a través de los cerros al este de Albuquerque. Todos los ojos estaban puestos en el campeón de campo traviesa del estado, Lloyd Goff. En cuanto se escuchó el disparo de salida, el grupo de corredores tomó su posición habitual con Goff fijando el ritmo y Haaland pisándole los talones. Cuando habían transcurrido cuatro minutos, los corredores fueron desapareciendo uno tras otro detrás de una colina. Pasó un minuto. Dos. Luego apareció un corredor. El entrenador Wolffarth le dio un codazo a su asistente al tiempo que le decía: «Ahí viene Goff». Tomó los binoculares y en el momento que miraba a través de ellos, gritaba: «¡No me creerás! ¡Ese no es Goff, sino Baker!»

Dejando muy atrás al pelotón de renombrados corredores, Baker cruzó la meta solo. ¿Su tiempo? 8.03.5. Había implantado un nuevo récord.

¿Qué pasó detrás de aquella colina? Baker lo explicó después. A la mitad de la carrera se encontraba bastante atrás de los que encabezaban el grupo. Entonces se hizo la pregunta: *¿Estoy dando lo mejor de mí?* No tuvo respuesta. Fijando sus ojos en la espalda del corredor que iba inmediatamente delante de él, cerró su mente a cualquiera otra cosa. Solo quería sobrepasar a aquel corredor. Y después de lograrlo, iría por el siguiente. Una reserva desconocida de energía brotó a través de su cuerpo. «Fue casi como algo hipnótico», recordó. Uno tras otro fue sobrepasando a los demás corredores. Ignorando la fatiga que laceraba sus músculos, mantuvo el ritmo hasta que cruzó la meta y cayó, completamente rendido.

¿Fue aquella victoria algo fortuito? A medida que la temporada avanzaba, Wolffarth inscribió a Baker en una serie de competencias y el resultado siempre fue el mismo. Una vez en la pista, el humilde y simpático jovencito se transformaba en un fiero e irreducible competidor, un corredor todo corazón que no sería derrotado así no más. Cuando se aproximaba al final de sus estudios como alumno de secundaria había roto seis récords estatales y durante su último año se le proclamó el más grande corredor de la milla que haya dado jamás el estado. Todavía no tenía dieciocho años.

«JOHN, EL IRREVERENTE»

En el otoño de 1962, Baker entró a la Universidad de Nuevo México en Albuquerque y avanzó en su entrenamiento. Cada día al amanecer, con un tarro de rociador para defenderse de los perros corría por las calles de la ciudad y los campos de golf veinticinco millas (cuarenta kilómetros) diarias. Y su entrenamiento hablaba por sí solo. Porque muy pronto, en Abilene, Tulsa, Salt Lake City y dondequiera que se presentaran a competir los Lobos de Nuevo México, el «irreverente John» Baker confundía los pronósticos derrotando a los más connotados corredores.

En la primavera de 1965, cuando Baker cursaba el tercer año, el equipo de atletismo más temido de la nación pertenecía a la Universidad del Sur de California. Por eso, cuando los poderosos Troyanos llegaron a Albuquerque para una competencia, los pronósticos hablaban de la derrota que esperaba a los Lobos. La milla, decían los expertos, pertenecía a los «tres grandes» de la USC: Chris Johnson, Doug Calhoun y Bruce Bess, en ese orden. Todos ostentaban mejores tiempos que Baker.

Ya en la carrera, Baker se mantuvo al frente durante una vuelta pero luego bajó intencionalmente a la cuarta posición. Molestos, Calhoun y Bess se hicieron cargo de la posición que había dejado Baker. Cauteloso, Johnson se mantuvo atrás. En la tercera vuelta, Baker y Johnson se lanzaron al mismo tiempo en procura de la posición de líder. Y chocaron. Luchando para no caer, Baker perdió unas preciosas yardas en tanto que Johnson se apoderó de la primera posición. Faltando 330 yardas (unos 300 m) para llegar a la meta, Baker lanzó su arremetida final. Primero Bess y luego Calhoun quedaron atrás. En la vuelta final Johnson y Baker iban parejos pero lentamente, Baker empezó a adelantarse. Con ambas manos por sobre su cabeza y haciendo la V de la victoria, rompió la cinta. Ganó por tres segundos. Inspirados por el triunfo de Baker, los Lobos barrieron con todas las competencias que vinieron luego, causándoles a los desmoralizados Troyanos su tercera peor derrota en sesenta y cinco años.

UN ENTRENADOR QUE SE PREOCUPA

Al graduarse, Baker pensó qué camino seguir. Tenía ofertas para ser entrenador en la universidad, pero siempre había querido trabajar con niños. También estaba la posibilidad de seguir corriendo. «¿Seré yo» se preguntaba, «un candidato a corredor olímpico?» Al final, aceptó un trabajo que le permitiría matar dos pájaros de un tiro: ser entrenador en la Escuela Elemental Aspen, de Albuquerque y, al mismo tiempo, retomar sus entrenamientos con miras a participar en los Juegos de 1972.

En Aspen, se manifestó otra de las facetas del carácter de Baker. Para él, entre sus alumnos no había estrellas. Tampoco críticas por falta de habilidad. Su única exigencia era que cada niño hiciera lo mejor que pudiera.

Este sentido de justicia, agregado a una sincera preocupación por el bienestar de sus muchachos provocó una respuesta maravillosa. Las quejas juveniles se llevaban primero al entrenador Baker. Real o imaginaria, cada queja era tratada como si en ese momento fuera lo más importante del mundo. Y se corrió la voz: «El entrenador se preocupa por nosotros».

A principios de mayo de 1969, poco antes de cumplir su cumpleaños número veinticinco, Baker se dio cuenta que se cansaba más de lo normal. Dos semanas después le empezó a doler el pecho y una mañana, cerca del fin del mes, despertó con un fuerte dolor en la ingle. Decidió ver al médico.

Para el urólogo Edward Johnson, los síntomas eran inquietantes y requerían una inmediata cirugía exploratoria. La operación confirmó los temores del doctor Johnson. Una célula en los testículos de Baker había desarrollado cáncer y el mal ya se había esparcido por el cuerpo. Aunque el doctor Johnson no lo dijo, pensó que incluso con una segunda operación, Baker no tendría más de seis meses de vida.

En casa, mientras se recuperaba de la segunda operación, Baker se enfrentó a la sombría realidad de su mundo. No habría más carreras ni Juegos Olímpicos. Casi seguro, su carrera como entrenador había terminado. Y lo peor de todo era que su familia tuvo que soportar meses de angustia.

AL BORDE DEL PRECIPICIO

El domingo antes de la segunda operación, Baker se fue solo a caminar por las montañas. Estuvo por allá varias horas. Cuando regresó a su casa al atardecer, había un notorio cambio en su espíritu. Su sonrisa habitual, últimamente convertida en apenas una mueca, aparecía de nuevo natural y sincera. Es más. Por primera vez en dos semanas, habló de sus planes futuros. Muy entrada esa noche, le contó a su hermana Jill lo que había ocurrido esa tarde clara de junio.

Se había dirigido hacia la cumbre Sandia, un majestuoso pico montañoso que domina el lado oriental del horizonte de Albuquerque. Sentado en su automóvil cerca del borde del precipicio, pensó en la agonía que su condición estaba causando a su familia. En un instante, allí mismo, podía terminar con ella. Con una oración silenciosa, aceleró el motor y tomó la palanca del freno de emergencia. De pronto, una visión brilló ante sus ojos: los rostros de los niños de la escuela de Aspen, aquellos a quienes enseñó a dar lo mejor de sí a pesar de las circunstancias. ¿Qué clase de legado sería para ellos su suicidio? Avergonzado en lo más profundo de su alma, cortó la ignición, bajó del auto y lloró. Después de un rato se dio cuenta de que sus temores se habían aquietado. Que tenía paz. *Lo que sea de tiempo que me quede*, se dijo, *lo dedicaré a mis niños.*

En septiembre, después de una amplia cirugía y un verano de tratamientos, Baker volvió al trabajo y a su recargada agenda añadió un nuevo compromiso: atender a los niños minusválidos. Cualquiera haya sido la enfermedad, los niños que una vez estuvieron abandonados estaban ahora asumiendo responsabilidades como ayudantes del entrenador o supervisores de los equipos de atletas. Todos usaban el suéter oficial de la escuela Aspen con posibilidades de ganar la cinta Entrenador Baker por su esfuerzo. Baker mismo confeccionó las cintas por las noches cuando estaba en casa y con material comprado con su propio dinero.

SUFRIÓ EN SILENCIO

El día de Acción de Gracias, Baker recibió numerosas cartas de agradecimiento por parte de los padres de aquellos niños. Hasta antes de un año de su fallecimiento, se calcula que llegaron más de quinientas de esas cartas a su casa. «Cada mañana, mi hijo se comportaba como un monstruo», escribió una madre. «Era casi imposible levantarlo de la cama, alimentarlo y hacer que saliera. Ahora, no halla la hora de salir para la escuela. Su trabajo es mantener limpio el campo de juego».

Otra madre escribió: «A pesar de las aseveraciones de mi hijo, no podía creer que hubiese un Superman en Aspen. Así que un día me dirigí secretamente a observar al entrenador Baker con sus muchachos. Y descubrí que tenía razón». Y unos abuelos dijeron: «En otras escuelas, nuestra nietita sufría terriblemente por su torpeza. Pero este año, en Aspen, el entrenador Baker le dio una A por tratar de hacer lo mejor. Dios bendiga a este joven que hizo que los niños desarrollaran un auto respeto».

En diciembre, durante una visita rutinaria del doctor Johnson, Baker se quejó de malestar en la garganta y dolor de cabeza. Las pruebas confirmaron que el mal se había extendido a su cuello y al cerebro. Durante cuatro meses, reconoció más tarde el doctor Johnson, Baker había venido sufriendo en silencio dolores horribles. Para soportarlos hacía uso de su increíble poder de concentración, lo que le permitía ignorar el dolor así como había ignorado la fatiga cuando corría. Ante esa situación, el doctor Johnson recomendó inyecciones contra el dolor, pero Baker las rechazó. «Quiero mantenerme trabajando con mis muchachos hasta donde me sea posible», le dijo. «Las inyecciones afectarían mis reacciones».

«Desde aquel momento», contó después el doctor Johnson, «supe que John Baker era una de las personas más generosas que jamás haya conocido».

LAS DUKE CITY DASHERS

A principios de 1970, a Baker le pidieron que ayudara como entrenador en un pequeño club atlético de niñas de una escuela secundaria de Albuquerque. El club se llamaba: Duke City Dashers. Él aceptó el reto y, como los niños de Aspen, las niñas respondieron con entusiasmo al nuevo entrenador.

Un día, Baker llegó a una sesión de práctica llevando una caja de zapatos. Dijo que adentro había dos premios: uno para la niña que aunque nunca ganara una carrera, no se rindiera. Cuando abrió la caja, las muchachitas quedaron boquiabiertas. Adentro había dos copas de oro. A partir de entonces, se esforzaron por hacerse acreedoras a aquellas copas. Meses más tarde, la familia de Baker descubrió que los trofeos eran suyos. Se los había ganado en sus días de corredor y tenían su propio nombre delicadamente grabado.

En el verano, las Duke City Dashers eran un equipo imbatible que rompía récord tras récord a través de todo Nuevo México y los estados vecinos. Orgullosamente, Baker hizo una atrevida predicción: «Las Dashers van a llegar a la final nacional».

Pero había un problema que afectaba seriamente a Baker. Sus frecuentes inyecciones de quimioterapia le provocaban severas náuseas y casi no podía comer. A pesar de la continua disminución de estamina que experimentaba seguía supervisando a las Dashers, muchas veces sentado en un pequeño promontorio que había en el sector donde entrenaban. Y desde allí les gritaba animándolas.

Una tarde de octubre, una de las chicas corrió hacia donde estaba Baker. «Hey, entrenador», le gritó emocionadísima. «¡Su predicción acaba de hacerse realidad! ¡Nos han invitado a la final en San Luis para el mes que viene!»

Alborozado, Baker, confió a sus amigas que tenía una sola esperanza: estar vivo para ver aquella final.

CAMINÓ ENHIESTO

Pero aquel deseo no se le cumplió. El 28 de octubre por la mañana, Baker de pronto se agarró el estómago y cayó al suelo. Los exámenes revelaron que el tumor, distribuido por todo el cuerpo, había hecho crisis, provocando un shock. Baker no quiso que lo hospitalizaran insistiendo en cambio que quería volver a la escuela por última vez. Les dijo a sus padres que quería que sus muchachos lo recordaran caminando enhiesto y no tirado en el suelo.

Apenas sostenido por transfusiones de sangre masivas y sedantes, Baker se dio cuenta de que ir a San Luis sería imposible. De modo que cada tarde telefoneaba a sus muchachas del Duke City Dashers y no dejó de hacerlo hasta que todas estuvieron dispuestas a dar lo mejor en la final.

La tarde del 23 de noviembre, Baker colapsó de nuevo. Apenas consciente mientras lo trasladaban a una ambulancia, susurró a sus padres: «Asegúrense que las luces estén parpadeando. Quiero salir del barrio con dignidad». El 26 de noviembre, poco después del amanecer, en su lecho del hospital se volvió hacia su madre que le tenía tomadas las manos, y le dijo: «Siento mucho que les haya causado tantos problemas». Y con un suspiro, cerró los ojos para siempre. Era el Día de Acción de Gracias de 1970, dieciocho meses después de la primera visita de John Baker al doctor Johnson. Había derrotado los pronósticos según los cuales no viviría más de seis meses.

Dos días después, con lágrimas corriendo por sus mejillas, las chicas de Duke City Dashers triunfaron en la final de San Luis. La victoria se la dedicaron al «Entrenador Baker».

Ese bien pudo haber sido el final de la historia de John Baker excepto por lo que ocurrió después de su funeral. Unos pocos niños de Aspen comenzaron a llamar a su escuela «Escuela John Baker». El cambio de nombre corrió como un reguero de pólvora. Luego, un movimiento empezó a trabajar para hacer oficial el nuevo nombre. «Es nuestra escuela», decían los niños, «y queremos que se llame Escuela John Baker». Las autoridades de Aspen refirieron el asunto a la junta directiva de educación de Albuquerque, que recomendó un referendo. Al principio de la primavera de 1971, las familias del distrito de Aspen votaron. Hubo 520 votos a favor y ninguno en contra.

En el mes de mayo, en una ceremonia a la que asistieron cientos de amigos de Baker y todos sus muchachos, la Escuela Aspen se transformó oficialmente en la Escuela Elemental John Baker. Hasta hoy se mantiene como un movimiento visible para animar a los jóvenes que, en las horas de mayor oscuridad, sepan transformar su tragedia amarga en un legado perdurable.

John Baker no decidió tener cáncer, pero sí escogió su respuesta. Decidió contribuir. Al enfocar sus últimas energías en los corazones y los espíritus de los niños dejó un legado perdurable en las vidas de quienes tocó. Y sin duda al hacerlo experimentó las recompensas internas que acompañan a una vida significativa.

Igual que John Baker, para Mary Clarke también llegó el momento de decidir. Con sus hijos fuera del nido, abandonada por su esposo, y habiendo quedado atrás gran parte de su vida, ¿decidiría sentarse y ser «espectadora» o en vez de eso decidiría hacer una contribución?

CONSUELO PARA LOS CONDENADOS
Gail Cameron Wescott

Había un motín en la prisión de La Mesa, en Tijuana, México. Unos 2,500 reos enfurecidos, hacinados en un conjunto construido para 600, lanzaban botellas rotas contra la policía, que respondía con ráfagas de ametralladora.

«Había sangre por todas partes», recuerda uno de los reclusos. «Se provocaron incendios, y parecía que todos se habían vuelto locos».

De pronto, en medio del pandemónium, ocurrió algo insólito: una mujer estadounidense de sesenta y tres años, de un metro sesenta de estatura y vestida con un inmaculado hábito de monja, se abrió paso con toda calma entre la batalla alzando las manos en un sencillo gesto de paz. Sin hacer caso de la lluvia de balas y botellas, se detuvo y ordenó a todos que dejaran de atacarse. Por increíble que parezca, la obedecieron. «La única persona en el mundo que habría podido hacer eso es la hermana Antonia», dice Robert Cass, ex presidiario rehabilitado que ahora vive en San Diego, California. «Les ha cambiado la vida a miles de personas».

Cuando la hermana Antonia camina por las calles de Tijuana, los autos invariablemente se detienen. La gente la aprecia y se refiere a ella como su «madre Teresa». En los últimos veinticinco años ha vivido por voluntad propia en una pequeña celda de La Mesa, sin agua caliente y rodeada de asesinos, ladrones y narcotraficantes, a todos los cuales llama cariñosamente «hijos». A cualquier hora del día o de la noche, atiende las necesidades de los presos, ya se trate de reunir dinero para pagar fianzas, proveer medicinas, lentes o dentaduras postizas, aconsejar a los que amenazan con suicidarse o lavar los cuerpos de los muertos para darles sepultura. «Vivo en la prisión por si apuñalan a alguien a mitad de la noche», explica la monja sin el menor atisbo de queja.

Es un mundo radicalmente distinto al de Beverly Hills, el lujoso barrio de Los Ángeles donde creció la hermana Antonia, que entonces se llamaba Mary Clarke. Su padre, un hombre de origen humilde, era dueño de una próspera empresa de artículos para oficina. «Siempre me decía que es más fácil sufrir cuando se es rico», cuenta la monja. También le decía que una chica nacida en Beverly Hills siempre sería una chica de Beverly Hills, y ella se lo creía.

«Era una romántica», añade, «y aún lo soy. Todo el tiempo veo el mundo a través de un cristal rosa». Mary Clarke creció durante los años dorados de Hollywood (con aquellas películas donde los protagonistas bajaban por enormes escalinatas bailando al ritmo del tap), años que fueron también los de la Segunda Guerra Mundial. Siendo una bella adolescente llena de vitalidad, se pasaba las noches de fin de semana divirtiéndose con jóvenes soldados en los salones de baile y soñando con el futuro. Se imaginaba viviendo con un buen esposo y muchos niños en una casa de cuento de hadas.

Su sueño se hizo realidad. Luego de terminar el bachillerato, se casó y tuvo al primero de siete hijos, a los que crió en una hermosa residencia del suburbio de Granada Hills. El matrimonio se disolvió veinticinco años después. El dolor de haberse divorciado la acompaña hasta el día de hoy, por lo cual prefiere no ahondar en el tema. «Que un sueño termine no significa que no haya sido real alguna vez», señala con un destello de nostalgia en sus ojos azules. «Lo que ahora me importa es mi nueva vida».

Divorciada y ya sin hijos a quienes criar (aunque se mantiene en estrecho contacto con ellos), se volcó de manera instintiva a ayudar a quienes eran menos afortunados que ella. El sufrimiento de otros siempre la afectó profundamente. «No pude terminar de ver la película *Motín en el Bounty* porque no soporté ver cómo ataban a los hombres al mástil para azotarlos», refiere. «Cuando se humilla a una persona, su humillación nos alcanza a todos. Aunque vivo en una prisión, todavía no soporto ver películas sobre la vida en las cárceles».

Después de que su padre murió, a los cincuenta años de edad, se hizo cargo de la empresa familiar durante diecisiete años, pero nunca sintió el deseo de hacerla crecer. «Se requiere el mismo esfuerzo para hacer negocios que para conseguir que alguien done camas para los hospitales de Perú», explica. «Llega un momento en que uno no puede seguir siendo un simple espectador, sino que necesita dar un paso al frente y ponerse en acción».

El paso que dio fue un salto gigantesco. A mediados de los años sesenta empezó a viajar por la frontera con México acompañando a un sacerdote católico que llevaba medicinas y alimentos a los pobres. Mary se había enamorado de ese país aun antes de poner un pie en él. Cuando era niña, al participar en cierto juego en el que había que mencionar algún lugar lejano donde le gustaría vivir, de manera inexplicable eligió México. «En aquel tiempo», dice, «los únicos mexicanos que conocía eran jardineros». Hoy se siente estrechamente ligada a ese país y a su gente.

La segunda vida de Mary comenzó un día en que el sacerdote y ella se extraviaron en Tijuana; estaban buscando la prisión local y acabaron por error en La Mesa. «Este lugar se localiza a sólo dieciséis kilómetros de la frontera, pero son como cien cuando uno no sabe qué le espera», explica. Lo que vio en la cárcel le causó una profunda impresión. «En la enfermería había hombres muy graves, pero todos se pusieron de pie cuando nos vieron entrar». Pronto empezó a pasar las noches allí. Dormía en una litera en la sección para mujeres. Durante el día aprendía español y ayudaba de todas las maneras que podía a los reclusos y a sus familias.

En 1977, convencida de haber hallado la misión que Dios tenía reservada para ella, hizo votos privados con los obispos de Tijuana y San Diego, y de esa forma se convirtió en la hermana Antonia. La prisión de La Mesa se volvió su hogar permanente, lugar que prefiere incluso para pasar la Nochebuena. «Sus hijos entienden sus prioridades», afirma su amiga Noreen Walsh-Begun. «Saben que su madre ya veló por ellos y que ahora son otros quienes la necesitan».

«No conozco a nadie que le aguante el paso», expresa de ella el ex presidiario Robert Cass, que hace poco bautizó a su hija recién nacida con el nombre de la hermana Antonia. «Aunque siempre anda con prisa, nunca le falta tiempo para ayudar. Por eso la quieren tanto».

La hermana Antonia dice que lo que les ofrece a todos es amor. «Soy dura para juzgar el delito, mas no a quien lo comete», afirma. «Justo esta mañana hablé con un joven de diecinueve años que robó un auto. Le pregunté si tenía idea de lo que un coche significa para una familia y del tiempo que se requiere para comprar uno. Le dije: "Te quiero, pero no apruebo lo que hiciste. ¿Tienes novia? Bueno, pues piensa que quizá alguien le esté robando algo a ella mientras tú estás aquí". Luego lo abracé». Ella prodiga abrazos a todos, incluso a los guardias, a quienes también instruye y aconseja.

Durante años la hermana Antonia se trasladó por Tijuana en lo que alguna vez fue un taxi de Nueva York, pero repintado de color azul. «Cierto día metí reversa y choqué contra un auto patrulla», recuerda, sin poder evitar reírse. «Mi primer pensamiento fue: Gracias a Dios, lo cual sé que no es una reacción normal, pero lo cierto es que quiero a los policías y ellos me quieren a mí».

Gracias a su carisma y elocuencia, ha logrado atraer a ella a numerosos donantes que contribuyen con todo lo que los presos necesitan, desde colchones y medicinas hasta dinero. Un dentista de Tijuana ha proporcionado miles de dientes postizos a bajo costo a reclusos que nunca habían usado siquiera un cepillo dental. «Cuando uno solicita un empleo, es indispensable sonreír», dice la hermana Antonia, «y para poder sonreír hay que tener dientes». Por su parte, la hermana Antonia se considera la persona más afortunada del planeta. «Vivo en una prisión», comenta, «pero en veintisiete años no ha habido un solo día en que me haya sentido deprimida o desesperanzada. Y jamás he sentido que exista algo que no sea capaz de hacer para que este mundo sea mejor».

El mensaje de la hermana Antonia no es que una persona debe abandonar país, hogar o estilo de vida para colaborar, sino que cada individuo —cualquiera que sea su edad o su posición— a veces encontrará momentos en que debe escoger entre dar un paso al frente e influir en otros o sentarse y ser un «espectador». La hermana Antonia decidió salir de su silla de espectadora y dedicarse a una vida de significado, haciendo su parte «para mejorar las cosas».

———

Vedran Smailovic también enfrentó un profundo momento de decisión. Al haber presenciado los estragos de la guerra tenía todos los motivos para permanecer dentro y guardarse para sí. Pero cuando la vida lo llamó, contestó al llamado... dando lo mejor de sí.

EL CELLISTA DE SARAJEVO

Paul Sullivan

En mi calidad de pianista, me invitaron a tocar con el cellista Eugen Friesen en el Festival Internacional de Cello en Manchester, Inglaterra. Cada dos años, un grupo de entre los más grandes cellistas del mundo y otros fanáticos de este modesto instrumento: fabricantes de arcos, coleccionistas, historiadores se reúnen durante una semana de talleres, clases, seminarios, recitales y fiestas. Cada noche, los seiscientos y tantos participantes se reúnen para un concierto.

El programa de la noche de apertura en el Colegio Real de Música del Norte consistía de obras para cello solo. En el escenario del impresionante salón de conciertos no había más que una silla solitaria. Nada de piano, ni atriles, ni podio para el director. Solo había música de cello en su forma más pura e intensa. La atmósfera estaba sobrecargada con expectación y concentración.

El mundialmente famoso cellista Yo-Yo Ma era uno de los intérpretes esa noche de abril de 1994 y había una historia emocionante detrás de la composición musical que interpretaría.

El 27 de mayo de 1992, en Sarajevo, una de las pocas panaderías que aún tenía una provisión de harina estaba haciendo y distribuyendo pan a la gente hambrienta, víctima de la guerra. A las cuatro de la tarde de ese día, una larga fila se extendía por la calle. De repente, una descarga de mortero hizo explosión directamente en medio de la fila, matando a veintidós personas y desparramando por toda el área carne, sangre, huesos y escombros.

No lejos de allí vivía un músico de treinta y cinco años llamado Vedran Smailovic. Antes que estallara la guerra, había sido cellista con la Ópera de Sarajevo, una distinguida carrera a la que pacientemente esperaba regresar algún día. Pero cuando vio a través de la ventana la masacre causada por la bala de mortero, aquello sobrepasó su capacidad de absorción y no pudo soportar más. Angustiado, resolvió hacer lo que mejor sabía: música. Música pública. Música atrevida. Música en medio del campo de batalla.

Durante los siguientes veintidós días, a las cuatro de la tarde, Smailovic se vestía con su traje de concierto, tomaba su cello, salía de su departamento y se instalaba en medio de la batalla que rugía en torno a él. Colocaba una silla de plástico junto al cráter dejado por la bala de mortero y tocaba en memoria de los muertos el *Adagio en Sí menor* de Tomaso Albinoni, una de las piezas más tristes y cautivantes del repertorio clásico. Tocaba a las calles desiertas, a los camiones estrellados, a los edificios humeantes y a la gente aterrorizada que se escondía en los sótanos mientras las bombas caían y las balas volaban. Con mampostería explotando a su alrededor, hacía que su inimaginable valor resistiera en nombre de la dignidad humana, en nombre de los que se habían perdido en la guerra, en nombre de la civilización, de la compasión y de la paz. Aunque los escombros y las balas volaban a su alrededor, él no recibió ni un rasguño.

Después que los periódicos publicaron la historia de este hombre extraordinario, un compositor inglés, David Wilde se sintió tan conmovido que decidió componer música. Y escribió la composición para cello solo, «El cellista de Sarajevo» en la cual vertía sus propios sentimientos de afrenta, amor y hermandad con Vedran Smailovic.

Era «El cellista de Sarajevo» que Yo-Yo Ma iba a tocar esa noche.

Ma se presentó en el escenario, hizo una reverencia ante el público y suavemente se sentó en la silla solitaria. La música comenzó a inundar toda la sala, donde la gente permanecía en completo silencio creando un universo vacío y sombrío, inquietante e inolvidable. Lentamente, fue creciendo en un furor agonizante, clamoroso, mordaz, cautivándonos a todos antes de decrecer hasta llegar a ser un hueco de muerte y, finalmente, vuelta al silencio.

Cuando finalizó, Ma se mantuvo doblado sobre su cello, el arco descansando en las cuerdas. Durante un largo momento, nadie en el auditorio se movió ni hizo un ruido. Fue como si hubiéramos sido testigos de aquella horrible masacre.

Finalmente, Ma levantó la mirada y la fijó en la audiencia y extendió su mano, llamando a alguien para que subiera al escenario. Un indescriptible temblor hizo presa de todos cuando nos dimos cuenta de que se trataba de Vedran Smailovic, el cellista de Sarajevo.

Smailovic se paró de su asiento y caminó por el pasillo mientras Ma dejaba el escenario para reunirse con él. Al encontrarse se lanzaron el uno en los brazos del otro confundiéndose en un exuberante abrazo. Todos los que estaban en el auditorio prorrumpieron en un frenesí caótico y emocional, aplaudiendo, gritando y vitoreando.

Y en el centro de todo, aquellos dos hombres, abrazados y llorando incontablemente. Yo-Yo Ma, un suave y elegante príncipe de la música clásica, perfecto en apariencia y desempeño; y Vedran Smailovic, vestido con un traje de motociclista manchado y andrajoso. Su pelo largo y su inmenso bigote enmarcaban un rostro que aparentaba ser más viejo de lo que en realidad era, humedecido con lágrimas y arrugado por el dolor.

Todos nos sentimos conmovidos en lo más profundo de nuestra humanidad al encontrarnos con este hombre que hizo trepidar su cello ante las bombas, la muerte, las ruinas, desafiándolos a todos.

Al regresar a Maine una semana después, una noche me senté a tocar el piano para los residentes de un hogar para ancianos. No había forma de comparación entre este concierto con los esplendores de que había sido testigo en aquel festival. Pero pronto descubrí profundas similitudes. Con su música, el cellista de Sarajevo había desafiado a la muerte y a la desesperación a la vez que celebrado al amor y a la vida. Y aquí estábamos nosotros, un coro de voces guturales acompañadas por un piano estropeado, haciendo la misma cosa. No había bombas ni balas pero había un dolor real: vistas oscurecidas, soledades aplastantes, todas las cicatrices que vamos acumulando en la vida y solo recuerdos queridos para consolarnos. Pero aun así, cantamos y aplaudimos.

Fue entonces cuando me di cuenta que la música es un don que todos compartimos por igual. Sea que la creemos o simplemente la escuchemos, es un don que puede aquietarnos, inspirarnos y unirnos, a menudo cuando más lo necesitamos y menos lo esperamos.

El mundo de hoy está cubierto de campos de batalla: algunas concretas, otras sociales, emocionales o espirituales. En realidad todos conocemos personas cuyas vidas pasan por cualquier razón varios niveles de desesperación. Quizás su sustento está amenazado. Tal vez tienen preocupaciones respecto de un miembro de la familia. Posiblemente han perdido la salud. Cuando Vedran Smailovic vio personas en necesidad dejó la seguridad de su hogar y «resolvió hacer lo que mejor hacía», y eso era tocar música.

〜〇

ELABORACIÓN FINAL

Tanto John Baker como la hermana Antonia y Vedran Smailovic enfrentaron momentos fundamentales y decisivos. El de John Baker ocurrió en Sandia Crest. El de la hermana Antonia siguió a la partida de su esposo y sus hijos. El de Vedran Smailovic sucedió al mirar por su ventana y ver la devastación. Pero aunque cada uno de esos fundamentales momentos decisivos fue importante, las verdaderas decisiones transformadoras de vida que enfrentaron se llevaban a cabo cada día y todos los días cuando decidieron salir de sus asientos de «espectadores» y hacer una contribución. Esto es Grandeza para cada día: una manera cotidiana de vivir, una decisión diaria, no un acontecimiento de una sola vez. ¿Y en cuanto a usted? Basándose en la semana pasada, ¿es más un espectador que un colaborador? ¿Está satisfecho con sus contribuciones actuales? De no ser así le sugiero que se entrene preguntándose a diario: ¿Qué está pidiéndome la vida? Luego escuche la respuesta en la tranquila vocecita de la conciencia.

REFLEXIONES

- John Baker encontró que Sandia Crest era un lugar aislado para reflexionar en su futuro y en el aporte que deseaba hacer. ¿Dónde está su Sandia Crest? ¿Va allá con bastante frecuencia?

- ¿Cómo decidiría pasar el año entrante si supiera que es el último? ¿Cómo pasará su próximo año, mes o día?

- La hermana Antonia renunció al estilo de vida de Beverly Hills y decidió dormir todas las noches en una prisión. ¿A qué comodidades está dispuesto a renunciar para hacer una contribución más importante?

- Vedran Smailovic resolvió hacer lo que mejor sabía: música. Su ejemplo inspiró al autor de la historia, Paul Sullivan, a tocar el piano para pacientes en residencias de ancianos. «Mejor» en sus casos no significa «mejor que alguien más» sino más bien lo mejor de sí. ¿Qué es lo mejor de usted?

MÁS REFLEXIONES ACERCA DE LA
Colaboración

BÚSQUEDA DE SIGNIFICADO

Las personas que buscan significado en la vida son quienes han formado sus pensamientos y acciones alrededor de un propósito que brinda mayor valor a sus vidas.

Cuando yo era niño solo Batman tenía teléfono celular. Él tenía auto con teléfono. Yo pensaba: *Vaya ¿te puedes imaginar teniendo un auto con teléfono?* Pero la tecnología no ha alterado nuestras vidas, aparte de cómo las encaremos. Aún estamos en la posición de despertar y tomar una decisión: ¿Hago hoy que de algún modo el mundo sea mejor o no me tomo la molestia?

—TOM HANKS

■ ■ ■

No basta con ser diligentes; las hormigas lo son. ¿En qué es usted diligente?

—JAMES THURBER

■ ■ ■

Algunos no logran distinguir entre estar ocupados y ser productivos. Son molinos humanos de viento, se afanan trabajando pero en realidad consiguen poco.

—CAROLINE DONNELLY,
MONEY

■ ■ ■

Nada es más liberador que luchar por una causa más grande que uno mismo, algo que nos englobe pero que no esté definido solo por nuestra existencia.

—JOHN MCCAIN,
FAITH OF MY FATHERS [LA FE DE MIS PADRES]

■ ■ ■

Cuando uno escucha entre bastidores, en todos los personajes fuertes se oyen ecos de lucha y desacuerdo. Sin embargo, lejos de no tener nada que hacer consigo mismos, tales individuos han organizado sus vidas alrededor de algunos valores supremos y han logrado una poderosa concentración de propósito y dinamismo.

—HARRY EMERSON FOSDICK,
ON BEING A REAL PERSON [SOBRE SER UNA VERDADERA PERSONA]

■ ■ ■

Quien tiene un porqué para vivir puede superar casi cualquier cómo.

—FRIEDRICH NIETZSCHE

■ ■ ■

Aunque es bueno dejar huellas en las arenas del tiempo, es aun más importante asegurarse que señalen una dirección loable.

—JAMES BRANCH CABELL

El poder de uno

Podríamos creer que no tenemos nada con qué contribuir. Pero las lecciones de la historia están llenas de ejemplos del poder que puede provenir de las decisiones cotidianas de un individuo solitario.

Podemos sentir que lo que hacemos es solo una gota en el océano. Pero el océano sería menos debido a esa gota perdida.

—Madre Teresa

■ ■ ■

Ningún hombre es tan pobre que no tenga nada digno que dar: También los arroyuelos de montañas podrían decir que no tienen nada que dar al mar porque no son ríos. Dé de lo que tenga. Alguien podría ser mejor de lo que usted se atreve a creer.

—Henry Wadsworth Longfellow

■ ■ ■

Todos tenemos algo que dar. Si sabe leer, busque a alguien que no sepa. Si tiene un buen martillo, encuentre un clavo. Si no tiene hambre, soledad o problemas… busque a alguien que sí los tenga.

—George H. W. Bush

■ ■ ■

Quizás le parezca presuntuoso suponer que puede hacer algo importante para mejorar gran parte de la humanidad. Pero esa es una falacia. Debe creer que puede dar lugar a un mundo mejor. Una buena sociedad solamente la producen buenos individuos, así como una mayoría en una elección presidencial la producen los votos de electores individuales.

—Bertrand Russell, «A Philosophy for You in These Times»
(«Una filosofía para Usted en estos tiempos»)

■ ■ ■

Hasta una estrellita brilla en la oscuridad.

—Proverbio finlandés

■ ■ ■

Siempre he sostenido con firmeza la idea de que cada uno de nosotros puede hacer algo para acabar con la miseria.

—Albert Schweitzer

PARTICULARIDAD INDIVIDUAL

El violonchelista de Sarajevo «resolvió hacer lo que mejor sabía: música». ¿Qué hay de particular en usted con lo que pueda contribuir?

Quienquiera que sea, existe alguien más joven que cree que usted es perfecto. Hay algún trabajo que nunca se hará si usted no lo hace. Hay alguien que no quisiera que usted desapareciera. Hay un lugar que solo usted puede llenar.

—JACOB M. BRAUDE,
BRAUDE'S SOURCE BOOK FOR SPEAKERS AND WRITERS
[LIBRO BASE DE BRAUDE PARA ORADORES Y ESCRITORES]

■ ■ ■

Cuando tenía como siete años de edad nos mudamos a Nueva York. Ya estaba estudiando el violonchelo, y un par de años después mis padres me inscribieron para que tomara lecciones de Leonard Rose. Este era un gran violonchelista y reconocido maestro. Por suerte también tenía paciencia, porque yo era un niño muy tímido.

Mientras oía tocar a Leonard, pensaba: *¿Cómo puede hacer sonidos tan espléndidos? ¿Cómo alguien puede hacer eso?* Pero eso no es de lo que se trataba la música. Lo cual él sabía. Lo que Leonard dijo fue: «Te he enseñado muchas cosas, pero ahora tienes que salir y aprender por tu cuenta». En realidad lo peor que usted puede hacer es decirse: «Deseo ser exactamente como otra persona». Es necesario absorber conocimientos de alguien más, pero finalmente debe encontrar su propia voz.

—YO-YO MA

■ ■ ■

La tarea terrenal de una persona es comprender su particularidad creada. Así lo expresó un rabino hasídico llamado Zusya en su lecho de muerte: «En el mundo venidero no me preguntarán: ¿Por qué no fuiste Moisés?», sino: «¿Por qué no fuiste Zusya?»

—MARTIN BUBER,
TIME

■ ■ ■

Nos alegran las novedades de nuestros héroes, olvidando que también somos extraordinarios para alguien más.

—HELEN HAYES,
OUR BEST YEARS [NUESTROS MEJORES AÑOS]

Misiones personales

Algunos de nuestros momentos de reflexión más irritantes ocurren cuando encontramos tiempo para expresar en una concisa afirmación que lo que sentimos es la esencia de nuestra existencia. Tales afirmaciones se pueden convertir en algo de naturaleza personal: el marco para tomar decisiones que dirigen la vida. Piense en los siguientes ejemplos:

Quiero estar totalmente agotado cuando muera, porque mientras más duro el trabajo, más amo. Me regocijo en la vida por lo buena que es. Para mí la vida no es una breve vela sino una clase de espléndida antorcha que tengo que sostener por el momento y que quiero que arda con tanto brillo como sea posible antes de pasarla a generaciones futuras.

—George Bernard Shaw
en *George Bernard Shaw, His Life and Works*
[Vida y obras de George Bernard Shaw]

■ ■ ■

Reír a menudo y mucho; ganarse el respeto de las personas inteligentes y el cariño de los niños; captar el aprecio de los críticos sinceros y soportar la traición de los falsos amigos; apreciar la belleza, descubrir lo mejor en los demás; dejar el mundo un poco mejor, ya sea por un niño sano, un jardín cultivado o una condición social redimida; saber incluso que una vida respiró con más tranquilidad porque usted vivió. Esto es haber triunfado.

—Ralph Waldo Emerson

■ ■ ■

Pasaré solo una vez por esta vida.
Por tanto, cualquier bien que pueda hacer
O cualquier bondad que pueda mostrar a cualquier criatura,
Permíteme hacerla ahora.
No dejes que la aplace o la rechace,
Porque no pasaré de nuevo por este camino.

—Etienne de Grellet

■ ■ ■

Oh Señor, haz de mí un instrumento de tu paz:
Que donde haya odio, yo lleve el amor.
Que donde haya ofensa, yo lleve el perdón.
Que donde haya discordia, yo lleve la unión.
Que donde haya duda, yo lleve la fe.
Que donde haya error, yo lleve la verdad.
Que donde haya desesperación, yo lleve la esperanza.
Que donde haya tristeza, yo lleve la alegría.
Que donde están las tinieblas, yo lleve la luz.
Oh Maestro, haz que yo no busque ser consolado sino consolar.
Ser comprendido sino comprender.
Ser amado sino amar.
Porque dando es como se recibe;
Perdonando es como se es perdonado;
Muriendo es como se resucita a la vida eterna.

—SAN FRANCISCO DE ASÍS

■ ■ ■

Deseo que quienes mejor me conocieron digan de mí que siempre arranqué un cardo y que planté una flor donde creí que crecería una.

—ABRAHAM LINCOLN

2

CARIDAD

*¿Para qué vivir si no es para hacer el mundo
menos difícil para los demás?*

—GEORGE ELIOT

Aunque algunas personas podrían tratar de llevar una vida meramente egoísta desde una perspectiva egocéntrica, cuando nos damos a otros es que encontramos nuestro mayor sentido de significado. Por lo que, en nuestra búsqueda de significado, uno de los mejores lugares dónde mirar es hacia fuera —hacia otros— usando el principio de la caridad.

Muy a menudo el significado de caridad se reduce a la acción de dar limosnas o donar sumas de dinero a quienes están en desventaja económica. Pero la caridad en sus más puras formas involucra mucho más. Incluye dar de nuestros corazones, de nuestras mentes, de nuestros talentos en maneras que enriquezcan las vidas de todas las personas, ya sean ricas o pobres. La caridad es desinterés. Es amor en ropa de trabajo. Un ejemplo conmovedor se encuentra en la historia de «El hombre del tren». Recordada por su distinguido autor Alex Haley, es la verdadera historia de un hombre que Alex no conoció, pero a quien llegó a dar gran honra y mérito. A medida que lea su relato, resista la tentación de reducirlo al de un hombre amable que brinda una dádiva.

EL HOMBRE DEL TREN

Alex Haley

Cada vez que mis hermanos, mi hermana y yo nos reuníamos inevitablemente hablábamos de papá. Todos les debíamos nuestros éxitos en la vida a él y a un hombre misterioso con el que se encontró una noche en el tren.

Nuestro padre, Simon Alexander Haley nació en 1892 y creció en la pequeña localidad campesina de Savannah, Tennessee. Fue el octavo hijo de Alec Haley y de una mujer llamada Queen. Con una fuerza de voluntad tremenda, mi padre había sido esclavo y ejerció como aparcero de tiempo parcial.

Aunque sensitiva y emocional, mi abuela era fuerte cuando se trataba de sus hijos. Una de sus ambiciones era que mi padre se educara.

En Savannah, a un niño se le consideraba «un desperdicio» cuando seguía en la escuela después de haber crecido lo suficiente como para trabajar en las labores del campo. De manera que cuando mi padre alcanzó al sexto grado, Queen empezó a trabajar en el ego de mi abuelo.

«Ya que tenemos ocho hijos», le decía, «¿no sería prestigioso *desperdiciar* deliberadamente a uno de ellos y hacer que estudie?» Después de muchos argumentos, el abuelo permitió que papá terminara el octavo grado. Sin embargo, después de clases tenía que trabajar en el campo.

Pero Queen no estaba satisfecha. Cuando el octavo grado llegó a su fin, empezó a plantar semillas, diciendo que la imagen de mi abuelo alcanzaría nuevas alturas si su hijo iba a la secundaria.

Su persistencia rindió frutos. Con gesto severo, el viejo Alec Haley entregó a mi padre cinco billetes de diez dólares duramente ganados, le dijo que no pidiera más y lo mandó a la escuela secundaria. Viajando primero en una carreta tirada por mulas y luego en tren —el primero que había visto en su vida–, papá finalmente se apeó en Jackson, Tennessee donde se matriculó en el departamento preparatorio de la Escuela Lane. La escuela metodista para negros ofrecía cursos hasta preuniversitaria.

Pronto se consumieron los cincuenta dólares de papá, de modo que para seguir estudiando tuvo que trabajar como mozo, un hombre para todo servicio y ayudante en una escuela para niños problemáticos. Cuando llegó el invierno, tenía que levantarse a las cuatro de la mañana, ir a las casas de prósperas familias blancas y hacer fuego de modo que los residentes pudieran despertar con un ambiente confortable.

El pobre Simon se transformó en una especie de hazmerreír en la escuela con su único par de pantalones y zapatos y sus ojos permanentemente semicerrados. A menudo se lo encontraba dormido con un libro de estudio en su regazo.

Los esfuerzos constantes para conseguir dinero terminaron pasándole la cuenta. Los grados de papá empezaron a irse a pique. Pero porfió hasta completar la secundaria. Después de eso, se matriculó en el A&T College de Greensboro, North Carolina, un centro construido en terrenos cedidos por el gobierno donde cursó los dos primeros años de estudio.

Una tarde fría, al final de su segundo año, lo llamaron a la oficina de un profesor y le dijeron que había reprobado un curso, uno que requería de un libro que él no había podido comprar por falta de recursos.

Un pesado sentimiento de fracaso cayó sobre él. Por años había hecho lo imposible y ahora sentía que no había logrado nada. Quizás lo mejor sería volver a casa, a su destino original: trabajar en el campo.

Pero días después llegó una carta de la compañía de trenes Pullman diciendo que era uno de los veinticuatro estudiantes negros seleccionados entre cientos de solicitudes para trabajar en el verano como mozo en los vagones dormitorios. Papá se puso eufórico. ¡Aquí tenía su oportunidad! Rápidamente se reportó y lo asignaron al tren que hacía el recorrido entre Buffalo y Pittsburgh.

Una mañana, como a las dos, sonó el despertador de los mozos. Papá se levantó, se puso su chaqueta blanca y se dirigió al camarote del pasajero que lo había llamado. Allí se encontró con un señor de aspecto distinguido que le dijo que él y su esposa tenían problemas para dormir y que deseaban sendos vasos de leche caliente. Papá les llevó la leche y servilletas en una bandeja de plata. El pasajero pasó uno de los vasos a su esposa por debajo de la cortina que cubría su cama y empezó a beber a sorbitos del suyo, mientras trataba de establecer una conversación con papá.

La compañía Pullman prohibía estrictamente que cualquier intercambio de palabras entre los pasajeros y los mozos fuera más allá de un «Sí, señor» o un «No, señora» pero este pasajero se mantuvo haciendo preguntas. Incluso se fue tras papá cuando este volvió a su cubículo.

—¿De dónde es usted?

—De Savannah, Tennessee, señor.

—Usted habla bastante bien.

—Gracias, señor.

—¿En qué trabajaba antes de ocupar este empleo?

—Soy estudiante del A&T College en Greensboro, señor. —Papá no consideró necesario añadir que estaba pensando retornar a casa para seguir trabajando en el campo.

El hombre lo miró atentamente, le dio las buenas noches y volvió a su camarote.

A la siguiente mañana el tren llegó a Pittsburgh. En un tiempo cuando cincuenta centavos era una gran propina, el hombre le dio a Simon Haley cinco dólares, quien se los agradeció emocionado. Todo el verano había estado ahorrando cada propina que recibía y cuando el trabajo finalmente terminó tenía acumulado suficiente como para comprar su propia mula y un arado. Pero se dio cuenta que con ese dinero también podía cursar todo un semestre en la universidad sin tener que trabajar mientras estudiaba.

Así que decidió que bien se merecía un semestre libre de trabajo extra. Solo así podría saber hasta dónde podría llegar.

Regresó a Greensboro. Pero no bien llegó cuando fue llamado por el presidente de la universidad. Papá estaba lleno de temor cuando se sentó frente a aquel hombre tan importante.

—Tengo aquí una carta, Simon —le dijo.

—Sí, señor.

—¿Trabajó usted como mozo este verano en la compañía Pullman?

¿Conoció a un señor que le pidió que le llevara un vaso de leche caliente?

—Sí, señor.

—Pues, ese pasajero era el señor R. S. M. Boyce, retirado de la compañía de publicaciones Curtis, la que publica *The Saturday Evening Post*. Él donó quinientos dólares para su hospedaje, educación y libros para todo el año escolar.

Mi padre no lo podía creer.

La sorpresiva donación no solo permitió a papá terminar en Greensboro sino graduarse primero en su clase. Eso le hizo acreedor a una beca completa para estudiar en la Universidad Cornell, en Ithaca, Nueva York.

En 1920, papá, entonces recién casado, se trasladó a Ithaca con su esposa, Bertha. Entró a Cornell para obtener una maestría en tanto que mi madre se matriculó en el Conservatorio de Música para estudiar piano. Yo nací al año siguiente.

Un día, décadas después, los editores de *The Saturday Evening Post* me invitaron a sus oficinas editoriales en Nueva York para discutir la condensación de mi primer libro, *The Autobiography of Malcolm X*. Yo me sentía tan orgulloso, tan feliz de estar sentado en aquellas oficinas con paneles de madera en Lexington Avenue. De pronto, me recordé del señor Boyce y cómo su generosidad había permitido que yo, como escritor, estuviera allí con aquellos editores. Y empecé a llorar de tal modo que no podía parar.

A menudo, los hijos de Simon Haley pensamos en el señor Boyce y su inversión en un ser humano menos afortunado. Por el efecto expansivo de su generosidad, nosotros también nos beneficiamos. En lugar de ser campesinos, crecimos en un hogar con padres educados, con anaqueles llenos de libros y orgullosos de nosotros mismos. Mi hermano George es presidente de la Comisión de Tarifas Postales de los Estados Unidos. Julius es arquitecto. Lois es maestra de música y yo soy escritor.

El señor R. S. M. Boyce cayó como una bendición en la vida de mi padre. Aunque alguien pudiera verlo como un encuentro fortuito, yo lo veo como el misterioso poder del bien en acción.

Y creo que cada persona bendecida por el éxito tiene la obligación de retornar parte de esa bendición. Todos deberíamos vivir y actuar como el hombre del tren.

Sí, el señor Boyce ayudó a pagar la educación de Simon, pero su caridad se extendió mucho más allá del hecho de dar dinero. También dio tiempo para conversar con el joven Simon y contactarse con el presidente de la universidad. Dio visión al descubrir el potencial en un joven en el que otros solo veían un sirviente con un vaso de leche. Dio confianza al elogiar las habilidades comunicativas de Simon. Dio esperanza a un joven con muchas aspiraciones pero con pocos recursos. Al hacer eso, su caridad se extendió mucho más allá de su propósito original, porque se amplió a las generaciones de los hijos de Simon, incluyendo Alex. En realidad, nadie conoce totalmente el potencial continuo de un sencillo acto de caridad.

Profundamente incrustado en la caridad está el concepto del desinterés. Reflexione en las consecuencias que perduran hasta hoy gracias al momento en que un individuo desesperado decidió dejar de pensar solo en sí mismo y en vez de eso empezó a enfocarse hacia fuera: en otros.

LA LEY DE LA GENEROSIDAD

Fulton Oursler

Un hombre a quien llamaremos Bill Wilkins, corredor de bolsa, se despertó una mañana en un hospital para alcohólicos. Luciendo como un estropajo, se dirigió a un médico y le gruñó:

—Doctor, ¿cuántas veces he estado en este hospital?

—¡Cincuenta! Eres nuestro plantado de medio siglo.

—¿Y se supone que el licor me va a matar?

—Bill —le respondió el médico solemnemente—, no pasará mucho tiempo para que eso ocurra.

—Entonces, ¿qué le parece una copita para ponerme a tono?

—Supongo que no estaría mal —asintió el doctor—. Pero te voy a proponer algo. En el cuarto de al lado hay un joven en una condición muy mala.

Es la primera vez que llega aquí. Quizás si te presentas ante él como el ejemplo más horrible es posible que lo asustes para que se mantenga sobrio el resto de su vida.

En vez de molestarse, Bill se mostró interesado.

—Muy bien —le dijo—. Pero no se olvide de la copa que necesito cuando regrese.

El muchacho estaba convencido de que para él no había esperanza y Bill, que se consideraba un agnóstico, no podía creer lo que se escuchaba decir mientras lo urgía a que se volviera a un poder superior.

—El licor es un poder externo que te ha derrotado —le dijo—. Solo otro poder externo puede salvarte. Si no quieres llamarlo Dios, llámalo verdad. El nombre es lo de menos.

Cualquiera haya sido el efecto en el muchacho, Bill quedó muy impresionado de *sí mismo*. Al regresar a su cuarto, se olvidó del acuerdo que había hecho con el doctor. Nunca reclamó el trago prometido. Al pensar en alguien más, le dio a la ley de la generosidad la oportunidad de trabajar en él. Y esa ley hizo tan buen trabajo que Bill vivió para ser uno de los fundadores de un movimiento altamente eficaz en cuanto a curar por la fe: Alcohólicos Anónimos.

William Griffith Wilson era el verdadero nombre de Bill, aunque para mantener la tradición de Alcohólicos Anónimos, la mayoría lo conoció simplemente como Bill W. ¿Cómo se habría imaginado alguna vez el bien mundial que finalmente llegaría como resultado del momento en que cambió su enfoque de egoísta a desinteresado? A menudo cosechamos los mayores dividendos al olvidarnos de nosotros mismos e invertir en otros.

En el centro del principio de caridad está el del sacrificio; este implica dar algo de valor personal a cambio de algo que sea de beneficio a los demás, como lo mostró Antonio Seay.

AMOR FRATERNAL

Por Tom Hallman, hijo.

Antonio Seay se sentó al borde de la cama y miró por todos lados la fotografía que tenía en sus manos. Se la había tomado hacía algunos años cuando estaba en la universidad. Pasó sus dedos por la superficie, quitándole el polvo. Olvídate del pasado, se dijo, al tiempo que dejaba caer la fotografía sobre la cama. Volvió su atención a la correspondencia del día, consistente en una cantidad de cuentas y unos papeles oficiales que tenía que llenar para que se estudiara la posibilidad de diferir los pagos por los veinte mil dólares que debía por préstamos estudiantiles. Suspiró y lanzó los sobres al lado más alejado de la cama, luego puso la cabeza en la almohada y fijó los ojos en el cielorraso.

Recientemente lo habían llamado dos de sus compañeros de universidad. Tenían carreras sólidas y excelentes salarios. Uno estaba contrayendo matrimonio. Antonio también quería tener eso. Había planeado ir a la escuela de leyes o llegar a ser policía. En lugar de eso, a los veinticinco años estaba atrapado en un barrio decadente de Miami. Las cucarachas hacían de las suyas en el mesón de la cocina. Los artefactos electrónicos eran más viejos que él. Los pisos, incluso en el dormitorio, eran de un linóleo viejísimo, sobreusado y deteriorado. Las paredes, mugrientas y con secciones donde se había despedazado el papel mural, revelaban décadas de un duro vivir.

Antonio volvió a echar una mirada a la foto de aquel joven lleno de sueños. Sacó las piernas fuera de la cama y salió al aire de la noche.

El dum-dum-dum de la música de rap taladraba desde alguna parte la oscuridad. Calle arriba alguien gritó. Chirriaron los neumáticos de un automóvil. Antonio empezó a andar por el caminito pavimentado que salía de su casa y se alejó lo suficiente como para volverse y estudiar el lugar donde vivía. De allí era de donde había querido escapar. Cerró los ojos y escuchó la voz de su madre. Ese día, ella le había pedido que la llevara a la tienda. Allí era, exactamente, donde su peregrinar había comenzado: cuatro años atrás, en un viaje a la tienda.

Era una calurosa tarde de agosto de 2002. Antonio bajó los cristales de su auto y salió conduciendo. Casi no se daba cuenta de lo sombrío del barrio donde él y sus cuatro hermanos vivían con su madre, Dorothea. En su mente, ya estaba viviendo en el futuro.

El primero de su familia en seguir estudios superiores. En diez meses se graduaría de la Universidad St. Peter en Nueva Jersey. Obtendría un grado en administración de negocios y otro en justicia criminal.

Dirigió la vista a su madre quien, sentada en silencio en el asiento delantero, miraba por la ventana. Ella era su inspiración, la persona fuerte en la familia por ausencia del padre. Jamás la había visto quejarse. Todo lo que anhelaba era que sus hijos fueran lo suficientemente despiertos como para no cometer los errores que ella cometió.

«Amor», le dijo tiernamente. «Tengo que decirte algo».

El estómago de Antonio dio un brinco. Cuando su madre se dirigía a él con esas palabras, sabía que se trataba de algo serio.

«Sé que debí decírtelo antes», continuó, «pero no sabía cómo». Guardó silencio por un par de segundos como si estuviera seleccionando las palabras. «Quiero que sepas, de madre a hijo, que me he contagiado con SIDA».

Antonio no dijo una palabra. Se agarró del volante con todas sus fuerzas.

—Querido —siguió diciéndole su madre, —voy a morir.

Volvió a la universidad y todas las semanas él y su madre hablaban por teléfono.

Antonio supo que un hombre en quien confió y a quien amaba la había infectado. A poco de haber contraído la enfermedad, las pruebas revelaron que el virus se había desarrollado completamente. Aun vivía, sin embargo, cuando su hijo se graduó y regresó a casa en el mes de mayo. Dos meses después fue internada en un hospital y poco más tarde, en un centro para enfermos terminales.

Su muerte amenazaba con desmembrar a la familia. Antonio podría salvarse, pero si se olvidaba de sus hermanas, Shronda, de quince; Keyera, de trece y de Torrian y Corrian, sus hermanos gemelos, de catorce.

Tías y tíos vivían cerca. Otros, fuera del estado. Pero ninguno se ofreció para encargarse de los niños. Seguramente sería el estado el que se preocuparía por ellos y lo más seguro era que los mandaran a hogares sustitutos bajo la supervisión del Departamento de la Niñez y la Familia de Florida.

Entonces, se le ocurrió una idea loca. ¿Y si reclamaba para sí la custodia de sus hermanos? Lo compartió con algunos amigos. Algunos admiraron su intrepidez. Otros le dijeron que lo mejor que podía hacer era salir huyendo y no volver a mirar atrás. Él sabía que sus hermanos serían una carga. Tendría que posponer por ocho años sus deseos de una vida mejor hasta que su hermana menor cumpliera los veintiuno. ¿Una casa en un barrio elegante? Olvídalo. ¿La escuela de leyes? ¡Fuera! Pensó que quizás podría obtener alguna ayuda gubernamental, pero no tenía trabajo ni medios como para sostenerse él y a sus cuatro muchachos.

Quizás lo mejor sería para todos que la familia se dispersara. Todos podrían comenzar de nuevo. La decisión era clara: abandonarlos a ellos o abandonar sus sueños. Oró para tomar la decisión correcta.

Una abogada especializada en casos de familia le ayudó a prepararse para ir a la corte. Le hizo una serie de preguntas y llenó un montón de papeles. Un día de agosto de 2003, justo un año después que su madre le diera la noticia de su enfermedad, Antonio se encontraba en la oficina de la abogada cuando llamaron del centro de enfermos terminales. Dorothea había muerto.

Horas más tarde, se reunió con sus hermanos y hermanas en la sala de su casa y hablaron sobre el futuro. «Tenemos que ser fuertes», les dijo a través de las lágrimas. «Que mamá se haya ido no marca el fin del mundo. Seguimos siendo una familia y seguiremos adelante, a pesar de todo. Tenemos que apoyarnos los unos a los otros».

Una semana después del funeral, después que cesaron los lamentos y volvieron a comer, Antonio se dio cuenta de su soledad. Esperaba una cita para ir a la corte y se imaginaba que el juez creería que estaba loco, pero un hombre que quería ser padre pensaba cómo haría lo mejor para llegar a serlo.

En la audiencia, el juez hizo que Antonio y sus hermanos se pusieran de pie. —Te ves joven —le dijo a Antonio—. ¿Cuántos años tienes?

—Veintitrés.

—Es una tremenda responsabilidad —agregó el juez—. La mayoría de los hombres no se preocupan de sus propios hijos y tú quieres asumir la responsabilidad legal por tus hermanos y hermanas.

Luego dedicó unos minutos a estudiar los papeles que le había entregado la asistente legal.

—Lo respeto —le dijo, antes de volver su atención a los hermanos—. ¿Quieren quedarse con él?

—Sí —respondieron todos.

Cinco minutos después, la audiencia había concluido. Antonio firmó unos papeles y llevó a su familia a casa para iniciar una nueva vida.

—¿Tareas? —preguntó.

—No tengo —contestó Keyera. Antonio frunció el ceño—. Es decir —se apresuró a agregar ella—. Para hoy no tengo nada.

Dirigiéndose a Corrian le preguntó cómo le estaba yendo en la escuela.

—Tuve que ver cómo me las arreglaba para volver a casa esta tarde —contestó su hermano, un poco irritado—. No tuve para pagar el tiquete del bus ya que tuve que pagar quince dólares por aquel bolso para libros que perdí. No tengo nada. ¿Puedes hacer algo por mí?

Antonio alzó la mano.

—Es tu responsabilidad —le dijo—. Tú lo perdiste, ¿por qué tendría que responder yo? En lugar de tomar el bus, camina. Con cada paso que des, aprenderás a ser más cuidadoso.

Antonio ocultó el rostro para que sus hermanos no lo vieran reírse. Recordó lo ingenuo que era cuando se encargó por primera vez de la familia. Había querido pasar por simpático y hacer pocas exigencias. Pero la familia empezó a desmembrarse. Las notas eran terribles, las tareas para la casa no se hacían y nadie ayudaba en los quehaceres del hogar.

Por eso, una noche, cerró la puerta de su cuarto y evaluó a sus hermanos como si hubiese sido un frío gerente enviado a salvar a una familia en derrota.

Las notas de Shronda eran malas porque nadie la retaba a que hiciera las cosas mejor. Corrian era un seguidor que se metía en problemas porque sus amigos lo manipulaban. Su hermano gemelo, Torian, era mentiroso y no le interesaba que lo descubrieran. Keyera se preocupaba demasiado y no se tenía confianza.

Aquella noche, Antonio llamó a su familia a una reunión. Todos se apretujaron en un viejo sofá que algunos familiares les habían regalado. Antonio se paró frente a todos ellos, moviéndose de un lado a otro, asegurándose de que entendieran el mensaje que les estaba dando. «Somos todo lo que tenemos en el mundo», les dijo. «Alcanzaremos el éxito en la vida. Eso es lo que habría querido mamá».

Empezó a escribir en cuatro pedazos de papel. Luego se dirigió a la cocina y los adhirió a la puerta del refrigerador. «Tareas», les dijo. «Sus tareas». Refunfuñando, sus hermanos se dirigieron a la cocina. Lavar la loza, limpiar el baño y la cocina. Sacar la basura. Limpiar la sala. Cada uno tenía su trabajo que ejecutar y el sábado trabajarían todos juntos.

Los hermanos se quejaron diciendo que Antonio era demasiado estricto. Pero apenas estaba comenzando. Impuso un toque de queda. Las tareas de la escuela habrían de hacerse a tiempo. Leería cada notificación y ayudaría a resolver cualquier problema de matemáticas que su madre había sido incapaz de hacer. Si sus hermanos pensaban que los profesores exigían demasiado, que esperaran para ver cómo exigía Antonio. Sus planes eran establecer una pequeña escuela en su casa de Miami.

Y les pidió que cada uno buscara algo, un pasatiempo, un deporte, cualquiera cosa que les hiciera ver que el mundo era más que el barrio donde vivían. Su futuro no serían las calles o caer en las redes de los distribuidores de droga que pululaban por allí. Irían a la universidad, como lo había hecho él.

Dentro de poco, Shronda pasó de obtener calificaciones deficientes a excelentes. Pasó a formar parte del cuadro de honor igual que los mellizos. Corrian se incorporó al equipo de fútbol. Torrian descubrió que le gustaba cantar y entró al coro de la escuela. Keyera y su hermana pasaron a formar parte del equipo de danza de la iglesia.

Un día, las muchachas llegaron a casa con dos calcomanías que decían: «Soy el padre orgulloso de un alumno del cuadro de honor». Las pegaron en la puerta de entrada de la casa para que todo el mundo en el barrio supiera quiénes vivían allí.

En diciembre de 2003, Antonio consiguió un trabajo como consejero de jóvenes para una agencia sin fines de lucro con un salario de treinta y un mil dólares al año. El trabajo tenía un horario bueno, lo que le permitía estar en casa para hacer la comida para sus hermanos. Podía asistir a los juegos de fútbol, a las actuaciones en la iglesia y a las reuniones de padres y maestros. Y cada mes, apartaba un poco de dinero en una cuenta de ahorro para cada uno de sus hermanos.

Esta noche, otro atardecer caluroso en el Miami de 2006, con la vieja fotografía y los estados de cuenta sobre la cama, Antonio se detuvo un momento en el camino lleno de basura que unía su casa con la acera. A poca distancia vio a Corrian conversando con algunos muchachos. Cerca, en un vecindario de madres solas, Antonio es conocido como el hombre estricto que no tolera a la gente que anda por ahí sin una razón o algo que hacer.

Con el rabillo del ojo, vio un Hummer de cincuenta mil dólares color cobre avanzando lentamente por la calle. «¿Quiénes serán esos tipos?» se preguntó. «¡Hey, muchachos!», gritó a Corrian y sus amigos. «¡Vengan todos para acá, rápido!»

Cruzado de brazos, Antonio se quedó mirando al Hummer mientras este se detenía. Pasaron quince segundos antes que el vehículo siguiera su camino hacia la casa donde vivía el distribuidor de droga. «Todos ustedes se quedarán aquí. ¿Me oyeron?», les dijo.

Satisfecho por el momento, Antonio entró a la casa y se detuvo ante un escaparate. Las cenizas de su madre yacen allí, en un cofre blanco. «Mamá, siempre te amaremos», había escrito fuera de la caja uno de sus hijos. Una pequeña foto de Dorothea Seay estaba adherida a uno de los lados, haciendo que apareciera como si estuviera siempre observando a su familia.

El hombre de la casa bostezó y se restregó la cara. Se había levantado a las 5:30 para despertar a sus hermanos y preocuparse que tomaran su desayuno antes de llevarlos a la escuela. De ahí se había ido a su trabajo en la oficina de consejería. Y en su tiempo de almuerzo, compró las cosas para la cena. Mucho que hacer en poco tiempo, pero se podía. Se sentó en el borde de la cama. Los estados de cuenta y la foto del muchacho con sus sueños aún permanecían allí.

Sintió que alguien reía cerca de la puerta de entrada. «¿Todo está bien por ahí?» preguntó en alta voz. «¿Algún problema?»

Todo estaba bien.

Un cheque de sueldo por mucho dinero, una oportunidad de concluir una carrera, una casa en un buen vecindario, y quizás un auto nuevo para ir con ropa extravagante, todos esos sueños y más los hizo Antonio a un lado en espera de mejores días. En lugar de eso sus pensamientos se fijaron en algo de mayor valor para él: su familia. Así que no vaciló cuando debió decidir lo que haría. En una sociedad en que muchas personas hacen de la familia un artículo desechable, la determinación de Antonio de preferir la suya antes que sus otros sueños brinda un conmovedor ejemplo de sacrificio y caridad. Las semillas de caridad están plantadas y arraigadas en el hogar, por lo que allí también deben dar los más ricos de los frutos.

~~

ELABORACIÓN FINAL

La caridad se ha encontrado en nuestras palabras y acciones, pero más que nada en nuestros motivos. El señor Boyce no hizo lo que hizo porque pensara que un futuro hijo del joven sirviente del tren se volvería famoso y escribiría acerca de él. Bill W. prefirió permanecer anónimo, de modo que su motivo para iniciar Alcohólicos Anónimos no pudiera ser la notoriedad. Y ninguno de los dos instructores recibió más paga por destacarse más allá de los títulos de sus trabajos, así que sin duda la riqueza no fue su motivación. Al contrario, todas estas personas tuvieron motivos que fueron desinteresados al mirar fuera de sí mismas y preferir mejorar las vidas de otros.

En su propia búsqueda de significado, el mejor lugar para empezar es fuera de usted mismo: pensando en otros y mostrando actos de caridad, por pequeños que sean. Ya sea por medio de una sencilla acción amable, de dar esperanza, de un elogio oportuno o de iluminar el sendero oscuro de alguien más, las oportunidades para hacer caridad que van más allá de dar dinero están a la vuelta de la esquina, todos los días.

REFLEXIONES

- El señor Boyce vio potencial en el joven Simon y decidió ayudar. ¿Hay algunos «muchachos de un tren» a quienes puede influir con actos de caridad? ¿Vecinos, compañeros de trabajo, amigos?

- Todos los seres en estas historias dieron más que dinero. Dieron su tiempo, su visión, su ánimo y su sabiduría para beneficiar a otros. ¿Qué tiene usted para compartir: talento, humor, pasatiempos, bienes, esperanza, elogios?

- Bill W. prefirió permanecer anónimo. ¿Mantiene usted anónimas sus acciones caritativas? ¿Qué motivos hay tras «lo que hace» por otros?

- Antonio pospuso sus sueños en beneficio de sus hermanos. ¿Qué sacrificios está dispuesto a hacer que permitiría a los miembros de su familia sentir sus acciones caritativas?

MÁS REFLEXIONES SOBRE LA
Caridad

~~⌒

DEMOS DE NOSOTROS MISMOS

Caridad es más que dar dinero a los pobres. Es dar de nuestros corazones, nuestro tiempo, nuestros talentos y nuestras energías para iluminar las vidas de otros, ricos o pobres.

Si en su corazón no hay amor al prójimo, usted tiene la peor clase de problema cardíaco.

—BOB HOPE

■ ■ ■

Oigo decir a la gente: «Si yo fuera rico haría grandes cosas por ayudar a los demás». Pero todos podemos ser ricos en amor y generosidad. Además, si damos con gusto, si averiguamos las necesidades exactas de quienes más necesitan nuestra ayuda, estamos dando nuestro afectuoso interés y preocupación, que valen más que todo el dinero del mundo.

—ALBERT SCHWEITZER

■ ■ ■

Actualmente creemos que un filántropo es alguien que dona grandes sumas de dinero; sin embargo, el término proviene de las palabras griegas philos (afectuoso) y anthropos (hombre): hombre afectuoso. Todos podemos ser filántropos. Podemos dar de nosotros mismos.

—EDWARD LINDSEY,
GUIDEPOSTS

■ ■ ■

Dando personalmente de sí es como alguien se hace rico.

—SARAH BERNHARDT

■ ■ ■

Los muertos llevan a la tumba, muy bien agarrado en sus manos, solamente lo que han entregado.

—DeWitt Wallace

■ ■ ■

Para mí la vida es algo emocionante, y más aun cuando se vive para los demás.

—Helen Keller

■ ■ ■

Si usted quiere que otros sean felices, practique la compasión. Si quiere ser feliz, practique la compasión.

—Dalai Lama

■ ■ ■

El verdadero heroísmo es increíblemente sobrio y muy callado. No es el deseo de superar a todos los demás a cualquier costo sino el impulso de servir a otros a cualquier costo.

—Arthur Ashe

■ ■ ■

Al día siguiente de la muerte de la señora Fosdick vi la fe religiosa de Harry Emerson Fosdick, y nunca lo olvidaré. Mi esposo y yo lo fuimos a visitar. Él tenía ochenta y seis años, y esperábamos encontrarlo destrozado por la pérdida de la esposa que había apreciado por más de sesenta años. En vez de eso nos encontramos con una sonrisa. Sepan que «Florence disfrutó buena salud hasta el fin —dijo—. Soy yo quien tenía achaques, y temía que muriera primero y la dejara sola. Ahora ella se ha ido, y yo seré quien enfrente la soledad. Estoy muy agradecido por eso. Esto es algo que puedo hacer por Florence».

—Nardi Reeder Campion

SACRIFICIO DEL INTERÉS PERSONAL

Como demostró Antonio, las acciones de amor al prójimo exigen un nivel de sacrificio: renunciar a intereses personales para que otros se puedan beneficiar.

A montones de hombres les preocupa entrar en tumbas anónimas mientras aquí y allá una gran alma desinteresada que se olvida de sí misma entra a la inmortalidad.

—RALPH WALDO EMERSON

■ ■ ■

A una mujer que me escribió acerca del aburrimiento que le vino a su vida cuando sus hijos crecieron y se fueron de casa, le contesté: «En el pasado su familia inmediata necesitaba la mayor parte de su tiempo y sus fuerzas. Ahora usted puede ampliar el alcance de su amor. Hay niños en su vecindario que necesitan comprensión y amistad. Hay ancianos cerca de usted que anhelan compañía, personas ciegas que ni siquiera pueden disfrutar la televisión que a usted le parece tan aburrida. ¿Por qué no sale y descubre el gozo de ayudar a otros?» Semanas después me volvió a escribir: «Intenté su receta. ¡Funciona! ¡He pasado de la noche al día!»

—REV. BILLY GRAHAM

■ ■ ■

La prueba definitiva de la conciencia de un hombre podría ser su buena disposición para sacrificar hoy algo para generaciones futuras cuyas palabras de agradecimiento no serán oídas.

—GAYLORD NELSON,
EN EL *NEW YORK TIMES*

■ ■ ■

Un corazón nunca puede estar solo si busca uno aun más solitario, si se olvida de sí mismo, y si busca llenar copas más vacías.

—FRANCES RIDLEY HAVERGAL

■ ■ ■

Aliviar la pena de otro es olvidarse de la propia.

—ABRAHAM LINCOLN

PEQUEÑAS AMABILIDADES

El amor al prójimo no requiere grandes hechos. A menudo se necesitan pequeños actos de amabilidad en forma de una cálida sonrisa o una palabra amable.

Cierta clase de palabras pueden calentar tres meses de invierno.

—PROVERBIO JAPONÉS

■ ■ ■

Las palabras amables pueden ser cortas y fáciles de expresar, pero sus ecos son realmente interminables.

—MADRE TERESA

■ ■ ■

La amabilidad es un idioma que el sordo puede oír y el ciego puede ver.

—MARK TWAIN

■ ■ ■

Uno puede pagar un préstamo de oro, pero muere debiendo para siempre a quienes son amables.

—PROVERBIO MALAYO

■ ■ ■

Una cálida sonrisa es el idioma universal de la amabilidad.

—WILLIAM ARTHUR WARD

■ ■ ■

Trate siempre de ser un poco más amable de lo necesario.

—JAMES M. BARRIE

■ ■ ■

Carta de Abraham Lincoln al general Rosecrans, comandante del ejército del suroeste, relacionada con la propuesta ejecución de un oficial confederado: «He examinado personalmente todos los papeles en el caso Lyons, y no puedo ver que sea un asunto para interferir en la ejecución. Por tanto se los devuelvo con total confianza en que usted hará lo justo y correcto; solamente le ruego, mi querido general, no hacer nada en represalia por el pasado sino lo que sea necesario para garantizar la seguridad futura; y recuerde que no estamos peleando contra un enemigo extranjero sino contra nuestros hermanos, y que nuestro propósito no es demolerles el espíritu sino conseguir su antigua lealtad. Que nuestra política sea: conquistar por medio de la amabilidad. Sinceramente suyo, A. Lincoln».

La amabilidad es más importante que la sabiduría, y reconocer esto es el principio de la sabiduría.

—DR. THEODORE ISAAC RUBIN,
ONE TO ONE [UNO A UNO]

▨ ▨ ▨

Los ideales que han iluminado mi camino, y que una vez tras otra me han dado nuevo valor para enfrentar alegremente la vida, son amabilidad, belleza y verdad.

—ALBERT EINSTEIN,
IDEAS AND OPINIONS [IDEAS Y OPINIONES]

▨ ▨ ▨

No permita que alguien acuda a usted sin que salga mejor y más feliz.

—MADRE TERESA

Esperanza

El señor Boyce dio esperanza al joven Simon. Y en realidad uno de los regalos más generosos que podemos
dar a otro es un poco de optimismo.

Lo que debemos hacer por nuestros jóvenes es desafiarlos a poner la
esperanza en sus cerebros y no en la droga que hay en sus venas. ¿Qué
diferencia hay en que las puertas se abran ampliamente si nuestros jóvenes
están demasiado mareados para atravesarlas?

—Rev. Jesse Jackson,
en *New York Times Magazine*

■ ■ ■

Los vuelos naturales de la mente humana no son de placer en placer sino de
esperanza en esperanza.

—Samuel Johnson

■ ■ ■

Sé que el mundo está lleno de problemas y muchas injusticias. Pero creo
que es tan importante cantar acerca de las mañanas hermosas como hablar
de chiqueros. Sencillamente yo no podría escribir algo sin tener esperanza
en eso.

—Oscar Hammerstein II

■ ■ ■

El popular artista e ilustrador Norman Rockwell explicó en cierta ocasión
por qué casi siempre su arte es una experiencia optimista para el espectador:
«Cuando crecí y descubrí que el mundo no era siempre el lugar agradable
que creí que sería, inconscientemente decidí que si no era un mundo ideal,
debería serlo. Y por tanto lo pinté de ese modo.

—Lena Tabori Fried,
en *Good Housekeeping*

3

ATENCIÓN

Es más noble darse por completo a un individuo que
trabajar diligentemente por la salvación de las masas.

—DAG HAMMARSKJÖLD

A veces la gente cree erróneamente que encontrar significado en la vida requiere hacer enormes contribuciones que impacten a millones. Pero las contribuciones más importantes y perdurables, o actos de caridad, son aquellas que se dan en forma reducida e individual a una sola persona.

Es más, cuando pido a los miembros del público que identifiquen a alguien que ha influido mucho en sus vidas, lo típico es que no nombren a una persona que realizó alguna gran acción de valor o que se destacó en un talento particular. Más bien describen a personas que sacaron tiempo de sus atareados horarios para enfocar su atención en ellos como individuos... para hacerlos sentir importantes al incluirlos en sus vidas, aunque solo por un momento. A medida que lea las siguientes historias, reflexione en qué personas se podrían beneficiar recibiendo un poco más de atención individual de su parte.

El chico que no podía leer

Tyler Currie

El primer día de clases me doy cuenta de que Rommel no sabe leer. Acabo de asignar una tarea a la que llamo «Todo sobre ti». Para los chicos significa contestar una serie de preguntas divertidas (por ejemplo: «Si fueras un sabor de helado, ¿cuál serías? Explícalo»); para mí, sondear las habilidades de mis nuevos alumnos de cuarto grado.

Tras dejar en la cafetería a los veintisiete niños a la hora del almuerzo, regreso al aula para leer lo que escribieron. Me entero de que hay muchos aspirantes a ser futbolistas, cantantes y helados de menta con chispas de chocolate. En eso, encuentro una hoja en blanco. Rommel Sales no ha anotado su fecha de nacimiento, su color favorito ni, aparentemente, tampoco quiere ser helado. El hallazgo me inquieta porque los chicos suelen portarse como ángeles el primer día de clases.

Voy a la cafetería a buscarlo. ¿Cuál sería?, me digo. Son tantos niños. Por fin lo identifico: el chico sin uniforme. Tiene diez años, es delgado, bajito y parece sano.

—¿Podemos hablar un momento? —le pregunto.

—Anjá —responde.

Me sigue por el pasillo, dando pequeños saltos.

—¿Cómo te fue en el verano? —le digo al llegar al aula.

—Bien.

—¿Qué hiciste?

Contesta que no se acuerda, y empieza a moverse con nerviosismo.

—Está bien, no importa —le digo para tranquilizarlo— Rommel, ¿cómo andas en la lectura?

—Mmh… No muy bien. Estoy trabajando en eso.

Elijo un libro que cualquier niño de segundo grado podría leer.

—Veamos —le desafío, y se lo acerco abierto en la primera página.

Rommel lee la primera palabra: *El.* Pero luego se queda mudo, como si el texto estuviera en arameo. En su defensa afirma que sabe leer la palabra g-a-t-o, que su mamá le enseñó.

—Muy bien —le digo para animarlo. Luego le señalo una erre y le pregunto— ¿Cuál es esta letra?

La conoce: es la inicial de su nombre. Nos ponemos a conversar.

—Soy de educación especial —me dice sonrojándose, como si se refiriera a una clase social inferior.

Agrega que no le gustan los deportes ni la música. Prefiere pintar. Me muestra un cuaderno con sus dibujos, hechos al estilo de los dibujos animados japoneses. Sus ninjas son altos y fornidos, lanzan bolas de fuego que les brotan de las manos y lucen peinados excéntricos.

Admiro su trabajo, pero me pregunto qué voy a hacer con él. Este niño no debería estar en cuarto grado.

Es el 5 de septiembre de 2000, y este año es el segundo que doy clases en la Escuela Primaria Mildred Green en la zona sureste de Washington, D.C. Después de titularme en letras inglesas en la Universidad de Michigan, empecé a trabajar para Teach for America, institución que envía a universitarios recién egresados a escuelas de barrios pobres de todo el país.

Casi todos mis alumnos leen y escriben relativamente bien. Una niña está leyendo *La roja insignia del valor*, de Stephen Crane, pero hasta los rezagados están a años luz de Rommel. En tono apesadumbrado, su maestro de educación especial me dice que el chico nunca aprenderá a leer.

Durante mucho tiempo no pongo en duda ese vaticinio tajante. Estoy tan ocupado en mantener el orden, aplacar berrinches y dar las clases que prácticamente relego a Rommel. Durante la clase de literatura, mientras los demás leen novelas, él escucha audiolibros en un rincón. O lo pongo a hacer tareas con dibujos porque no sabe escribir.

Aun así no es tonto. Cuando enseño matemáticas no tiene problemas para ir al paso de los demás. Entonces, ¿por qué no ha aprendido a leer? Me lo pregunto a menudo porque hay una hora del día —de hecho son dos— en que Rommel sobresale: la clase de narración. Es lo primero que hacemos todas las mañanas y después del recreo; les leo libros que la mayoría de los chicos no podrían leer por su cuenta. Sobra decir que en el caso de Rommel eso significa cualquier libro.

Aun así, le fascinan los relatos. Ríe por sutilezas que los demás no captan, o exclama: «¡No es justo!» cuando un personaje resulta un traidor. Contesta preguntas, defiende sus puntos de vista y cuestiona las interpretaciones de sus compañeros. Cuando les leo *El Hobbit*, de Tolkien, Rommel se pone a gesticular como Gollum. Pero al final de la clase de nuevo se transforma: como a un mago que se le acaban los trucos, pierde el entusiasmo y vuelve a ser el niño que no sabe leer.

Después de las vacaciones de Navidad concibo un plan para ayudarlo; lo llamo «Palabras y pellizcos». Todos los días Rommel y yo pasamos diez minutos leyendo *Harry Potter y la cámara secreta*. Es un libro que le encanta. Yo hago casi toda la lectura. Él se encarga de una o dos palabras elegidas previamente.

—Rommel, la palabra de hoy es *alejó* —le digo.

Escribo la palabra y empiezo a leer. En cierto momento llego a una oración que dice: «Y el anciano abrazó al señor Dursley y se...» Se supone que Rommel debe darse cuenta de que la palabra que sigue es «alejó». Si la dice, continúo con la lectura; sin no, lo pellizco en el brazo.

De esta manera pretendo enseñarle a leer. Mi método no es ortodoxo y quizá hasta sea ilegal, pero Rommel disfruta el juego y el relato. Además, los pellizcos son leves.

Con todo, pasan varias semanas y aún no lee. Le he prometido que redoblaremos esfuerzos, pero un día se pelea con otro chico y lo suspenden. No es la primera vez. Una semana después regresa a la escuela acompañado por su madre, Zalonda Sales.

Florine Bruton, la asistente del director, y yo nos turnamos para decirle a Rommel lo de siempre: «Debes controlarte. Pelear no soluciona nada. Pide ayuda a tu maestro».

Cuando la señora Sales saca a colación el tema de la lectura, el niño agacha la cabeza. Casi llorando la mujer le dice:

—Hazle caso a tu maestro. Tú puedes aprender a leer. Sólo debes poner atención al señor Currie. Él te va a enseñar.

Quisiera decirle que su hijo no es el problema, sino nosotros los maestros, que debimos haberle enseñado a leer. Y los administradores, que lo han dejado llegar a cuarto grado. Todos le hemos fallado a este delgado chico que agacha la cabeza ante nosotros, enojado consigo mismo.

El año lectivo se está acercando a su fin y yo termino de leerle *Harry Potter y la cámara secreta* a Rommel. Me pregunta si puedo prestarle la novela, de más de trescientas páginas. La petición me deja perplejo.

—No, Rommel, no creo que ni siquiera puedas… —Me detengo antes de señalar lo obvio—. ¿Sabes?, es el único ejemplar que tengo.

Finalmente, luego de varias súplicas infructuosas, regresa a su pupitre y saca una hoja para dibujar.

Al terminar la jornada vuelvo a casa. Me saco los zapatos y recorro con la mirada mi pequeño departamento. Los libros se acumulan en bamboleantes pilas: monumentos al placer de la lectura. Me pongo de nuevo los zapatos y voy a la librería a comprar *Harry Potter y la cámara secreta* en cinta de audio. Al día siguiente, cuando se la doy a Rommel junto con el libro, se queda mudo de asombro.

—Ten —le digo—; son tuyos.

—Ah… ¡Gracias, hombre!

—¿Perdón? ¿Cómo me dijiste?

—Discúlpeme. Quise decir gracias, señor Currie.

Se echa la mochila por encima del hombro y sin querer golpea el pupitre. Salen volando montones de dibujos en arrugadas hojas de cuaderno. Recoge los papeles y los tira al cesto de la basura ¡Qué desperdicio! No de papel, sino de un año escolar.

Esa noche tomo una decisión: voy a enseñarle a leer a Rommel.

Podría besar a la señora Bruton. Acaba de aprobar mi idea para enseñar a Rommel a leer y escribir, y hasta me asigna una pequeña aula, la que antes ocupaba la banda de la escuela. El niño y yo pasaremos allí nueve horas por semana. Durante ese tiempo no atenderé a ningún otro alumno ni me pagarán, lo cual no me preocupa porque el nuevo empleo de mozo que conseguí para las noches compensa con creces mis ingresos.

El 4 de septiembre de 2001 Rommel y yo nos sentamos por primera vez en nuestra pequeña aula.

—Bienvenido al Proyecto de alfabetización Douglass —le digo.

Decidí llamar a nuestra tarea en honor de Frederick Douglass, el gran escritor y líder abolicionista que, al igual que Rommel, de chico luchó mucho para aprender a leer.

Agarro un libro de fonética elemental, lo abro y anuncio:

—Bien. Empecemos.

Como el chico aún no identifica las letras por su sonido, empezamos por la A. Cada semana le enseño el sonido de una vocal y el de una consonante, y él crea su propio sistema mnemotécnico. Inventa un personaje para asociarlo con cada sonido: Alex la Araña Astuta, Iggy la Iguana, Pablo el Pulpo, Dino el Dinosaurio…

Ha hecho un montón de dibujos de todos estos personajes, y con ellos ha tapizado una pared de nuestra aula. Cuando se olvida de un sonido, se da vuelta hacia la pared para recordarlo. Poco a poco aprende a combinar los sonidos para formar palabras.

Semanas después Rommel y yo vamos a la oficina de la señora Bruton, donde hay un montón de chicos. Ella les pide amablemente que salgan un momento. Una vez que lo hacen, Rommel se sienta a su lado, se aclara la garganta, y abre un libro del Doctor Seuss. Con el tono solemne de un ministro, empieza a leer:

Pie izquierdo, pisa el cielo;
Pie derecho, ponte derecho.
Pies en el suelo,
Pies en el techo.

Se preparó una semana para esta reunión. Cuando termina de leer, la señora Bruton lo abraza y le dice que se siente muy orgullosa de él.

Rommel parece no darle importancia. Pero entonces ella anuncia:

—Voy a llamar a tu mamá para contarle lo que acabas de hacer.

El chico ya no puede contenerse. En su rostro se dibuja la sonrisa más radiante que he visto jamás.

Las vacaciones se acercan y Rommel está aprendiendo a leer a un ritmo asombroso. Lo saturo de letras, sonidos y relatos, y él absorbe todo como una esponja reseca. Sin embargo, en el afán de enseñarle a leer, he descuidado una tarea igualmente importante: la escritura. Pasada la Navidad le regalo un diario y le advierto que empezaremos cada lección con un ejercicio de escritura. Su primera anotación de puño y letra dice: «Me gusta la pasta». Poco después, al volver de las vacaciones de primavera, me dice que está leyendo *Harry Potter y el prisionero de Azkaban*, el tercer libro de la serie. Le pido que escriba algo sobre él en su diario. «En el capítulo dos, Harry decide irse de casa. Huye porque ha hecho enojar a su tía Marge. A causa de eso conoce a Funge, y se ponen a conversar. Creo que tomó la decisión correcta porque, si se hubiera quedado, habría tenido problemas», anotó.

Durante mucho tiempo creí lo que todos decían de Rommel Sales en la escuela: que nunca aprendería a leer. Pero lo que ninguno de nosotros entendió fue precisamente el enorme deseo que este niño tenía de dominar la lectura. No es que fuera incapaz de aprender, sino simplemente que nunca le enseñamos.

No muchos maestros de escuela reciben el aplauso (o la atención) que merecen. ¿Cuántas vidas han sido tocadas por un noble maestro que, a pesar de los obstáculos y la falta de recursos, se da modos para brindar atención individual? En este ejemplo, el simple hecho de usar su hora de almuerzo para buscar a Rommel en el restaurante dice mucho del señor Currie y de la importancia que da a la atención individual.

A veces la mejor forma de dar atención es a través del elogio y el aplauso. Este abuelo afectuoso brindaba su atención a sus hijos y a sus nietos, uno por uno, aplauso por aplauso.

UNA LECCIÓN DESDE EL MONTÍCULO

Beth Mullally

Mi padre era «jarra permanente» en nuestros partidos de béisbol en el patio de atrás. Logró este honor en parte porque mi hermana, mi hermano y yo no podíamos conseguir la pelota sobre la base, pero también porque, con una pierna de madera, correr tras una pelota que vuela directo al campo de maíz de atrás, no era lo más conveniente.

Y así permanecía parado bajo el ardiente sol, lanzando incesantemente mientras nos turnamos para batear.

Dirigía nuestros partidos con la autoridad de un entrenador de los Yankees. Era el jefe y tenía sus exigencias. Teníamos que charlar en campo abierto de a uno. Y teníamos que sobrepasar la pelota, sin importar cuán trivial pareciera eso.

Elevarse para batear contra mi padre no era fácil. Ninguna de esas cosas de autoestima, tratándose de hacer que los chicos se sintieran buenos para golpear una bola, lo dejaba indiferente. Nunca tuvo ni un mínimo arrepentimiento cuando me golpeó, y lo hacía todo el tiempo. «¿Usted quiere jugar la bola o no?», preguntaba si empezaba a lamentarme por sus lanzamientos rápidos.

Quería hacerlo. Y cuando hacía finalmente conexión con la pelota— ¡hombre!, sabía que me merecía el punto. Estaría sonriendo abiertamente toda la línea de primera base.

Giraba para mirar a mi padre sobre el montículo de lanzamiento. Se quitaba su guante y lo ponía bajo su brazo, y luego me aplaudía. En mis oídos, sonaba como una aclamación en el Yankee Stadium.

Muchos años después, mi hijo debió aprender esas mismas reglas sobre el béisbol enseñadas por mi padre. Para aquel entonces, sin embargo, papá estaba lanzando desde una silla de ruedas. Por una circunstancia médica, había perdido su otra pierna.

Pero nada más cambió. Mi niño fue requerido fuera del campo para charlar. Tenía que tratar de correr más que la bola, sin importar cuán trivial pareciera. Y cuando dijo lloriqueando que el lanzamiento era demasiado rápido, recibió el ultimátum: «¿Usted quiere o no quiere jugar béisbol?»

Quiso.

Mi niño tenía nueve años la primavera antes de que su abuelo muriera. Jugaron mucho esa temporada, y se produjo la letanía acostumbrada de quejas porque mi padre estaba lanzando demasiado fuerte.

«¡Sólo mantenga su mirada en la pelota!», le gritaría papá.

Definitivamente, en un bateo, lo hizo. Balanceó y conectó el centro muerto. La pelota se cerró de golpe al medio, directo a mi padre.

Trató de alcanzarla, pero la perdió. Y en el proceso, su silla de ruedas se inclinó de atrás hacia adelante. Como en cámara lenta, lo observamos a él y a su silla ladearse hasta caer sobre su espalda con un ruido sordo.

Mi hijo estaba de pie, inmóvil, a medio camino de la primera base.

«¡Nunca deje de correr!», bramó mi padre desde el suelo. «¡Esa pelota todavía está en juego! ¡Corra!»

Cuando mi niño estuvo parado seguro en la primera base, giró para mirar a mi padre que se echaba sobre su espalda en el montículo de lanzamiento. Lo vio sacarse su guante y ponerlo bajo su brazo. Y entonces escuchó a su abuelo aplaudirlo.

Todos merecen tener un abuelo así. Con tanto negativismo y crítica en el mundo, cada uno de nosotros podemos beneficiarnos con un poco de elogio y de atención de alguien que respetamos. Esta fuerte y dedicada atención del abuelo y las expresiones de elogio, sin duda perdurarán en los recuerdos de sus hijos y de sus nietos mucho más allá de su carrera de lanzador.

Se ha dicho que «a menudo herimos más a quienes más amamos». Otra manera de decirlo es que «a menudo hacemos más caso omiso de aquellos a quienes más amamos». El esposo que viene a continuación encontró una manera de cambiar eso brindando una porción generosa de atención total a su esposa y su familia.

CÓMO VOLVIÓ EL AMOR

Tom Anderson

Mientras me dirigía a la cabaña en la playa para pasar mis vacaciones, me hice una promesa. Durante dos semanas, procuraría ser un esposo y padre amoroso. Totalmente amoroso. Nada de «si es que», «pero», «y».

La idea se desarrolló en mi cabeza mientras escuchaba a un conferenciante en el tocacintas del auto. Él citaba un pasaje bíblico sobre los maridos que eran considerados con sus esposas. En un momento, dijo: «El amor es un acto de la voluntad. Una persona puede *decidir* ser amorosa». En mi caso, tenía que admitir que había sido un marido egoísta, que nuestro amor había perdido su brillo por mi falta de sensibilidad. En insignificancias, realmente. En regañar a Evelyn por su lentitud, en insistir por ver mi canal de televisión preferido, en deshacerme de periódicos atrasados aunque sabía que ella aun no los había leído. Así que por dos semanas, todo aquello iba a cambiar.

Y así ocurrió. Desde el preciso momento en que besé a Evelyn y le dije lo bien que le lucía ese sweater amarillo.

«Oh, Tom, te diste cuenta ¿eh?», dijo, entre sorprendida y contenta. Quizás un poco perpleja.

Después de un largo tiempo manejando, quería sentarme y leer. Evelyn sugirió que camináramos por la playa. Al principio me negué pero luego pensé: *Evelyn ha estado aquí sola con los niños durante toda la semana y claro, ahora quiere estar conmigo.* De modo que caminamos por la playa mientras los niños elevaban sus cometas.

Así transcurrió el tiempo. Dos semanas sin una llamada de la firma de inversiones de Wall Street donde soy director; una visita al museo de caparazones marinos, aunque odio los museos (pero este lo disfruté); controlando mi lengua cuando Evelyn se retardaba en prepararse para una cena a la que la había invitado. Relajado y feliz, así fue como pasé las vacaciones. Hice un nuevo voto de no volver a olvidarme de *elegir* amar.

Hubo, sin embargo, una cosa que no salió bien con mi experimento. Evelyn y yo todavía nos reímos cuando recordamos la situación. La última noche que pasamos en nuestra cabaña, mientras nos preparábamos para acostarnos, Evelyn me miró con una expresión terriblemente triste.

—¿Qué pasa, querida? —le pregunté.

—Tom —me dijo, con una vocecita llena de angustia—. ¿Sabes tú algo que yo ignoro?

—¿Qué?

—Bueno... aquella visita al médico hace un par de semanas... nuestro doctor... ¿te dijo él algo relacionado conmigo? Tom. Tú has sido tan bueno conmigo... ¿Me voy a morir?

Me quedé un momento muy serio y en silencio. Luego solté la carcajada.

—No, mi amor —le dije, apretándola en mis brazos—. Tú no te vas a morir. ¡Soy yo el que está empezando a vivir!

Tom «decidió amar» haciendo a un lado sus preocupaciones e intereses personales en Wall Street para enfocar toda su atención en su familia, principalmente en Evelyn. El resultado brinda más evidencia de que al enfocarnos en individuos —en particular en quienes más amamos—, con frecuencia hacemos el impacto más significativo y perdurable. En el caso de Evelyn, ella estaba tan sorprendida por la atención que recibía que pensó que debía haber algo malo... hasta pensó que podría estar muriéndose. Ella resultó estar bien, pero hay muchas personas en el mundo que mueren por un poco de atención. Vea si puede hallarlas y curarlas de lo que las aqueja.

ELABORACIÓN FINAL

Me tranquiliza saber que hay maestros que recuerdan el valor del «individuo». También tranquiliza saber que hay líderes que sacan tiempo para dar atención individual; pues cada uno de nosotros es definitivamente uno. Por tanto, anima mucho saber que hay personas en el mundo que reconocen el valor de la atención individual. Todos necesitamos que de vez en cuando se nos recuerde que somos individualmente importantes... personas de valía única. Por eso una de las primeras consideraciones en su búsqueda de significado muy bien podría ser detenerse y preguntarse: ¿Qué individuos se beneficiarían más de una mayor medida de atención de mi parte? Nunca subestime el poder de la atención individual.

REFLEXIONES

- Usted no tiene que dedicar toda su vida a una persona para darle atención. A veces lo único que se necesita son unos cuantos minutos, o el tiempo suficiente para darle un elogio. ¿Hay algún «individuo» que necesite atención... hoy?

- ¿Hubo alguien que durante una etapa crítica de su vida le brindó la atención individual que usted necesitaba? ¿Es usted esa clase de persona para alguien?

- A pesar de haber estado restringido a una silla de ruedas, aun así el abuelo tomó el montículo para dar una dedicada atención y aplaudir a sus nietos. ¿Qué puede hacer específicamente para dar mejor atención y elogios a aquellos que están más cerca de usted?

MÁS REFLEXIONES SOBRE LA
Atención

~~

ATENCIÓN INDIVIDUAL

Todas las personas desean atención individual; porque aunque todos somos parte de las masas, cada uno de nosotros también es definitivamente único.

Este es mi consejo para los vendedores: Piense que toda persona con que se topa tiene un letrero alrededor del cuello que dice: «Hágame sentir importante». No solo triunfará en las ventas sino que triunfará en la vida.

—MARY KAY ASH

▦ ▦ ▦

No concuerdo con las maneras grandiosas de hacer las cosas. El amor debe empezar con un individuo.

—MADRE TERESA,
A SIMPLE PATH [UN CAMINO SENCILLO]

▦ ▦ ▦

El regalo más grande que usted puede darle a otro es la pureza de su atención.

—DR. RICHARD MOSS

▦ ▦ ▦

Mientras el anciano caminaba por la playa al amanecer observó a un joven delante de él que recogía estrellas de mar y las lanzaba al océano. Finalmente alcanzó al joven.

—¿Qué estás haciendo? —le preguntó.

—Las estrellas de mar encalladas morirán si las dejo bajo el sol de la mañana —fue la respuesta.

—Pero la playa se extiende por kilómetros y hay millones de estrellas de mar —refutó el otro—. ¿Qué importancia puede tener el esfuerzo que haces?

El joven miró la estrella de mar en su mano y luego la lanzó a la seguridad de las olas.

—Será importante para esta —dijo.

—CONSEJO DE ALFABETIZACIÓN DE MINNESOTA

Enseñanza e inspiración

Como lo demostró el señor Currie, una de las maneras más eficaces de brindar atención individual es inspirar intercambiando razones y revelando el potencial de otros.

La mayoría de las veces el sueño empieza con un maestro que cree en usted, que lo arrastra, lo empuja y lo guía hacia la siguiente cuesta, en ocasiones hasta golpeándolo con un aguijón llamado verdad.

—DAN RATHER,
THE CAMERA NEVER BLINKS [LA CÁMARA NUNCA TITILA]

■ ■ ■

El líder lleva a las personas adonde quieren ir. Un gran líder las lleva donde no necesariamente quieren ir, pero donde deben estar.

—ROSALYNN CARTER

■ ■ ■

Para hacerles a los demás el mayor bien posible debemos guiar donde podamos, seguir donde no podamos y aun ir con ellos, observando siempre el momento favorable para ayudarlos a dar otro paso.

—THOMAS JEFFERSON

■ ■ ■

Si usted tiene conocimiento, deje que otros prendan sus velas en él.

—MARGARET FULLER

■ ■ ■

Hay dos maneras de extender la luz; ser una vela o el espejo que la refleja.

—EDITH WHARTON

■ ■ ■

Educación es más que abarrotar a un niño de hechos. Empieza al plantear preguntas.

—D. T. MAX,
EL *NEW YORK TIMES*

AMOR

Por supuesto que la manera más enaltecida de dar atención es aceptar y amar a una persona por lo que es.

Un joven profesor de sociología envió a sus alumnos a los barrios pobres de Baltimore a entrevistar a doscientos muchachos y predecir sus posibilidades para el futuro. Los estudiantes, impactados por las condiciones de pobreza, predijeron que noventa por ciento de los entrevistados pasarían algún tiempo en prisión.

Veinticinco años después, el mismo profesor asignó a otros alumnos que averiguaran los resultados de las predicciones. De ciento noventa de los muchachos originales localizados, solamente cuatro habían estado alguna vez en la cárcel.

¿Por qué la predicción resultó tan mal? Más de cien de los hombres recordaban que una maestra de colegio, la señorita O'Rourke, fue una inspiración en sus vidas. Después de una larga búsqueda hallaron a Sheila O'Rourke, de más de setenta años de edad. Pero cuando se le pidió que explicara su influencia sobre sus antiguos estudiantes, se quedó desconcertada. «Lo único que puedo decir —finalmente aclaró—, es que amaba a cada uno de ellos».

—JOHN KORD LAGEMANN

Sentí pasos que se acercaban. Extendí la mano a mi madre, como supuse. Alguien la agarró, y quedé rodeada y encerrada en los brazos de ella, que había venido a revelarme todas las cosas y, más que todas las cosas, a amarme.

—HELEN KELLER
EN *GUIDEPOSTS*

La máxima felicidad de la vida es la convicción de ser amado; amado por sí mismo o mejor aún, amado a pesar de sí mismo.

—VÍCTOR HUGO

No debemos frenarnos por el amor que no recibimos en el pasado sino por el amor que no estamos dando en el presente.

—MARIANNE WILLIAMSON

MÁS QUE JUEGOS

A los atletas profesionales se les conoce por recibir atención, pero la verdadera belleza del atleta se revela cuando la atención cambia en maneras individuales.

Los Osos de Boston jugaban contra los Rangers de Nueva York, y yo tenía a cargo el área de penalti. Directamente detrás de mí, en una rampa especial, descubrí a un chico de cuatro o cinco años sentado en una silla de ruedas que ondeaba frenéticamente una bandera de los Osos.

Después de los calentamientos previos al juego, Phil Esposito de los Rangers captó la mirada del muchacho y se detuvo para hablarle. «Si todavía estás aquí al final del partido te regalaré mi bate», oí que le dijo.

Pude ver cuánto se emocionó el chico, y permaneció así todo el juego. Yo esperaba que el jugador lo recordara.

Sonó la chicharra final, y en segundos Esposito subió a la rampa, le pasó al muchacho su bate y le ofreció palabras de ánimo.

Esa noche los Rangers perdieron el partido, pero Phil Esposito ganó dos admiradores para toda la vida.

—JOHN HOLLINGSWORTH

■ ■ ■

Así recuerda Ruth Ryan uno de los momentos más destacados en la ilustre carrera de veintiséis años de su esposo como beisbolista:

Inevitablemente, en algún momento durante un partido, Nolan salía de la caseta y escudriñaba las tribunas detrás del plato, buscándome. Encontraba mi rostro y me sonreía, quizás levantando la cabeza y asintiendo como si dijera: *Allí estás; me alegro.*

Era un momento sencillo, nunca notado en libros de récords ni en resúmenes de carreras.

—RUTH RYAN,
COVERING HOME

■ ■ ■

El entrenador de fútbol americano Eddie Robinson de Grambling se preocupaba por cada jugador en su equipo. Cuando construyeron un nuevo estadio pusieron un enorme letrero en la entrada al Robinson Stadium: «Donde todo el mundo es alguien».

—JEROME BRONDFIELD,
EDDIE ROBINSON'S GAME PLAN FOR LIFE

Cómo encargarse

Aunque esté en la pista correcta,
lo atropellarán si se queda sentado en ella.

—WILL ROGERS

La búsqueda de significado nos inspira a crear un plan de acción para las contribuciones que deseamos hacer en la vida, una norma diaria en la cual podemos registrar nuestro curso y medir el progreso. Pero la realidad es que nada esencial ocurrirá a menos que nos encarguemos de nuestra vida y aceptemos la responsabilidad de llevar nuestros sueños a buen término. Estos esfuerzos requieren disciplina audaz y energía enfocada en lo que más importa.

Entre los principios que nos capacitan para encargarnos de la vida están:

- Responsabilidad
- Valor
- Disciplina

4

RESPONSABILIDAD

Creo que todo derecho implica una responsabilidad;
toda oportunidad, una obligación; toda posesión, un deber.

—NELSON ROCKEFELLER

uando las cosas no salen como deseamos, o sin querer cometemos una equivocación, es fácil dar excusas, culpar a otros o sostener que las circunstancias estaban contra nosotros. Pero solo progresamos en la vida cuando nos responsabilizamos de nuestras acciones y actitudes, y tenemos la iniciativa necesaria para crear nuestras propias circunstancias.

Los siguientes relatos autobiográficos relacionan casos en que tres personajes conocidos fueron obligados a determinar el nivel de responsabilidad que tomarían por sus vidas. Ellos son la ex primera dama Betty Ford, la escritora Maya Angelou y la estrella de películas de acción Chuck Norris. Los tres enfrentaron la decisión de responsabilizarse por sí mismos o dejar que factores externos gobernaran sus decisiones. Comenzamos con la valiente y reveladora descripción que Ford hace de su batalla contra la adicción, la cual se llevó a cabo en una época en que tales confesiones personales casi nunca se hacían públicas.

Intento hacerlo

Betty Ford con Chris Chase

No fue sino hasta que abandonamos la Casa Blanca y nos retiramos a la vida privada que en mi familia nos percatamos de que yo tenía problemas. Durante catorce años estuve tomando medicamentos para un nervio presionado, artritis, espasmos musculares en el cuello y en 1974 para mitigar los dolores mientras me recuperaba de una mastectomía radical. Desarrollé una tolerancia a las drogas que me prescribían. Algo que bebiera, después de todos esos medicamentos, casi me hacía perder el conocimiento.

En otoño de 1977, fui a Moscú a narrar el ballet *Cascanueces* para la televisión. Más tarde, surgieron comentarios sobre mis «ojos achinados y mi lengua adormilada» durante mi actuación. Jerry y mis hijos estaban preocupados, pero yo no tenía idea de lo que me estaba ocurriendo o cuánto había cambiado. Solo ahora me doy cuenta que después del viaje a Rusia empecé a sufrir lapsus de la memoria.

Finalmente, mi hija Susan analizó mi caso con nuestro doctor. Este recomendó una intervención directa. Se creía que una persona químicamente adicta al alcohol o a las píldoras tenía que tocar fondo y entonces decidir si *quería* sanarse y luego iniciar cualquier plan de recuperación. Pero ahora se ha demostrado que la familia de alguien enfermo, junto con otras personas importantes, pueden intervenir para ayudar. Con este nuevo método, el índice de recuperación ha aumentado significativamente.

Confrontación

Mientras Jerry estaba en el Este o en alguna gira, el doctor, junto con Susan y mi secretaria, Caroline Coventry me confrontaban. Comenzaron diciéndome que tenía que renunciar a toda medicación y al licor. Yo me puse furiosa y me sentía tan perturbada que después de que se fueron llamé a una amiga y le hablé de la terrible invasión que hicieron a mi privacidad. (No recuerdo haber hecho aquella llamada pero mi amiga dice que sí la hice.)

La mañana del 1 de abril, recuerdo que era un sábado, estaba pensando llamar a mi hijo Mike y su esposa Gayle, en Pittsburgh, cuando se abrió la puerta y entraron de nuevo con toda la familia. Me emocioné, pensando que quizás habían venido porque yo no me sentía bien. Nos abrazamos y besamos y pasamos a la sala, donde procedieron a confrontarme por segunda vez. La cosa ahora era todavía más seria porque trajeron al capitán Joe Prusch, médico de la Marina y director del Servicio de Rehabilitación de Drogas y Alcohol en Long Beach.

Yo no sabía qué hacer. Mike y Gayle hablaron de que querían tener hijos y querían que la abuela de sus hijos estuviera sana y pudiera controlar su propia vida. Jerry mencionó algunas ocasiones en que yo me había quedado dormida en una silla y las veces en que mi habla había sido torpe. Steve trajo a colación un reciente fin de semana cuando él y su novia cocinaron para mí y yo no me presenté a la mesa a tiempo. «Sencillamente te sentabas frente al televisor», me dijo Steve, «y te dedicabas a tomar un trago tras otro. Eso me causaba mucho sufrimiento».

Bueno, él también me hacía sufrir. Todos me hacían sufrir. Rompí en lágrimas. Pero todavía tenía suficiente sentido como para darme cuenta de que no habían venido a verme para hacerme llorar. Estaban allí porque me amaban y querían ayudarme.

Pero rechacé cualquier sugerencia de que el licor había contribuido a mi enfermedad. Todo lo que aceptaba era que me había extralimitado en el uso de los medicamentos. El capitán Pursch me dijo que eso no tenía importancia. Me dio un libro de Alcohólicos Anónimos y me dijo que lo leyera, sustituyendo las palabras «químicamente dependiente» por «alcohólico». Ya que un tranquilizante o un martini seco proporcionan el mismo efecto, se puede usar el mismo libro tratándose de drogas o alcohol. Y cuando digo drogas, estoy hablando de medicación legal, prescrita por los doctores.

Al principio me sentía molesta con la profesión médica por todos esos años en que se me recetaron píldoras en vez de resistir un poquito el dolor. Tomé pastillas para el dolor y pastillas para dormir. Y, además, tranquilizantes. Hoy, muchos doctores están empezando a reconocer los riesgos involucrados en esos medicamentos, pero algunos de ellos parecían demasiado ansiosos por escribir recetas. (Lo interesante del caso es que por mi propia iniciativa, empecé a usar menos y menos uno de esos medicamentos y estaba empezando a tratar de dejar otro cuando comenzó la intervención de la que vengo hablando.)

Primeros pasos

Dos días después de mi cumpleaños número sesenta entré en el hospital en Long Beach. Pude haber ido a una clínica privada pero pensé que sería mejor buscar tratamiento en forma abierta que esconderme detrás de una sábana de seda. Una vez que estuviera en un lugar seguro, se entregaría a la prensa una declaración en la que se decía que me había extralimitado en el uso de medicamentos.

El capitán Pursch se reunió conmigo en el cuarto piso y me escoltó hasta un cuarto con cuatro camas. Me molesté. Esperaba estar sola. No me registraría. No haría pública ninguna declaración. El capitán Pursch manejó la situación con maestría. «Si insiste en tener un cuarto privado», me dijo, «tendré que sacar a esas señoras de aquí». De un solo golpe puso la bola en mi lado de la cancha.

«No, no. No quiero que haga eso», le dije prontamente. Una hora después me encontraba perfectamente instalada con otras tres pacientes y mi declaración se entregó a la prensa.

El 15 de abril, al final de mi primera semana en Long Beach mi hijo Steve —sorprendido por un periodista afuera del hospital— dijo que yo estaba luchando no solo contra los efectos de las pastillas sino también contra los efectos del alcohol. Yo, lejos de sentirme encantada. Todavía no estaba preparada para admitir eso. Toda la semana estuve hablando de medicamentos y todos asentían respetuosamente.

Cinco días después hubo una reunión en la oficina del capitán Pursch. Allí estábamos Jerry y yo, además de varios doctores. Me dijeron que tenía que hacer una declaración pública admitiendo que era una alcohólica. Me negué. —No quiero avergonzar a mi esposo —dije.

—Usted está tratando de esconderse detrás de su esposo —me dijo el capitán Pursch—. ¿Por qué no le pregunta a él si se sentiría avergonzado si admite que es alcohólica?

Comencé a llorar y Jerry me tomó la mano.

—No me sentiré avergonzado —me dijo—. Debes decir lo que haya que decir.

Con eso, mi llanto se hizo peor. Cuando Jerry me llevó de nuevo a mi cuarto, todavía sollozaba de tal manera que casi no podía respirar. Nunca he vuelto a llorar como aquella vez. Fue espantoso. Pero una vez que me calmé, sentí un gran alivio.

Aquella noche, descansando en mi cama, garabateé otra declaración pública: «Me he dado cuenta de que no solo soy adicta a los medicamentos que he estado tomando para mi artritis, sino también al alcohol. Espero que este tratamiento y el compañerismo que he encontrado aquí sean la solución para mis problemas y lo asumo no solo por mí sino por todos los demás que participan en él». Escribir eso fue un gran paso adelante que di pero fue solo el primero de muchos otros que todavía me quedaban por dar.

LUCHAS Y BATALLAS

La razón por la que rechacé la idea de que era una alcohólica era porque mi adicción no había llegado a ser tan dramática. Era cierto que mi habla se había hecho más torpe y que olvidaba unas cuantas llamadas telefónicas; también que me caí en el baño fracturándome tres costillas. Pero nunca tuve que beber para superar una resaca ni tampoco era una bebedora solitaria. Nunca escondí botellas en los candelabros o en los tanques de los inodoros. No quebranté ninguna promesa (Jerry nunca vino a mí para decirme «¡Por favor, para!») ni manejé borracha. Ni nunca terminé en una parte extraña de la ciudad departiendo con un puñado de marineros tomadores.

Hasta Long Beach.

Me encantaban los marineros de Long Beach. Siempre nos tratábamos con el nombre de pila. Cada vez que llegaba por ahí, me daban la bienvenida con un «¡Hola, Betty!» y mientras luchábamos con nuestras dependencias y nuestros terrores, nos tendíamos las manos los unos a los otros. Cada mañana, la alarma sonaba a las seis. Me levantaba, hacía mi cama, me preparaba una taza de té y contestaba al grito de «¡Revista!» que significaba pasar lista. (Después de todo, estaba en la Marina.) Luego había que hacer el aseo hasta en los más mínimos detalles. Por lo general, a las ocho había una reunión con los doctores. Este era un tiempo en el cual los pacientes interactuaban con doctores visitantes, la mayoría oficiales navales. Estos doctores eran entrenados para reconocer la adicción y no para recetar medicamentos que pudieran resolver los problemas de la gente.

SALVAVIDAS

Las mañanas cuando no tenía reunión con los doctores, me reunía a las 8:45 con un grupo de terapia. Antes del almuerzo siempre había una segunda sesión de terapia. Después del almuerzo había una conferencia o la exhibición de una película y enseguida otra clase. Cada grupo estaba compuesto por seis o siete pacientes y un consejero. En esos grupos uno empieza a sentir el apoyo, el calor y la camaradería que será el salvavidas que le permitirá volver a la sobriedad. En mi grupo había un marino de veinte años (un mecánico de aviones que había empezado a tomar cuando tenía ocho años de edad), un oficial joven (dos veces casado, dos veces divorciado) y un clérigo (adicto a las drogas y a la bebida y que vivía al borde de un ataque de nervios).

Al principio, detestaba esas sesiones. Me sentía incómoda y no quería hablar. Hasta un día en que una joven dijo que no creía que la bebida fuera un problema. Al oír aquello, de un salto me puse de pie. «Yo soy Betty», dije. «Soy una alcohólica y sé que mi adicción a la bebida ha causado un gran dolor a mi familia». Me escuchaba hablar y no podía creer que fuera yo. Temblaba. Otra defensa se vino al suelo.

Nada que se diga allí dentro puede repetirse fuera del grupo. Con plena libertad, uno puede admitir que ha destrozado su automóvil y arruinado su hígado, roto sus dientes, su matrimonio y sus sueños. Los miembros de su grupo asentirán y dirán sí, pero usted sentirá que no está solo y, después de todo, *podría ser peor. Podría seguir auto engañándose o maldiciendo a sus genes o a sus doctores.* Al final, lo que permanece inamovible es que uno tiene que asumir su responsabilidad por sí mismo. Nada de que mi esposa mantiene la casa sucia, mi madre no me quiere o mi esposo nunca se acuerda de nuestro aniversario de matrimonio. Todo el mundo tiene disgustos y todos podemos racionalizar nuestras acciones. Pero nada de eso importa. Echarles la culpa a los demás por su condición es una total pérdida de tiempo.

Después que ingresé al hospital empezaron a llegar flores y bolsas de correspondencia deseándome una pronta recuperación. Mucha gente estaba ayudándome a resistir. El *Post*, de Washington, publicó un artículo editorial recordando que mi valor al hablar de mi mastectomía había alentado «a innumerables otras víctimas y enfermas potenciales del cáncer del seno». Y el periódico alabó mi decisión de revelar mi adicción a las píldoras y al alcohol. «Cual haya sido la combinación de las tensiones emocionales, sicológicas y el dolor físico que la haya traído a este punto ella está, típicamente, determinada a triunfar. Y no tiene ningún problema en decirlo abiertamente».

Agradezco al *Post*, pero no merezco esos elogios. He tenido miedo y me he sentido avergonzada. He pasado por soledades, depresiones, iras, desalientos. Aquí, por ejemplo, tengo una nota que escribí el 21 de abril en un diario que llevaba en Long Beach:

Ahora, a la cama. Esta irritante maldición de cobijas de lana. No se me pasó ni por la mente, cuando firmé mi ingreso aquí, que todo iba a ser tan duro y, por supuesto, no me refiero solo a las cobijas. Es un buen programa, pero demasiado fuerte para alguien que hace unas cuantas semanas dobló la esquina de los sesenta. ¿Qué diablos estoy haciendo aquí? Incluso he empezado a hablar como los marineros. Podría irme, pero no quiero hacerlo. Me gustaría, pero prefiero llorar.

SIN VUELTA ATRÁS

Te sientes mejor cuando menos lo esperas, cuando ni siquiera lo intentas, cuando estás «deprimido» o cuando tratas de entretenerte con un par de marineros que juegan a las cartas. En mi vida diaria, nunca me habría reunido con esos hombres, pero ellos y yo nos ayudábamos unos a otros para sanar.

Hacia el final de mi mes en Long Beach traté de decirle a mi grupo —éramos el Grupo Seis y nos llamábamos los *Six Pack*— lo que habían significado para mí, pero no lo pude expresar con palabras. Comencé a llorar. Uno de ellos me pasó unos pañuelos de papel al tiempo que me decía: «Ahora sabemos que te vas a recuperar».

No es fácil mantenerse en sobriedad, pero estoy haciendo progresos. No quiero volver a beber y parar ha sido un gran alivio. El Hospital Eisenhower, de Palm Springs, está planeando un programa para pacientes adictos y espero participar para ayudar a otros, lo cual es la mejor terapia posible.

Hay una gran cantidad de personas químicamente dependientes como yo, mujeres a las que no se las reconoce como bebedoras problemáticas mientras no se las fuerza a confrontar su realidad o su salud se quebranta. He oído historias de mujeres que son exitosas en el mundo de los negocios y líderes en sus comunidades, pero el té helado que tienen en sus manos o la taza de café sobre su escritorio contienen una porción de vodka que es lo que las hace poder seguir trabajando. Es crucialmente importante darse cuenta de cuán fácil es deslizarse en la dependencia de las píldoras o el alcohol. ¡Y cuán difícil es admitirla!

Estoy muy agradecida al capitán Pursch y al resto de los creyentes de Long Beach por sus dones y por su interés por ayudar. Estoy agradecida, asimismo, a miles de personas a las que no conozco por su amabilidad y apoyo.

He aprendido mucho sobre mí. A medida que sigo estudiando y aprendiendo y trabajando hacia un futuro consciente, estoy segura que se me irán revelando muchas cosas más y espero expectante tales revelaciones.

Desde su época en Long Beach, Betty Ford hizo mucho más que «querer lograrlo». Son muy elogiados sus esfuerzos diarios por ayudar a otros a luchar con la adicción, además de sus campañas para socorrer a las mujeres en su batalla contra el cáncer de mama. Un tema importante de todos los que ha logrado es la lección que aprendió para sí misma: «Al final, de lo que se trata es de que usted se responsabilice de sí mismo». Ahora, por su franqueza, sinceridad y ejemplo, miles de personas han seguido sus pasos y también «lo han logrado».

Apartada de sus padres siendo una niñita, maltratada violentamente a los ocho años de edad, y expuesta a un sistema predispuesto de educación, Maya Angelou tenía todos los motivos para abandonar sus sueños y culpar a sus circunstancias desfavorables. Pero al leer «El viaje de Maya a casa» observe el momento crucial que ocurre el día de la graduación en que Maya reconoce que al responsabilizarse de su vida se transformó de víctima en vencedora.

EL VIAJE DE MAYA A CASA
Maya Angelou

Durante los últimos días de escuela en 1940, los niños negros de Stamps estaban visiblemente emocionados. Clases con gran número de alumnos se estaban graduando tanto de la escuela primaria como de la secundaria. Los alumnos del penúltimo año, preocupados por encontrar sillas disponibles después de la graduación, se pavoneaban por la escuela ejerciendo presión sobre sus compañeros de los grados inferiores. Los alumnos pertenecientes a las clases que se estaban graduando constituían la aristocracia de la escuela. Incluso los profesores los trataban con un respeto especial.

A diferencia de las escuelas para blancos en Stamps, la Escuela de Entrenamiento del Condado Lafayette se distinguía por no tener ni prados, ni cercos de protección ni canchas de tenis. Sus dos edificios (que albergaban las salas principales, la escuela elemental y las oficinas) se levantaban en un montículo bastante desaseado. Un gran espacio a la izquierda de la escuela se usaba alternativamente como campo para jugar béisbol y como cancha de básquetbol. Unos aros oxidados sobre postes que amenazaban con caerse eran todo el equipo de recreación.

Sobre ese área rocosa, mitigada por algo de sombra producida por unos frondosos árboles de caqui, se desarrollaban las actividades de la clase del último año de secundaria. Los alumnos parecían no estar dispuestos a renunciar a su vieja escuela, a esos pasillos que les eran tan familiares y a sus salones de clases. Solo un pequeño porcentaje continuaría estudios superiores en una de las escuelas de agricultura y mecánica que preparaba a jóvenes negros en carpintería, agricultura, trabajos varios, albañilería, camareras y niñeras. Su futuro descansaba pesadamente sobre sus hombros y los eximía de la alegría colectiva que había permeado las vidas de los estudiantes graduados de la escuela elemental.

En casa, yo era el personaje del momento. La bebé. El centro. Las chicas en mi clase usarían para la graduación vestidos de algodón de color amarillo. Momma, mi abuela, me preparó un vestido y blusa con dobladillos entrecruzados y me frunció el resto del corpiño. Me vería primorosa aunque a mí eso no me preocupaba mucho ya que solo tenía doce años de edad y solo me estaría graduando de octavo grado en la escuela primaria.

Mi trabajo académico me permitió conquistar un lugar de privilegio y sería una de las primeras en las ceremonias de graduación. Pero el que diría el discurso de graduación sería Henry Reed, un alumno con unos ojos de grandes párpados semicaídos. Él y yo habíamos competido por lograr las mejores calificaciones. Con bastante frecuencia él me superaba, pero en lugar de sentirme mal me alegraba de que estuviéramos compartiendo los primeros lugares. Él era muy cortés con las personas mayores, pero en los deportes escogía los juegos más rudos. Yo lo admiraba. Para mí, cualquiera suficientemente capaz para actuar al más alto nivel con adultos y con niños era digno de admiración.

Las semanas anteriores a la graduación estuvieron llenas de actividades. Un grupo de niños pequeños serían presentados en un juego como flores amarillas, margaritas y conejos. Se los podía oír por todo el edificio practicando sus brincos y sus pequeñas canciones. A las niñas mayorcitas se les asignó la tarea de preparar refrescos para la actividad de la noche. Eso hizo que por todo el ambiente se sintiera un aroma a jengibre, a canela, a nuez moscada y a chocolate. En el taller, los alumnos de carpintería preparaban un escenario con hachas y sierras.

Cuando finalmente llegó el gran día, salté de la cama y abrí de par en par la puerta que daba al patio trasero para ver mejor. La luz solar aún era muy débil y el día apenas insinuaba la madurez que alcanzaría en unas cuantas horas. En bata y descalza en medio del patio, me dediqué a dar gracias a Dios porque, pese a lo malo que hubiera hecho en mi vida, Él me había permitido vivir para ver ese día.

Mi hermano mayor, Bailey llegó y me entregó una caja envuelta en papel de Navidad. Me dijo que durante meses había ahorrado un poco de dinero para comprar ese regalo. Era una colección de poemas de Edgar Allan Poe, encuadernada en piel. Busqué «Annabel Lee» y leyéndola anduvimos durante largo rato por el patio, la fría basura metiéndose entre los dedos de mis pies mientras yo recitaba aquellas hermosas y tristes líneas.

Momma preparó un desayuno dominical aunque solo era viernes. Al terminar la bendición por los alimentos, abrí los ojos para encontrarme con Mickey Mouse mirándome desde el plato. Era un día de ensueño. Todo iba saliendo a pedir de boca. Al acercarnos a la tarde, me puse mi traje. Me quedaba perfecto y todos dijeron que dentro de él lucía como un rayo de sol.

Frente a la escuela me reuní con mis compañeros, con quienes nos habríamos de graduar. Cabellos peinados hacia atrás, piernas cuidadosamente presentadas, vestidos nuevos y pantalones planchados al estilo militar; es decir, impecables, pañuelos nuevos y pequeños bolsos de mano, todo hecho en casa. Deslumbraríamos al mundo.

La banda irrumpió con una marcha y todas las clases, en fila, avanzamos hacia el auditorio tal como lo habíamos venido ensayando. Permanecimos de pie frente al asiento previamente asignado a cada uno y cantamos el himno nacional después de lo cual recitamos la Promesa de lealtad.

Nos quedamos de pie para cantar la canción que cada persona negra que conozco llama el «Himno nacional negro». Pero de repente el director del coro y el director de la escuela nos indicaron, creo que bastante molestos, que nos sentáramos. Mientras lo hacíamos, me invadió un presentimiento de que estaban por ocurrir cosas muy malas.

El director dio la bienvenida a «padres y amigos» y pidió al pastor bautista que nos guiara en una oración. Cuando el director volvió al estrado, su voz había cambiado. Dijo unas cuantas frases vagas sobre la amistad y lo amables que había que ser con los menos afortunados. Su voz fue bajando gradualmente de volumen hasta que casi no se oía. Aclaró su garganta, y dijo: «Nuestro orador de esta noche vino de Texarkana para pronunciar el discurso de graduación, pero debido a la irregularidad del horario del tren va a tener que "hablar y salir corriendo". Bienvenido, señor Edward Donleavy».

No uno sino dos hombres blancos aparecieron por la puerta del escenario. El más bajo se dirigió al sitio del conferenciante en tanto que el más alto, a quien nadie presentó, se dirigió hasta la silla que estaba en el centro, la del director, y se sentó. El director dio un par de vueltas mientras respiraba profundo hasta que finalmente el ministro bautista le cedió su silla y con más dignidad que lo que la situación merecía, bajó de la plataforma.

Donleavy nos habló de las grandes cosas que nos esperaban a los niños de Stamps. Dijo que desde Little Rock había llegado a la Escuela Central (naturalmente, la Escuela Central era para niños blancos) un artista muy bueno. Que estaban esperando nuevos microscopios y nuevo equipo de química para su laboratorio. El señor Donleavy no tardó mucho en decirnos en qué forma se habían conseguido todas esas cosas para la Escuela Central. Pero no nos dijo cómo podríamos nosotros sentirnos considerados en el esquema de mejoramiento que tenía en mente.

Dijo que había compartido con personas del más alto nivel sobre uno de los jugadores de fútbol de la Escuela Normal de Agricultura y Mecánica de Arkansas que se había graduado de la Escuela de Entrenamiento del Condado de Lafayette. Siguió diciendo cómo se había ufanado de que «uno de los mejores jugadores de básquetbol de la Universidad Fisk había hecho su primer "hundimiento" en la Escuela de Entrenamiento del Condado de Lafayette».

Así estaban las cosas. Los niños blancos tendrían la oportunidad de ser los nuevos Galileo y Madame Curie y Edison y Gauguin y nuestro niños (no había nada para nuestras niñas) deberían tratar de ser Jesse Owens y Joe

Louis. Owens y el Bombardero de Detroit eran grandes héroes en nuestro mundo pero ¿qué escuela oficial en los dominios blancos de Little Rock tiene el derecho de decidir que aquellos hombres tienen que ser nuestros héroes? ¿Quién decidió que para que Henry Reed llegara a ser un científico tenía que trabajar, como George Washington Carver, de limpiabotas para poderse comprar un piojoso microscopio?

Donleavy estaba aspirando a un puesto político de modo que aseguró a nuestros padres que si ganaba podíamos contar con que dispondríamos del único campo de juego pavimentado para gente de color en esa parte de Arkansas. Además, se nos garantizaba que podríamos adquirir nuevo equipo para las oficinas y los talleres.

Aquellas palabras cayeron como ladrillos en el auditorio. A mi izquierda y a mi derecha las orgullosas clases graduandas de 1940 inclinaron sus cabezas. Cada niña en mi fila encontró algo nuevo que hacer con su pañuelo. Algunas doblaban aquellas pequeñas piezas de género cuadradas en nudos, otras en triángulos pero la mayoría en rollos. Y luego los presionaban sobre sus faldas amarillas.

En la plataforma, nuestro director permanecía sentado completamente rígido, lejos de lo que un escultor apreciaría como modelo. Su cuerpo largo y pesado parecía desprovisto de voluntad o iniciativa y sus ojos decían que ya no estaba con nosotros.

La graduación, aquel tiempo mágico de secreteos, de vestirse con las mejores galas, de regalos, felicitaciones y diplomas terminó para mí mucho antes que pronunciaran mi nombre. Mi lucimiento fue cero. Los mapas detallados, dibujados en tres colores de tinta, el aprendizaje y la pronunciación de palabras decasílabas, la memorización completa de «El rapto de Lucrecia» de Benjamin Britten no sirvió de nada. Donleavy nos puso en evidencia. No éramos más que camareras y campesinos, obreros para hacer de todo un poco y lavanderas y cualquier cosa que aspiráramos sobre eso no era más que grotesco y presuntuoso.

Hubo un murmullo alrededor de donde me encontraba y entonces le tocó el turno a Henry Reed para leer su discurso de despedida. «Ser o no ser». El profesor de inglés le había ayudado a crear un sermón parecido a un soliloquio de Hamlet. Ser un hombre, un activista, un forjador, un dirigente o ser una herramienta, un chiste sin gracia, un triturador de basura. Me sorprendí que Henry pudiera pronunciar su discurso, planteándonos la posibilidad de elegir.

Yo había estado con los ojos cerrados y escuchando y rebatiendo en silencio cada frase; de pronto, se produjo un silencio. Abrí los ojos y vi a Henry ignorando un poco a la audiencia y volviéndose a nosotros, la orgullosa clase graduanda de 1940. Más que hablar, parece que empezaba a cantar.

> *«Alzad cada voz y cantad*
> *Hasta que la tierra y el cielo suenen*
> *Suenen con las armonías de la libertad...»*

Era el Himno Nacional Negro. Sorprendidos, nosotros también empezamos a cantar. Nuestros padres se pusieron de pie y unieron sus voces a las nuestras en aquel himno al valor. Luego, se nos unieron los más pequeñitos, las flores amarillas y las margaritas y los conejitos.

> *«¿Es duro el camino que transitamos?*
> *¿Es amarga la vara que castiga?*
> *¿Dolorosos los días cuando la esperanza, aun sin nacer, ha muerto?*
> *Sin embargo, con paso firme*
> *Sin que nuestros pies se cansen*
> *Lleguemos al lugar por el cual nuestros padres suspiraron».*

Cada niño que yo conocía se había aprendido esa canción desde el ABC. Pero yo, personalmente, nunca presté atención a las palabras a pesar de las miles de veces que las canté. Nunca pensé que tuvieran algo que ver conmigo. Ahora las oía por primera vez:

> *«Vamos por un camino*
> *Que ha sido mojado por nuestras lágrimas,*
> *Vamos, hollando nuestra senda*
> *A través de la sangre de los masacrados».*

Mientras el eco de la canción aún se escuchaba en el aire, Henry Reed regresó a su lugar en la fila. Las lágrimas que corrieron por las mejillas de muchos no se enjugaron con vergüenza. De nuevo estábamos en la cima. Como siempre, otra vez. Habíamos sobrevivido. Las profundidades fueron frías y oscuras, pero ahora un sol brillante hablaba a nuestras almas.

Después de esos, y otros, días de graduación, la doctora Angelou siguió enseñando danza moderna en Israel e Italia, hasta aparecer en la ópera *Porgy and Bess* en una gira por veintidós naciones y dirigir la representación de *Moon on a Rainbow* en Londres. Se convirtió en editora de una revista en Egipto y administradora en la Facultad de Música de la Universidad de Ghana. Hablaba seis idiomas, dirigió una orquesta y protagonizó el drama *Raíces* de Alex Haley en la televisión. Sus escritos le dieron una nominación al Premio Pulitzer, mientras su debut en Broadway le dio una nominación al Premio Tony.

Sin duda estos y muchos otros logros de Maya se pueden atribuir en parte a la inspiración que recibió del himno negro en el día de la graduación, que le recordó cómo sus antepasados viajaron por caminos pedregosos para lograr sus sueños. Los poemas líricos encendieron en Maya la audacia de responsabilizarse por su vida y encontrar el éxito en sus búsquedas diarias... a pesar de las circunstancias que el señor Donleavy enviara a su camino. La clave está en nuestras decisiones, no en nuestras condiciones.

Quien haya visto alguna vez las habilidades marciales llenas de acción de la estrella de cine Chuck Norris ha observado al mismísimo modelo de alguien que toma la vida en sus manos. Pero según sus palabras, en su juventud no siempre fue tan valiente... al menos no hasta que comenzó a empacar comestibles.

CREE SUS PROPIAS OPORTUNIDADES

Chuck Norris

Tenía dieciséis años cuando encontré trabajo para empacar comestibles en un Boys Market en Gardena, un suburbio de Los Ángeles. Eran los años de la década de los cincuenta y por aquellos días las tiendas de alimentos usaban cajas para los artículos pesados.

Pensé que todo iba bien hasta que al final del primer día, el administrador me dijo que no volviera. No había trabajado con suficiente rapidez.

Yo era un muchachito terriblemente tímido, de modo que me sorprendí cuando reaccioné diciendo: «Permítame volver mañana e intentar una vez más. Sé que puedo hacerlo mejor». Yo sabía que lo que acababa de decir iba contra mi manera de ser, pero funcionó. Conseguí una segunda oportunidad, trabajé mucho más rápido y por el siguiente año y medio preparé cajas de comestibles desde las cuatro a las diez, de lunes a viernes por $1.25 la hora y a veces los sábados y domingos.

Aquel momento en que le dije a mi jefe que quería volver al día siguiente sigue grabado en mi memoria. Y de igual manera la lección que aprendí: Si usted quiere lograr algo en la vida, no puede sentarse, echarse para atrás y esperar que suceda. Tiene que hacer que eso suceda.

Cuando comencé a estudiar karate no era un atleta natural, pero entrené más duro que nadie y durante seis años fui campeón mundial en el peso mediano. Más tarde, cuando decidí convertirme en actor tenía treinta y seis años de edad y ninguna experiencia. En Hollywood habría por ese entonces unos mil seiscientos actores desempleados. Tuve que competir con otros que ya habían hecho películas o estado en la televisión. Si hubiera dicho: «No tengo ninguna posibilidad» una cosa es clara: No la habría tenido.

La gente se lamenta, diciendo: «No he tenido éxito porque no se me han dado las oportunidades». Recuerde: Usted es quien crea su oportunidad.

Sin lugar a dudas, las circunstancias diarias que enfrentamos influyen en las oportunidades que nos llegan. Pero en el análisis final, como Chuck Norris señala, creamos nuestros propios caminos al responsabilizarnos de nuestra vida... lo que incluye trabajar duro y hablar por nosotros mismos.

$\sim$

ELABORACIÓN FINAL

En los años que me he reunido con organizaciones y he hecho presentaciones en público, ningún tema ha despertado más interés o discusión que el de encargarnos de nuestra vida. Es la idea de que pase lo que pase tenemos la capacidad de elegir nuestras respuestas a través de actitudes, pensamientos y acciones. Es el concepto que sugiere que al trepar cualquier escalera del éxito no hay espacio para sentarse y no hacer nada, poniendo la esperanza en la suerte o esperando lamentablemente mejores circunstancias. La mejor manera de predecir nuestros futuros es crearlos. El principio de responsabilidad es en sí uno de los cimientos más poderosos para mejorar y transformar la vida que tenemos a nuestra disposición si queremos aprender a dominarla y canalizarla hacia propósitos que valen la pena.

REFLEXIONES

- Betty Ford no se dedicó a culpar a otros por sus problemas ni a dar excusas. ¿Se descubre usted alguna vez culpando de sus problemas a otros, a la genética o al ambiente?

- Maya Angelou no permitió que las circunstancias adversas manejaran su vida y sus actitudes. ¿Deja usted que las circunstancias manejen lo que hace en la vida o crea usted sus propias circunstancias?

- Chuck Norris mostró iniciativa y creó su propio cambio levantándose por encima de sí mismo y prometiendo dar lo mejor. ¿Qué nivel de iniciativa muestra cuando llegan las dificultades?

MÁS REFLEXIONES SOBRE LA
Responsabilidad

~⌒

ES HORA DE TOMAR LAS RIENDAS

Mientras más aceptamos la responsabilidad por quiénes
somos y en qué nos podemos convertir, más fabulosos
serán nuestro progreso y nuestra contribución.

Ni por un instante creo que todo lo que le ocurre a usted sea culpa suya.
Pero sí creo que la cualidad definitiva de su vida, además de su felicidad, la
determinan su valor, sus decisiones éticas y su actitud total. Quizás se haya
provisto de algunos ladrillos malos y una rueda débil, pero sigue siendo el
contratista general.

—LAURA SCHLESSINGER,
HOW COULD YOU DO THAT? [¿CÓMO PODRÍA USTED HACER ESO?]

▪ ▪ ▪

La trágica verdad es que ese lenguaje victimario es el auténtico
discriminador: un gran estropeador de mentes y espíritus jóvenes. Enseñar a
los jóvenes que sus vidas no las gobiernan sus acciones sino fuerzas
socioeconómicas, presupuestos gubernamentales u otros impulsos
misteriosos y diabólicos fuera de su control, es enseñar a nuestros hijos
negativismo, resignación, pasividad y desesperación.

—LOUIS W. SULLIVAN

▪ ▪ ▪

La denomino la nueva aberración. No es una frase de cuatro palabras sino
una afirmación repetida a menudo que golpea el mismísimo centro de
nuestra humanidad. Las cuatro palabras son: «No lo puedo impedir».

Esa filosofía ve al hombre como una entidad sobre la que actúan fuerzas biológicas y sociales, y no como causante con libre albedrío. No ve a los delincuentes como pecadores o criminales sino como «enfermos». Al hacer caso omiso a la idea que las personas enfrentan tentaciones que pueden —y deberían— resistir, se niega la misma cualidad que nos separa de los animales.

—WILLIAM LEE WILBANKS, PROFESOR DE DERECHO,
VITAL SPEECHES OF THE DAY [RAZONAMIENTOS VITALES DE LA ÉPOCA]

DEJE EL JUEGO DE CULPAR A OTROS

Cuando surgen problemas, lo más fácil de hacer es participar en el juego de culpar o dar excusas. Sin embargo, las personas de más éxito evitan los chivos expiatorios, decidiendo más bien aceptar la responsabilidad cuando esta les corresponde.

Hay quienes siempre están culpando a sus circunstancias por lo que son. No creo en ellas. Quienes progresan en este mundo son las personas que se levantan y buscan las circunstancias que desean, y si no las encuentran, las provocan.

—GEORGE BERNARD SHAW

■ ■ ■

Lo único que hace culpar a otros o a otra cosa es quitarle el enfoque buscando razones externas para explicar su infelicidad o frustración. Usted podrá tener éxito al hacer sentir culpable a otra persona echándole la culpa, pero eso no logrará cambiar cualquier cosa respecto de lo que lo esté haciendo infeliz.

—WAYNE W. DYER,
YOUR ERRONEOUS ZONES [TUS ZONAS ERRÓNEAS]

■ ■ ■

La culpa no está en nuestras estrellas sino en nosotros mismos.

—SHAKESPEARE

■ ■ ■

Solamente los débiles culpan a sus padres, su raza, sus épocas, su falta de buena suerte o los caprichos del destino. Todo el mundo tiene en su interior el poder para decir: Esto soy hoy; eso seré mañana.

—LOUIS L'AMOUR,
THE WALKING DRUM [EL TAMBOR AMBULANTE]

■ ■ ■

Quien no puede danzar le echa la culpa al suelo.

—PROVERBIO HINDÚ

■ ■ ■

La búsqueda de un chivo expiatorio es la más fácil de todas las expediciones de caza.

— DWIGHT D. EISENHOWER

LA FELICIDAD ES UNA LABOR INTERIOR

La felicidad en la vida viene del interior. Nos hace poco bien cruzar los brazos y esperar que venga de fuentes exteriores.

La felicidad no depende de condiciones externas sino internas.

—DALE CARNEGIE,
CÓMO GANAR AMIGOS E INFLUIR SOBRE LAS PERSONAS

■ ■ ■

Muchas canciones populares en la radio llevan el mensaje: «Hazme feliz; estaría perdido sin ti; eres mi mundo». Esta manera de pensar elimina toda responsabilidad de que usted sea feliz y dé felicidad a alguien más. Esa es una cantidad enorme de presión para poner sobre alguien.

—RICHARD Y KRISTINE CARLSON,
DON'T SWEAT THE SMALL STUFF IN LOVE
[NO SE PREOCUPE POR COSAS INSIGNIFICANTES EN EL AMOR]

■ ■ ■

Lo primero que debe comprender al empezar un día sombrío es que el día es el sombrío, no usted. Si quiere ser sombrío también, está bien, pero no es obligatorio.

—NORA GALLAGHER

■ ■ ■

Si convencemos a nuestras mentes de que este universo es monótono y sin sentido, será eso y nada más. Por otra parte, si creemos que el mundo es nuestro, y que el sol y la luna flotan en el cielo para nuestro deleite, habrá gozo, porque el Artista en nuestras almas glorifica la creación.

—HELEN KELLER,
PERSONALITY [PERSONALIDAD]

■ ■ ■

Aunque viajemos por todo el mundo para encontrar la belleza, debemos llevarla con nosotros o no la hallaremos.

—RALPH WALDO EMERSON

UN ASUNTO DE ACTITUD

Nuestra disposición a aceptar la responsabilidad y a mostrar iniciativa depende de nuestros pensamientos y actitudes.

Quienes hemos vivido en campos de concentración podemos recordar a los hombres que pasaron por las barracas consolando a otros, entregando sus últimas migajas de pan. Quizás fueron pocos en cantidad, pero dieron suficiente prueba de que a un hombre se le puede quitar todo menos una cosa: la última de las libertades humanas, qué actitud tener en cualquier circunstancia dada, escoger qué camino seguir.

—VIKTOR FRANKL,
MAN'S SEARCH FOR MEANING [BÚSQUEDA HUMANA DE SIGNIFICADO]

■ ■ ■

Buenos pensamientos producen buenos frutos, malos pensamientos producen malos frutos... y el hombre es su propio jardinero.

—JAMES ALLEN

■ ■ ■

El más grande descubrimiento de mi generación es que el ser humano puede cambiar su vida si cambia su actitud.

—WILLIAM JAMES

■ ■ ■

El inconsciente es un gran dínamo, pero también una computadora a la que se debe programar de manera adecuada. Si constantemente encauzamos pensamientos de temor, preocupación y fracaso dentro del inconsciente, este no nos devolverá nada muy constructivo. Pero si en la mente consciente mantenemos una meta firme, al final el inconsciente la aceptará y empezará a suministrar a la mente consciente planes, ideas, visiones y energías necesarias para lograr ese objetivo.

—NORMAN VINCENT PEALE

■ ■ ■

Cuando se trata de mantenerse joven, una mentalidad elevada consigue algún día un rostro erguido.

—MARTY BUCELLA

PREPARÉMONOS PARA LA SUERTE

De vez en cuando la oportunidad nos llega o la suerte rebota en nuestra dirección. Pero con mayor frecuencia la oportunidad y la suerte llegan solo después de una dosis constante de preparación.

Suerte es asunto de preparación unida a oportunidad.

—OPRAH WINFREY

■ ■ ■

La oportunidad apoya a la mente preparada.

—LOUIS PASTEUR

■ ■ ■

Una vez me preguntaron si existe la suerte en un proceso legal. «Sí —contesté—, pero solo llega en la biblioteca a las tres de la mañana». Eso sigue siendo válido para mí en el día de hoy. Usted aún me encontrará en la biblioteca buscando la suerte a las tres de la mañana.

—LOUIS NIZER,
ABOGADO Y ESCRITOR A LOS OCHENTA Y DOS AÑOS DE EDAD

■ ■ ■

Nadie llega a ser sabio por casualidad.

—SÉNECA

■ ■ ■

Hoy día algunas personas esperan que la puerta de la oportunidad se abra con control remoto.

—M. CHARLES WHEELER

■ ■ ■

Cuando yo tenía quince años usaba ropa interior de la suerte. Si eso fallaba, tenía un peinado de la suerte, luego un número de la suerte para correr, y hasta días de suerte para correr. Después de quince años he descubierto que el secreto del éxito es sencillo: Trabajo duro.

—MARGARET GROOS,
MARATONISTA,
RUNNER'S WORLD [EL MUNDO DEL CORREDOR]

ACTÚE

Como aprendió Maya Angelou el día de graduación, usted no puede esperar el éxito en el mundo. Debe actuar, salir a cazarlo, mostrar iniciativa en cada paso del camino.

Servir es algo muy personal. Es lo que resulta de conocer la necesidad de tomar medidas y no es solo una necesidad de instar a otros a hacer algo.

—MADRE TERESA

■ ■ ■

No espero tener ganas. No se puede lograr nada haciendo eso. La mente debe saber que debe ponerse a trabajar.

—PEARL S. BUCK

■ ■ ■

Hay quienes me dicen: «Eres un gran triunfador. ¿Cómo lo lograste?» Me remonto a lo que me enseñaron mis padres. Aplíqueselo a usted mismo. Edúquese todo lo que pueda, pero luego, ¡por Dios, haga algo! No solo se quede allí, haga que algo ocurra.

—LEE IACOCCA,
IACOCCA

■ ■ ■

Si quiere dejar huellas en las arenas del tiempo, no arrastre los pies.

—ARNOT L. SHEPPARD

■ ■ ■

El éxito no es resultado de la combustión espontánea. Primero es necesario arder.

—ARNOLD H. GLASOW

■ ■ ■

Un hombre tendría que mantener abierta la boca por mucho, pero mucho tiempo, antes de que un faisán asado le vuele adentro.

—PROVERBIO IRLANDÉS

■ ■ ■

Los tiempos son malos. Muy bien, usted está allí para mejorarlos.

—THOMAS CARLYLE

■ ■ ■

Si su barco no se acerca, ¡nade hacia él!

—JONATHAN WINTERS

■ ■ ■

Para llegar al puerto del cielo a veces debemos navegar con el viento a favor, y a veces en contra, pero debemos navegar, no ir a la deriva ni tirar un ancla.

—OLIVER WENDELL HOLMES,
THE AUTOCRAT OF THE BREAKFAST TABLE
[EL AUTÓCRATA EN LA MESA DEL DESAYUNO]

■ ■ ■

Dios le da a cada ave su lombriz, pero no se la lanza dentro del nido.

—PROVERBIO SUECO

5

VALOR

El valor está que se muere de miedo,
pero de todos modos está ensillando.

—JOHN WAYNE

Quienes están acostumbrados al actor John Wayne pueden imaginar la resolución en sus ojos, la fanfarronería en su mirada y el acento en su voz mientras hacía la declaración anterior. Aunque ensillar frente al miedo requería que John Wayne trepara, más a menudo el valor requiere que bajemos: de nuestras zonas cómodas, de nuestras dudas y de nuestras aguas desconocidas.

Valor no es ausencia de temor sino conciencia de que hay algo más importante. El valor se puede mostrar en formas heroicas o en batallas tranquilas y privadas que tenemos al tratar de conquistar temores internos. Estas gamas diferentes de valor se muestran en los tres relatos siguientes. El valor de Luba Gercak es heroico en su naturaleza cuando ella se opone a su captores nazis para proteger niños. El valor de Lee Maynard es menos intenso cuando aprende de su madre a no huir de sus temores. Y el de Reba McEntire es aun más sutil cuando desarrolla confianza personal para ser ella misma. Al leer estos relatos, piense en cuánto valor muestra a diario para vencer dudas y temores personales, y cuán fuerte es al no abandonar sus principios.

UNA HEROÍNA EN EL INFIERNO

Lawrence Elliott

En un área al aire libre del campo de concentración de Bergen-Belsen, una harapienta partida de chiquillos temblaba bajo el viento gélido. Corría la primera semana de diciembre de 1944, y aquellos huérfanos judíos holandeses, apenas unas decenas, estaban desesperadamente solos luego de arreglárselas para sobrevivir a cuatro años y medio de guerra y largos meses de cautiverio.

Habían sido testigos mudos de cómo sus padres y sus hermanos mayores fueron subidos a los camiones de una caravana del temible Servicio Secreto (SS) y llevados lejos de ellos. Nadie les dijo adónde los conducían pero algunos alcanzaron escuchar los nombres mencionados entre dientes de los campos de la muerte: Auschwitz, Treblinka, Chelmno.

Una vez que los hombres desaparecieron, los camiones regresaron por las madres y las hermanas mayores. Después que ellas partieron, los niños fueron conducidos al complejo para mujeres, donde les ordenaron bajar de los camiones. Mientras los vehículos se alejaban, Gerard Lakmaker, de once años, descubrió que habían desaparecido también sus últimas y escasas pertenencias, las que había envuelto en una sábana amarilla.

Ahora, apiñados en el vacío, los mayores trataban de calmar el llanto de los bebés.

En la oscuridad de una barraca cercana, una mujer llamada Luba Gercak despertó a su vecina. «¿Escuchaste eso? ¿No era un bebé llorando?»

«No hay nada ahí», fue la respuesta. «Son sólo tus pesadillas otra vez». Luba apretó los párpados, tratando de cerrar las puertas a recuerdos terribles.

Ella se había criado en un *shtetl,* una comunidad judía en Polonia. Siendo una adolescente, se casó con un carpintero especialista en gabinetes de cocina, Hersch Gercak, y fueron bendecidos con un hijo, Isaac. Esperaban tener otros y vivir una vida apacible. Pero entonces comenzó la guerra y se vieron atrapados en su mortal resaca. Los nazis hacinaron en carretones tirados por caballos a todos los judíos de la región para trasladarlos en un viaje de pesadilla a Auschwitz-Birkenau, el más mortífero de los campos de concentración del sistema alemán.

Mientras cruzaba las puertas, Luba apretaba contra su pecho a Isaac. Pero minutos después los guardias de las SS le arrebataron a su hijo de tres años. Los gritos del pequeño «¡Mamá! ¡Mamá!» retumbaron en sus oídos mientras lo echaban dentro de un camión junto con otros demasiado jóvenes o muy ancianos para trabajar. En breve, el camión partió con destino a las cámaras de gases. Los días que siguieron fueron para Luba oscuros e irreales, hasta el momento en que vio cómo un camión arrastraba el cuerpo sin vida de su esposo. Entonces sintió que ya no quería seguir viviendo.

Pero cierta fortaleza interna no le permitió rendirse. Tal vez Dios tenía algún propósito para ella. Con la cabeza rapada y el número 32967 tatuado en un brazo, se las arregló para conseguir un trabajo en el hospital de Auschwitz, donde a los enfermos se les dejaba morir.

Pasaron días interminables y noches fantasmagóricas. Luba aprendió el alemán y se acostumbró a mantener los oídos alerta. Un día escuchó decir que a las enfermeras las estaban enviando a un campamento en Alemania. Se ofreció como voluntaria. En diciembre de 1944 fue enviada a Bergen-Belsen. Allí no había cámara de gas, pero la desnutrición, las enfermedades y las ejecuciones sumarias hacían de ese campo un centro de exterminio espantosamente eficiente.

A medida que se acercaban las fuerzas aliadas y empezaba a reinar el caos, las ya deplorables condiciones empeoraban. En incontables vehículos llegaban cada vez más almas hambrientas, a hacinarse en las barracas improvisadas e infestadas de todo tipo de sabandijas.

Inquieta en su camastro, Luba volvió a escuchar el llanto de un niño. Esta vez se dirigió a la puerta, y allí se detuvo, abrumada por el espectáculo de una horda de niños aterrorizados y temblorosos. Les pidió que se acercaran, y algunos lo hicieron cautelosamente.

«¿Qué les pasó?», murmuró. «¿Quién los dejó aquí?»

En su alemán elemental uno de los mayores, llamado Jack Rodri, le explicó que los guardias SS los condujeron allí sin decirles dónde iban. La mayor de los cincuenta y cuatro, Hetty Werkendam, tenía catorce años. Llevaba en sus brazos a Stella Degen, de dos años y medio. Y los había aun menores. Tomando de la mano a Jack, Luba hizo un gesto a los demás para que la siguieran.

Algunas de las mujeres trataron de impedir que entrara con los niños en la barraca. Sabían cuán fácil era provocar a los SS para que les dispararan un balazo en la nuca.

Pero Luba estaba determinada, segura de que hacía lo correcto. Hizo avergonzarse a las otras preguntándoles: «Si estos fueran sus hijos ¿los rechazarían?» «Escúchenme bien», agregó, «estos son los hijos de alguien». E hizo entrar a la barraca a los menesterosos muchachos.

A la mañana siguiente Jack Rodri le contó a Luba lo sucedido al grupo. Ella se había librado inicialmente de lo peor de las atrocidades nazis gracias a que sus padres eran decanos de la industria de los diamantes en Amsterdam, y los alemanes necesitaban de su pericia en el arte de cortarlos. Los cortadores de diamantes y sus familiares fueron enviados a Bergen-Belsen. Pero más tarde los padres fueron allí separados de los hijos, a quienes abandonaron donde Luba los había encontrado.

El corazón de Luba rebosaba de gratitud hacia Dios por haber llevado a los niños a su presencia. Su vida tenía un nuevo significado. Si a su hijito se lo habían asesinado, ella iba a salvar a estos niños de correr la misma suerte.

Sabía que le sería imposible ocultar a decenas de menores, así que le contó a un oficial SS del campo lo que había sucedido.

—Déjeme que cuide de ellos —le rogó poniendo su mano en el brazo del militar—. No serán un problema. Se lo prometo.

—Usted es enfermera, ¿qué piensa hacer con esta basura judía? —replicó el oficial.

—Es que yo también soy madre —dijo ella—. Yo perdí a los míos en Auschwitz.

En ese momento, el oficial se dio cuenta de que la mano de ella aún estaba sobre su brazo. A un preso no se le permitía tocar a un alemán. De un puñetazo en la cara, la derribó.

Con los labios ensangrentados, Luba se levantó. Y no cejó en su empeño. —Usted bien podría ser abuelo —repuso—. ¿Por qué les haría daño a niños inocentes, a bebés? Todos morirán si no tienen quien cuide de ellos.

Tal vez logró conmoverlo. O quizás no quiso tener que decidir qué hacer con todos aquellos niños.

—Quédese con ellos —musitó—. Que se los lleve el diablo. —Pero Luba aún no había terminado—. Necesitan algo de comer. Permítame llevarles un poco de pan. —El oficial le dio una nota de autorización para dos hogazas.

Darles de comer se convirtió en el centro de cada día, una ansiedad sin fin. La ración estipulada, una rebanada de pan negro y media escudilla de sopa clara, apenas bastaba para no morir de hambre. De modo que cada mañana Luba salía a hacer sus rondas —el almacén, la cocina, la panadería— para conseguir comida mediante trueques y ruegos, o simplemente robarla. Cuando la veían venir, los niños se arremolinaban en la puerta: «¡Ya viene! ¡Ya viene! ¡Y trae algo de comer!»

Ellos le tomaron un gran cariño, como a sus propias madres ausentes. Pues era Luba quien rapiñaba para cubrir sus necesidades, quien cuidaba de ellos cuando enfermaban y quien les cantaba canciones de cuna durante las largas y oscuras noches. Los que hablaban holandés no entendían sus cantos, pero sí entendían su amor.

Desfilaron semanas y meses. Los reclusos de Bergen-Belsen sabían que los aliados se estaban acercando. Y mientras el terrible invierno avanzaba a paso de caracol hacia la primavera de 1945, los alemanes intentaron deshacerse de los cadáveres que colmaban el campo. Pero era una batalla perdida. La disentería se propagó, dejando a los niños deshidratados, exhaustos y vulnerables a las fiebres abrasadoras y jaquecas del tifus.

En una barraca vecina sucumbió otra niña de Amsterdam, Anna Frank. En este lado, varios de los chicos de Luba enfermaron. Ella iba de uno a otro, alimentando a los que podían comer, tocándoles la frente con los labios para medir su temperatura y dando a los más enfermos preciosas tabletas de aspirina. Ella rogaba a Dios que hiciera un milagro y los salvara.

El milagro llegó, el domingo 15 de abril de 1945, cuando una columna de tanques británicos arribó a Bergen-Belsen. En media docena de idiomas los altavoces clamaron «¡Son libres!»

Los aliados llevaron médicos y medicinas, pero para muchos ya era demasiado tarde. Miles de cadáveres yacían insepultos dentro del campo, y de los otros 60.000 cautivos, casi una cuarta parte murió después de la liberación.

Pero de los chicos de Luba sobrevivieron cincuenta y dos, todos menos dos del grupo de cincuenta y cuatro que encontró dieciocho semanas antes. Cuando estuvieron lo bastante recuperados como para viajar, un avión militar británico les llevó de regreso a su país. Luba iba a bordo, cuidando de ellos durante el viaje. Un funcionario holandés escribiría más tarde: «Fue gracias a ella que estos niños sobrevivieron. Como holandeses le debemos mucho por lo que hizo».

A los niños se les encontró refugio temporal mientras esperaban a reunirse con sus madres, casi todas sobrevivientes. A petición de la Cruz Roja Internacional, Luba acompañó luego a cuarenta huérfanos de la guerra desde otros muchos campos hasta Suecia, donde comenzarían sus nuevas vidas.

Una nueva vida comenzó también para ella. En Suecia conoció a Sol Frederick, otro sobreviviente del Holocausto. Se casaron y se fueron a vivir a Estados Unidos, donde tuvieron dos hijos. Pero Luba nunca olvidó a sus «chicos».

Dondequiera que se reasentaron, casi todos los niños de Luba brillaron. Jack Rodri se estableció en Los Ángeles, donde se convirtió en un exitoso empresario. Hetty Werkendam se hizo corredora de bienes raíces en Australia y fue electa como la inmigrante más exitosa del país. Gerard Lakmaker prosperó como fabricante. Stella Degen-Fertig no guardaba recuerdos de Bergen-Belsen. Pero mientras crecía, su madre le hizo saber cuánto le debía a una mujer llamada Luba, y Stella se preguntaba adónde habría ido a parar su protectora.

Otros decidieron buscar a Luba. Jack Rodri consiguió que le permitieran contar en la televisión la historia de ella. «Si alguien sabe dónde está», rogó Jack, «llame, por favor, a este canal».

«Yo sé dónde está», dijo alguien que llamaba desde Washington, D.C. «Ella vive aquí en la ciudad».

Jack llamó a Luba inmediatamente. A la semana estaba en su apartamento abrazándola, los dos llorando de alegría.

Poco tiempo después, Gerard Lakmaker, que vivía en Londres, comenzó a organizar un homenaje a Luba. Los que habían permanecido en contacto empezaron a buscar sin descanso a los demás.

En una clara tarde de abril de 1995, en el quincuagésimo aniversario de su liberación, unos treinta hombres y mujeres, que en su mayoría no se habían visto desde que eran niños, se reunieron en el ayuntamiento de Amsterdam para rendir tributo a Luba.

Con voz quebrada, el vicealcalde de la ciudad, a nombre de la Reina Beatrix, otorgó a Luba la Medalla de Plata de Honor Holandesa por Servicios Humanitarios Distinguidos. Luba temblaba de la emoción.

Después de la ceremonia, Stella Degen-Fertig se le acercó. «Me he pasado la vida pensando en usted», le dijo Stella, con la voz quebrada. «Mi madre siempre me ha dicho que ella me dio a luz, pero que le debía mi vida a una mujer llamada Luba. Y me dijo que nunca me olvidara de eso». Llorando, abrazó a Luba y le dijo: «Nunca lo olvidaré».

Luba la estrechó contra sí y con los ojos húmedos contempló a los demás. Porque esta era para ella la mayor recompensa: estar con «sus chicos», volver a visitar el amor que les salvó a ellos —y a ella— de la sombra de los campos de la muerte.

Aunque Luba veía temor en los ojos de los niños esa noche en que los enfrentó, ellos vieron en los ojos de ella una fuente de esperanza y refugio; porque Luba sabía con qué valores y principios se identificaba, y tuvo la valentía para aferrarse a ellos con firmeza, incluso poniendo en peligro su vida.

Aunque a veces se manifiesta valor en situaciones amenazadoras, más a menudo surge en incidentes mucho más insignificantes de nuestras vidas diarias. Pero aun entonces depende de nosotros determinar si escapar de nuestros temores o si tener el valor de ir hacia algo superior.

LA HUIDA

Lee Maynard

En cuanto bajo del avión corro al hospital entre calles grises y mojadas. Y aquí estoy, en este amplio cuarto blanco, sentado junto a la cama de mi madre. Le peinaron con esmero el cabello encanecido; tiene los ojos cerrados, pero de vez en cuando le tiemblan un poco los párpados, como si recordara algo íntimo. Respira débil, frágilmente. ¿Sabrá mi madre que estoy aquí? ¿Sabrá que soy su hijo?

¡Hay tanto qué decir, pero no a quién decírselo! He esperado demasiado y debo seguir haciéndolo.

Tomo su mano al ver que se le sacude el hombro; oprimo la cara contra su brazo y, aun después de todos estos años, su olor me dice que ella es mi madre. Siento en la mano que sus dedos se mueven.

Meto la mano en mi chaqueta y toco el viejo botón color café que está cosido por dentro, a la altura de mi corazón. Lo he llevado cosido en todas mis chaquetas. Recuerdo como si hubiera sido ayer el día en que lo encontré.

Somos una familia pequeña de escasos recursos y vivimos en un sitio apartado de los montes Apalaches. Mi padre tiene dos trabajos y debe viajar al condado vecino.

Soy un niño que sabe poco, pero que posee mucha imaginación, y creo que este lugar no es para mí. Si bien me fugo a la menor oportunidad, no hay a dónde ir; sólo a las cimas o abajo, al río fangoso. Mas eso no me detiene, y vuelvo a escapar.

Esta vez me interno en el bosque porque siento que ella me ha ofendido. Me mueve un ingenuo y rígido sentido de lo correcto e incorrecto. Quiero darle una lección, hacer que se arrepienta.

Pero ahora tengo hambre y frío, así que bajo del bosque cayéndome una y otra vez, y con la luz del frío atardecer corro trastabillando hacia la ruinosa casa de madera que está junto al río… pero ella se ha ido.

¿No se supone que las madres deben esperar a sus hijos?

Reviso desesperado los estrechos cuartos. No hay fuego en la estufa; la casa está helada. Corro afuera y le doy una vuelta caminando pesadamente sobre la tierra compacta. Entonces me voy por la orilla del río hasta la casa de una vecina, situada a unos cuatrocientos metros de distancia, y las espinas de los arbustos me arañan la cara.

—No, niño. Aquí no está tu mamá. Vino cuando hacía sol y me dejó a tu hermana. Dijo que... bueno, no dijo mucho que recuerde. Sólo dejó a tu hermana. Me dio la impresión de que le urgía huir.

¿Huir? ¿Por qué? ¿Cómo pudo hacerme esto?

Quizá deseaba huir desde hace mucho. Después de todo, ¿qué hace aquí, en este lugar donde no hay piano, donde nadie canta ni escucha la armonía de su voz? Pero, ¿por qué me abandonó?

Vuelvo al río, me siento en la ribera y me pongo a arrojar terrones al agua y a los sauces. En eso descubro que de uno de estos cuelga el raído abrigo de mi madre.

Bajo a tropezones entre la maleza hasta el sauce en que cuelga el abrigo, y siento como una puñalada cuando una idea me asalta: *¡se marchó! Cruzó el río y se fue a Kentucky.*

Aparto las ramas de los sauces, me echo al agua y grito «¡Mamá!» hasta quedarme ronco.

Exhausto, trepo por la fangosa ribera y me topo de nuevo con el abrigo, ese maltrecho testimonio de su abandono. Lo desgarro hasta hacerlo jirones, lo azoto contra los arbustos y lo pisoteo. Es entonces cuando un botón color café, grande y plano se desprende y lo atrapo con la mano. Por último, lanzo el abrigo al río.

Como no quiero entrar en la casa, busco en el cobertizo una andrajosa manta para caballos, me siento y me envuelvo con ella para protegerme de la fría y húmeda noche, tratando de derretir el hielo que me quema el corazón.

Todavía sigo esperando allí a la mañana siguiente, cuando los primeros y débiles rayos de sol atraviesan las montañas y bañan el valle. Mi madre viene bajando a la casa por la vereda de tierra. Camina con una gracia que nadie tendrá jamás; la luz hace resplandecer su cabello rojo y un chal le cubre los hombros.

Al verme no dice nada. Lo más seguro es que esté enojada conmigo porque ayer me escapé de la casa.

Una vez encendida la estufa, la casa empieza a entibiarse; me escurro hasta la cocina y me siento en un rincón, sobre una caja de madera. Mamá empieza a hablar, como para sí misma, pero ya tengo edad para entender que se dirige a mí. Dice que una vecina que vive río arriba se enfermó y que fue a ayudarla.

—Pero vi tu abrigo en la orilla del río.

—Se lo di a la hija de la vecina. Yo tengo un chal y ella no tenía abrigo. Tú sabes que ella no está… digamos, muy bien. Supongo que ni siquiera llegó a su casa con el abrigo.

Mi madre me mira y sabe que he estado pensando que se había escapado.

—La gente fuerte no huye de un sitio —me dice—. Así no es como se debe vivir. Pero sí puede decidir ir a otro lugar, si en él existe algo mejor.

Me sirve el desayuno: pan, tocino y mantequilla hecha a mano. Sé que ya me perdonó. Decido no confesarle nunca lo que hice con su abrigo.

Han pasado los años, y heme aquí en el amplio cuarto blanco, tomando la mano de mi madre. Paso los dedos sobre el viejo botón que está cosido en el interior de mi chaqueta. He querido huir miles de veces a lo largo de mi vida, pero entonces acaricio el botón y corrijo el rumbo.

Lo aprieto con fuerza y sé que, a dondequiera que mi madre esté yéndose, es un lugar mejor.

Tener un profundo sí ardiendo en nuestro interior nos da valor para no escapar de nuestros temores e ir más hacia «algo superior», que incluye nuestros sueños y los principios con que nos identificamos.

———————

Una de las formas más sutiles, y sin embargo desafiantes, de valor es la confianza en sí mismo. Es más, muchos individuos tienen guerras civiles en su interior, luchando por sentirse orgullosos de quiénes son. La estrella de música country Reba McEntire peleó una de esas batallas hasta que creó un estilo propio.

AHORA SÉ QUIÉN SOY

Reba McEntire, como contado a Alanna Nash

El 17 de septiembre de 1977 estaba de pie tras bambalinas en el Grand Ole Opry de Nashville, a punto de entrar al escenario. Iba a interpretar un par de canciones durante mi primera presentación en la meca de la música country. Tenía veintidós años, y había soñado con ser estrella desde que iba a la primaria, en el poblado de Kiowa, Oklahoma. Vivía en el rancho ganadero de mi familia y durante años competí en rodeos; también formé un trío con mi hermano mayor, Pake, y mi pequeña hermana Susie. Era como si cada día hubiera sido un paso más para llegar a este momento.

Llevaba una falda de cuadros, una blusa de mezclilla y un pañuelo en el cuello. Y aunque estaba hecha un manojo de nervios, me encontraba lista para empezar. Entonces un hombre fue a decirme:

—Reba, vas a tener que cantar solamente una canción.

—¿Por qué?

—Es que Dolly llegó por sorpresa.

Sentí que se me doblaban las rodillas, y pregunté sin poder creerlo:

—¿Dolly Parton está aquí?

Justo en ese momento se acercó y yo la contemplé como en un sueño. Iba vestida con un hermoso conjunto de saco y pantalón de chiffon negro con mariposas de pedrería, que realzaba su espectacular cabellera. ¡Dios mío!, se veía tal como lo que era, una verdadera estrella. Qué importaba si yo cantaba o no. ¡Acababa de conocer a Dolly Parton en persona!

Dolly era la reina de Nashville y yo, su admiradora número uno. Lo había sido desde la primera vez que la oí, cuando en 1967 se presentó en el programa de televisión de Porter Wagoner, otra leyenda de la música country.

Muchas de las canciones que ella compuso me traían recuerdos de la infancia, de los tiempos en que iba a un campo de béisbol y cantaba sus canciones para entretener a los demás niños.

Dicen que nada halaga más a un artista que ver a otros imitarlo, y a mí no me daba vergüenza imitar a Dolly. Así que me puse a observarla con detenimiento. Descubrí que era capaz de transmitir una gran emotividad cantando suavemente, y de intensificarla elevando la voz. Yo trataba de imitar ese estilo. ¡Y qué forma de tocar la guitarra! Además, la versatilidad de Dolly le permitía dedicarse al cine y la televisión en los que, ahora que lo pienso, también fue un modelo para mí.

La distinguía una gran fortaleza a pesar de haber tenido una infancia difícil, en el oeste de Tennessee. Su familia era muy pobre, pero Dolly siempre luchó para superar la adversidad y mejorar su vida. Trabajaba duro para ver hasta dónde podía llegar —y eso mismo hacía yo—. Sin embargo, aunque deseaba ser como ella en todos los sentidos, tarde o temprano tendría que aprender a ser Reba. Eso fue lo más difícil. En la preparatoria teníamos una banda de música country, y cierta vez mi madre me señaló:

—Reba, sólo existe una Dolly Parton. Tú debes encontrar tu propio estilo de cantar. La misma Dolly te lo diría.

Mamá tenía razón. Si bien en mis primeros discos se nota la influencia de Dolly Parton, en los posteriores me esforcé por sacar de mi voz su sello distintivo. No obstante, era imposible sacarla por completo de mi pensamiento, sobre todo cuando se trataba de escoger la ropa que me iba a poner. Como se decía que a Dolly le gustaban los adornos brillantes, yo también los quería. Incluso contraté a su diseñador, Tony Chase, para que me confeccionara vestidos llenos de pedrería y lentejuelas. Y adivinen qué. No funcionó. Simplemente no era yo. Como decía mi madre, Dolly jamás habría usado una prenda con la que no se sintiera cómoda.

Luego de mucho tiempo y de haber realizado un sinfín de pruebas, por fin encontré la forma de vestir que me va. Durante años conté con gente que me decía qué ponerme. Yo seguía sus recomendaciones, pero me inhibo si no me siento cómoda durante una actuación. En cuanto uso ropa que me agrada surge la verdadera Reba. Estoy en mi elemento.

Así que ahora tengo mi propio estilo y sé lo que me gusta. Me gustan los colores vivos, nada que me abulte el abdomen, nada de esos extravagantes estampados en las faldas y nada de combinarlas con chaquetas. Eso sí, imitando un poco a Dolly, he convertido mi estilo en negocio al lanzar la línea de ropa «Reba». He trabajado muy duro para garantizar su calidad, que no se descosa ni encoja. Y por supuesto que me pongo esa ropa. No quisiera estar un día en el escenario y morirme de vergüenza si alguien del público me dijera que usa «Reba» y preguntara por qué yo no.

Pero estábamos hablando de Dolly. A lo mejor le falta un poco de tacto. La primera vez que la llamé por teléfono señaló:

«¿Realmente eres Reba McEntire, o eres algún bicho que se hace pasar por Reba McEntire?»

Bueno, sí soy la verdadera Reba. A pesar de que me llevó tiempo, logré saber quién es Reba... aunque debo confesar que todavía soy la mayor admiradora de Dolly.

Al preguntársele qué haría si desapareciera de repente su prestigio de superestrella, el ídolo de Reba, Dolly Parton, dijo: «Siempre tendría aplausos y atención. Si tuviera un club, yo sería Miss Kitty, o si fuera una mesera, sería Flo. Sería quien suscite la mayor conmoción. Haría felices a las personas al darles de mí misma. Haría galletas y regalos. Haría reír a la gente. Podría empezar en el fondo, pero estaría organizando cosas si quisiera hacerlo». Dolly posee inconfundiblemente la forma de valor que llamamos confianza en sí misma. Y al desarrollar un estilo propio, Reba pudo salir de las sombras de Dolly y crear su propia confianza inquebrantable en sí misma.

~⁀○

ELABORACIÓN FINAL

Sea al enfrentar decisiones colosales y amenazadoras como las que encontró Luba, o los incidentes más pequeños y comunes que sacuden nuestra tranquilidad cotidiana, nosotros también debemos estar dispuestos a salir de nuestras zonas cómodas y treparnos a nuestras convicciones por medio de actos dignos de valor. Esos intentos por desarrollar valor y confianza personal son viajes diarios que todos hacemos: un proceso de vida del cual nadie se libra. Pero al madurar, nuestra tendencia debería ser obtener más y más confianza en nosotros mismos a medida que vamos, llegando a ser más y más nosotros mismos en contraposición a las imitaciones de otros. Al hacerlo, entonces nosotros, igual que Reba, expandimos nuestra capacidad de vencer nuestras dudas internas y estar a gusto con quienes somos, sea quien sea nuestro público. Además, la clave para desarrollar toda clase y nivel de valor es reconocer que el valor no es la ausencia de temor, sino conciencia de que hay algo más importante.

REFLEXIONES

- Piense en una situación específica en que esté actualmente involucrado y que requiera valor. Si tuviera que visualizarse siendo valiente en esa situación, ¿qué palabras específicas usaría o qué acciones exhibiría personalmente?

- ¿Cuáles son algunos de sus temores más comunes? ¿Cuán a menudo se enfrenta a ellos? ¿Qué podría aprender de los ejemplos de Luba, Lee o Reba para vencer tales temores?

- La esencia de la madurez es la capacidad de equilibrar el valor con la consideración. ¿Está su valor suavizado con buen juicio y tacto, o lo encuentran detestable los demás?

- Es demasiado fácil resaltar nuestras debilidades o usarlas como varas para azotar nuestro amor propio. ¿Piensa usted más en sus debilidades o en sus fortalezas, en sus fracasos o en sus triunfos?

MÁS REFLEXIONES SOBRE EL
Valor

~

LA RELACIÓN DEL VALOR

Valor es la compañía de todos los demás principios de Grandeza para cada día. Es una audacia que se encuentra incluso dentro de nuestros momentos más insignificantes.

Valor no es solo una de las virtudes, sino la forma de toda virtud ante el punto de prueba.

—C.S. LEWIS

▪ ▪ ▪

La vida se encoge o expande en proporción al valor de uno.

—*THE DIARY OF ANAÏS NIN*

▪ ▪ ▪

Lo que usted pueda hacer, o lo que pueda soñar, comiéncelo: La audacia tiene genio, poder y magia en sí.

—GOETHE

▪ ▪ ▪

Valor es la virtud sobre la cual se montan todas las demás virtudes.

—CLARE BOOTH LUCE

▪ ▪ ▪

Hay una línea delgada entre valor e insensatez. Es fatal ser neutral.

—JIM FIEBIG

▪ ▪ ▪

El valor es contagioso. Cuando un hombre valiente adopta una posición, las columnas de los demás se fortalecen.

—REV. BILLY GRAHAM

El riesgo de vivir sin correr riesgos

El valor exige aceptar una medida de riesgo razonable. Piense en cuántas vidas se habrían frustrado si Luba no hubiera enfrentado el riesgo.

Demasiada cautela es mala para usted. Por lo general es más prudente hacerle frente a una experiencia aparentemente atemorizadora y entrar directo en ella, arriesgando los moretones o los duros golpes. Es muy probable que no la encuentre tan dura como creyó que era. O la podría encontrar muy difícil, pero también podría descubrir que usted tiene lo necesario para manejarla.

—Norman Vincent Peale,
Dynamic Imaging [Imagen dinámica]

▩ ▩ ▩

El barco está seguro en el puerto, pero no se hicieron para los puertos.

—John A. Shedd

▩ ▩ ▩

Mucho mejor es atreverse a cosas poderosas, a obtener triunfos gloriosos, aun con altibajos debido a los fracasos, que engrosar filas con los pobres de espíritu que ni disfrutan mucho ni sufren mucho porque viven en la gris penumbra que no conoce victoria ni derrota.

—Theodore Roosevelt

▩ ▩ ▩

Cuando usted se arriesga logra más que lo que alguna vez creyó. En el proceso transforma su vida en una aventura emocionante que constantemente lo desafía, lo premia y lo rejuvenece.

—Robert J. Kriegel y Louis Patler,
If It Ain't Broke, Break It [Si no se ha roto, rómpalo]

▩ ▩ ▩

Muchas cosas se pierden por la necesidad de pedirlas.

—Proverbio inglés

La conquista de los temores

El mayor oponente del valor es el temor: temor a lo desconocido, temor al fracaso, temor a los demás. Los triunfadores reconocen los temores, pero se dedican a conquistarlos.

De todas las mentiras en el mundo, a veces las peores son nuestros temores.

—Rudyard Kipling

■ ■ ■

Valor es control del miedo, no ausencia de temor.

—Rudy Giuliani

■ ■ ■

No he dejado de ser miedoso, pero ya no dejo que el temor me domine. He aceptado el temor como parte de mi vida… específicamente el temor al cambio y a lo desconocido; y he seguido adelante a pesar de los fuertes latidos del corazón que dice: Regresa, regresa, morirás si te aventuras demasiado lejos.

—Erica Jong,
en *Vogue*

■ ■ ■

No permita que la sensación de temor lo convenza de que está demasiado débil para tener valor. El miedo es la oportunidad para el valor, no la prueba de la cobardía.

—John McCain,
Why Courage Matters [Por qué importa el valor]

■ ■ ■

Si valentía es una cualidad que no conoce el miedo, nunca he visto un hombre valiente. Todos los hombres se asustan. Mientras más inteligentes son, más se asustan. El individuo valiente es quien se obliga, a pesar de su temor, a seguir adelante.

—General George S. Patton, hijo

■ ■ ■

Constantemente debemos construir diques de valor para contener el flujo del miedo.

—Martin Luther King, hijo

CONFIANZA INTERIOR

A menudo la más grande adversidad que enfrentamos son las barreras que se levantan dentro de nosotros: nuestras propias dudas.

No siempre son otros los que nos esclavizan. A veces dejamos que las circunstancias lo hagan; en ocasiones permitimos que la rutina nos esclavice; algunas veces dejamos que las cosas nos esclavicen; otras veces, con voluntades débiles, nos esclavizamos nosotros mismos.

—RICHARD L. EVANS

Quien obtiene una victoria sobre otros hombres es fuerte, pero quien obtiene una victoria sobre sí mismo es todopoderoso.

—LAO-TSE

No permita que lo que no pueda hacer interfiera con lo que puede hacer.

—JOHN WOODEN

Nunca pienso en mis limitaciones y estas no me entristecen. Quizás a veces solo haya un toque de ansias; pero es vago, como una brisa entre las flores. El viento pasa y las flores quedan contentas.

—HELEN KELLER,
PERSONALITY [PERSONALIDAD]

Lo que muchos de nosotros necesitamos más es una vigorosa patada en los fondillos de los «no puedo».

—AME BABCOCK

Confía en ti mismo.

—CREDO DE RALPH WALDO EMERSON

Algunos tenemos más temores que otros, pero el temor del que todos debemos protegernos es el de nosotros mismos.

—JOHN MCCAIN,
WHY COURAGE MATTERS [POR QUÉ IMPORTA EL VALOR]

■ ■ ■

Aun cuando me encontraba en el orfelinato, al deambular por las calles tratando de encontrar algo de comer me creía incluso el más grande actor en el mundo. Tuve que sentir la alegría que viene de la total confianza en uno mismo. Sin ella nos hundimos en la derrota.

—CHARLIE CHAPLIN

■ ■ ■

Nadie puede hacer que uno se sienta inferior sin que uno lo consienta.

—ELEANOR ROOSEVELT

6

DISCIPLINA

La vida es toneladas de disciplina.

—ROBERT FROST

ncargarse de su vida requiere disciplina. Sí, por toneladas. Pero
la disciplina no se obtiene ni se mantiene con facilidad. Exige
resistencia mental para vencer pasiones vanas y hábitos inco-
rrectos. También requiere fortaleza para resistir el jalón de muchas
tentaciones que de otro modo nos podrían atraer a actividades sin
sentido. Pero más que nada, demanda un enfoque incesante en lo
que más importa.

Todas las siguientes personas tenían destinos que querían alcanzar. Y la mayoría de obstáculos desalentadores que enfrentaron eran
internos en forma de decisiones opuestas, las que a sus ojos eran
menores en verdadero valor, pero ah, muy tentadoras. El primer
ejemplo vívido lo demostró Joe Paterno en «El hombre que le dijo
"no" a un millón de dólares». Siendo uno de los entrenadores más
hábiles del deporte universitario, sin duda el éxito de Joe Paterno se
puede atribuir a la disciplina que él exige de sus atletas, tanto dentro como fuera del campo. Pero quienes lo conocen mejor saben
que una parte aun mayor de su éxito se debe atribuir a la disciplina
que él exige de sí mismo.

EL HOMBRE QUE LE DIJO «NO» A UN MILLÓN DE DÓLARES

Joe Paterno con Bernard Asbell

Recuerdo bien el día en que me vi obligado a decidir quién era yo. Pasé toda la noche despierto, luchando con mi pasado, tratando de buscarle un sentido a mi futuro. Corría diciembre de 1972. Yo había sido durante casi siete años director técnico del equipo de fútbol de la Universidad Estatal de Pennsylvania, y creía sentirme satisfecho con ello.

Entonces recibí aquella llamada inesperada, una oferta para hacerme rico a condición de que abandonara la escuela que amaba. Quien estaba al teléfono era Bill Sullivan, ex presidente y propietario principal de los Patriots de Nueva Inglaterra. «Deseo reunirme contigo para ofrecerte la dirección de mi equipo», me espetó.

Le contesté a Sullivan que tenía otras ofertas, y que no me interesaba mucho el campo profesional. Entonces me zarandeó con sus detalles: un contrato por 1,3 millones de dólares, participación en la propiedad de la franquicia y una bonificación de 100.000 dólares solo por firmar.

En Penn State mis honorarios totalizaban 35.000 dólares. Mi familia siempre se había sentido satisfecha con ese dinero, pero la oferta de Sullivan me había causado vértigo. Al final, le dije a mi esposa: «Tengo que tomar ese empleo».

«Joe», respondió ella, «lo que tú quieras hacer, yo lo aprobaré».

Llamé a Sullivan y le dije que teníamos un trato. Cuando Sue y yo nos fuimos a dormir esa noche, le dije: «Bueno, preciosa, esta noche te vas a la cama con un millonario».

A las dos de la madrugada, Sue estaba sentada en su mecedora amamantando al bebé. Estoy seguro de que creía que yo dormía. Nunca me había dicho que no quisiera ir a Boston. Pero ahora, las lágrimas se deslizaban por sus mejillas.

Allí, acostado, me puse a pensar en la vida que dejaría atrás. Por mi mente pasó la escuela donde había conocido a mi esposa; el único hogar que habían conocido nuestros cinco hijos; los estudiantes, la estatua de granito de nuestra mascota, el León Nittany, y mis jugadores de gruesos cuellos y corazones frágiles.

¿Qué me había motivado a decirle a Sullivan que me iría con él? Cierto, Boston era una gran ciudad. Para mí era un nuevo desafío. Pero mi verdadera razón era… *el dinero*. De repente supe lo que tenía que hacer, lo que *quería* hacer. A la mañana siguiente, le dije a Sue: «Anoche te fuiste a la cama con un millonario, pero hoy despertaste conmigo. Ya no voy a Boston». Su primer pensamiento, según me contó más tarde, fue: *Gracias a Dios*.

Desde el instante en que tuve aquella revelación nocturna comprendí lo que significaba para mí el fútbol universitario, y lo que nunca podría significar el profesional. Adoro ganar un partido tanto como cualquier entrenador, pero sé que hay algo que vale más que la victoria o la derrota. Y es ver crecer a mis jugadores: en su disciplina personal, en su desarrollo educacional y como seres humanos. Esa es una recompensa profunda y duradera que nunca podría darme el fútbol profesional.

Han pasado años desde esa decisión en 1972. Muchos jugadores han llegado y se han ido; muchos campeonatos se han ganado. Los salarios de los entrenadores se han elevado. Y hoy día Joe Paterno sigue en el timón de los Nittany Lions del Estado de Pennsylvania haciendo lo que más le gusta: ayudar a los jugadores a triunfar tanto dentro como fuera del campo. Por sobre todo, no solo se ha convertido en uno de los entrenadores con más triunfos de todos los tiempos en el fútbol universitario, sino también que siempre ha disfrutado una de las tasas más elevadas de graduación en deportes universitarios. Y aunque varios de sus jugadores se han unido a las filas del fútbol profesional, muchos más han disfrutado carreras triunfales en negocios, enseñanza y cosas por el estilo, mientras dan gran parte del mérito a Joe y a las lecciones de vida que les enseñó. Todo esto viene como consecuencia de una muestra extraordinaria de disciplina con propósito que Joe y Sue exhibieron no solo en el silencio de esa noche de luna, sino en todos los días de los años siguientes.

«Cambio de lugares» tiene un tema parecido a la historia de Joe Paterno. Solo que esta vez es una madre sola quien enfrenta el dilema, y en vez de estar tentada a dejar su empleo por el atractivo de mayores ingresos, su lucha es si aceptar un recorte de ingresos y de posición, o no, para ir tras una vida pletórica de significado.

CAMBIO DE LUGARES

Sarah Mahoney

La primera vez que sentí el impulso de escapar de mi vida, me encontraba en la cima de una montaña con mis hijos. Era un día soleado, pero con viento. Maggie, que entonces tenía nueve años, y Evan, de ocho, corrían, escalaban rocas y se revolcaban en el pasto.

A kilómetros de distancia del correo electrónico y de los teléfonos, sentí una tranquilidad que no experimenté en años. Me sentí segura y muy cerca de los niños. Sabía qué habían desayunado, almorzado y cenado en los últimos ocho días.

Fue entonces cuando escuché una voz que me dijo: *Sarah, ¿estás segura de sentirte satisfecha con la vida que llevas, si sólo puedes disfrutar de tus hijos una vez al año, cuando están de vacaciones?*

Fue una idea que surgió de la nada. Y había algunos inconvenientes: un empleo, una computadora portátil, una agenda electrónica portátil, un teléfono celular, dos líneas telefónicas en casa y dos en la oficina, una camioneta, un fondo de jubilación, un plan de ahorro para la universidad y un viaje diario de una hora para ir a trabajar.

Recapacité. Dejar mi puesto de editora de una importante revista femenina era impensable. Me encantaba el trajín, la estimulante promesa de un lienzo en blanco cada mes: escribir títulos y encabezados, revisar textos, hacer que las celebridades de siempre parecieran fascinantes.

Era un excelente empleo, y renunciar a él equivaldría a un suicidio laboral. Mi lado práctico me dijo: «Jamás conseguirás otro empleo como este». Así que hice lo que se supone que deben hacer los adultos. Le dije a la voz: «Cállate. Las personas como yo no pueden renunciar». Bajé con los niños de la montaña y nos fuimos a casa.

A una primavera ajetreada le siguió un verano lleno de actividad, que se fue como un suspiro. Fuimos a la playa, asamos carne al aire libre y los niños se fueron de campamento. Fue un verano hermoso que se extendió hasta septiembre. Los neoyorquinos, a quienes les encanta quejarse, estaban felices con el excelente tiempo. Los primeros días de septiembre fueron gloriosos.

Al subirme al taxi después de mi clase de karate la mañana del 11 de septiembre, recuerdo haber pensado que ese era el día más hermoso de todos: fresco, limpio, con un cielo brillante y una brisa ligera, como aquel día en la montaña.

«Hubo un accidente en el World Trade Center», me dijo el conductor del taxi mientras subía el volumen del radio. Y escuchamos, junto con el resto del mundo.

La mañana siguiente miré a mi hijo Evan jugar en su cama, lanzando sus muñecos uno sobre otro hasta formar una enorme pila.

—¿Qué haces? —le pregunté, aún somnolienta después de desvelarme viendo la CNN, con las imágenes de esos edificios en llamas grabadas en mi mente como con fuego.

—Estoy jugando al cementerio —me respondió él.

Le besé la cabeza y lloré un poco más. Uno de mis amigos de la clase de karate, el capitán Patrick Brown, del Escuadrón 3 de Bomberos, seguramente había sido llamado a las Torres Gemelas.

Los niños y yo oramos, algo que normalmente no hacemos juntos. Durante unas semanas dejamos encendidas toda la noche algunas velas en las escaleras del frente de la casa. Hablamos de la paz y de la guerra, de la venganza y el perdón, del dolor y el temor.

Pero pasaron los días y la esperanza de que algunas personas hubieran sobrevivido al derrumbe y pudieran ser rescatadas se fue desvaneciendo. Pat, junto con la mitad de los hombres de su escuadrón, y tantos otros, se había ido.

Al igual que todos los demás, lenta y dolorosamente regresé a mi vida normal. Sin embargo, la tragedia del 11 de septiembre cambió esa suave voz de mi conciencia, la que me habló en la cima de la montaña, en algo más insistente y enérgico. «¿Qué diablos estás haciendo aquí?», me pregunté un día entre dientes, en medio de una junta de trabajo (espero que nadie me haya escuchado).

De camino a casa en el autobús, o al tratar de conciliar el sueño por las noches, dos voces se peleaban en mi interior: *Renuncia.* «No puedes renunciar», decía la voz de la mujer profesional. «¿De qué vas a vivir? ¿Quién va a correr con los gastos de niñera, casa, auto y comida?»

La voz de mi conciencia contestó con suavidad: «¿Acaso no eres escritora? ¿No es por eso por lo que trabajas en revistas? Hace años te dedicaste a escribir y te encantó, y ya no necesitarías una niñera».

«Ahora no», dijo la voz de la profesional. «Eso es algo que la gente hace cuando ya piensa en jubilarse».

«Por supuesto que ahora», respondió mi conciencia. «Se te está acabando el tiempo. Pronto tus hijos serán adolescentes y estarán más interesados en los centros comerciales que en ti. Si no es ahora, ¿cuándo?»

«Nueva York es muy caro».

«Entonces vete de aquí. Múdate a Maine».

«¿Y mi madre? Su Alzheimer está cada día peor». (La acababa de colocar en un centro de cuidados especiales, en Nueva York.) «¿Cómo puedes dejarla?»

Mi conciencia respondió con tristeza: «Ella te está dejando a ti, y en Maine también existen centros de cuidados especiales».

Un día a principios de diciembre, justo antes de cumplir cuarenta y un años, les comuniqué a los niños que nos mudaríamos. Le hablé a mi jefe con franqueza y llamé a una agencia de bienes raíces. Ahora trabajo en mi casa como escritora de tiempo completo. Vivo en una pequeña población rural, cerca de Portland, en Maine. No lejos de la casa hay un hermoso bosque con un cerro tapizado de árboles de hoja perenne y poblado de pavos silvestres, venados y, ocasionalmente, un alce. Y en el momento en que lo desee, los niños, el perro y yo podemos subir hasta la cima, sentarnos sobre una roca, admirar el mundo tan hermoso y dar gracias a Dios por haberme permitido escuchar todas mis voces.

Igual que Joe Paterno, Sarah Mahoney determinó primero qué importaba más en su vida, y luego tuvo la disciplina para hacer de lado todas las demás tentaciones de tal manera que estaría libre para ir tras esas pasiones superiores.

Las dos historias anteriores ilustraron la disciplina al tomar decisiones profesionales. Pero se requiere disciplina en todos los aspectos básicos de la vida, como entrenamiento atlético, educación y hasta para subir las escaleras cada día. Y a veces es provechoso contar con un poco de ayuda de parte de un amigo.

Un guía para su vida

Peter Michelmore

Un viento frío barría la cancha de fútbol de la escuela esa tarde de primavera de 1994, pero Charlie Kane no hizo más que abotonarse el cuello de la vieja chaqueta militar, y siguió observando al flacucho niño de pantaloncillo rojo que corría a grandes zancadas por la pista.

—A Brian le encanta correr —le dijo la mujer que estaba a su lado.

Había un dejo de súplica en la voz de Sue Boyett que, divorciada desde hacía nueve años, andaba en busca de un hombre fuerte para que entrenara a su hijo, de once. Un amigo le presentó a Kane.

Este hombre rechoncho, de pelo entrecano atado en una coleta, tenía cincuenta y ocho años y parecía todo menos entrenador. De hecho, trabajaba de corrector de pruebas en una imprenta y hacía años que no entrenaba a ningún corredor.

Cuando Brian terminó de dar vueltas a la pista, se acercó a su madre, mirando de reojo a Kane.

—Dice tu mamá que te gusta correr, pero ¿de veras quieres que te entrene? —preguntó el hombre.

—Sí —contestó el niño desviando la mirada—, creo...

A Kane no le gustaban las medias tintas, así que repitió la pregunta hasta que Brian, mirándolo a los ojos, exclamó:

—¡Sí quiero!

—Entonces lo haré.

Hacía bastante tiempo que Charlie Kane se sentía desmotivado y sin rumbo. Sus dos hijos mayores se habían ido de casa y el menor, que también se llamaba Brian, estaba por enrolarse en la Infantería de Marina de Estados Unidos.

Él también había servido en el ejército durante un tiempo, a fines de los años cincuenta, pero su ambición era llegar a ser maestro de enseñanza media y entrenar corredores. Finalmente obtuvo un grado de maestría, y durante trece años trabajó en varias escuelas de Nueva Jersey haciendo lo que más le gustaba: enseñar a los jóvenes a leer y a correr.

Luego de pasar por un amargo divorcio en los años setenta, se fue a vivir a California con sus hijos, cuya patria potestad le concedieron. Durante dos años fue entrenador en un colegio universitario básico pero, como la paga era mala, consiguió un empleo como editor de manuales técnicos. Como añoraba Nueva Jersey, volvió en 1994 y empezó a trabajar de corrector de pruebas, lo que le permitía pagar las cuentas, pero no le daba satisfacciones. El entrenamiento era lo que tanto él como aquel niño necesitaban.

Quizá por haberse criado sin padre, Brian no era dócil con Kane. Poco después de volverse su pupilo, se inscribió en dos carreras de medio fondo en un encuentro recreativo en Parsippany Hills, su ciudad natal.

—Quiero que empieces con calma —le dijo Charlie—. Luego ve acelerando poco a poco, y en la última vuelta lánzate a fondo.

En la prueba de 800 metros, el niño salió pitando como si fuera una carrera corta, pero en los últimos cien se quedó sin fuerzas y perdió. Furioso, Kane le reclamó:

—¿Vas a hacerlo a tu manera o a la mía?

Brian no contestó.

En la segunda carrera, de 1600 metros, volvió a salir disparado. Luego, ya fuera por cansancio o porque aflojó, se rezagó, pero en la última vuelta, con la energía que le quedaba, recuperó terreno y ganó.

Jadeante, se acercó trotando a Kane y, muy sonriente, le dijo:

—¡A su manera!

Se reunían en la pista a diario, en las tardes, y así transcurrieron los meses. A los trece años, Brian logró ganar varias carreras juveniles a campo traviesa con sus veloces escapadas en el último tramo.

—Algún día competirás por un lugar en el equipo olímpico de Estados Unidos —le auguró Kane.

Brian iba ganando confianza en sí mismo, pero su madre aún temía no estar haciendo todo lo que debía por él y por su hija mayor, Jennifer, de catorce años. Ganarse el sustento no era fácil. Sue era contadora en una empresa de jardinería, pero en invierno las labores se suspendían durante dos meses y ella tenía que conformarse con la pensión de desempleo.

Como a Kane no le iba mejor, un día le propuso a Sue irse a vivir con ellos para dividirse los gastos.

—Trato hecho —aceptó ella—. Al fin y al cabo, usted ya es parte de la familia.

En enero de 1997, Charlie se instaló en el sótano de la casa de los Boyett. Ese año Brian dio un estirón de dieciocho centímetros, empezó a cursar la educación media superior, y ya parecía corredor: delgado, correoso y con un ritmo firme y disciplinado en la pista.

En la escuela, en cambio, pasaba apuros. A los alumnos de primero les exigían leer la *Ilíada*, pero él no entendía para qué. Kane se lo explicó. Una noche lo esperó sentado a la mesa de la cocina, con una traducción del poema épico de Homero sobre la Guerra de Troya.

—¿De qué se trata? —le preguntó el muchacho.

—¡De la vida! —contestó Kane, haciéndole señas de que se sentara.

Y mientras Sue y Jennifer preparaban la cena, Charlie leyó un pasaje con su mejor entonación dramática. Brian lo escuchó asombrado. Entonces Kane se detuvo y le dijo:

—Ahora inténtalo tú.

El chico vaciló al principio, pero al poco rato estaba fascinado leyendo aquella historia de heroísmo, cobardía, lealtad y traición.

Así continuaron todas las noches durante semanas. Iban a la pista por la mañana y por la tarde, y reanudaban la lectura después de cenar. Kane aprovechaba esos momentos para enseñarle a hacerse hombre.

Las prácticas diarias en la pista y las lecturas poco a poco empezaron a rendir frutos. Los estantes del cuarto de Brian se fueron llenando de libros, y de trofeos que ganaba en carreras estatales y regionales.

En el otoño de 1998 sufrió una fractura de fémur que lo dejó fuera de las competencias. Por su parte, Kane sufría una debilidad muscular a causa de la cual lo habían hospitalizado el año anterior. Los médicos sospechaban que se trataba de una apoplejía menor. El enfermo tuvo que usar primero bastón, y luego, una andadera.

Con el tiempo, Brian recuperó la fuerza de las piernas, pero Kane no. Tenía dificultad para caminar y hasta para mantenerse en pie. Con sus ahorros, el muchacho le compró un mototriciclo para que pudiera seguir yendo a la pista.

En marzo de 2000, Brian se inscribió en una carrera de 3200 metros en un torneo escolar nacional en pista techada, en Nueva York. Participarían los mejores corredores de medio fondo del país. Sue llevó a Kane en silla de ruedas.

Cuando sonó el disparo de salida, Brian tomó la delantera, pero luego aminoró el ritmo. A la mitad de la carrera aceleró para colocarse en medio del grupo, pero aún había un gran trecho entre el puntero y él. Al tomar la última vuelta, los gritos y aplausos del graderío lo animaron a lanzarse a fondo. Desde un asiento cerca de la meta, Charlie lo vio adelantar a todos con un increíble desplazamiento... y ganar.

Un mes después, Kane empezó a perder la voz y a tener dificultad para tragar. Los médicos finalmente le diagnosticaron esclerosis lateral amiotrófica, o enfermedad de Lou Gehrig. Tras haber sido un hombre fuerte, que formaba atletas, estaba perdiendo la función de los músculos y de la médula espinal. Le quedaban unos cuantos meses de vida.

—No te sientas mal —le dijo a Brian con voz débil—. He sido muy feliz, y todavía seguiré entrenándote durante un tiempo.

Sue se ocupaba de él: lo afeitaba, lo ayudaba a asearse, le cortaba el pelo, le desmenuzaba la comida y lo llevaba a la pista.

Pero la mayor batalla de Kane era con las escaleras. Había nueve escalones alfombrados desde el cuarto del sótano hasta la cocina, y todos los días se esforzaba por subirlos solo, hasta que ya no pudo. Aun con la ayuda de Sue, tardaba diez minutos en subir, y cada vez le costaba más trabajo.

En agosto Jennifer se iría a estudiar a la Universidad Estatal de Arizona, y su madre tendría que viajar con ella para ayudarla a instalarse.

—Ve, mamá —le dijo Brian—. Yo me encargo de Charlie.

El día en que Sue se fue, Brian adelantó dos horas el trabajo de verano que hacía en un campo recreativo y volvió rápidamente a casa. Encontró a Kane aún en pijama, llorando a oscuras en una silla de su habitación.

El muchacho trató de levantarlo, diciéndole que debía vestirse para ir a la pista, pero el entrenador se negó a moverse.

Por la tarde llegó el hijo menor de Kane, procedente de una base naval de Virginia. Primero con palabras de aliento y luego con ruegos, los dos Brian lograron que Charlie se vistiera y saliera del cuarto.

Cuando llegaron al pie de la escalera, Brian notó su vacilación. Los nueve escalones que aquel hombre subía sin esfuerzo en otro tiempo se habían vuelto una montaña para él. Kane lanzó una exclamación de protesta cuando lo sujetaron por las axilas para ayudarlo a subir. Les dijo que quería volver a la cama y darse por vencido.

Brian siguió animándolo hasta que por fin vio un destello de resolución en los ojos de su entrenador.

Apoyándose en los brazos de los jóvenes, Charlie comenzó a subir. Con las piernas temblorosas, avanzó dificultosamente hasta llegar, sin aliento, al último escalón.

Esa noche, cuando volvieron de la pista, los tres se sentaron a la mesa de la cocina. Brian le tomó la mano a Kane y le dijo:

—A usted le debo todo lo que soy.

El 6 de junio de 2001 Brian ganó la carrera de 3200 metros del Campeonato Estatal de Nueva Jersey. Kane lo vio desde su silla de ruedas, con un cronómetro en la mano. Al otro día sufrió una parálisis total. Sue y Brian lo cuidaron en casa hasta el último momento. Charlie murió el 23 de junio.

Cuando encontramos los propósitos tras los cuales queremos ir en verdad, no son suficientes los compromisos a medias. Las búsquedas triunfales solo vienen tras esfuerzos cotidianos firmes y constantes: práctica tras práctica, noche tras noche, paso tras paso. Además, como lo descubrieron tanto Brian como Kane, a veces la disciplina es animada en gran manera por la ayuda sustentadora de una amistad.

~~~

ELABORACIÓN FINAL

Como observó Robert Frost al iniciar este principio, «la vida es toneladas de disciplina». Quienquiera que usted sea, cualesquiera que sean sus actividades, llevar una vida con significado requiere disciplina. La clave es que es mucho más fácil decir no a las tentaciones o a las opciones más sencillas y menos importantes cuando dentro de nosotros arde un sí. Tanto Joe Paterno como Sarah Mahoney tenían un profundo sí, así como la fortaleza para decir no a las distracciones. Brian y Kane también tenían metas más profundas, y lo más importante es que se tenían uno al otro para ayudarse a superar los obstáculos. Sin disciplina, los propósitos nobles que creamos en nuestras mentes no son más que huecas fantasías.

REFLEXIONES

- Joe Paterno tenía fijos sus pensamientos en algo que significaba para él más de un millón de dólares. ¿Qué objetivos y valores son tan importantes para usted que no le permitirían abandonar... aunque le ofrecieran un millón de dólares?

- Sarah Mahoney se preguntó: «Si no ahora, ¿cuándo?» ¿Se ha hecho usted alguna vez esa pregunta cuando piensa en los sueños que más desea lograr?

- Brian and Kane se ayudaron mutuamente para obtener disciplina. ¿Hay amistades a quienes usted puede involucrar para ayudarle a ser más disciplinado en ir tras sus metas? ¿Tiene usted una amistad que podría usar algo de su ayuda para disciplinarse más?

MÁS REFLEXIONES SOBRE LA
Disciplina

~

LA LIBERTAD DE LA DISCIPLINA

Muchas personas ven la disciplina como ausencia de libertad, cuando en realidad es la fuente de ella.

Algunos individuos ven la disciplina como una tarea. Yo la considero una clase de orden que me deja libre para volar.

—JULIE ANDREWS

■ ■ ■

Disciplina es recordar lo que uno quiere.

—DAVID CAMPBELL

■ ■ ■

Ningún vapor o gas impulsa algo a menos que estén encerrados. Ningún Niágara se convierte alguna vez en luz y energía hasta que se le haga un túnel. Ninguna vida crece a menos que esté enfocada, dedicada y disciplinada.

—HARRY EMERSON FOSDICK

■ ■ ■

Quien vive sin disciplina muere sin honor.

—PROVERBIO ISLANDÉS

■ ■ ■

Ningún hombre que no sea amo de sí mismo es libre.

—EPICTETUS

■ ■ ■

Dignidad es el fruto de la disciplina: el sentido de dignidad crece con la capacidad de negarse a sí mismo.

—ABRAHAM JOSHUA HESCHEL

■ ■ ■

Sir Rabindranath Tagore, poeta ganador del Premio Nobel, dijo en cierta ocasión: «Tengo sobre mi mesa la cuerda de un violín. Ella es libre. Pero no es libre para hacer lo que debe hacer una cuerda de violín: producir música. Así que la agarro, la coloco en mi violín y la tenso hasta que esté tirante. Solo entonces es libre para ser una cuerda de violín». De igual modo somos libres cuando nuestras vidas no están dedicadas, pero no para ser lo que debemos ser. La verdadera libertad no es libertad de sino libertad para.

—ROBERT W. YOUNGS,
RENEWING YOUR FAITH DAY BY DAY

■ ■ ■

Disciplina sin libertad es tiranía; libertad sin disciplina es caos.

—CULLEN HIGHTOWER

■ ■ ■

Libertad para dar lo mejor de uno no significa nada a menos que esté dispuesto a dar lo mejor de sí.

—COLIN POWELL

■ ■ ■

La verdadera libertad se gana por medio de autogobierno, no de expresión personal.

—ROY L. SMITH

Manténgase enfocado

Como lo puede atestiguar Joe Paterno, la disciplina requiere concentración hasta que se haya cruzado la meta y se haya logrado el objetivo.

Cuando usted permite que sus pensamientos vayan sin rumbo al futuro se sale por completo de su zona... y se lleva su concentración con usted. El jugador de los Vaqueros de Dallas, Leon Lett, aprendió eso del modo difícil. Lett, un defensa de obstrucción, no había hecho una anotación desde que tenía diez años de edad. Pero en el Superbowl de 1993 tuvo su oportunidad cuando el mariscal de campo de Buffalo Bill intentaba torpemente agarrar la pelota exactamente frente a él. Lett la atrapó y se dirigió a la línea de gol, a sesenta y cuatro yardas de distancia. No había nadie entre él y seis puntos seguros. Al cruzar la línea de diez yardas, Lett alzó los brazos con júbilo, con la pelota en una manaza extendida. No oyó los pasos del receptor abierto de los Bill, Don Beebe, que lo seguía. En la línea de una yarda, Beebe extendió la mano y golpeó la pelota que Lett tenía agarrada, acabando con el prematuro triunfo del defensor.

Enfocarse en el futuro y no en el presente puede paralizar cualquier actividad.

—Edwin Kiester, hijo, y Sally Valente Kiester

■ ■ ■

Con frecuencia en mi niñez emprendía una tarea con mucho entusiasmo, solo para desanimarme rápidamente. Un brillante día veraniego mi padre me mostró un experimento con una lupa y un periódico. Mientras movía la lupa de un lado al otro sobre el papel no pasaba nada. Pero cuando la sostuvo inmóvil en un sitio por un rato, enfocando los rayos del sol, se abrió un hueco.

Yo estaba fascinado, pero no capté el significado del procedimiento. Papá explicó que el mismo principio se aplicaba a todo lo que hacemos: Para tener éxito en nuestras vidas debemos aprender a concentrar todos nuestros esfuerzos en la empresa que tenemos a mano hasta que esté concluida.

—John Louis Feliciello

LA INFLUENCIA DE LA TENTACIÓN

A lo largo de cualquier viaje hacia el éxito se encuentran muchas distracciones atractivas. La disciplina es el principio que frustra la tentación.

La oportunidad solo toca una vez, pero la tentación se pega del timbre.

—*WESTERN LIVESTOCK JOURNAL*

▧ ▧ ▧

La mayoría de las personas desean ser libres de la tentación pero les gustaría estar en contacto con ella.

—ROBERT ORBEN

▧ ▧ ▧

Mi compañera de asiento en una cena durante un vuelo era una dama de Suiza. Tan pronto como sirvieron la comida observé que ponía gran cantidad de sal y pimienta a su postre, un pedazo de pastel de chocolate de aspecto exquisito. La asistente de vuelo, de algún modo desconcertada, explicó que no era necesario hacer esto. «Vaya que sí lo es» contestó la mujer, sonriendo. «Evita que me lo coma».

—CONTRIBUCIÓN DE JACKIE TROTTA

▧ ▧ ▧

Un repentino rayo de luz de la luna, un zorzal que acaba de oír, una chica a la que acaba de besar, o una hermosa vista a través de la ventana de su estudio casi nunca es la fuente de un impulso para poner palabras por escrito. Lo más seguro es que tales experiencias agradables obstruyan y demoren la obra del escritor.

—OSCAR HAMMERSTEIN II

▧ ▧ ▧

El arte de vivir consiste en saber qué impulsos obedecer y a cuáles se les debe hacer obedecer.

—SYDNEY J. HARRIS

La fuerza del hábito

Los hábitos pueden obrar a favor o en contra de usted. La mayoría de los triunfadores han logrado sus objetivos solo después de arduas luchas por reemplazar malos hábitos con buenos.

Un mal hábito no desaparece milagrosamente; es un proyecto «arruínelo usted mismo».

—Abigail Van Buren

▨ ▨ ▨

Un hábito no se puede lanzar por la ventana: es necesario bajarlo por las escaleras un peldaño a la vez.

—Mark Twain

▨ ▨ ▨

La mejor manera de acabar un hábito es renunciar a él.

—Leo Aikman

▨ ▨ ▨

Un hábito es como el esparadrapo: fácil de pegar, pero mientras más tiempo se le deje pegado, más difícil es quitarlo, hasta que cuando al final se le arranca, se lleva piel adherida.

—Sydney J. Harris

▨ ▨ ▨

El hábito es el mejor de los siervos o el peor de los amos.

—Nathaniel Emmons

▨ ▨ ▨

La excelencia moral ocurre como consecuencia del hábito. Nos volvemos justos haciendo acciones justas, sobrios realizando actos sobrios, valientes llevando a cabo actos de valor.

—Aristóteles

En realidad, para acabar con algunos hábitos se necesita disciplina extra.

Un día mientras esperaba para cruzar la calle vi que se acercaba una motocicleta antigua. Al detenerse en el semáforo, tanto el conductor como la moto se ladearon lentamente, cayendo con un ruido seco sobre el pavimento. El motociclista se levantó solo. Mirando claramente avergonzado, se volvió a mí y me dijo: «He estado haciendo esto desde que le quité el sidecar».

—CONTRIBUCIÓN DE P. LEWIS

■ ■ ■

Cansado de manejar del aeropuerto a un lugar en el campo, un hombre equipó con pontones su pequeña avioneta para poder acuatizar directamente en el lago frente a su casa.

En el viaje siguiente efectuó las maniobras de aproximación hacia la pista como de costumbre. Alarmada, su esposa le gritó: «¿Estás loco? ¡No puedes aterrizar esta avioneta sin llantas!»

El asustado esposo levantó bruscamente la nariz de la avioneta y evitó por poco un desastre seguro. A continuación acuatizó el aparato en el lago sin percances.

Sentado allí, visiblemente impresionado, le dijo a su esposa: «No sé qué me pasa. ¡Esa es la peor estupidez que he hecho en mi vida!» Y con eso abrió la puerta y salió, cayendo al agua.

—CONTRIBUCIÓN DE C. CLARKE-JOHNSON

■ ■ ■

«Hey, compañero» dijo el pasajero del taxi, tocando con el dedo el hombro del chofer.

El chofer gritó y perdió el control del taxi, casi golpea un autobús, se subió a la acera, y se detuvo a pocos centímetros de un enorme ventanal de cristal.

Por algunos momentos todo quedó en silencio. Entonces el chofer dijo: «Amigo, ¡me hizo saltar de pánico!»

«Lo siento» contestó el pasajero. «No sabía que se asustaría tanto por tocarle el hombro».

«No es culpa suya», manifestó el chofer. «Hoy es mi primer día manejando un taxi. En los últimos veinticinco años he estado conduciendo un coche fúnebre».

—CONTRIBUCIÓN DE PATRICIA RIDPATH

EMPECEMOS POR DENTRO

A menos que haga la paz con quien es
nunca estará contento con lo que tiene.

—DORIS MORTMAN

Algunas de las lecciones más fabulosas de la vida sugieren que antes de poder triunfar en el mundo que nos rodea —nuestras comunidades, nuestros lugares de trabajo, nuestros hogares— debemos hacerlo dentro de nosotros mismos. El elemento más importante que ponemos en cualquier objetivo o relación no es qué decimos, qué hacemos, o qué tenemos, sino quiénes somos.

Entre los principios que fortalecen nuestra capacidad de empezar por dentro están:

- Integridad

- Humildad

- Gratitud

7

INTEGRIDAD

La verdadera integridad es hacer lo correcto, sabiendo que nadie sabrá si usted lo hizo o no.

—OPRAH WINFREY

L a integridad es el común denominador que sustenta todos los demás principios de la Grandeza para cada día. Por ejemplo, si a alguien lleno de valor lo perciben como deshonesto, le temen y lo evitan. Si ven como inmoral a alguien que realiza un acto de caridad, suponen que es un manipulador egoísta. Por tanto, sin la base de la integridad, todos los demás principios son rebajados en gran manera.

Las personas con integridad son aquellas cuyas palabras concuerdan con sus hechos y cuyas conductas reflejan sus valores. Se puede confiar de modo incondicional en su honestidad y su moral. Honran sus compromisos. Son dignas de confianza. Se les conoce por hacer lo correcto, por los motivos correctos, en los momentos correctos. Aunque numerosas leyendas de integridad se llevan a cabo en ambientes públicos donde otros pueden verlos, a menudo los ejemplos más poderosos ocurren en la tranquila quietud de un momento privado: cuando nadie más los ve. Tal es el caso en «La mejor pesca de mi vida».

LA MEJOR PESCA DE MI VIDA

James P. Lenfesty

El chico tenía apenas once años, y cada vez que le quedaba un tiempo libre se iba a pescar desde el muelle de la cabaña que su familia poseía en un islote, en medio de uno de los muchos lagos de New Hampshire. La víspera de iniciarse la temporada de pesca del *bass*, él y su padre se encontraban pescando al caer la tarde, sacando del agua con carnada de lombrices peces-luna y percas. Así que ató al cordel un pequeño cebo plateado y se dedicó a lanzar la plomada con la caña de pescar. Al caer en el agua, el plomo provocaba ondas concéntricas en toda la gama de colores del crepúsculo, que luego se fueron tornando de un tono plata-luna según el astro nocturno fue ascendiendo sobre el lago.

Cuando de pronto la caña se arqueó, supo que al otro extremo había enganchado algo enorme. Con admiración, el padre observaba al hijo trabajar como un veterano al pez a lo largo del muelle.

Por último, el chico sacó con cuidado al pez exhausto del agua. Era el más grande que hubiera visto, pero era un *bass*.

Padre e hijo contemplaron el robusto ejemplar, que movía las agallas bajo la luz de la luna. El padre encendió una cerilla y miró su reloj. Eran ya las 10:00 p.m., y faltaban sólo dos horas para que comenzara la temporada. Miró al pez, y luego al niño.

—Vas a tener que dejarlo ir, hijo —sentenció.

—Pero, ¡papá…! —se quejó el muchacho.

—Ya vendrán otros —le consoló.

—No tan grandes como este —volvió a quejarse el chico.

El muchacho paseó la mirada por el lago. No se veía pescador ni bote alguno en derredor bajo la luz de la luna. De nuevo, miró a su padre.

Aunque nadie los había visto, ni nadie podría adivinar en qué momento hizo su captura, por la firmeza de la voz paterna el chico supo que la decisión no era negociable. Con desgano, sacó el anzuelo de la boca del enorme pez, y lo bajó a las negras aguas.

La criatura hizo cimbrear su poderoso cuerpo y desapareció. El muchacho sospechó entonces que nunca volvería a ver un ejemplar como aquel. Sucedió hace treinta y cuatro años. Hoy, el niño es un exitoso arquitecto de Nueva York. La cabaña del padre todavía sigue en pie, en el islote, en medio del lago. El hijo lleva allí a los suyos, hembras y varones, a pescar desde el mismo muelle.

Y el tiempo le dio la razón. Nunca más volvió a pescar un pez tan magnífico como el que capturó aquella noche, tres décadas y media atrás. Pero lo vuelve a ver una y otra vez siempre que se le presenta una cuestión de ética.

Pues, como le enseñó su padre, la ética es algo tan simple como decidir qué está bien y qué está mal. Lo único difícil es ponerla en práctica. ¿Nos comportamos correctamente cuando nadie nos ve? ¿Dejamos sin pulir un trabajo con tal de entregarlo a tiempo? ¿Renunciamos a comprar acciones basándonos en información que no se supone que tengamos?

Lo haríamos si nos hubieran enseñado de niños a dejar ir al pez mal habido. Porque así habríamos aprendido la verdad.

La decisión de hacer lo correcto vive fresca y fragante en la memoria de cada uno de nosotros. Es una historia que podremos contar con orgullo a nuestros amigos como a nuestros nietos.

Y no se trata de que tuviéramos la oportunidad de burlar al sistema y la aprovechamos, no. Se trata de cómo hicimos lo que era correcto, y al hacerlo nos fortalecimos para toda la vida.

Nadie habría sabido alguna vez acerca del pez si el dúo padre-hijo hubiera acordado mantener la pesca en silencio o si simplemente hubieran alterado muy levemente sus relojes. Es más, las posibilidades eran que a pocas personas les habría importado la hora de la pesca si esta se hubiera hecho pública. Por lo que las verdaderas presiones que los gobernaban esa noche eran internas. Eran las presiones internas que les hicieron sentir que debían ser fieles a sus valores, fieles a su potencial y fieles a la confianza que se habían tenido mutuamente. Escogieron el sendero más enaltecido de integridad, que es la verdadera fuente de seguridad y confianza personal.

Aunque la decisión del padre de devolver el pez a sus aguas se llevó a cabo bajo condiciones tranquilas y privadas, la siguiente decisión de una madre de defender lo que creía correcto se realizó bajo intensa presión pública.

UNA MADRE CONTRA LOS ESTEROIDES

Lynn Rosellini

Lori Lewis nunca pretendió convertirse en el paladín de una cruzada. Aquel día de septiembre del 2004, lo único que intentaba hacer mientras rebuscaba en el armario de su hijo Bryan era encontrar un par de pantalones vaqueros para devolverlos en el centro comercial. En lugar de eso, halló un maletín de viaje que no le parecía familiar. Picada por la curiosidad, Lewis abrió la valija y encontró una ampolleta llena de algún líquido y varias jeringas. Fue como si le hubieran asestado un golpe en el vientre. Lo primero que pensó fue que su hijo se había vuelto adicto a la heroína.

Después de llamar a una farmacia local, Lewis se sintió aliviada al saber que el fármaco era un esteroide anabólico. Pero esa sensación fue rápidamente reemplazada por la cólera.

¿Para qué podría Bryan estar tomando esteroides?

«Mira allí, chico, tu mamá te busca». Bryan Dyer, que acababa de salir de sus clases vespertinas en la secundaria Colleyville Heritage del acaudalado suburbio del mismo nombre en Dallas, Texas, miró en la dirección que su amigo le indicaba. Allí sentada al volante de su Lincoln Navigator blanco, parqueado junto a la acera, le esperaba su madre. Y parecía furiosa.

«Te vas a casa ahora mismo», le dijo.

Un año antes, el larguirucho Bryan, de casi diecisiete años y 1.80 m de estatura, jugó como mariscal de campo en el equipo escolar de menores de fútbol americano. Era un muchacho extrovertido que obtenía calificaciones de «Muy Bien» a «Sobresaliente». Como la mayoría de sus coetáneos en Colleyville, le gustaba andar en pantalones vaqueros, zapatillas deportivas, camiseta y una gorra de béisbol cuya visera le cubría la mitad de la cara. Sus padres se habían divorciado cuando era muy pequeño, y ahora vivía con su madre, su padrastro, su hermano mayor y su hermana menor. No obstante, su padre, una antigua estrella del fútbol en la escuela secundaria del cercano Arlington, nunca dejó de estar presente durante las sucesivas etapas de la vida deportiva de Bryan. En cuanto a su madre, Bryan y ella se acercaron más después del divorcio. Pero en aquel instante él hubiera preferido enfrentarse a toda la línea defensiva rival, y no a mamá encolerizada.

Cuando entró en el estudio familiar de la espaciosa residencia, ya ella le estaba esperando con la ampolleta y las jeringas en la mano.

—¿Me puedes decir para qué estás usando esteroides? —exigió.

Bryan la miró, incapaz de hallar una respuesta.

—Mamá —le dijo finalmente—, la mayoría del equipo los usa.

Le explicó que había tenido la esperanza de integrar una selección universitaria. Los entrenadores y su padre le recomendaron desarrollar sus músculos. La creatina y los batidos de proteína no ayudaron, así que con el dinero que ganaba como mesero de un restaurante Aplebee's, le había comprado un ampolleta de «Deca»— decanoato de nandrolona— a uno de los veteranos del equipo. Durante cinco semanas estuvo inyectándose en la cadera.

Lewis le interrumpió.

—¿En qué estabas pensando?

—Mamá, los entrenadores nos dicen que necesitamos crecer, ser más fuertes y rápidos. Pero no nos dicen cómo. Solamente que debemos hacerlo.

Como muchas madres de adolescentes, Lewis estaba bien enterada de los peligros del alcohol, las drogas que se inhalan, la marihuana y hasta el éxtasis. Pero todo lo que sabía de los esteroides anabólicos era que son ilegales.

Más tarde, se conectó con la Internet y aprendió que el uso regular de esos fármacos puede causar daños hepáticos, cáncer, enfermedades cardiovasculares y otros problemas físicos, así como efectos emocionales tales como la depresión y la llamada «ira de la autopista».

Bryan dejó de inyectarse cuando su espalda se llenó de acné, otro común efecto colateral.

Cuando su mamá encontró la ampolleta, su cuerpo había estado libre de esteroides durante varios meses. Pero Lewis se preguntaba cuántos otros adolescentes no estarían aún inyectándose la droga

—¡Voy a llamar a la escuela! —dijo.

—¡No puedes hacer eso! —insistió Bryan—. ¡Me vas a perjudicar!

—No te preocupes —le aseguró ella—. Nadie sabrá que estás involucrado.

Para comprender lo que pasó después, es importante apreciar el prominente papel que desempeña en Texas el fútbol de nivel secundario. Los equipos del estado suelen figurar entre los mejores del país. No es inusual que los viernes por la noche más de 20.000 personas llenen los estadios, ni que se televisen los partidos. Esas canchas, que rivalizan con las de algunas universidades, pueden costar veinte millones de dólares, gracias al generoso financiamiento de patrocinadores que quieren ver ganar a sus equipos. Los entrenadores de más éxito puedan ganar salarios de seis cifras, y la competencia por esos codiciados puestos es feroz.

Desde poblaciones humildes como Odessa, sede del evento *Friday Night Lights*, donde se exponen los mejores valores del deporte escolar a nivel secundario, hasta los acaudalados suburbios de Dallas, los héroes adolescentes del fútbol americano gozan de un status similar al de las estrellas de rock. La presión es mayor para escuelas como Colleyville, que juegan en uno de los distritos más reñidos del estado. Hace dos años, un plantel rival, Southlake Carroll, finalizó primero no sólo en Texas, sino a nivel nacional. Muchos de sus jugadores obtuvieron becas para jugar en poderosos equipos universitarios.

No debe sorprender entonces que algunos atletas prueben cualquier cosa que les ofrezca una ventaja. En todos los Estados Unidos, entre los años 1991 y 2003, el empleo de esteroides en las secundarias se incrementó en más del doble. En 2004, durante la encuesta anual que se realiza en las escuelas de Texas sobre el abuso de sustancias prohibidas, más de 41.000 estudiantes de séptimo a duodécimo grado confesaron haber usado esas drogas. Muchos las consiguen fácilmente a través de vendedores locales o de la Internet.

Y como muy pocas escuelas realizan pruebas en busca de esteroides, los chicos no tienen que preocuparse por ser descubiertos. «Exceptuando la pedofilia, es el comportamiento más secreto que conozco», dice Charles Yesalis, profesor de la Universidad Estatal de Pennsylvania que ha estudiado el consumo de esteroides durante veintiocho años. Hasta los funcionarios escolares lo niegan, agrega. «Si pudiera cobrar cien dólares por cada vez que un entrenador o un director de escuela me ha dicho: "Sí, es un problema, pero no en esta escuela", tendría un Ferrari parqueado a la entrada de mi casa».

Al día siguiente de hacer su descubrimiento, Lewis telefoneó al subdirector de Colleyville, Ted Beal. Le contó la historia de Bryan, y Beal prometió que lo investigaría. Unas horas después la llamó, para decirle que el entrenador de fútbol, Chris Cunningham, le había asegurado que en la escuela no existía ese problema

«¿Y eso es todo?», preguntó Lewis.

Sin más pruebas, no habría nada que pudieran hacer, explicó Beal.

Lewis estaba lívida. *Quieren que me calle,* pensó. Esta madre de cuarenta años no era en modo alguno una radical. Su activismo político se limitaba a una temporada en el directorio de la Directiva de Padres y Maestros de la escuela primaria, y algún trabajo de campaña electoral a favor del alcalde de Colleyville y de George W. Bush.

Dios sabe, pensó, *que siempre he dado mi apoyo a los deportes en la secundaria. Pero no lo daré para poner en peligro a los chicos.* Al otro día, llamó al periódico local, el *Colleyville Courier.*

Durante la semana siguiente, el reportero Scott Price y el director, Charles D. Young, recopilaron información entre estudiantes, entrenadores y funcionarios escolares. El primero de octubre, el periódico publicó la historia en su primera plana. Sin identificar a Lewis, Price escribió: «No nos tomó mucho tiempo corroborar las preocupaciones de esta madre. El *Courier* confirmó que en todas las secundarias de esta área se tiene conocimiento del uso de esteroides».

Unos días después, el *Dallas Morning News* estaba llamando a Lewis. Para entonces Bryan hubiera deseado no haber oído hablar nunca de esteroides.

«¡Esto no le importa a nadie más!», le gritó a su madre. «¿Por qué tenías que hacerlo público?» Pero cuando Lori Lewis se fijaba un propósito, rara vez se echaba atrás. «Esto, de algún modo, va a salvar la vida de alguien», replicó. A principios de febrero, el *Dallas Morning News* anunció en su primera plana una serie: «La ventaja secreta: Esteroides en las secundarias». Sus reporteros confirmaron un sustancial consumo del fármaco en las escuelas secundarias del norte de Texas, y dedicaron un largo artículo a un futbolista llamado «Patrick», el seudónimo escogido para Bryan.

Este, frenético, llamó a su madre a su teléfono celular. «Mamá, ahora soy "Patrick"», le dijo. Pero la protección no sirvió de mucho. Pronto le informaron que un vendedor local lo andaba buscando, y los futbolistas del equipo de mayores planeaban vengarse. Alguien le dejó en el teléfono un mensaje amenazador: «¡Te voy a patear el trasero!»

El director ejecutivo de la administración de escuelas del distrito escolar, Steve Trachier, dirigió un correo electrónico a los funcionarios de Coleyville en septiembre, calificando las alegaciones de Lewis de «infundadas». El director técnico Cunningham la llamó «mentirosa». «No es más que una madre loca que anda buscando alguien a quien culpar por su problema», le dijo al *Morning News*. (Luego se disculparía en público por esas declaraciones.)

Por las noches, ya en la cama, Lewis se preguntaba: *¿Qué he hecho?*

El esposo de Lori, Jack, fue quien más la apoyó, pero se mantuvo entre telones, tratando de proteger de la publicidad a McKenna, la hija de ocho años del matrimonio. Hasta el propio Jack se sintió frustrado, y criticaba a Colleyville por sus sarcasmos. «La gente te está juzgando ahora por lo que hiciste correctamente», le dijo a Lewis. «No te puedes echar atrás».

Nueve atletas, en su mayoría futbolistas, confesaron a la larga que consumían esteroides, demostrando así que el entrenador estaba equivocado. (No hay evidencias de que Cunningham o los demás técnicos estuvieran al tanto del uso de la droga.) Sin embargo, Lewis no tenía muchos simpatizantes. Los vecinos dejaron de hablarle. Las madres de los condiscípulos de Bryan, a las que conocía desde que sus respectivos hijos tenían cuatro años, le negaban el saludo en el supermercado.

¿El golpe de gracia? Ella y Bryan dejaron de armonizar: «¡Qué bien me la hiciste mamá; has arruinado mi vida!», le decía él. Como las amenazas continuaron, ambos decidieron que Bryan se trasladaría a una escuela privada.

En Plano, Texas, a unos 60 kilómetros de distancia, dos personas aplaudían en silencio a Lewis. A Don y Gwen Hooton las historias del *Morning News* les habían despertado un interés muy especial. El hijo de los Hooton, Taylor, de diecisiete años, se había suicidado en el 2003. Este muchacho entusiasta y popular había tomado esteroides en un esfuerzo por mejorar su rendimiento en el béisbol. Cuando dejó de usarlos, cayó en un serio estado depresivo. Sus padres atribuyeron el suicidio a los fármacos.

Desde entonces, Don Hooton se convirtió en portavoz nacional de la campaña contra los esteroides, recorriendo el país para advertir a padres, hijos y entrenadores. «Usted hizo lo correcto», le dijo a Lewis. «Manténgase firme, pero no espere hacer amigos. En la comunidad donde vivía Hooton, cerca del hogar de Troy Aikman, una leyenda de los Cowboys de Dallas, los críticos la atacaron en cartas enviadas al director, y propagaron rumores falsos de que su hijo había estado consumiendo otras drogas como la metadona y el éxtasis.

No me preocuparé más por lo que la gente piense. Este no es un concurso de popularidad, razonó Lewis. Estoy aquí para combatir esta epidemia. A fines de abril, radicó una demanda judicial por difamación contra el entrenador Cunningham. Días después testificó ante un subcomité legislativo a favor de un proyecto de ley para instaurar pruebas de detección de drogas entre los atletas de las escuelas secundarias.

En mayo, Lewis compareció ante la junta escolar de Colleyville. Y entonces algo extraordinario sucedió. La junta aprobó por unanimidad realizar exámenes antidrogas al azar entre los estudiantes involucrados en actividades extracurriculares. «No solo servirá como disuasivo», comentó un portavoz de la escuela, «sino que también reforzará el mensaje de que no vamos a tolerar que se consuma droga alguna aquí».

Hasta la fecha, ningún otro distrito del área ha imitado el ejemplo de Colleyville. Pero Lewis no piensa bajar la bandera.

En cuanto a Bryan, empezó a practicar fútbol en su nueva escuela y pronto fue asignado a la posición de recibidor por alto del equipo. También juega como defensa, y recientemente su destreza le llamó la atención a un reclutador de una universidad de Ohio. Y eso lo logró sin usar esteroides.

En el fondo, esta madre sabía que estaba pasando algo malo, pero si tomaba partido podría haber sufrimientos y riesgos para ella y su familia, en particular para su hijo. Sin embargo, como resultado de su integridad defendiendo lo que creía correcto, pronto se beneficiarían otras madres y otros hijos.

La joven que sigue también se sintió tan convencida de lo que creía correcto —su responsabilidad de proteger a sus hermanos— que estuvo dispuesta a arriesgar su vida para hacerlo.

UNA NIÑA BAJO LA VENTISCA

Helen Rezatto

Cuando William Miner, un granjero de las cercanías de Center, Dakota del Norte, terminó de trabajar en la mañana de aquel 15 de marzo, el tiempo estaba agradable y soleado. La nieve había empezado a derretirse, y en los campos se veían de ella sólo parches blancos.

«Para esta noche, toda se habrá derretido», le pronosticó con optimismo a su esposa ese mediodía, al llegar a casa. Después que almorzaron sin prisa, Miner miró por la ventana de la cocina. «¡Santo Dios!», exclamó.

Por el noroeste, negros nubarrones se cernían sobre el horizonte, desplazándose sigilosa pero inexorablemente, sus bordes de color azul oscuro reptando por el cielo hacia el desprevenido sol.

Blanche Miner emitió su diagnóstico con la seguridad que daba el instinto del campesino: «¡Un norte primaveral!»

Contemplaron por un instante el avance de aquel monstruo deforme y sin rostro. De pronto, Miner dijo: «Mete tú a los animales. Yo me voy a la escuela por los niños. No me gusta lo que veo».

Miner tomó ropa de abrigo, ensilló a Kit, su mejor caballo, y partió por el resbaloso camino hacia la escuela, distante unos cinco kilómetros. Para entonces los negros cúmulos tenían suficiente masa como para eclipsar al sol. La naturaleza se notaba crispada, sin aliento, nerviosa. Entonces, de repente, una enceguecedora avalancha de nieve y viento empezó a azotar a caballo y jinete. Miner se abrió paso a través de ella hasta el establo de la escuela, dejó a Kit entre otros tantos caballos inquietos y corcoveantes, y se apresuró a entrar en el recinto escolar.

La maestra y los alumnos habían visto cómo se aproximaba la ventisca, pero aún fingían estar concentrados en sus clases. Aunque muchos de los niños habían dejado en el establo sus propios caballos y trineos, la regla establecida para estos casos era que ninguno debía irse a menos que uno de sus padres lo autorizara.

«¡Hola, papá!», exclamó Hazel Miner, de quince años, y se volvió hacia su hermano Emmet, de once, y su hermana Myrdith, de ocho. «Supongo que alguien no confía mucho en que podamos llegar solos a casa con la vieja Maude».

El padre sonrió brevemente. «¡De prisa! Tomen sus abrigos. Aquí tienen más bufandas».

Hazel se inclinó para abrochar las sobrebotas de su hermana y le recordó a Emmet: «Que no se te olvide tu libro de historia». Hazel, pensó Miner, era una niña maravillosamente confiable. Siempre sobrepasaba las expectativas. Él llevó a Myrdith afuera, hasta el rústico trineo de la familia con su abovedada carpa de lona; colocó a los dos niños menores sobre el montón de paja que cubría el fondo, y los tapó con dos frazadas y un viejo abrigo de pieles. Luego, Hazel se sentó en el pescante, mientras su padre enganchaba al trineo a la yegua Maude. Por encima del belicoso viento, le gritó a Hazel: «¡Quédate aquí! Voy a buscar a Kit. Iré delante de ustedes».

Maude estaba parada de frente a la puerta norte, la salida que llevaba a la granja de los Miner. Siempre había sido un animal apacible y fácil de manejar, pero en ese momento hubo un crepitar de truenos. La yegua se asustó y salió al galope, pero por la puerta sur. Hazel, fuera de balance y cegada por los remolinos de nieve, no se dio cuenta enseguida de que Maude iba en la dirección equivocada. Sólo atinó a gritarles a sus asustados hermanos: «¡No se preocupen, llegaremos a casa antes que papá y Kit! Maude conoce el camino».

Hazel no podía hacer nada para controlar a la bestia, pues las riendas, arrastrándose bajo los contratirantes, estaban fuera de su alcance. Por fin, Maude dejó de galopar, y fue acortando el paso hasta que se detuvo, sofocada.

Desde dentro de la carpa, Emmet preguntó: «¿Llegamos a casa? ¿De veras le ganamos a papá?»

Hazel se bajó del trineo a la nieve. No era posible distinguir si se encontraban sobre algún camino o en medio del campo. El mundo entero se había convertido en un océano de blanca espuma que les hincaba el rostro y amenazaba con tragárselos. Jadeando, Hazel volvió a subir al pescante, esta vez apretando en sus manos las riendas. «No, no hemos llegado todavía, pero creo que estamos cerca. Ahora que Maude se calmó, ella encontrará el camino».

Maude, quizás apenada por su fuga, iba abriendo un surco a través del creciente manto de nieve. De pronto, el animal trastabilló en una hondonada llena de agua del deshielo primaveral, pero oculta por la escarcha y la nieve fresca. Uno de los contratirantes se había soltado, y Hazel debió apearse de nuevo, esta vez, para hundirse hasta la cintura, meter las manos desnudas en el agua helada, buscar al tacto el arreo y luego asegurarlo. Cuando tiró de las riendas de Maude para sacarla del hoyo, ella estaba empapada hasta la cintura, y su ropa mojada empezaba a convertirse en una pesada armadura.

Entonces, casi a su lado, vio la punta de un poste que descollaba sobre la nieve. Cavó hasta localizar el alambre de púas. Aquella cerca podía conducirles a alguna granja vecina, a algún puerto seguro.

Emmet salió de la carpa, curioso por ver qué estaba haciendo su hermana mayor. Entre los dos, rompieron la mascarilla cristalina que se había formado sobre la cara húmeda de Maude. Tirando de las bridas, intentaron mantener a la yegua a lo largo de la cerca, pero una inmensa montaña de nieve les bloqueaba el paso y tuvieron que cambiar el curso.

Tratando frenéticamente de encontrar el camino de regreso, Emmet y Hazel buscaban con ansiedad la alambrada u otro poste que les sirviera de referencia. Al final no hallaron ni la una ni el otro (aunque no podían saberlo, el portón de la cerca, sepultado bajo la enorme pila de nieve, llevaba a una granja situada a escasos 70 metros). Casi ahogados por el embate del viento y la nieve, los dos regresaron al trineo. Con tenacidad, Maude continuó avanzando hasta que el trineo tropezó con un obstáculo invisible y se volcó sobre un costado, lanzando a los niños contra el techo de lona.

De nuevo, Hazel y Emmet consiguieron salir. A ciegas, empujaron el trineo, tiraron de él, pero este, atascado en la nieve, era demasiado pesado para ellos y no pudieron levantarlo.

En medio de la oscuridad y el aullido del viento, Hazel comprendió que necesitaba pensar: como la mayor de los tres hermanos era su responsabilidad. Se escurrió dentro de la carpa. «¿No ven? Estamos en el interior de una cuevita. La arreglaremos para que sea agradable y cómoda».

Como el trineo yacía sobre un costado, el estrecho piso de madera formaba un muro no muy alto de frente al este, y la carpa de lona, sin cortinas en los extremos, se había transformado en una tienda en forma de túnel. Buscando en la oscuridad, Hazel halló las frazadas y el abrigo de pieles. Pese a que apenas podía mover las manos, extendió dos cobijas sobre el «piso» de la tienda. Siguiendo sus instrucciones, Emmet y Myrdith se tendieron bien juntitos y abrazados. El viento entraba por la abertura que daba al norte y, con el abrigo de pieles, Hazel trató de improvisar una cortina. Pero el aire la derribaba una y otra vez. Finalmente, cubrió con el abrigo a sus hermanos.

Aquel viento infernal terminó por desgarrar la lona y hacerla jirones. Hazel tomó cuantos pedazos pudo salvar y los amontonó sobre el abrigo. Había una sola forma de evitar que salieran volando: acostarse sobre ellos. Ahora nada separaba a los tres niños de la ventisca, excepto algunas tiras de lona aún sujetas al marco de madera del trineo.

La nieve caía incesantemente. Tres puntitos humanos yacían inmóviles, con sus mentes y sus cuerpos adormecidos, acalambrados bajo las intermitentes y terroríficas fuerzas de la naturaleza. Hazel se incorporó: «¡Emmet!, ¡Myrdith!», gritó. «¡No cierren sus ojos, péguense el uno al otro. Voy a contar hasta cien. Suban y bajen las piernas como si estuvieran corriendo. Vamos: uno, dos tres». Podía sentir las pequeñas extremidades de sus hermanos moviéndose debajo de ella, que trataba de mover las suyas. Su cerebro daba las instrucciones, pero no podía saber si le obedecían.

—Estoy cansada ¿Podemos descansar? —preguntó la voz asordinada de Myrdith.

—¡No! —fue la imperativa respuesta—. Sólo vamos por setenta y uno. La próxima orden:

—Abran y cierren cien veces los dedos de las manos dentro de sus mitones.

Emmet sacó la cabeza de debajo del abrigo.

—Ven, Hazel, métete aquí abajo. Te haremos espacio.

—No, no puedo. —Poco calor podía aportar su helado atuendo a sus hermanos—. Todo está volando. Tengo que sujetarlo. Además, no tengo tanto frío. Cantemos *America the Beautiful,* como en los ejercicios matutinos.

De debajo del abrigo de pieles surgían las frágiles voces infantiles, y los versos cantados aquella misma mañana, y también cien años antes. Cantaron las cuatro estrofas completas.

—Oremos a Dios para que nos ayude —sugirió Myrdith—. Señor, antes de irme a la cama… —comenzó diciendo.

Hazel la interrumpió:

—No, esa no. Oremos el Padrenuestro.

Con solemnidad, oraron al unísono.

A lo largo de aquella interminable noche, Hazel siguió haciendo de guía en ejercicios, cuentos, canciones, oraciones. En varias ocasiones se sentó sobre la nieve infinita y obligó a sus casi paralizados dedos a romper la costra de hielo que se formaba alrededor de las piernas de Myrdith y Emmet; luego sacudía y expulsaba la amenaza.

Una y otra vez advertía a sus hermanos: «Recuerden que no se pueden dormir, aunque yo me duerma. Prométanme que no se dejarán vencer por el sueño, por mucho que sea. *¡Uno tiene que despertar al otro! ¿Me lo prometen?»* Así lo hicieron.

Más de una vez Myrdith preguntó: «¿Y por qué no viene papá a buscarnos?»

Cuando William Miner se dio cuenta de que sus hijos habían desaparecido del patio de la escuela, espoleó sin piedad a Kit a través de los montículos de nieve que se formaban rápidamente, seguro de que Maude les habría conducido a casa. En la puerta, su esposa les estaba esperando. Los dos se miraron espantados.

Inmediatamente, Miner dio la alarma a las partidas de rescate rurales. Casi cuarenta hombres, a riesgo de sus vidas, peinaban poco después lenta, pero persistentemente, los campos y caminos entre la granja de Miner y la escuela. Paraban en cada hacienda para cambiar de caballos, atenderse las quemaduras del frío, beber un poco de café caliente y revisar los planes. Todos los demás niños estaban ya seguros en sus hogares.

Pero no encontraron nada.

El viento, a cien kilómetros por hora, alcanzó fuerza de galerna. La temperatura cayó a quince grados bajo cero. El cielo dejó de ser gris para tornarse negro. Y la nieve continuaba cayendo desesperante. Los socorristas tendrían que esperar por la luz del nuevo día.

A la mañana siguiente, uno de los grupos de búsqueda informó haber visto las huellas de un caballo y un pequeño trineo que se perdían, borradas por la nieve, poco más allá de la puerta sur de la escuela. Pronto, la búsqueda se había reorganizado. Hombres en trineos, a caballo y a pie se dispersaron un kilómetro a la redonda, abriéndose paso a través del blanco sudario.

A las dos de la tarde del martes, veinticinco horas después del momento en que los chicos de los Miner desaparecieron, los rescatistas avistaron algo en un pastizal, unos tres kilómetros al sur de la escuela. Era un trineo volcado. Junto a él, como un centinela, una fantasmal bestia de tiro permanecía parada e inmóvil, pero viva. Bajo el arco de lo que quedaba del trineo vieron un montículo cubierto de nieve. Boca abajo, con su abrigo desabrochado, yacía el cuerpo rígido de una niña. Sus brazos permanecían extendidos alrededor de sus dos hermanitos, amparándolos y abrazándolos desde la muerte como lo había hecho en vida.

Respetuosamente, los hombres la alzaron, y luego retiraron el abrigo de pieles y los jirones de lona que había estado aprisionando con su cuerpo. Debajo encontraron a Myrdith y Emmet, confusos y medio helados, pero vivos. Habían jurado no dejarse arrastrar por el sueño mortal del que su hermana Hazel sabía que nunca podrían despertar.

Hoy, en los terrenos de la corte de la ciudad de Center, en un monumento de granito que se alza como un desafío sobre la llanura, están inscritas estas palabras:

En memoria de
Hazel Miner
11 de abril de 1904
16 de marzo de 1920
Para los muertos, un tributo
Para los vivos, un recuerdo
Para la posteridad, una inspiración
La historia de su vida
y de su trágica muerte
se encuentra registrada en los
archivos del Condado de Oliver.
Forastero, no dejes de leerla.

Hazel se dedicó a proteger a su hermano y a su hermana menores tanto en vida como en muerte. En su mente no había duda de lo que haría bajo las congelantes condiciones. Sus hechos heroicos nos dan todos los motivos para preguntarnos cuán lejos iríamos por sostener con firmeza los valores que abrazamos.

~~◡

ELABORACIÓN FINAL

La palabra *integridad* básicamente significa *integrado* alrededor de principios. Significa realización, unidad, perfección. Incluso la palabra sinceridad significa en latín *sin cera* —sin barniz— sin costuras o compartimientos, totalmente de una pieza. Por consiguiente, alguien que demuestra integridad no es honesto basado en la situación o en «un día sí y otro no». La integridad es una decisión de cada día, un modo cotidiano de vida. Cuando usted leyó acerca del padre pescador, ¿no sintió que era así de honesto e íntegro todos los días y en todas las circunstancias? Cuando leyó acerca de la madre, ¿no tuvo la sensación de que ella lucharía por el bien de su hijo, y de los hijos de otras madres, cualquier día del año? Cuando leyó acerca de Hazel, ¿no tuvo la sensación de que ella noblemente se preocupaba por sus hermanos no solo en la muerte sino todos los días? De sus historias, parece que el dúo pescador, la madre que lucha contra los esteroides y la joven Hazel demostraron cada uno una fuerte capacidad para la integridad cotidiana.

REFLEXIONES

- El padre y el hijo disfrutaron una satisfacción interior más allá de lo que podría brindar cualquier trofeo o filete. Esa noche se obtuvo carácter, conciencia, dignidad y honestidad en una acción solitaria. ¿Cómo se sostendría su integridad en un ambiente como ese?

- A quienes les gusta pescar a menudo se les acusa de exagerar el tamaño de sus pescas, en particular de las que se escaparon. ¿Y usted? ¿Adorna sus historias? ¿Es ciento por ciento sincero con los demás? ¿Consigo mismo?

- La madre luchando contra los esteroides arriesgó mucho, y la joven Hazel lo dio todo para hacer lo que sentía correcto. ¿Cuán lejos está dispuesto a llegar por hacer lo que siente que es correcto?

MÁS REFLEXIONES SOBRE LA
Integridad

INTEGRIDAD SÓLIDA

La integridad incluye responsabilidad y férrea adhesión a valores y creencias.

Integridad significa que usted hace lo que hace porque es correcto y no solo por estar a la moda o por ser políticamente adecuado. Una vida de principios, de no sucumbir ante las seductoras sirenas de una moral fácil, siempre prevalece.

—DENNIS WAITLEY,
PRIORITIES [PRIORIDADES]

En matemáticas, un entero es un número que no es divisible en fracciones. De igual modo, un hombre de integridad no es divisible en sí mismo. No cree una cosa y dice otra; por tanto, no está en conflicto con sus propios principios.

—ARTHUR GORDON

La manera de ganar una buena reputación es intentar por todos los medios ser lo que se desea parecer.

—SÓCRATES

No puede hacer felicidad si lo que creemos es diferente de lo que hacemos.

—FREYA STARK

No reniegue de sus propias experiencias o convicciones «por el bien de la paz y la tranquilidad».

—DAG HAMMARSKJÖLDT

El individuo que se destaca entre la multitud demuestra que tiene su propia serie de valores y un fuerte sentido de valía personal; aunque los vientos de las ideas conflictivas se lleve a algunas personas, y las olas de las diferentes modas pasajeras arrase con otras, esa persona permanecerá firme.

—David J. Mahoney,
Confessions of a Street-Smart Manager
[Confesiones de un administrador callejero inteligente]

■ ■ ■

El momento siempre es bueno para hacer lo que es correcto.

—Martin Luther King, hijo

■ ■ ■

Los valores se han grabado en monumentos y se han explicado detalladamente en manuscritos iluminados. No necesitamos más de eso. Se deben hacer para que vivan en las acciones de los hombres.

—John W. Gardner,
The Recovery of Confidence
[La recuperación de la confianza]

■ ■ ■

La gloria de grandes hombres siempre se debería medir por los medios que usaron para adquirirla.

—La Rochefoucauld

CARÁCTER

Casi sinónimo de la integridad es el carácter. Carácter es una reputación forjada con el tiempo, y que se puede perder en segundos.

Carácter es la suma total de todas nuestras decisiones diarias.

—MARGARET JENSEN

■ ■ ■

La reputación de mil años se podría determinar por la conducta de una hora.

—PROVERBIO JAPONÉS

■ ■ ■

Éxito sin honor es un plato mal sazonado; satisfará su hambre, pero no sabrá bien.

—JOE PATERNO

■ ■ ■

Es mucho más fácil mantener el carácter que recuperarlo.

—THOMAS PAINE

■ ■ ■

En el ejército he conocido líderes que eran muy competentes... pero que no tenían carácter. Por cada trabajo que hacían bien buscaban recompensa en forma de promociones, en forma de galardones y condecoraciones, en forma de progresar a expensas de alguien más, en forma de otro pedazo de papel que les reconociera otro título: un camino seguro hacia la cumbre. Como puede ver, esas eran personas competentes, pero les faltaba carácter.

También he conocido muchos líderes con espléndido carácter pero sin capacidad. No estaban dispuestos a pagar el precio del liderazgo, a correr la milla extra porque eso es lo que se necesita para ser un gran líder.

Y eso lo es todo. Para dirigir en el siglo veintiuno —llevar soldados, marinos y aviadores a la batalla— se requerirá de usted tanto carácter como capacidad.

—GENERAL H. NORMAN SCHWARZKOPF

BASÉMONOS EN PRINCIPIOS

Basarse en principios implica aferrarse con firmeza a lo que se cree correcto. ¿Cuán firmemente están plantados sus pies?

En asuntos de principios, permanezca como una roca; en asuntos de sabor, nade con la corriente.

—THOMAS JEFFERSON

Asegúrese de poner los pies en el lugar correcto, y luego párese firme.

—ABRAHAM LINCOLN

La medida final de un hombre no es dónde se para en tiempos de comodidad y conveniencia, sino dónde se para en tiempos de desafío y controversia.

—MARTIN LUTHER KING, HIJO,
EN *STRENGTH TO LOVE* [FUERZAS PARA AMAR]

Según la Agencia de Noticias Extranjeras, cuando el rey Christian de Dinamarca observó una bandera nazi ondeando sobre un edificio oficial danés durante la Segunda Guerra Mundial, exigió a un funcionario alemán que la retirara.

El alemán contestó que la bandera estaba flameando de acuerdo a instrucciones de Berlín.

—La bandera se debe quitar antes de las doce —declaró el monarca—, o de lo contrario enviaré a un soldado a retirarla.

A las doce menos cinco la bandera aún estaba ondeando, así que el rey anunció que estaba enviando un soldado a bajarla.

—Se le disparará al soldado —advirtió el oficial nazi.

—Soy ese soldado —contestó tranquilamente el rey.

La bandera nazi fue removida.

Es más fácil luchar por nuestros principios que vivir a la altura de ellos.

—ALFRED ADLER

CONCIENCIA

Demostrar integridad a menudo no requiere más que mostrar respeto por su conciencia y confiar en ella.

Integridad significa tener una conciencia y escucharla. «No es seguro ni prudente —dijo Martín Lutero al enfrentar a sus enemigos en la ciudad donde se decretó su muerte— que yo haga algo contra la conciencia. Aquí me planto; Dios, ayúdame, no puedo hacer otra cosa.

—ARTHUR GORDON

■ ■ ■

El único tirano que acepto en este mundo es la «tranquila vocecilla» dentro de mí.

—MAHATMA GANDHI

■ ■ ■

Martin Luther King, hijo, en su «Carta desde la cárcel Birmingham», incluyó una historia acerca de una mujer de setenta y dos años que cada día recorría a pie una larga distancia durante un boicot de autobuses. Estaba cansada y físicamente débil, alguien le preguntó por qué seguía apoyando la protesta pacífica. Su respuesta siempre se atesorará: «Mis pies están cansados —dijo—, pero mi alma está descansada».

—BAYARD RUSTIN,
EN *LOS ÁNGELES HERALD EXAMINER*

■ ■ ■

Deseo tanto dirigir los asuntos de esta administración que si al final, cuando tenga que dejar las riendas del poder, he perdido a todos los demás amigos en la tierra, me quedará al menos uno… y ese amigo estará dentro de mí.

—ABRAHAM LINCOLN

■ ■ ■

No hay almohada tan blanda como una conciencia limpia.

—Proverbio francés

■ ■ ■

Hace unos años en nuestra sección rural del sur de California murió una madre mexicana dejando una familia de ocho hijos. La hija mayor, que aún no tenía diecisiete años, era muy pequeña. Sobre sus frágiles hombros cayó la carga de cuidar a la familia. Asumiendo la tarea con valor, mantenía a los niños limpios, bien alimentados y en la escuela.

—No puedo recibir ningún mérito por algo que debo hacer —contestó ella el día en que la felicité por su hazaña.

—Pero, cariño, tú no tienes que hacerlo. Podrías abandonarlo todo.

Ella hizo una pausa por un momento.

—Sí, es verdad —contestó luego—. Pero ¿y el debo en mi interior?

—Verna Rallings

INDIFERENCIA SILENCIADORA

La antítesis de la integridad es la indiferencia: no expresar o defender aquello que creemos.

La historia deberá registrar que la mayor tragedia de este período de transición social no fue el clamor estridente de los malos individuos sino el vergonzoso silencio de los buenos.

—MARTIN LUTHER KING, HIJO,
STRIDE TOWARD FREEDOM [ZANCADAS HACIA LA LIBERTAD]

▨ ▨ ▨

Lo único que se necesita para que triunfe el mal es que los hombres buenos no hagan nada.

—EDMUND BURKE

▨ ▨ ▨

Saber lo que es bueno y no hacerlo es la peor cobardía.

—CONFUCIO

▨ ▨ ▨

Se pierden en la vida más cosas buenas por indiferencia que las que se perdieron alguna vez por hostilidad activa.

—ROBERT GORDON MENZIES

▨ ▨ ▨

Cuando ocurre algo importante, el silencio es una mentira.

—A. M. ROSENTHAL

▨ ▨ ▨

Así como debemos rendir cuentas por cada palabra ociosa, también debemos hacerlo por cada silencio ocioso.

—BENJAMÍN FRANKLIN

▨ ▨ ▨

El lugar más caliente en el infierno está reservado para quienes, en un período de crisis moral, se mantienen neutrales.

—DANTE

Sinceridad

El engaño engendra conflicto mientras la sinceridad produce confianza. Sea en palabras o en hechos, si somos sinceros nuestra intención no puede ser burlada.

Un día, después de oír por algún tiempo la declaración de un aspirante a cliente, de repente Lincoln giró en su silla y exclamó: «Bueno, usted tiene un buen caso en ley técnica, pero muy malo en igualdad y justicia. Tendrá que conseguirse otro sujeto que se lo gane. Yo no puedo hacerlo. Todo el tiempo que estaría de pie hablando ante el jurado estaría pensando: "Lincoln, eres muy mentiroso", y creo que me debería olvidar de mí y decirlo en voz alta».

—*Lincoln Talks*,
editado por Emanuel Hertz

■ ■ ■

La honestidad la abandona tanto el ladrón de diez centavos como el de un dólar.

—Leonard E. Read

■ ■ ■

Un día, cuando tenía cinco años, le dije una mentira a mi abuelo. No era una muy fea. Mi abuelo le pidió a nuestro jardinero que llevara una larga escalera y la pusiera contra el frente del techo. Cuando la escalera estaba firmemente en su sitio le dijo al jardinero:

—A nuestro chico le ha dado por saltar de los techos. La escalera es para que la use cuando lo desee.

En ese instante supe lo que eso significaba, porque uno de los proverbios en nuestro distrito era: «La mentira es un salto del techo».

Le di vueltas al asunto en silencio. Era incómodo tener la escalera en la puerta del frente. Comencé a temer que estaría allí para siempre si no hacía algo. Encontré a mi abuelo leyendo un libro, me dirigí discretamente a él y hundí mi cabeza en su regazo.

—Abuelito —manifesté—, ya no necesitamos la escalera allí.

Él pareció muy feliz. Entonces llamó al jardinero.

—Llévate inmediatamente la escalera. Nuestro chico no salta de los techos.

Nunca olvidaré ese incidente.

—Li Yung Ku, contado a Manuel Komroff

MOMENTOS PRIVADOS

Las más grandes victorias de integridad se ganan en esos momentos privados en que nadie más lo sabría.

La familia del viejo Ben fueron famosos constructores de muros prefabricados por casi dos siglos. De joven yo ayudaba a construir una sección de muro sobre la falda de una colina de un corral. Habíamos cavado la zanja ancha y profunda, de tal modo que los cimientos de piedra estuvieran debajo de la línea de escarcha. El viejo Ben era muy especial con respecto a cada roca y a golpearlas una a una. Para un muchacho impaciente era muy irritante la idea de golpear piedras debajo de la superficie de la tierra.

—¿Quién va a saber si estas están golpeadas o no? —murmuré.

El asombro del viejo Ben era genuino mientras miraba por sobre sus anteojos.

—Yo lo sabré —contestó—, y tú también.

—HAYDN PEARSON,
EN *A TREASURY OF VERMONT LIFE*
[UN TESORO EN LA VIDA DE VERMONT]

■ ■ ■

Valor perfecto es hacer sin testigos lo que uno haría ante todo el mundo.

—LA ROCHEFOUCAULD

■ ■ ■

En un torneo de tenis en el Madison Square Garden de la ciudad de Nueva York, en enero de 1982, se encontraron en las semifinales los profesionales mejor clasificados Vitas Gerulaitis y Eliot Teltscher. Se dividieron los dos primeros sets. En el octavo juego del decisivo tercer set, Gerulaitis acortó su camino al punto final del partido.

Después de uno de sus peloteos más feroces, Gerulaitis golpeó una pelota que dio en lo alto de la red y dribló en lo que pareció un seguro ganador del encuentro. Pero Teltscher corrió a la red, se lanzó hacia la pelota y milagrosamente se las arregló para elevarla por sobre la cabeza de

Gerulaitis. Este, asombrado, retrocedió tardíamente, lanzando desviado su disparo.

El público enloqueció. Teltscher había sobrevivido al punto final, o así parecía. Cuando los vítores se extinguían, Teltscher indicó que en su embestida hacia su disparo final había tocado la red... una violación. No importaba que el árbitro no la hubiera visto o que estuviera en juego mucho dinero. Para Teltscher, nada de eso cambiaba las reglas del juego o el código de caballero que eran sus bases. Estrechó la mano de Gerulaitis, asintió con la cabeza al público y salió de la cancha... un vencedor en derrota.

—LAURENCE SHAMES,
ESQUIRE

8

HUMILDAD

Los hombres y las mujeres verdaderamente grandes no son aterradores.
Su humildad tranquiliza.

—ELIZABETH GOUDGE

El humorista Groucho Marx dijo en cierta ocasión que tenía una enfermera tan arrogante por su belleza que cuando le tomaba el pulso a un hombre siempre le restaba diez puntos para compensar por lo que su belleza producía en los latidos de su corazón. Sí, la humildad puede ser escurridiza.

Aunque la firme confianza en sí mismo y una alta autoestima son rasgos saludables de la personalidad, hay un punto en que dejan de ser virtudes, es el momento en que una persona se siente más importante que otra, o por encima del reproche y del aprendizaje. Es el punto en que alguien se jacta de maneras que, en realidad, pueden hacer bajar las pulsaciones de otro. La humildad, por otra parte, engendra crecimiento y amistad. Se podría argumentar que uno de los mejores campos de aprendizaje de la humildad es la paternidad, como lo ilustra el siguiente padre de familia en «Mike, el pastel y yo».

MIKE, EL PASTEL Y YO

Michael A. Andrews

Cuando nuestro hijo de nueve años, Mike, llegó de su reunión de los Cachorros Exploradores, nos contó que su grupo iba a preparar un banquete y una venta de pasteles. Él y su papá, o sea, yo, tendríamos que hornear los pasteles.

Nunca en mi vida había horneado un pastel. Pero, habiendo visto a mi esposa usar mezclas instantáneas, la perspectiva del proyecto no me causó preocupación.

Cuando llegó la hora, Mike y yo seleccionamos una mezcla instantánea de masa amarilla. Siguiendo las instrucciones, mezclamos los ingredientes y vertimos la mezcla en dos moldes redondos. Con confianza, colocamos los moldes en el horno. Al sacarlos después de 30 minutos, siguiendo estrictamente las instrucciones, me sorprendió ver que los pasteles no tenían la altura ni la consistencia esponjosa de los que uno ve en los anuncios comerciales. De hecho sólo habían crecido hasta la mitad del molde. Mike pareció no haberlo notado; además, le comenté que algunos de los mejores pasteles que he probado han sido pequeños.

Colocamos una encima de la otra, y entonces me di cuenta de que se necesitaba azúcar en polvo para hacer el merengue. No teníamos en casa ni tampoco teníamos tiempo. Faltaba una hora para el banquete.

A decir verdad, yo ni siquiera sabía qué cosa era azúcar en polvo. Así que me dije: Bueno, azúcar es azúcar. Pero mi esposa me persuadió delicadamente diciéndome que el azúcar regular granulada no serviría. De modo que hice un viaje urgente al supermercado y regresé con una lata de merengue ya preparado.

Ya se nos había hecho tarde cuando aún estábamos untando el merengue sobre el pastel. Conseguimos que se viera totalmente untado, aunque la capa era demasiado fina en algunas partes. Como toque final le puse unos adornos decorativos por encima, supongo que inspirado por la textura rústica del cielorraso de la cocina. Mike y yo intercambiamos gestos de victoria. Creíamos que se veía bien.

Mi esposa se rió y luego dijo que era algo encantador y que se veía bien. Yo no había notado que nuestro pastel estaba inclinado hacia un lado.

Mientras nos dirigíamos rápido hacia el banquete, Mike mencionó de pasada que la venta de pasteles sería una subasta. Por un instante deseé haber tenido más tiempo para los toques finales. El salón estaba lleno. La cena ya había empezado, así que llevamos nuestro pastel a la sala de subastas.

Quedé perplejo. Sobre una larga mesa había una fantástica variedad de obras maestras de exquisito diseño: chifón, pastel de chocolate, de especias, de zanahoria, panetela, todos con cubiertas exóticas y adornados con mucha creatividad. Tal vez Mike no había entendido bien, y se trataba de alguna especie de campeonato mundial de pasteles. Quizás padres e hijos podían contar con la ayuda de madres, decoradores profesionales y hasta ingenieros. Quizás, simplemente, estábamos en el lugar equivocado.

Habían pasteles en forma de carpa india, nave espacial, emblema de los Niños Exploradores, sombreros, mapas de los Estados Unidos, personas y animales. Las cubiertas eran de cerezas, azúcar glaseado, malvaviscos y purpurina de caramelo. Los pasteles estaban presentados en moldes decorados o platos de porcelana. Algunos estaban cubiertos de adornos como banderas en miniatura, figuritas de niños exploradores, escenas de la *Guerra de las Galaxias* y paisajes.

Solemnemente, Mike entró al salón con nuestro pastel, en el mismo plato de papel en el que lo habíamos cubierto de merengue. Al ver que no había espacio junto con las demás, lo colocó sobre un radiador de calefacción detrás de la mesa. Con mucho cuidado, casi con reverencia, retiró el papel de aluminio con que venía protegido. El merengue se había pegado al papel en varias partes, revelando manchas de masa amarilla. Mientras observaba a Mike, yo sentía que me sonrojaba. Pero a él nuestra creación no parecía causarle vergüenza alguna.

Decidí sugerirle que quizás no participáramos en esta subasta, que quizás… Pero mis pensamientos fueron interrumpidos por un rugido ensordecedor cuando un torrente de pequeños uniformes azules entró a la sala.

No alcancé a escuchar las reglas. Una distinguida mamá me decía algunas partes mientras su pequeño hijo se trepaba sobre mi pierna derecha. Sólo los niños exploradores podían estar en el área de la subasta y hacer ofertas. Le di de prisa a Mike ocho dólares, y mientras él regresaba corriendo a donde estaban los pasteles, le grité que no hiciera ofertas grandes para que pudiera sacar más provecho a su dinero.

Después que los pequeñines pasaron cinco minutos gritándose para que guardaran silencio, comenzó la terrible experiencia. El subastador levantó el primer pastel. Describió su diseño, su compleja ornamentación, el exótico relleno, los brillantes colores y la cubierta de cerezas. Sugirió que con esos atributos ameritaba una elevada oferta inicial. «¡Setenta y cinco centavos! ¡Ochenta centavos! ¡Un dólar! ¡Un dólar a la una! ¡Un dólar a las dos! ¡Vendido por un dólar!». El siguiente pastel fue descrito y luego vendido por 50 centavos. Yo podía anticipar la reacción del público al nuestro y sentí un poco de dolor por dentro.

Mi hijo probablemente iba a pretender no saber de quién era el pastel cuando llegara su turno. Casi podía escuchar los abucheos y las rechiflas.

Me esforcé por hacerle señas desde el otro lado de la sala. Con desesperación, consideré la idea de adelantarme y golpear accidentalmente nuestro pastel con la intención de destruirlo, evitándole así a Mike la inminente humillación. *Hijo, compra un pastel, cualquier pastel y vámonos de aquí*, pensé. Entonces, la mujer que estaba a mi lado empezó a mirarme sospechosamente. Me rendí.

¿Era mi imaginación, o estaba el subastador evitando prudentemente nuestro pastel? Entonces empecé escuchar a algunos que entre el público murmuraban sobre el pastel con «las manchas amarillas». Detrás de mi, algunos adolescentes lo llamaron «el pastel leproso» y se rieron. Estaba sufriendo por Mike.

Llegó el temido momento. El subastador levantó nuestro pastel. El plato de papel se hundía en sus manos. Algunos pedazos cayeron. Los numerosos agujeros en la cubierta de merengue brillaban llamativamente por las fuertes luces que estaban arriba. El hombre abrió su boca para hablar. Pero antes de que pudiera decir la primera palabra, Mike se había puesto de pie y gritado a todo pulmón: «¡Ocho dólares!».

Hubo un silencio atónito. No hubo contraofertas. Después de un par de preguntas de «¿Quién da más?», el subastador dijo: «Pues entonces...». Mike corrió al frente, con una sonrisa de oreja a oreja. Lo escuché decir a sus amigos mientras corría: «¡Ese es mi pastel! ¡Lo hicimos mi papá y yo!»

Le entregó los ocho dólares al subastador, contemplando el pastel como si se tratara de un tesoro. Atravesó sonriente la multitud, deteniéndose sólo una vez para saborear el merengue con un movimiento súbito de su dedo índice. Al verme, gritó: «¡Papá, lo compré!».

Regresamos a casa contentos, Mike llevaba su premio sobre sus piernas. Entonces le pregunté por qué había comenzado la subasta ofreciendo todo el dinero que tenía. «¡Porque no quería que nadie se llevara nuestro pastel!», fue su respuesta.

«Nuestro pastel». Era *nuestro* pastel, no un pastel cualquiera. Sólo que yo la había visto con mis ojos de adulto, y no con los del niño especial que es mi hijo. Una vez en casa, cada uno comió un pedazo de *nuestro* pastel antes de que Mike se fuera a dormir. Por cierto, sabía bastante bien. Y, caramba, también se veía lindo.

Aunque el padre estaba preocupado por lo que podrían pensar los demás —su ego— el joven Mike estaba orgulloso de su obra de arte y de su relación con su padre. ¿Se ha interpuesto alguna vez su ego entre usted y el gozo que de otro modo obtendría de la vida, entre usted y sus relaciones importantes?

———————

Cuando pido al público que identifique un gran líder, no importa en qué parte del mundo, casi inevitablemente Abraham Lincoln es uno de los primeros en ser mencionados. Llamado a menudo el Honesto Abe, quizás un nombre igual de apropiado para él podría ser el Humilde Abe.

EL PRIMER HONORARIO GRANDE QUE RECIBIÓ ABRAHAM LINCOLN

Mitchell Wilson

Una tarde de 1855, un elegante abogado de Filadelfia llegó al pueblo lleno de praderas llamado Springfield, en el estado de Illinois, y preguntó cómo se llegaba a la casa de un tal señor A. Lincoln. Al llegar, le pareció una casa bastante rústica. Le abrió la puerta un hombre alto como un pino, vestido de camisa con mangas. Sus piernas y brazos eran inusualmente largos, los hombros, estrechos y hundidos, y las manos y pies, anormalmente grandes. Su cabello negro y tosco parecía como si nunca hubiera sido peinado. El único rasgo de aquel hombre que impresionó al visitante fueron sus ojos: profundos, tristes y sabios.

El sujeto de Filadelfia se presentó: «Me llamo P. H. Watson. Soy abogado de un grupo de fabricantes que ha establecido un fondo conjunto para ayudar a alguien que usted quizás conozca: J. H. Manny, de Rockford, Illinois».

El interés hizo que cobrara ánimo el rostro de Lincoln. «¿El caso McCormick-Manny?», preguntó. Watson asintió. El caso McCormick-Manny era una de las batallas judiciales más cruciales de la época. Tras ser testigos del enorme éxito de Cyrus McCormick, muchas fábricas pequeñas estaban haciendo réplicas de su máquina cosechadora, pero ninguna le estaba pagando a McCormick las correspondientes regalías; todas alegaban que sus máquinas eran diferentes a las de él. McCormick había contratado a los abogados más renombrados del país, y estaba demandando al competidor cuyo caso parecía ser el más prometedor: J. H. Manny & Son.

Los demás fabricantes se dieron cuenta que se irían a la ruina si Manny se iba a la quiebra. Watson había aconsejado a sus clientes: «El caso está por ir a corte ante el juez Drummond, del distrito norte de Illinois, probablemente en Springfield. Les recomiendo conseguir apoyo popular, escojan a alguien del área que sea un buen amigo del juez».

Esa era la razón por la cual Watson estaba ahora en aquella casa de Springfield, hablando con el larguirucho abogado casero Lincoln. Le expuso a éste su argumento más convincente: un adelanto de 500 dólares y la promesa de recibir el honorario más grande que jamás se le haya ofrecido. Lincoln nunca había manejado un caso en el que estuviese involucrada una suma mayor de unos pocos cientos de dólares, y por ese entonces su nombre era desconocido fuera del condado donde vivía.

Sin embargo, Watson no le reveló a Lincoln algunos datos relacionados con el caso.

Cuando Watson se marchó, Lincoln sé quedo un rato sentado y pensativo. Tenía entonces 46 años, grandes deudas y le acosaba una sensación de fracaso. Ahora, repentinamente, surgió la oportunidad de convertirse en un abogado de fama nacional.

No sabía nada acerca de las leyes sobre patentes ni del mecanismo de las cosechadoras, pero se entregó a la tarea de aprender laboriosamente todo lo que debía. No obstante, estaba preocupado: en la corte tendría que poner a prueba su capacidad frente a la de avezados juristas del este del país, que tenían la experiencia y la educación que él carecía.

Durante este período de intensa preparación, Lincoln sólo recibió algunas cartas de Watson, pero infería de ellas que se le estaba dando riendas libres. Su confianza se fortaleció. Un día le informaron que el juicio sería trasladado, con consentimiento de ambas partes, de Springfield a Cincinnati, donde lo presidiría un juez a quien Lincoln no conocía. Pensó que debieron haberle consultado sobre el asunto, pero no le dio mayor importancia, creyendo que Watson no quería incomodarlo con los detalles.

Así, cuando Lincoln se fue a Cincinnati para entrevistarse con sus clientes, iba seguro de que éstos respetaban su destreza y contaban con él para ganar el caso. En su bolsillo llevaba el informe en el que había trabajado tanto y del cual dependía su futuro.

Para la ocasión, se había vestido cuidadosamente y comportado con dignidad. Pero a sus colegas del este les causó la siguiente impresión: Parecía un pobre provinciano de ropa tosca que no le quedaba a la medida. Los pantalones apenas le llegaban a los tobillos, y llevaba un guardapolvo manchado de sudor.

Fue entonces que Lincoln empezó a desilusionarse. Descubrió que otro abogado, Edwin M. Stanton, había sido escogido para llevar el caso; en realidad lo habían contratado con ese fin casi desde el principio. Cuando Manny llevó a Lincoln a la habitación del hotel donde estaba Stanton, la puerta estaba abierta y Lincoln esperó afuera. Stanton, de baja estatura y truculento, miró al desconocido y dijo en voz alta: «¿Qué hace él aquí? Deshazte de él. ¡No pienso asociarme con semejante simio torpe! Si no puedo tener como asociado a alguien que luzca como un caballero, abandonaré el caso».

Lincoln no respondió. Aunque el insulto era deliberado, decidió fingir que no había escuchado nada. Con la frente alta, y a pesar de sentirse mortificado, bajó las escaleras cuando entonces le presentaron a otro miembro del equipo de abogados del caso, George Harding. Luego, todos se fueron a la corte.

Una vez allí, los abogados de ambas partes se saludaron. Ya se habían conocido anteriormente. Pero Lincoln no fue presentado, y se quedó solo y aislado en la mesa de los acusados.

Era costumbre en ese entonces que cada una de las partes presentara sólo dos argumentaciones. Por lo que pudo averiguar camino a corte, Lincoln se enteró de que lo habían contratado unos días antes que a Stanton. Por lo tanto Lincoln asumió que al tener la prioridad, le correspondía a él resumir los argumentos legales a favor de Manny.

El abogado de McCormick, Reverdy Johnson, se levantó y dijo con elegancia: «Hemos percibido que los acusados se hacen representar por tres abogados. Estamos dispuestos a que sean plenamente escuchados y no objetaremos que haya más de dos argumentaciones por parte. Solamente solicitaremos que a mi asociado, el señor Edward Dickerson, se le permita hablar dos veces, si así lo deseamos».

Lincoln vio a Stanton y Harding intercambiando miradas, como si entre ellos hubiera algún acuerdo. Lincoln se sentía ahora como un intruso.

Stanton dijo: «No buscaremos indulgencia de nuestros oponentes. No tenemos intención de presentar más de dos argumentaciones por parte nuestra. No se nos ocurriría violar la tradición de esta corte».

¿ Se estaba preparando Stanton para hacer una argumentación? Y entonces qué se esperaba que hiciera él?, pensó Lincoln. Sin levantar demasiado la voz, se dirigió al tribunal «Yo tengo mi argumentación preparada».

Stanton lo miró y se encogió de hombros con desprecio. «Claro, usted tiene la precedencia», dijo. Con cortesía instintiva, Lincoln replicó: «Sr. Stanton, quizás usted prefiera hablar en mi lugar».

Stanton aceptó de inmediato la oferta de Lincoln, como si con ello estuviese aceptando su total retiro del caso. Harding permaneció sentado en silencio. Lincoln, comprendiendo que no podía hacer otra cosa, se retiró de la sala.

Lastimado, enfadado, avergonzado, estuvo un rato de pie en las escaleras de la corte. Sin embargo le habían pagado para que preparara una argumentación, y sintió el deber de dar a sus clientes el servicio por el cual habían pagado, de modo que regresó a la sala y se sentó entre los espectadores.

No obstante, Lincoln le entregó a Watson sus papeles. «Pasé mucho tiempo preparándolos; quizás le puedan ser útiles a Harding», dijo. Watson le entregó el documento a Harding, quien lo dejó allí sobre su mesa. Ni siquiera lo miró, al día siguiente aún seguían en el mismo sitio.

Durante la semana que duró el proceso los abogados de ambas partes cenaron juntos en varias ocasiones, y hasta el juez los recibió una noche en su casa. Sólo uno de ellos no fue invitado: el hombre alto y rústico de Springfield.

El juicio llegó a su clímax. Johnson, el prestigioso abogado de McCormick, presentó una elocuente apelación a los derechos del gran inventor. La persona que pudiera argumentar con éxito contra él se haría famosa; ese era el momento en que se suponía que iba a hablar Lincoln. En su lugar se levantó a hablar Stanton, el mismo que lo había hecho a un lado.

Stanton no criticó los logros de McCormick, sino que trató de rebatir punto por punto la argumentación de Johnson. Admirado por la lógica brillante de Stanton, Lincoln se olvidó de su orgullo herido.

Esa noche, Lincoln salió a caminar con un amigo. «La argumentación de Stanton fue toda una revelación para mí», le dijo a su acompañante. «Nunca escuché algo tan bien acabado y tan cuidadosamente preparado». Y entonces se desahogó: «¡No me puedo comparar con ninguno de ellos. No puedo hablar como ellos ni lucir como ellos!». Pero Lincoln tenía la determinación de los que no se rinden. «Me voy a casa, a volver a estudiar Derecho», dijo. «Estos tipos del este están viniendo aquí cada vez más, y debo estar preparado para enfrentarme a ellos bajo sus propias condiciones».

El gran discurso de Stanton consiguió la victoria para Manny. Watson le envió a Lincoln un cheque por dos mil dólares. Ese dinero representaba para él una pequeña fortuna, pero lo devolvió, alegando que no creía que debía recibir dinero alguno, ya que no había tomado parte en el caso.

Para entonces, Watson tenía aparentemente sentimientos cruzados en cuanto a su participación en hacer a un lado a Lincoln, y volvió a enviar el cheque. Éste llegó cuando Lincoln estaba en una situación desesperada. Aceptó el dinero y le dio la mitad a su asociado Herndon.

Lincoln no podía borrar el dolor—su recuerdo siempre lo acompañaría—pero él sí podía cambiar para que nunca más lo lastimaran por la misma razón. Sus modales se hicieron más dignos, sus discursos más pulidos y profundos.

Entonces se fue en pos de su primer y más profundo amor: la política. Irónicamente, el honorario que Lincoln había recibido le dio la libertad financiera necesaria para lanzarse a la campaña política por medio de la cual conquistaría la fama que no pudo lograr en el caso McCormick-Manny.

Poco después sería electo Presidente de los Estados Unidos. Stanton fue uno de sus críticos más virulentos. Pero Lincoln nunca olvidó la diferencia entre el Stanton de las palabras brutales y el Stanton de inteligencia sobresaliente, y cuando tuvo que nombrar a alguien para el vital cargo de Secretario de Guerra, escogió a Edwin M. Stanton.

Sólo un hombre del carácter de Lincoln podía pasar por encima del insulto de Stanton, y sólo un hombre de su espíritu bondadoso podía carecer de rencor.

Después de varios años de servir al país bajo el mando de Lincoln, Stanton comprendió quién era mejor. Mientras Lincoln agonizaba, Stanton permaneció de pie a su lado, embargado por un inconsolable pesar. Cuando los ojos del Presidente finalmente se cerraron, el hombre que una vez lo agravió profundamente rindió a Lincoln este tributo póstumo: «¡Ahora él le pertenece a la inmortalidad!»

Mientras muchos hubieran estado completamente ofendidos, Abraham Lincoln tenía la humildad para reconocer sus debilidades, y la fortaleza para esforzarse en vencerlas. Y cuando llegó al pináculo de la vida política volvió a demostrar humildad al promover a Stanton a una posición de gran prominencia y autoridad. La humildad es esencial en el liderazgo eficaz; sin embargo, su ausencia es evidente en muchos currículos de ejecutivos.

Aunque algunos entran al campo de la abogacía con la mira puesta en llenar sus bolsillos o representar casos prominentes, la meta de este humilde abogado era sencillamente ayudar a que la gente necesitada pudiera salir adelante por sí misma.

EN LA PRIMERA FILA

William M. Hendryx

Un día mientras caminaba hacia su oficina en el centro histórico de Filadelfia, Michael Taub vio a un desgreñado mendigo en su silla de ruedas, estacionado bajo el toldo de un viejo cine. Aquel hombre corpulento sólo tenía una pierna. Llevaba en sus manos un letrero de cartón que decía: «Veterano de Vietnam».

En lugar de evitar el contacto visual, como habrían hecho muchos, Taub fue hacia él y le dijo: «Gracias por haber servido a la patria». Le puso en la mano una tarjeta de negocios y agregó: «Venga a mi oficina. Quizás pueda ayudarle».

Semanas después, el veterano llegó en su silla de ruedas a la sede del Proyecto de Defensa de los Desamparados. Taub trabaja allí como abogado, especializado en beneficios de incapacidad para veteranos desamparados.

«Parece que usted se ha vestido con su mejor traje dominguero», le dijo Taub, tras notar la bien planchada ropa del hombre. «No necesita hacer eso para venir a verme».

Taub condujo al excombatiente, quien dijo llamarse Kertis Daniels, a su apretada oficina, donde abrió espacio poniendo a un lado pilas de expedientes—de cincuenta centímetros de alto— para que Daniels pudiese pasar con su silla de ruedas.

Las limosnas no eran para él, explicó el veterano. Las pedía para ayudar a su hija Robin con los gastos de la universidad. Los 845 dólares mensuales de su pensión de veterano no alcanzaban para mucho. Daniels vivía en un apartamento ubicado en el segundo piso. Como el edificio no tenía ascensor ni accesos para los minusválidos, se veía obligado a entrar a través de un callejón trasero, y dejar su silla de ruedas cerca de la puerta del fondo. Luego tenía que subir saltando de peldaño en peldaño para llegar a su apartamento.

Al terminar la reunión, Taub había añadido un nuevo caso a su lista.

En un año típico, él trabajaba en unas ochenta reclamaciones de beneficios al Departamento de Asuntos de Veteranos, todas procesadas gratuitamente para los excombatientes. Si calificaban para beneficios adicionales, Taub se aseguraba de que recibieran lo que les pertenecía.

Actualmente Kertis Daniels reside en un apartamento del sótano con acceso para minusválidos. También recibe 250 dólares más al mes como beneficio por tener bajo su tutela a Robin, que ya está en su último año en la Universidad de Pennsylvania, filial de Edinboro, especializándose en justicia penal.

Desde la escuela primaria, Michael Taub había querido ayudar a las personas que no pueden valerse por sí mismas. Una tarea encomendada por la Escuela de Derecho de la Universidad de Villanova en el 2003 confirmó su determinación de luchar contra las injusticias. Se le había asignado representar a un trabajador migratorio que se había caído de un andamio, y Taub luchó por conseguirle al hombre la compensación que le correspondía, si bien al principio su jefe se negó a pagar.

«Él no hablaba inglés, y se sentía impotente frente al sistema, como sucede hoy con muchos de nuestros veteranos», explicó Taub. «Supe entonces que iba a aprovechar mi título de abogado para mejorar las vidas de otras personas, aunque no me imaginaba cómo».

El «cómo» aparecería meses después de su graduación, cuando Taub se enteró de que había una plaza vacante en el Proyecto de Defensa de los Desamparados. Sintió entonces que había encontrado su misión en la vida. Por muy breve tiempo luchó contra la idea de aceptar un gran recorte de salario—65,000 dólares— con respecto al empleo que había conseguido con una firma privada de abogados.

Pero aunque debía 75,000 dólares en préstamos estudiantiles, manejaba un viejo Subaru con 180,000 kilómetros recorridos, y vivía en un minúsculo apartamento de un cuarto con su novia, al final le fue fácil tomar la decisión.

«Me alcanza con esto», dice Taub acerca de su nuevo y menguado salario. «Utilizo el dinero para las cosas que son importantes para mí, y entre ellas no están las materiales».

Los clientes de Taub provienen principalmente de un refugio diurno para veteranos desamparados (en el área de Filadelfia se calcula que viven más de 2,000 de ellos). Esa instalación se conoce como el Perímetro, un término militar que sugiere protección de las agresiones exteriores, un lugar seguro.

Taub es lo bastante joven como para ser hijo de la mayoría de estos hombres. En una reciente visita al Perímetro se sentó con unos 20 veteranos a escuchar sus historias, una por una. Al final del día tenía seis casos nuevos.

Entre las historias de éxito más dramáticas que cuenta Taub figura la de John Lavery, veterano de guerra de 56 años cuya reclamación de incapacidad había sido rechazada cuatro veces desde 1977. Presa de ataques de ira violenta debido a un trastorno bipolar nunca diagnosticado, a Lavery le habían prohibido prácticamente visitar el Perímetro, salvo para recoger sus medicinas y su correspondencia.

Durante 30 años él había dormido a las puertas de varios edificios, en las salas de emergencia de hospitales y en automóviles abandonados. Conseguía algo de comer en los tachos de basura y fumaba colillas que encontraba en la calle. Abatido por la depresión, este condecorado ex especialista del ejército intentó suicidarse en ocho ocasiones. Pero durante su primera entrevista con Michael Taub, Lavery se sintió esperanzado por primera vez en décadas.

«Cuando miras a Michael a los ojos y escuchas la sinceridad que hay en su voz», dice Lavery, «sabes que te está hablando con el corazón».

Taub pasó meses tratando de poner en orden la vida de este hombre atribulado. Por las noches, desde su casa, entraba a las salas de chateo de los veteranos de Vietnam en el Internet, y así conseguía identificar a algunos que habían servido en la guerra junto con Lavery, y que podían ayudar a verificar su historia.

Después de que lo clasificaron cien por ciento incapacitado, Lavery recibió 40,000 dólares en beneficios retroactivos, más una remuneración mensual.

Ahora vive con dignidad en su propio apartamento y trabaja todos los días como voluntario en un refugio dedicado a la recuperación de alcohólicos y drogadictos.

«Michael no reclama mérito alguno. Él dice que fue el resultado de mis esfuerzos», explica Lavery, quien cada vez que puede, envía a otros veteranos a ver a Taub. «Él es muy modesto».

Y como modesto que es, Taub resta importancia a sus éxitos. «Raras veces tenemos triunfos muy significativos, y por supuesto, no ganamos todas las reclamaciones», explica. «Pero estos hombres salen adelante aun perdiendo, porque les damos algo que no han experimentado en mucho tiempo: un trato amable y justo, y el cierre de un capítulo difícil de sus vidas. Cuando salen de aquí, todos sienten que valen algo como seres humanos».

Privándose de los casos glamorosos de primer plano, Michael Taub estaba más preocupado en ayudar a personas en necesidad, una señal segura de Grandeza para cada día. Y lo hacía humildemente sin ningún interés en la publicidad, mientras que reconocía con entusiasmo el mérito de otros.

ELABORACIÓN FINAL

Ya sea en un padre, un líder o un seguidor, la humildad es una característica de la Grandeza para cada día, porque la Grandeza para cada día está desprovista de jactancia o presunción. No busca su propio beneficio, ni alimenta una mentalidad de «espejito, espejito, ¿quién es el más grande de todos?». Por tanto, si sus motivos o aspiraciones se centran en recibir el aplauso, en perfeccionar su ego, o en confiscar el mérito de otros, probablemente la Grandeza para cada día todavía no es una parte normal de su repertorio diario.

REFLEXIONES

- El padre en la primera historia sintió el dolor de la conducta de ese entonces. ¿Hay personas a quienes usted ha ofendido hoy? ¿Ayer? ¿Tiene usted humildad para pedir perdón, para cambiar?

- Humildad es la llave que abre nuestras mentes para aprender de otros. ¿Siente la necesidad de tener todas las respuestas o de ser el más inteligente del grupo, o está usted más dispuesto a ser receptivo a las perspectivas de los demás?

- Lincoln es muy conocido por su humildad. ¿Qué características cree usted que describen a un líder humilde? ¿Qué tan bien demuestra usted esas características?

- Algunos líderes prefieren vanamente recibir el mérito por todo lo que sale bien. ¿Y usted? ¿Reconoce el mérito donde es debido, o prefiere llevarse toda la gloria?

MÁS REFLEXIONES SOBRE LA
Humildad

~

CON TODA HUMILDAD

Aunque la humildad no es algo tangible, la conocemos al verla y la sentimos al oírla.

El tratar de sentirse superior no conduce a nada.

—SUZAN L. WIENER

▩ ▩ ▩

Todo el mundo tiene algo por el cual se debe sentir modesto.

—PROVERBIO IRLANDÉS

▩ ▩ ▩

No es saludable alabarse a uno mismo.

—SAM WALTON

▩ ▩ ▩

Anhelo realizar una tarea grandiosa y noble, pero mi deber principal es llevar a cabo las tareas pequeñas como si fueran grandes y nobles.

—HELEN KELLER

▩ ▩ ▩

Recuerde que quizás nunca llegue la oportunidad de hacer grandes obras, pero la oportunidad de hacer buenas obras se renueva día a día. Lo que debemos anhelar es la bondad, no la gloria.

—F. W. FABER

▩ ▩ ▩

Humildad es algo extraño. Se pierde en el momento en que se cree haberla obtenido.

—E. D. HULSE,
EN *BASHFORD METHODIST MESSENGER*

■ ■ ■

Nadie está tan vacío como quienes están llenos de sí mismos.

—BENJAMIN WHICHCOTE

■ ■ ■

Tráguese de vez en cuando su orgullo. No engorda.

—FRANK TYGER

■ ■ ■

Cuando recibía a amigos de alta jerarquía, el ex presidente de Estados Unidos, Theodore Roosevelt, gustaba llevar a sus invitados a caminatas nocturnas. Inevitablemente señalaba hacia el cielo y recitaba:

«Esa es Andrómeda, la galaxia en forma de espiral. Es tan grande como nuestra Vía Láctea. Es una de las cien millones de galaxias. Está a dos millones y medio de años luz de distancia. Consta de cien mil millones de soles, muchos de ellos más grandes que el nuestro».

Entonces, después de un breve silencio, sonreía y expresaba: «Bueno, creo que somos bastante pequeños. Vamos adentro».

—*THOUGHTS AFIELD* [PENSAMIENTOS AISLADOS], POR HAROLD E. KOHN

IGUALDAD DE CONDICIONES

La humildad desaparece tan pronto como nos creemos superiores o sentimos que nuestras necesidades son más grandes que las de otras personas.

No piense ser tan grande que los demás parecen ser pequeños.

—CONFUCIO

■ ■ ■

Nunca se crea más sabio que aquellos con quienes está. Utilice sus conocimientos como un reloj de bolsillo y manténgalo oculto. No lo saque para contar las horas, pero dé la hora cuando se la pidan.

—LORD CHESTERFIELD

■ ■ ■

Solemos decir que los seres humanos están orgullosos de ser ricos, inteligentes o apuestos, pero no es así. De lo que se enorgullecen es de ser más ricos, más inteligentes, o más apuestos que otros. Casi todos esos males que las personas atribuyen a la codicia o al egoísmo en realidad son mucho más consecuencia del orgullo.

—C. S. LEWIS,
MERE CHRISTIANITY [EL PURO CRISTIANISMO]

■ ■ ■

Quizás ninguna de nuestras pasiones naturales es más difícil de someter que el orgullo. Derríbelo, sofóquelo, mortifíquelo todo lo que quiera, y seguirá vivo. Incluso si yo me pudiera imaginar que lo he vencido por completo, probablemente me sentiría orgulloso de mi humildad.

—BENJAMÍN FRANKLIN,
DE SU AUTOBIOGRAFÍA

■ ■ ■

Un día llevaron a un hombre consumido por el cáncer al primer hogar que la Madre Teresa estableció para enfermos incurables. Un asistente fue dominado por el hedor y se apartó, a punto de vomitar. La propia Madre Teresa se hizo cargo de la tarea. El abatido paciente la insultó.

—¿Cómo puede usted soportar el olor? —exigió saber.

—No es nada —contestó ella—, comparado con el dolor que usted debe sentir.

—EL *NEW YORK TIMES*

JACTANCIA

Se ha dicho que algunas personas creen que pueden avanzar dándose palmaditas en la espalda. Pero la jactancia sólo amplifica el ego.

Cuando alguien entona sus propias alabanzas su tono siempre será demasiado alto.

—MARY H. WALDRIP

■ ■ ■

Héroes son personas que están a la altura de las circunstancias y se escabullen en silencio.

—TOM BROKAW

■ ■ ■

La inteligencia es como un río: mientras más profundo, menos ruido hace.

—MILWAUKEE JOURNAL SENTINEL

■ ■ ■

Cada uno de nosotros es un actor que intenta impresionar a una audiencia, que trata de tener el papel principal. Pero si usted desea prestar mucha atención a otro ser humano debe entrenar a su ego sediento de atención para que deje de luchar por ser el centro de atracción y deje que la otra persona lo sea.

—DONALD E. SMITH

■ ■ ■

Cuando nuestro trabajo habla por sí mismo, no interrumpa.

—HENRY J. KAISER

■ ■ ■

El ruido no prueba nada. A menudo una gallina que sólo ha puesto un huevo cacarea como si hubiera puesto un asteroide.

—MARK TWAIN

■ ■ ■

El que sabe de veras no tiene motivo para gritar.

—LEONARDO DA VINCI

MÉRITO COMPARTIDO

Los individuos humildes que logran el éxito reconocen que no llegaron a la cumbre por sí solos, y de buen grado dan el mérito a quienes los ayudaron a lo largo del camino.

Cien veces al día me hago acuerdo de que mi vida interior y exterior dependen del esfuerzo de otras personas, vivas y muertas, y que debo esforzarme por dar en la misma forma en que he recibido y estoy recibiendo.

—ALBERT EINSTEIN

■ ■ ■

En el estudio del escritor de Raíces, Alex Haley, cuelga la foto de una tortuga sentada en una cerca. Cuando Haley la mira recuerda una lección que le enseñó su amigo John Gaines: «Si ves una tortuga trepada en el poste de una cerca, ten la seguridad que recibió ayuda».

Haley dice: «Cada vez que empiezo a pensar: "Vaya, ¿no es maravilloso esto que he hecho?", miro esa foto y recuerdo cómo esta tortuga —yo— se trepó en ese poste».

—ASSOCIATED PRESS

■ ■ ■

Si llego a ver más lejos, es porque estoy parado encima de los hombros de gigantes.

—SIR ISAAC NEWTON

9

GRATITUD

La gratitud más agradable es la que se expresa con mayor rapidez.
—PROVERBIO GRIEGO

L
a gratitud es compañera cercana tanto de la integridad como de la humildad. Gratitud sin integridad es falso halago, aunque se necesita humildad para decir: «Gracias, no lo hubiera podido lograr sin tu ayuda». Por tanto, tiene sentido que la gratitud siga tanto a la integridad como a la humildad en nuestro conjunto de principios.

Se puede expresar gratitud de muchas maneras. Puede llegar como una pequeña muestra de agradecimiento como lo muestra «El legado del Sr. Ditto». O puede ser una experiencia de cada momento, de todos los días como lo ilustra «Recuperando mis sentidos». Otras veces puede tomar la forma del elogio: reconocer a alguien por lo que es o por algo que haya hecho, como lo evidencia «Mi partido iba genial». Pero tenga la forma que tenga, la capacidad de dar y recibir gratitud es una cualidad que ayuda a toda relación importante, y es un componente central de la Grandeza para cada día.

EL LEGADO DEL SR. DITTO

Doris Cheney Whitehouse

Estuve junto a la cabecera del Sr. Ditto a la hora de su muerte. Parecía un pequeño muñeco de color negro contrastando la blancura de la almohada, con su cabeza anciana casi invisible entre sus profundos pliegues. Su pulso era apenas perceptible, y tuve la extraña sensación de que algo se estaba transformando, como si al mirar muy atentamente fuera capaz de ver ascender su espíritu del mismo modo que una mariposa nocturna que recién ha salido del capullo y yace delante de mí.

Al fin pude oír el débil comienzo de su último suspiro. Él no batalló ni siquiera en el momento de su muerte; de manera que cuando ésta llegó, fue apacible y fácil, cubierto de contentamiento, como un suspiro.

El reverendo William Howard, un capellán de raza negra, se sentó al lado de la cama, con la Biblia abierta, descansando delicadamente en la palma de su mano grande. La cerró con suavidad. Entonces inclinó su cabeza y susurró: «En Tus manos, ¡Oh Salvador misericordioso!, encomendamos el alma de Tu siervo».

Al cabo de un momento tocó con suavidad mi hombro como si comprendiera la tristeza que había en mi corazón. «Regocíjese y esté muy contenta», dijo. Luego se dio la vuelta y salió de la habitación, cerrando la puerta sin hacer ruido.

Después de esto, hice lo que una enfermera debe hacer cuando fallece un paciente. Abrí el cajón de la mesa de noche y empecé a recoger las pertenencias del Sr. Ditto— un par de lentes antiguos, torcidos a más no poder; una maquinilla de afeitar con una hoja oxidada; una Biblia gastada por los años de uso. Y allí encontré la moneda de cinco centavos que sabía que le había traído tanta alegría. Era el gran tesoro de su vida, y lo sostuve en mi mano un largo rato, recordando…

El Sr. Ditto había sido uno de los primeros pacientes que me asignaron en aquel invierno de 1947 cuando inicié mis deberes como joven enfermera en la sala de tuberculosos del Hospital de Administración para Veteranos de Louisville, Kentucky. Ditto era su nombre verdadero; nunca fue conocido por ningún otro. Era un negro estadounidense de padres esclavos en Nueva Orleáns, en la época de la Guerra Civil, huérfano desde muy temprana edad y lanzado al mundo con la emancipación. Con excepción del servicio en la guerra hispano-norteamericana, había vivido su vida de un día para otro, haciendo trabajos esporádicos para cualquiera que quisiera contratarlo, viviendo solo en una choza proporcionada por sus antiguos amos. Hace unos años vino a Louisville. Había estado enfermo por mucho tiempo, y cuando fue admitido en el hospital estaba sufriendo de tuberculosis pélvica en estado avanzado. Un gran absceso se había roto, dejando una cavidad que drenaba.

El horrible hedor me dio la bienvenida cuando entré a su habitación ese primer día. Quise darme la vuelta y escapar, y quizás pude haberlo hecho si no hubiera sido por algo que había en los ojos del Sr. Ditto que me alcanzó y me retuvo. «Buenos días, Sr. Ditto», dije: «¿Está listo para las actividades de la mañana?»

«Yo no sé cuáles son, señora», dijo. «Pero si usted cree que las necesito, estoy listo».

Comencé con un baño y el cambio de sábanas. El cuerpo diminuto era tan escuálido que parecía casi como que no pesara nada cuando le di vuelta suavemente a un costado. Sus ojos se agrandaron del dolor, pero no se quejó.

Recuerdo la náusea que me dio cuando retiré los vendajes, pero una suave voz me salvó. «¡Yo no sé cómo lo resiste, señora! ¡Apenas puedo soportarlo yo mismo!» Y arrugó su cara con una mueca tan divertida que solté una carcajada. Cuando escuchó mi risa, se rió también. Nos miramos con alegría, encerrados en una ola de regocijo ridículo, y de pronto el aire pareció más fresco y la herida menos desagradable. La escena nunca más me volvió a molestar.

Cuando finalmente saqué la blanca sábana limpia y la doblé sobre su pecho, su cara todavía brillaba como reflejo de nuestras bromas. «Me gustaría agradecerle, señora», dijo. «Me siento mucho mejor, y es la verdad». Entonces extendió una mano huesuda, débil y temblorosa, y palpó en el cajón de su mesa de cabecera. De allí extrajo una moneda brillante de cinco centavos y me la pasó.

«No es mucho por toda su bondad —exclamó— pero éste es un día muy frío y creo que le gustaría tomar un buen café caliente».

El cajón estaba abierto y podía ver un número de monedas de cinco centavos, quizás veinte de ellas, esparcidas entre sus objetos personales. Ese era todo el dinero que tenía en el mundo. Debería haber aceptado su oferta inmediatamente. En lugar de eso, reaccioné con prisa. «Oh no, Sr. Ditto», dije. «¡No puedo aceptarlo! Guárdelas para los días de necesidad».

Vi desaparecer la luz y todo el brillo de sus ojos, mientras que una sombra oscura cruzaba su rostro. «Nunca va a haber más necesidad que la de ahora», dijo.

Al oír la apagada desesperación de su voz, supe en un instante lo que había hecho. Lo había reducido a un viejo, a un hombre viejo sin nada que dar, sin nada que hacer excepto morirse. Rápidamente reaccioné y le dije: «Sabe, Sr. Ditto, creo que tiene razón. No puedo pensar en algo mejor que una buena taza de café caliente». Tomé la moneda que tenía en su mano y observé cómo la luz volvía a su rostro.

En los días que siguieron, el Sr. Ditto se fue poniendo más y más débil. Cada mañana cuando lo hacía repetir la misma rutina agotadora se sometía pacientemente. De algún modo siempre sosteníamos una pequeña conversación, algunas risas gentiles y divertidas, de modo que yo esperaba con ansias la hora que pasaba con él. Y cada mañana antes de que saliera de la habitación, su anciana mano buscaba a tientas otra moneda y decía: «No es mucho por toda su bondad».

Observé disminuir lentamente la pequeña pila monedas de cinco centavos y rogué que el Sr. Ditto no se quedara vivo sin su tesoro. Casi no tenía ya fuerzas, pero nunca olvidó de darme su regalo, aún cuando no podía levantar su mano sin mi ayuda.

Un día me di cuenta que estaba buscando la última moneda en el cajón. Guié su mano, luchando por retener las lágrimas que habían brotado de mis ojos. Observé su rostro para saber si se había dado cuenta que ya no habían más monedas, pero no estaba consciente de ello. Me pasó la última, sonriendo con la misma dulce sonrisa, musitando las mismas palabras familiares de gratitud. Entonces supe que estaba envuelto en esa conciencia parcial apacible que abraza a los moribundos. Estaba consciente solamente del placer de dar, y yo supe con alegría repentina que ya no podía llevar la cuenta. En silencio puse la moneda en el rincón del cajón.

Vivió dos semanas más. Todos los días cuando había terminado su cuidado matutino, y estaba tendido limpio y cómodo en blancas y frescas sábanas, murmuraba una y otra vez: «Usted es un ángel, señora, un ángel de verdad». Entonces yo sabía que era el momento de poner su mano en la mía y guiarlo a la esquina del cajón. Todos los días me daba la moneda. Y todos los días la regresaba a su cajón.

Ese último día mandé a buscar al Sr. Howard, el capellán. Vino y leyó como se lee a un niño que se está quedando dormido, pronunciando suavemente los amados versículos... «Viendo la multitud, subió al monte; y sentándose, vinieron a él sus discípulos, y abriendo la boca les enseñaba, diciendo: "Bienaventurados los pobres en espíritu, porque de ellos es el reino de los cielos. Bienaventurados los que lloran, porque ellos recibirán consolación. Bienaventurados los mansos, porque recibirán la tierra por heredad"».

Yo pensé: *El Sr. Ditto había sido, efectivamente, el más pobre y más manso de los hombres; había aceptado el terrible sufrimiento sin queja. Pero ahora, en la última hora de su vida, no era capaz de escuchar nuevamente la promesa del júbilo eterno.* De pronto mi corazón comenzó a llenarse de rebelión. El Sr. Ditto, ¡cuán perfectamente su nombre lo describía, como si Dios, habiendo hecho un mundo de hombres, hubiera hecho una pausa y luego dicho «Ditto» (que en español significa «idéntico») y *él* fue! ¿Qué propósito habría tenido el haberlo creado? ¿Cuál sería el posible significado de su paciente e insignificante vida?

Después de que el capellán se fue, estuve de pie por mucho rato con la última y preciada moneda en mi mano. Finalmente la puse con las demás cosas del Sr. Ditto, las puse todas en un pequeño y triste atado y lo marqué con su nombre. Luego lo llevé a la oficina y sugerí que fuera enviado al Sr. Howard.

Esa tarde, justo antes que termine mi turno, el Sr. Howard apareció en la sala. Me miró y sonrió. «Parece que el Sr. Ditto dejó una pequeña herencia», dijo. «Creo que él hubiera querido que usted la tenga». Sacó la moneda de cinco centavos de su bolsillo y la puso en mi mano.

Esta vez la acepté de inmediato. Porque, recordando la luz en los ojos del Sr. Ditto, de pronto entendí el significado de su regalo. Una y otra vez lo había recibido con pesar, entendiéndolo como una marca de su pobreza. Ahora, por primera vez, lo vi como lo que realmente era: un reluciente símbolo de una riqueza ilimitada, la cual ni siquiera había soñado que existiera. En ese resplandeciente momento, todo pesar fue disipado, toda compasión desapareció. Mi pobre pequeño Sr. Ditto había sido rico más de lo imaginable. En su vasta heredad se hallaba toda la paciencia, la fe, y el amor que un corazón humano puede aguantar.

Fui al comedor del hospital y compré una taza de café. Me senté en una mesa desocupada junto a la ventana. Ya casi había oscurecido. Una estrella vespertina diminuta brillaba prematuramente en el cielo. Llevé un sorbo de café a mis labios e hice un brindis silencioso: «Al Sr. Ditto, quien heredará la tierra». Después bebí con gusto la taza.

Mientras usted lee esta historia casi puede oír el silencio diario que llenaba la habitación del Sr. Ditto. Con las puertas cerradas y sin familiares ni conocidos alrededor, el silencio solamente se rompía con esas pocas ocasiones en que entraba la enfermera. Pero aún así, el único ruido que se podía oír era el sonido de agradecimiento que la enfermera y el Sr. Ditto expresaban y recibían mutuamente. Y aún esas expresiones eran relativamente silenciosas; porque muchas de las expresiones más profundas de gratitud se dicen suavemente, sin muchos bombos ni platillos. En cambio son unas suaves pero sinceras «muchas gracias», manifestadas audiblemente, enviadas por una sonrisa, o puestas en una nota.

Abundan los motivos y las ocasiones para expresar gratitud, incluso en un mundo cruel. Sin embargo, es muy fácil dar por sentadas las cosas buenas de la vida. Tal fue sin duda el caso de la siguiente mujer, hasta el día en que se le vino todo encima.

RECUPERANDO MIS SENTIDOS

Sarah Ban Breathnach

Mientras comía en un restaurante a mediados de los años 1980, descubrí que el restaurante Pequeño Pollo sabía de lo que estaba hablando: el cielo podía caerse repentinamente. Y es que aterrizó en mi cabeza en forma de un gran panel del techo, golpeándome contra la mesa. Nadie más en el restaurante fue afectado.

No perdí el conocimiento, pero tuve una lesión en el cráneo que me dejó postrada en cama, confundida y desorientada por meses y parcialmente minusválida durante un año y medio. Durante los primeros meses de tratamiento, mis sentidos estaban todos distorsionados. Mi vista era borrosa y muy sensible a la luz, de modo que las persianas de mi dormitorio tenían que estar siempre cerradas. Incluso mirar los diferentes diseños del cubrecama me alteraba el equilibrio; tenía que darle vuelta para que quede del lado del forro de muselina. No podía escuchar música porque me mareaba. No podía seguir una conversación telefónica porque me era imposible procesar los sonidos y convertirlos en patrones inteligentes en mi cerebro. Y no podía saborear mi comida ni oler la fragancia deliciosa del pelo recién lavado de mi pequeña hija.

Había días en que el contacto más leve era doloroso. Algo tan ligero como una sábana sobre mis piernas desnudas llegaba a ser algo insoportablemente pesado. Y cuando trataba de ponerme un suéter, el contacto con mis codos causaba el mismo tipo de sacudida que se siente cuando alguien rasguña una pizarra.

Otros sentidos que toda la vida los daba por sentados, se volvieron extraños y los echaba de menos dolorosamente. Como un gato que le han cortado los bigotes, perdí el sentido del equilibrio así como mi percepción de profundidad y de distancia. Tan solo la idea de salir de la cama para preparar una taza de té era lastimosa porque sabía que me iba a tropezar y caer. Había estado escribiendo para *El Washington Post* como periodista costumbrista, y por causa del accidente también se me negó el consuelo de algunos de mis compañeros perspicaces, la palabra escrita y la hablada, y ni hablar de mi oficio y mi sentido de pertenencia.

Al tener que pasar mis días en cama y no en compañía de mi familia, incapaz de cuidar a mi hija Katie de sólo dos años, también perdí mi identidad. Si no era esposa, madre, escritora, entonces ¿quién era? Parecía que en un solo instante inesperado, mi sentido del humor, el sentido de espacio, el sentido de propósito, el sentido de seguridad, y más importante aún, mi sentido de paz, habían sido todos borrados.

Estos efectos secundarios inquietantes duraron varios meses y cambiaron mi vida de una manera que difícilmente me lo hubiera imaginado. Como era incapaz de hablar articuladamente, o de entender lo que leía, estaba sumida en vergüenza. Incluso cuando ya no estaba postrada en cama, me sentía tan humillada por mi condición que no me atrevía a ir más allá de mi propio patio de atrás. Naturalmente, esto incrementó mi ya enorme sensación de aislamiento. En lugar de disfrutar de la compañía de mi familia y amigos, mis días estaban ahora llenos de un sentimiento de frustración y mis noches de un temor aterrorizador con respecto a mi futuro.

Durante el tiempo en que estuve deficiente de mis sentidos, pasé por una amarga fase de cuestionamiento: «¿Por qué a mí, por qué esto, por qué ahora?» «¿Por qué Dios me ha señalado para que pase esta miseria?». Por supuesto, ahora sé que mi accidente no fue un acto de Dios sino un choque frontal entre las circunstancias, el destino, el «karma», y el error humano: los paneles del techo del restaurante no habían sido completamente entornillados después de una reparación del conducto de aire acondicionado. Realmente he llegado a creer que cuando somos golpeados por la adversidad, Dios llora con nosotros. Entonces, porque nos ama tanto, también nos sana de maneras que nunca nos hubiéramos podido imaginar.

Mi tiempo improductivo fue una oportunidad perfecta para poner toda mi atención en las cosas celestiales. El mayor de mis descubrimientos fue éste: la divinidad puede ser encontrada en el lugar y el momento en que usted menos lo espera. Moisés encontró a su Dios en una zarza ardiente. Y yo descubrí al mío en una olla de salsa de espagueti casera. Meses después de mi accidente, la salsa de espagueti fue lo primero que fui capaz de oler con nitidez.

Cuando el aroma del regalo de una bondadosa amiga que hervía sobre la hornilla entró flotando hasta mi dormitorio, apenas podía creer lo que estaba produciendo en mi nariz. Eufórica, seguí a la rara pero familiar fragancia de ajos, cebollas, tomates, pimientos y orégano por las escaleras y hacia la cocina. Estaba prácticamente fuera de mí con deleite. Parecía que me estaba paseando por tierra santa en mi propia casa. Había descubierto el milagro de lo sagrado en lo común y corriente. A partir de ese momento mi vida cambiaría para siempre.

Tomé una cuchara, la metí en la salsa y la llevé a mis labios. No era capaz de saborearla aún, sólo podía distinguir temperatura y textura. No importaba. Estaba tan agradecida por inhalar el olor glorioso de la vida común que salí corriendo. Subí al baño y conseguí un pote de Vicks Vaporub. ¡Sí! ¡Eucalipto! Luego puse mi cara dentro de un poco de ropa recién lavada e inhalé la fragancia de una camisa tibia. Y así seguí.

Durante las siguientes felices semanas redescubrí la vida con el mismo sentido de asombro de mi pequeña hija. El sentido del gusto vino después, seguido por el del oído, la vista y el tacto. Cada restauración sensorial fue acompañada por un sentimiento de éxtasis e incluso de lágrimas repentinas. Morder un durazno maduro y jugoso. Escuchar la música. Ver la brillante luz del sol entrando a raudales a través de una ventana. Poder usar mi suéter favorito. Y, naturalmente, sostener a mi hija en mis brazos otra vez.

Estaba asombrada y avergonzada de mi espantosa falta de apreciación de todo cuanto había estado delante de mis narices. Cliché o no, sólo sabemos cuán bendecidos somos hasta que la desgracia nos golpea. Ya no más. Juré que nunca iba a olvidar esto.

Y no lo he hecho. En los años que han seguido, me esfuerzo por hacer que cada día sea una experiencia apasionada, que incite a mis sentidos, en la cual me tomo el tiempo para disfrutar las texturas, los sabores, las visiones, los sonidos, y los aromas de la vida. A través del poder y la gracia de la gratitud, usted puede también hacer lo mismo.

Los peces son los últimos en descubrir el agua. Están tan sumergidos en el elemento que no son conscientes de él. Así pasa con muchas personas que llegan a estar tan absortas en una abundancia de bendiciones y oportunidades que no son conscientes de ellas hasta que hacen una pausa, reflexionan y dejan que brote la gratitud. Lamentablemente, muy a menudo se necesita la fuerza de la circunstancia en vez de la fuerza de la conciencia para despertar nuestra gratitud.

Nuestras vidas viajan a tal velocidad que a menudo fallamos en detenernos lo suficiente como para contar nuestras bendiciones. Tal parecía ser el caso del siguiente atleta hasta que una noche su partido casi perfecto fue abruptamente interrumpido.

MI PARTIDO IBA GENIAL

Tom Zucco

Era sábado 7 de agosto de 1993, una noche de juegos en Grant Field, una liga menor de béisbol llega a Dunedin, Florida. El equipo local Blue Jays jugaba contra Fort Lauderdale Sox, y 2,200 fanáticos hacían que esto valiera la pena. Los Blue Jays ganaban 4 a 0, y al lanzador principal de Dunedin, Dennis Gray, un zurdo de 23 años muy alto de Banning, California, le quedaba un tiro después de seis turnos de lanzamiento.

«Yo estaba en lo mejor de la noche», dijo. «Entonces el árbitro que estaba en primera base pidió tiempo. Un niño había caído al campo de juego y empezó a hablarles a los jugadores. Luego lo vi empezando a caminar hacia mí».

«Llegó al montículo, y vi que era discapacitado mental. No quise ser malo con él. Él no entendía las reglas. Entonces le pasé la bola. ¡Y rápidamente ponchó al bateador!»

Mientras los guardias de seguridad permanecían del lado de afuera, el niño lanzó nuevamente. El organizador John Yusko puso música para acompañar el tiro. La multitud en la tribuna enloqueció y lo ovacionaron de pie.

Gray dice que miró hacia abajo y vio que el niño tiró su guante y le sonrió. Luego le dio un abrazo al lanzador. Es ahí cuando Gray perdió su compostura y empezó a llorar.

«El niño estaba en las nubes», recuerda Gray. «Fue como que el mundo se detuvo por un instante, y todos fuimos capaces de amarlo».

Después de que la mamá llevó al jovencito de regreso a su asiento, Gray trató de ganar su compostura. Pero pasó a dos bateadores, luego el tercero hizo un doble. Cuando el gerente de los Blue Jays, Dennis Homberg, salió del montículo, Gray todavía tenía lágrimas en sus ojos. Estuvieron de acuerdo en que Gray abandonara el juego, el cual los Jays esperaban ganar.

Gray había pasado años tratando de entrar a las ligas mayores. Se había mantenido enfocado y dedicado. Luego ocurre esto.

No puede explicar por qué perdió el control. «Es como que me golpeó el hecho de que todos nosotros somos bendecidos en poder jugar al béisbol como forma de ganarnos la vida», dice. «Mi partido iba genial, pero no hubiese cambiado eso por lo que pasó por nada en el mundo».

Mi experiencia es que los chicos que nacen con discapacidades mentales también nacen con un don único de gratitud. Es visible en sus sonrisas y en el brillo de sus ojos, y se siente en sus abrazos. En este caso, parece que el espíritu de gratitud de un jovencito pasó al jugador de béisbol en esa cálida noche de verano. En el partido de la vida, aunque esté yendo genial o esté pasando por dificultades, tenemos mucho por lo cual podemos estar agradecidos.

ELABORACIÓN FINAL

Cuando tomamos en cuenta la energía y la destreza requerida, la gratitud es, entre todos, uno de los principios más fáciles de aplicar. Aunque por lo general da abundantes dividendos, se le utiliza demasiado poco. ¿Por qué? Quizás debido a una falta de humildad: puede ser difícil reconocer la necesidad de recibir ayuda. O una falta de valor: un individuo podría ser demasiado tímido para decirle a otro lo mucho que representa en su vida. Sin embargo, las personas con Grandeza para cada día son rápidas para mostrar una gratitud cotidiana. No dan por sentada la vida ni la amabilidad de los demás. Están ansiosas por expresar agradecimiento y son unos de los primeros en manifestar elogios. Muchos han descubierto que las mejores píldoras para dormir vienen del contar las bendiciones, mencionándolas una por una.

REFLEXIONES

- Cada una de las monedas de cinco centavos del Sr. Ditto representaba un sincero «gracias». ¿Qué clase de depósitos de cinco centavos ha hecho usted recientemente?

- La enfermera del Sr. Ditto le permitió sentirse apreciado al aceptar gentilmente sus monedas de cinco centavos. ¿Existen ocasiones en que usted podría aceptar más gentilmente las «monedas» de alguien?

- Se necesitó una catástrofe para que Sarah comprendiera que tenía mucho de qué estar agradecida. ¿Cuáles son algunas de las «pequeñeces» —*tesoros ocultos*— en la vida que usted da por sentado?

- Así como lo descubrió el lanzador, a veces la gratitud por la vida se nos escapa hasta que hacemos una pausa lo suficientemente larga para pensar en los regalos de los cuales disfrutamos. ¿Alguna vez te detienes lo suficiente como para contar tus bendiciones?

MÁS REFLEXIONES SOBRE LA
Gratitud

~

SINCERA GRATITUD

La gratitud nace del corazón y luego abre nuestros ojos a las bellezas de la naturaleza y las riquezas de las amistades más queridas.

Sentir gratitud y no expresarla es como envolver un regalo y no entregarlo.

—WILLIAM ARTHUR WARD

▓ ▓ ▓

La aritmética más difícil de llegar a dominar es la que nos capacita para contar nuestras bendiciones.

—ERIC HOFFER

▓ ▓ ▓

Yo lloraba porque no tenía zapatos, hasta que vi a un hombre que no tenía pies.

—ANTIGUO DICHO PERSA

▓ ▓ ▓

Cuando coma frutas piense en la persona que plantó el árbol.

—PROVERBIO VIETNAMITA

▓ ▓ ▓

La salud es una corona sobre la cabeza de un hombre sano, pero nadie la aprecia tanto como un hombre enfermo.

—PROVERBIO EGIPCIO

▓ ▓ ▓

Los primeros colonizadores agradecieron por muy poco, porque muy poco era lo que esperaban. Pero ahora, ni el gobierno ni la naturaleza pueden dar lo suficiente excepto lo que creemos que es muy poco. Si no podemos adquirir un automóvil nuevo, un radio nuevo, un esmoquin y algo de ayuda gubernamental, ¿por qué sentimos que el mundo está contra nosotros?

—WILL ROGERS

ELOGIO

Una forma de gratitud es el elogio. Es un modo de mostrar aprecio a los demás por lo que son.

Nada hay que mate tanto las ambiciones de un hombre como la crítica de sus superiores. Por eso estoy deseoso de elogiar pero me niego a buscar errores. Todavía no he encontrado a un hombre, por exaltada que sea su posición social, que no trabaje mejor y se esfuerce más bajo un espíritu de aprobación que bajo un espíritu de crítica.

—CHARLES SCHWAB,
EN *CÓMO GANAR AMIGOS E INFLUIR SOBRE LAS PERSONAS* POR DALE CARNEGIE

■ ■ ■

Una palmadita en la espalda, aunque a sólo unas cuantas vértebras de distancia de una patada en el trasero, rinde muchos más resultados.

—BENNETT CERF

■ ■ ■

¡Descubra a las personas haciendo algo bien! Luego dígaselo a todo el mundo.

—KENNETH BLANCHARD

■ ■ ■

Si usted quiere que sus hijos mejoren, déjeles oír las cosas agradables que usted dice de ellos a otros.

—HAIM GINOTT

■ ■ ■

Niño a madre: «Tú nunca mencionas la mugre que quito».

—*MINNEAPOLIS TRIBUNE*

■ ■ ■

Puedo vivir por dos meses gracias a un buen halago.

—MARK TWAIN

■ ■ ■

Las palabras pueden a veces, en momentos de gracia, alcanzar la característica de las obras.

—ELIE WIESEL

EL PODER DE UNA NOTA

Las notas son expresiones de gratitud y elogios que las personas pueden atesorar por años.

En mi primer trabajo como editor de deportes para el *Montpelier Leader Enterprise* (de Ohio) no recibía mucha correspondencia de admiradores, por lo que me intrigó una carta que cayó sobre mi escritorio una mañana. El sobre llevaba el logotipo del periódico de la gran ciudad más cercana, el *Toledo Blade.* Al abrirla, leí: «Muy buen artículo sobre los Tigres. Sigue así». Estaba firmada por Don Wolfe, el editor de deportes. Como yo era un adolescente (a quien pagaban en total quince centavos por una columna de dos centímetros y medio) sus palabras no podían ser más estimulantes. Conservé la carta en el cajón de mi escritorio hasta que se deshilachó.

Cuando dudaba de tener lo que se requería para ser un escritor, volvía a leer la nota de Don y otra vez me iba por las nubes.

Más tarde cuando llegué a conocerlo, me enteré que Don tenía el hábito de enviar notas con algún mensaje de ánimo para las personas de toda clase de oficio. «Cuando hago que otros se sientan bien acerca de sí mismos —me confesó—, yo también me siento bien».

—FRED BAUER

■ ■ ■

El Dr. William L. Stidger se sentó a escribir una carta de agradecimiento para una maestra de escuela por haberle dado mucho ánimo cuando estuvo en su clase hace treinta años. A la semana siguiente recibió una respuesta, escrita con una mano muy temblorosa. La carta decía:

«Mi querido Willie: Quiero que sepas lo que tu nota significó para mí. Soy una vieja que ya está por sus ochenta años; vivo sola en un cuartito, cocino mi propia comida, sola, y parezco como la última hoja en el árbol. Te interesará saber, Willie, que dicté clases escolares por cincuenta años, y en todo ese tiempo tu carta de agradecimiento es la primera que jamás haya recibido. Llegó en una mañana fría y triste, y alegró mi viejo corazón solitario como nada me ha alegrado en muchos años».

—MARTIN BUXBAUM,
TABLE TALK FOR FAMILY FUN
[CONVERSACIONES EN LA MESA PARA DIVERSIÓN FAMILIAR]

GRACIAS TANGIBLES

A veces la gratitud se expresa más favorablemente en forma de recompensas tangibles.

En el partido por el título de la Asociación Nacional Universitaria de Deportes en 1994, el entrenador de básquetbol de Arkansas, Nolan Richardson, abrió el juego con Ken Biley, un veterano calientabanco que no había jugado mucho durante su carrera, y para nada en las semifinales.

«Cuando vi el rostro de ese muchacho después de las semifinales —comenta Richardson—, me dolió tanto que no podía dormir. Por eso decidí que Biley abriría el partido final. Esto significaría más para él y sus nietos que si ganábamos o perdíamos».

—CURRY KIRKPATRICK EN *NEWSWEEK*
[NOTA: BILEY ABRIÓ, ARKANSAS DERROTÓ A DUKE 76-72]

■ ■ ■

Lawrence de Arabia guardaba una fortuna en libras de oro en sus bolsas de camello, y el árabe que se distinguía en combate podía agarrar tanto oro como lograba sacar con una mano.

—LOWELL THOMAS,
THE REAL LAWRENCE OF ARABIA

■ ■ ■

Ojalá los padres entendieran que si su hijo no logra batear ocho lanzamientos libres, y después sólo seis, ese es motivo para llevarlo a comer helados. Lo principal es competir contra sí mismo. Todo se trata del mejoramiento personal, de ser mejor de lo que se era el día anterior.

—STEVE YOUNG,
EN *PEOPLE*

RECIBAMOS CON GRATITUD

Como nos recuerda la enfermera del Sr. Ditto, recibir agradecimientos con gentileza es en sí una forma de gratitud, y no siempre un arte fácil de dominar.

Dar puede ser tan fácil como para que sea casi automático, mientras recibir puede hacer demandas a cada uno de nuestros nervios.

—E. V. LUCAS

■ ■ ■

Nunca vaciles en tender la mano; no dudes en aceptar la mano extendida de otra persona.

—PAPA JUAN XXIII

■ ■ ■

Recibir un regalo de manera magnífica y con espíritu correcto, aunque no se tenga nada para dar a cambio, es ya en sí un regalo.

—LEIGH HUNT

■ ■ ■

Recibir con gratitud lo que ofrecen otros es fortalecer la sensación de valor en ellos. Los pone en un nivel de dar y recibir, el único nivel en que se puede sustentar la verdadera comunión. Cambia uno de los aspectos más feos en el mundo: patrocinio, en uno de los aspectos más ricos en el mundo: amistad.

—HALFORD E. LUCCOCK,
LIVING WITHOUT GLOVES [CÓMO VIVIR SIN GUANTES]

La creación del sueño

Cuando se unen el amor y la habilidad, espere una obra maestra.
—John Ruskin

Cuando le preguntaron por qué la gente inventa, Mark Twain contestó: «Para dar a luz a una idea, para descubrir un gran pensamiento, una pepita intelectual debajo del polvo en un campo ya agotado por un sinfín de arados mentales. Para ser el primero, esa es la idea». En realidad, uno de los gozos más profundos en la vida es ser creativos; dedicarse a algo innovador y que vale la pena, y luego verlo cristalizarse. Pero el proceso de crear puede ser una montaña rusa de altibajos —éxtasis y desesperaciones— antes de experimentar las recompensas.

Entre los principios que capacitan el arte de crear están:

• Visión

• Innovación

• Calidad

10

VISIÓN

Tenga la determinación de que el asunto puede y debe de hacerse,
y luego encontraremos la manera.

—ABRAHAM LINCOLN

Todo está creado dos veces. Todo. Visión es la primera creación. Para una casa es el plano. Para una vida es una misión. Para un día es una meta y un plan. Para un padre es una creencia en el potencial invisible de un hijo. Para todo, la creación mental siempre antecede a la creación física, o segunda creación.

La visión no sólo nos ayuda a descubrir oportunidades actuales donde otros quizás no las vean, también nos señala hacia el futuro y nos inspira a preguntar: «¿Dónde quiero estar dentro de cinco años? ¿Dentro de diez años?» Contestar estas preguntas lleva tiempo, y hasta se debe soñar un poco. Un maestro entre maestros de visión y sueños fue Walt Disney. Su genio creativo y su sentido de visión lo ayudaron a descubrir ideas que le eran invisibles a otros y a mirar al frente hacia oportunidades futuras. Mientras usted disfruta «Pide un deseo a una estrella» y las otras historias que demuestran el principio de la visión, piense específicamente en su visión de los logros y planes que usted más quiere lograr en los siguientes cinco años, y cuál sería la mejor manera de lograrlos.

PIDE UN DESEO A UNA ESTRELLA

Richard Collier

Era un día brillante de octubre de 1965, y el lugar, veinticinco kilómetros al suroeste de Orlando, Florida, era una tierra virgen sin explotar, dos veces más grande que Manhattan, que acababa de ser comprada por Producciones Walt Disney. Pero allí donde el observador común y corriente veía sólo pantanos y bosquecillos de cipreses, Disney podía ver ya al futuro haciéndole señas— un incomparable reino de vacaciones llamado Walt Disney World. Y esto era sólo el comienzo. Porque ahora Disney reveló un sueño que superaría incluso estos logros. «¿No sería extraordinario», preguntó, «si pudiéramos construir aquí una ciudad, una comunidad experimental del mañana, donde la gente viviera sin problemas de tráfico, smog, ni barrios marginales?»

«Pero, Walt», objetó Joe Potter, un vicepresidente de Disney, «¡Eso costaría cientos de millones de dólares!»

Los ojos pardos de Disney centellearon. «Joe», preguntó: «¿No puede concentrarse en el tema y apartarse de lo que no es esencial?»

Era un comentario típico. Toda su vida Walter Elias Disney había tenido esos sueños. Él mismo era toda una industria.

EL PRIMER REINO

Cuando Walt tenía cuatro años, su padre, Elías Disney, tomó una decisión que iba a ser crucial en delinear el futuro del niño. Carpintero de oficio, Elías Disney era un hombre digno y devoto, y una persona que celebraba estrictamente el día de reposo judío. Cuando se abrieron tres bares cerca de su casa, estaba indignado. «La ciudad no es lugar para criar a niños», dijo a su esposa, Flora, y poco después compró una propiedad conocida como Granja Crane, a ciento sesenta kilómetros al noreste de Kansas City.

Además de Walt y sus padres, habían otros cuatro de la familia Disney: Herbert, de 17; Raymond, de 15; Roy, de 12, y Ruth, de 2. La diferencia de edades significó que Walt no tenía ningún compañero en la granja. Así que empezó a buscar la compañía de los animales. Inventó juegos, jugó según las reglas, y fue como si sus amigos respondieran y comprendieran. Skinny, el cerdito, chillaba locamente jugando al escondite; Pete, el perrito terrier de la familia, se demostró diestro en el juego de tirar y aflojar la cuerda. Y el viejo Charley, el caballo de carruaje, inventó su juego propio— ir hacia el huerto de cinco acres cabalgando velozmente cada vez que Walt trepaba sobre su lomo. Los animales fueron los juguetes y los amigos que Walt Disney nunca tuvo, y la granja misma fue el primero de sus reinos mágicos.

De la misma manera que la mayoría de los agricultores, Elías guardaba agua de lluvia en barriles alquitranados. Un día Walt notó que el alquitrán de uno de ellos se estaba derritiendo por el sol. A unos cuantos metros de la pocilga, la marrana a la que había montado a menudo en la charca de cerdos, estaba resoplando con alegría. Parecía un tema perfecto para un retrato y cogiendo una brocha, Walt lo metió en el alquitrán y se puso a pintar, usando el costado de la casa como su lienzo.

Cuando su padre lo arrastró hasta el granero, Walt se dio cuenta que su familia no apreciaba su genialidad. Pero un pariente vio talento genuino en el dibujo: Tía Margaret. Ella le compró un bloc de cinco centavos y una caja de lápices de colores y pronto el niño estaba dibujando todo lo que veía en el corral.

«Voy a ser artista»

Walt siempre estaba dibujando. Los márgenes de sus libros escolares eran un verdadero friso de animales: ardillas, cabras, cerdos, sus amigos de la Granja Crane, dotados de cualidades asombrosamente humanas. Una vez una profesora dio a la clase una tarea sencilla de pintar naturaleza muerta: un jarrón con flores de primavera. Para su entretenimiento, las flores de Walt cobraron vida real: los tulipanes hacían muecas graciosas de enfado, con labios de pétalos y pestañas expresivas. Los narcisos hablaban por medio de globos de caricaturas, y los tallos y las hojas se convirtieron en brazos y piernas.

En 1917 Elías se mudó de nuevo, esta vez de regreso a Chicago. Walt asistió a la escuela secundaria McKinley. Ahora sólo importaba una cosa: dibujar, y tres noches a la semana le enseñaban caricaturistas profesionales de la Academia de Bellas Artes de Chicago. Después estuvo casi un año en

Francia conduciendo una ambulancia de la Cruz Roja. Regresó con 600 dólares de ahorros y una nueva determinación: «Voy a ser artista».

En su primer trabajo en una pequeña agencia de publicidad, donde se le pagaba 50 dólares al mes, conoció a Ub Iwerks, otro artista joven. Pronto lo dos se asociaron y empezaron a trabajar haciendo anuncios de publicidad por su cuenta. El primer mes ganaron 135 dólares; el siguiente, casi se murieron de hambre.

Luego ambos encontraron trabajo en la empresa Kansas City Slide Company, que hacía comerciales de un minuto para ser exhibidos en los cines locales. Era el primer paso de Disney en el mundo de dibujos animados, el cual en ese entonces era un arte primitivo cuya animación era tonta y poco realista.

Walt empezó a experimentar. Gradualmente encontró un método que era a la vez costoso y lento, pero que se acercaba más a la ilusión del movimiento que estaba buscando. Para representar a un niño pateando una pelota hizo veinte dibujos, algo sin precedentes, cada dibujo avanzaba ligeramente cada movimiento.

Walt completó juntamente con Ub una serie que tituló «Risagramas» para una cadena local de cines. Éstos eran artículos para llenar espacios de un minuto y estaban diseñados para promocionar productos locales; el director de teatro quedó favorablemente impresionado. «¿Y son muy caros?» preguntó.

«Puedo hacerlos por noventa centavos el metro», le aseguró Walt. El director aceptó comprarle toda la producción.

Luego, camino a su oficina con su renuncia en mano, Walt se detuvo de golpe en la acera al darse cuenta del mal negocio que había hecho: noventa centavos el metro era el costo de producción. Se había olvidado de incluir su ganancia. «Pero cubrirá el costo de más experimentaciones», le dijo alegremente a Ub. Durante toda su vida, éste fue a menudo el único criterio para cualquier negocio nuevo.

Con el tiempo, Risagramas se fue a la quiebra. Disney, fue expulsado de la casa donde se alojaba, y tuvo que dormir en su oficina, encima de los cojines de los sillones.

Meses antes, su oficina había sido atacada por una plaga de ratones, atraídos por las sobras de almuerzos que se habían dejado en los basureros. Los borradores y los lápices pronto fueron víctimas de sus afilados dientes, así que algunos artistas propusieron preparar una trampa. Pero Walt lo prohibió severamente. Creó una trampa inofensiva, atrapó a diez pequeños roedores, y luego construyó una jaula espaciosa de un papelero de alambre. A medianoche, cuando trabajaba a solas, un ratón —al que Walt bautizó Mortimer, llegó a ser tan manso que Walt permitió que jugara a lo largo de la parte superior de su tablero de dibujo, donde descaradamente se limpiaba sus bigotes.

En su lucha por seguir avanzando, Walt decidió que el único lugar donde un hombre con destino podría ver sus sueños hechos realidad era Hollywood. Reunió lo suficiente como para comprar un pasaje por tren y empezó a hacer sus maletas. La noche antes de partir, decidió que había llegado el momento de deshacerse de su familia de ratones. Cuidadosamente llevó la jaula a un terreno baldío. Nueve ratones corrieron a la maleza, pero el décimo se quedó. Era Mortimer, que lo miraba con ojos brillosos.

El perfeccionista

Antes de dejar Kansas City, Disney había empezado a trabajar en una nueva serie llamada *Alicia en Caricatulandia*. La idea era filmar a una joven con un fondo blanco y luego rodearla de animales de dibujos animados cuyos movimientos estaban sincronizados a los de ella. Él envió la película a la compañía Winkler, una distribuidora de dibujos animados de Nueva York. Varias semanas después, mientras estuvo desempleado en Hollywood, recibió la noticia de que Winkler quería doce de las películas.

Aunque tuvo éxito al comienzo, la serie de *Alicia* resultó ser un fracaso. Disney ordenó rehacer y volver a dibujar escena tras escena —tragándose así cada centavo de su ganancia. En resumidas cuentas, Walt produjo cincuenta y siete de estas aventuras, pero la decimosexta fue la última en producir dinero.

Sus diestros animadores podían exigir 120 dólares a la semana, pero Walt mismo no cobraba más de 50 dólares, y cuando los tiempos eran difíciles, rebajaba esa cantidad a 15 dólares. Una empleada cobraba menos que todos: Lilian Bounds, una trigueña de baja estatura. Roy fue el que un día descubrió que durante dos semanas seguidas Lilly no había cobrado sus cheques. Él

notó, también, que Walt estaba inusualmente interesado en conducir a la
señorita Bounds del trabajo a su casa.

Ya que siempre estaba sumergido en su creación de un mundo de fantasía, Walt nunca se había interesado por las chicas; pero de algún modo ésta
era diferente. Una noche se apoyó repentinamente sobre el escritorio y la
besó. Su propuesta formal no demoraría mucho en venir.

A comienzos de 1928 las posibilidades de *Alicia en Caricatulandia* se
habían agotado, y Walt y su personal habían empezado a trabajar en una serie
de dibujos animados llamada *Osvaldo, el Conejo de la Suerte*. Aunque *Osvaldo*
era popular con el público, el perfeccionismo de Walt estaba llevando al estudio a la bancarrota. Para Walt, la solución era simple: más crédito y más dinero en efectivo. Pero la compañía Winkler era evasiva o estaba poco dispuesta
a cooperar. Resuelto a tener una confrontación cara a cara, Walt se fue para
Nueva York con Lilly.

Las reuniones no salieron como Walt quería, y concluyeron con el término de la relación. Walt regresó furioso a su hotel, donde Lilly lo aguardaba.
«¡Perdí el trabajo y estoy feliz!» le gritó desafiantemente. «Nunca más trabajaré
para otra persona mientras viva». Luego, con el optimismo incorregible que era
tan suyo, telegrafió a Roy: «Todo está bien. Regreso a casa». De algún modo,
estaba convencido que encontraría un personaje que reemplazaría a Osvaldo.

¡LO CONSEGUIMOS!

El 16 de marzo de 1928, Walt y Lilly abordaron un tren para el viaje de
regreso. Tan pronto como se ubicaron en sus asientos, él empezó a hacer
bocetos furiosamente—rompiendo hoja tras hoja, arrugándola, dibujando de
nuevo. A veces miraba fijamente al vacío. Estaba soñando con un ratón—un
ratón llamado Mortimer.

Siguió a esto una noche sin dormir. Luego, al día siguiente, mientras
salía de Chicago en dirección hacia el oeste, nació la estrella de Walt: un
ratón travieso y atrevido que usaba pantalones rojos de terciopelo con botones de perla. Un ratón, además, que tenía el pelo desgreñado como Charles
Lindbergh y que fue motivado por el ejemplo del gran aviador, en el sentido

de construir su propio avión en el patio posterior. ¡Eso era! *Un avión loco*, teniendo como protagonista al ratón Mortimer.

Sin poder contenerse, describió todos los detalles de su guión a Lilly, pero ella lo objetó de inmediato.

«¡Mortimer es un nombre *horrible* para un ratón!» dijo.

«Bueno, respondió Walt, ¿Qué te parece Mickey? Ratón Mickey tiene un buen sonido amistoso».

Cada día, Mickey cobraba vida. Su cabeza era un círculo, fácil de dibujar, y no importaba a donde girara, sus orejas también eran redondas. El cuerpo tenía forma de pera, con una delgada cola y piernas de tubo metidas en zapatos extra grandes. Y debido a que cuatro dedos enguantados eran más fáciles y más baratos de dibujar que cinco, Mickey iba a vivir toda su vida con un dedo menos en cada mano.

Mientras tanto, Walt regresó a toda velocidad a Nueva York, con carretes de muestra. Tropezó de lleno con un muro de apatía. Su estrella fue rechazada. «Fue uno de los peores momentos en la vida de Walt», recordó Ub. «Se lo había jugado todo, pero al cabo de un mes completo en Nueva York no logró interesar a nadie».

Walt tuvo una última inspiración desesperada. Un año antes, en octubre de 1927, las películas habían empezado a ser habladas. Desde entonces más de mil cines habían hecho la instalación eléctrica para el sonido, y la audiencia se había disparado a noventa y cinco millones por semana. «Haremos al Ratón Mickey con sonido», decidió Disney.

Nunca se había hecho. El método para grabar el sonido en la película funcionaba bien cuando los actores vivos decían las palabras pero, ¿cómo podía sincronizarse la creación de un caricaturista con sonidos hechos mucho después de que los dibujos habían sido terminados? Roy y Walt hicieron una prueba con once metros de película, que corrió durante sólo treinta segundos. Reunieron fuentes de ruidos, cencerros, silbatos, incluso una tabla de lavar. Walt mismo, con los dedos apretando su nariz, fue la voz de Mickey y tenía el sonido fingido de un niño (un papel del que iba a encargarse durante dieciocho años).

Riéndose con gran entusiasmo, repitieron la prueba una y otra vez hasta muy tarde en la noche, luchando por conseguir la mejor sincronización. «¡Ahí está!», seguía repitiendo Walt. «¡Lo logramos!»

UNA FUENTE DE CREATIVIDAD

De la noche a la mañana, el Ratón Mickey llegó a ser una sensación mundial. El éxito de Mickey abrió una fuente de creatividad, y un montón de nuevos personajes salieron a borbotones de los estudios de Disney. Pluto, Tribilín, el caballo Horacio y la vaca Clarabela, todos ellos representaban a los amigos del corral de Walt.

El Pato Donald salió a Walt; algunos de sus animadores escucharon a un imitador llamado Clarence Nash. Walt dijo, «¡Este es un pato que pone el grito en el cielo!», y pronto Nash fue añadido a la nómina. «Haz que el pato sea un poco presumido», Walt le sugirió al animador Fred Spencer. «Y puesto que es un pato y le gusta el agua, ¿qué tal ponerle una camiseta suelta y un gorro de marinero?».

Todas las películas de Disney, sin ser sofisticadas y sin ninguna complejidad, apuntaron a una modesta pero auténtica moral. El valor y la virtud triunfaban sobre la perversidad y el miedo; el trabajo sobre la pereza; la falsa ambición solamente causaba la derrota. Y como decía el propio Walt, ellos apelaron «al Mickey en nosotros—a esa característica siempre joven que hay en cada ser humano y que nos hace reír de cosas absurdas, cantar en la bañera y soñar».

Cuando los niños de Disney eran pequeños, el sábado era siempre «el día de Papá» y Walt por lo general pasaba las tardes con ellos visitando algún parque de atracciones en el vecindario. «Esos fueron unos de los días más felices de mi vida» recordaba. «Iban en el carrusel y yo me quedaba en un banco comiendo maní. Y sentado allí solo, sentí que debería haber algo, un tipo de parque familiar donde padres y niños pudieran divertirse juntos». Él visualizó su propio parque, sobre la base de las historias de Disney y sus personajes. Sería un tipo de Disneylandia.

Su plan era tener una sola entrada, de la cual se extenderían cuatro áreas distintas: Tierra de Aventuras; Tierra de Frontera; Tierra de la Fantasía y Tierra del Mañana—los mundos de los sueños de la infancia. En estos mundos siempre sería primavera o verano, y se entraría a ellos por la avenida principal. Enfrente estaría el castillo de La Bella Durmiente, mientras que rodeando el parque habría un ferrocarril, con un motor a vapor que produciría un silbato fantasmal. El Ratón Mickey sería el primero en dar la bienvenida y presentar al público al mundo de su creador.

Empezó por adquirir un naranjal de 244 acres, cuarenta kilómetros al sur de Los Ángeles. Un reportero le preguntó cuándo podría estar terminado el proyecto. La respuesta de Walt fue muy simple: «¡Nunca, mientras haya imaginación en el mundo!»

LA CIUDAD DE DISNEY

Durante años Lilly había estado pidiéndole a Walt que se jubilara y descansara. Efectivamente, no había razón financiera que lo obligara a seguir trabajando. Pero Walt siempre se resistió a los ruegos de Lilly. «Me moriría», dijo, «si no pudiera salir y conquistar nuevos mundos».

Puso a su personal a trabajar reuniendo 27,500 acres cerca de Orlando, en Florida, y una mañana llegó al departamento de diseño con un plan para una nueva ciudad bosquejado sobre una servilleta. La llamó EPCOT – Experimental Prototype Community of Tomorrow (Prototipo de Comunidad Experimental del Mañana).

Todos estos planes, sin embargo, estaban aún en el tablero de dibujo en el otoño de 1966 cuando Walt, con un dolor constante, de malas ganas se dio tiempo para tomarse una radiografía. Los cirujanos descubrieron que tenía un tumor maligno. El 7 de noviembre le sacaron el pulmón izquierdo; y en un lapso de dos semanas, irritado por la desacostumbrada ociosidad, intentó reanudar su vieja rutina. Pero una chispa esencial se había apagado. El 30 de noviembre, mortalmente enfermo, reingresó al hospital. Aproximadamente a las nueve y quince minutos de la mañana del 15 de diciembre, su inquieto corazón dejó de latir.

Aquella tarde, a las cinco, llegó el momento que nadie que lo presenció jamás podrá olvidar. En Disneylandia, en la plaza junto al Ayuntamiento, marchaba la banda de dieciséis integrantes. Los tambores tartamudearon, una corneta chilló, y la bandera nacional resbaló del asta. Entonces, con lágrimas cayendo sobre su rostro, el director de 73 años, coronel Vesey Walker, una vez más levantó su batuta. Y en la tarde de invierno flotaban sin rumbo las notas de una melodía de Pinocho que parecían simbolizar la vida de Walt Disney:

> *Cuando pides un deseo a una estrella,*
> *No importa quien seas,*
> *Todo lo que tu corazón desea,*
> *Vendrá a ti…*

Walt Disney era un soñador, un visionario. Vio en plantas, animales, lugares de diversiones, y tecnología mundos enteros que otros no pudieron ni siquiera comenzar a imaginar. Mantuvo su mira puesta constantemente en el futuro. Su hermano Roy comentó: «Lo visité en el hospital la noche antes de morir. Aunque estaba desesperadamente enfermo, también estaba tan lleno de planes para el futuro como lo había estado toda su vida». E incluso hoy, años después de su muerte, su visión sigue extendiéndose dentro del legado que creó.

Walt Disney tuvo la visión de hacer más felices a las personas al construir parques temáticos y ciudades del futuro. Don Schoendorfer, quien vivió en las sombras del condado Orange de Disneylandia, también tuvo su mirada puesta en hacer más felices a las personas. Pero lo hizo construyendo algo totalmente distinto y económico.

Ruedas de libertad

Janet Kinosian

Recién despierto, Don Schoendorfer caminó sobre el frío piso de cemento de su garaje a las 4 de la madrugada. Determinado a crear la silla de ruedas más barata del mundo, el ingeniero mecánico del condado Orange, en California, acomodaba apretadamente tres horas diarias antes del trabajo, trabajando en una mesa de labores que había instalado en su garaje que estaba demasiado lleno de cosas.

Primero probó una silla con un asiento de lona convencional, pero lo descartó por ser demasiado costoso. Sabía que necesitaba algo barato y durable al punto de ser casi indestructible. La silla tenía que atravesar montañas, pantanos y desiertos, y tolerar el calor y las heladas con un mínimo mantenimiento. Muchos de los pobres del mundo, Schoendorfer sabía, viven con menos de dos dólares al día y nunca podrían soñar con comprar una silla de ruedas del tipo occidental, por cientos y aun miles de dólares.

Finalmente, dio en el clavo: la popular silla de plástico para jardín. Perfecto. Schoendorfer exploró las ventas, comprando sillas por docenas a tres dólares la unidad. Luego recorrió los pasillos de Home Depot y Walmart en busca de los neumáticos de bicicleta más económicos, e incluso los tornillos más económicos.

Durante todo el recorrido por los pasillos, recordó repentinamente un camino en Marruecos, casi treinta años atrás. En 1977, él y su esposa Laurie, habían pasado por Tetouan y, una tarde de sofocante calor, habían visto a una mujer minusválida arrastrarse cruzando el camino, igual como una serpiente, usando sus uñas para impulsarse hacia adelante. Schoendorfer recuerda el desdén de los mendigos: los discapacitados eran considerados incluso más abajo que ellos en la estructura social. Al estar en ese camino empolvado, Schoendorfer decidió ayudarlos.

Ahora, mientras entornillaba la silla, dos neumáticos de bicicleta de la tienda Toys «R» Us, y soldaba ruedas metálicas negras y cojinetes, el licenciado del Instituto Tecnológico de Massachusetts sentía que las cosas encajaban. Cuando maniobró la sencilla silla una última vez, pensó, *Ahora sí podría ser.*

«Usted se ha anotado un punto ganador, Don», declaró el pastor de Schoendorfer cuando vio la pequeña silla blanca. En nueve meses Schoendorfer había hecho cien sillas de ruedas, y su garaje parecía un centro de rehabilitación de prótesis.

El pastor le sugirió que las llevaran todas a una próxima misión médica de la iglesia para la India. Pero cuando Schoendorfer llegó a la primera reunión de planificación, los misioneros del grupo no estaban precisamente impresionados. «¿Cuánto cree usted que va a costar enviar estas sillas?» preguntó uno.

Desairado y desanimado, Schoendorfer siguió asistiendo a las reuniones. «Creo que ellos pensaron que si me complacían, este tipo excéntrico de ideas raras, entonces me marcharía», recordó con una sonrisa.

Finalmente, le permitieron llevar cuatro sillas a la India. En una sala médica abarrotada en las afueras de Chennai, (ex Madras), Schoendorfer vio un padre llevando en brazos a su hijo minusválido de once años. *Este es el momento,* pensó. Schoendorfer salió corriendo y empujó la silla.

Desde el momento en que el niño, Emmanuel, se sentó, Schoendorfer supo que su invención tenía cierto poder sanador. Emmanuel parecía estupefacto y a la vez rebosante de alegría. Su madre expresó en lengua aborigen: «Bendito seas por este carro».

Cuando Schoendorfer regresó a casa, la compañía en la que trabajaba repentinamente quebró. Decidió dejar de ejercer como ingeniero y dedicarse a hacer las sillas y vivir de ello. Su familia vivió de los ahorros de años, y cuando empezaron a agotarse, Laurie entró a trabajar para la oficina de Administración del Seguro Social.

Desde esa primera donación, la organización sin fines de lucro de Schoendorfer, la Misión de Silla de Ruedas Gratuitas, ha repartido más de sesenta y tres mil de estos aparatos ligeros a personas desesperadas por movilidad, sin cobro alguno. Cien mil más están en camino.

Hoy, las sillas se hacen en dos fábricas chinas y pueden ser despachadas a cualquier parte del mundo por sólo 41.17 dólares. Se han enviado a cuarenta y cinco países— Angola, Zimbabwe, Mongolia, China, India, Perú, Fiji, así como a Irak, donde soldados de los Estados Unidos las entregaron a cientos de civiles en el 2004. Con más de cien millones de pobres minusválidos en países en vías de desarrollo, Schoendorfer sabe que su trabajo está lejos de concluir.

«Tengo una pequeña meta», dice silenciosamente desde debajo de sus gruesos bigotes. «Veinte millones de sillas entregadas en forma gratuita para el año 2010».

En cada viaje para repartir una mayor cantidad, el inventor ve personalmente el efecto que su invención tiene en las vidas de las personas. Indra, de Chennai, nunca había ido al colegio, sin embargo ahora está estudiando para ser arquitecto. Una joven madre angoleña perdió sus piernas a causa del estallido de una mina terrestre mientras trabajaba en el campo; hoy cuida a sus niños. Un indio de Cochin, apodado «cincuenta y dos», dijo a los voluntarios cómo había orado todos los días, durante cincuenta y dos años, para que alguien fuera amable con él, y esta silla representaba esa primera oportunidad.

Los voluntarios fotografían a los que reciben el regalo mientras que por primera vez descubren los movimientos de sus ruedas. «Es como el día sus bodas o de graduación» explica Schoendorfer. «Sin duda, es el día más importante de sus vidas. Es el día en que recuperan su dignidad».

Don Schoendorfer probablemente nunca será famoso como Walt Disney. Pero al igual que Walt, él quiso iluminar los ojos de la gente y proporcionales alegría. Mantuvo firme su visión en su mente por más de treinta años, y cuando finalmente surgió la oportunidad, la aprovechó. Empezando en su garaje y con el tiempo expandiéndose en las fábricas de China, silenciosamente se propuso crear sus económicas sillas de ruedas y llevarlas a quienes las necesitaban. Sus ojos visionarios están puestos ahora en la meta de entregar veinte millones de sillas en todo el mundo. Creo que lo logrará.

Para expandir y mejorar nuestro sentido de visión, para aspirar a niveles más altos, a veces necesitamos salir y probar algo nuevo, tratar de ver las cosas desde una perspectiva totalmente nueva.

Caída libre

Joan Sheehy

Ya había pasado la medianoche en Boston cuando me encontré con mi hijo, Jeff, en su apartamento ubicado en Beacon Hill. Después de unas cuantas cervezas, me muestra su cuaderno de metas para todo el año, y me señala «llevar a mamá a saltar en paracaídas cuando cumpla cincuenta años». Yo me sonrío, pero no puedo dejar de pensar que «recibir la herencia temprano» haya sido el verdadero motivo detrás de todo esto.

Quizás ya sea tiempo de actuar de acuerdo a mi edad.

Cuando se trata de ocasiones especiales para la familia, Jeff prefiere las aventuras en vez de la joyería.

Cuando cumplí mis cuarenta años, me llevó a patinar a Lake Tahoe. Unos años más tarde tuve una aventura de esas que sacuden la espalda cuando monté una bicicleta para montañas. Pero esos intereses terrenales tan dóciles no serían adecuados para mi medio siglo.

El cielo está completamente despejado y el sol calienta nuestros rostros al llegar al Centro de paracaidismo Pepperell Skydiving Center en Massachusetts. Paracaídas rojos, amarillos, morados y verdes descienden al terreno de 60 acres. El humo de las parrillas ardientes llenan el ambiente, y los espectadores holgazanean en sillas desplegables mientras ven a sus amigos y familiares descender a la zona de caída. Algo me está retorciendo el estómago, y no son las costillas de cerdo. Estoy muy vieja para estar haciendo esto.

Jeff se apresura y me lleva con mucho ímpetu hacia la mesa de inscripción, donde firmamos y luego nos acompañan a la oficina para ver un video de «entrenamiento» del proceso de paracaidismo que se está llevando a cabo paralelamente. De pronto llega un montón de documentos legales: poner las iniciales en 22 sitios, firmar todos los formularios y proporcionar los nombres y números telefónicos de personas en caso de emergencia. Es de sorprenderse, pero el centro de paracaidismo no requiere que ponga mi casa como garantía en caso de que una tarada como yo se mate a pesar de las extraordinarias medidas de precaución.

Jeff ni se asustó ni desistió. Él insiste en decir que tenemos el derecho constitucional de lanzarnos al vacío.

Después de ver el video, proseguimos directamente a los vestuarios. Nuestros trajes apretados azul y negro de una sola pieza se ven muy bien. Jeff aparece como si recién hubiera salido del escenario de la película Top Gun. Me puse mi casco y mis anteojos de protección para lucirme como campeona de vuelos, y para esconder mis arrugas de preocupación.

Allá afuera nos sentamos en las graderías con un grupo que estaba esperando ser llamado. Se repasan las instrucciones; se expresan palabras de aliento. Surge un fuerte alarido.

Ya que este es un salto de paracaidistas principiantes, hay un profesional que salta con cada participante. Voy a estar sujetada a Tim, un miembro de la tripulación de mucha experiencia, un rubio serio de poco menos de cuarenta años. Conversamos un poquito; me deseó un «Feliz Cumpleaños», y además me dijo que no se podía imaginar que vaya a cumplir 50. Un hombre perceptivo, encantador, digo yo, y bastante atractivo. Sin embargo, mi corazón estaba palpitando por otras razones.

Tim y yo abordamos el avión mientras que Jeff y su compañero profesional van ordenadamente a tomar otro vuelo. Lo miro con pánico. Jeff grita:

«Feliz aterrizaje, mamá», y mueve su dedo pulgar en señal de aprobación. Yo trato de reafirmarme pensando que la separación quizás haya sido una distribución sensata, ya que uno de nosotros sobreviviría si el otro avión se cae. Mientras ajusto mi casco y mis anteojos protectores, digo mentalmente un «Padre Nuestro». La puerta se cierra, y luego despegamos.

Los paracaidistas profesionales se mantienen bromeando para ayudarnos a estar relajados. Luego Tim dice que es hora de juntarnos. Él se sujeta con una correa a mi espalda. Me alegro de que sea atractivo porque más o menos nos estamos besuqueando. El avión llegó a una altura máxima de 4,200 metros (casi tres millas de altura).

Uno de los paracaidistas profesionales repasa el proceso de salto. Se abre la puerta corrediza, y la primera pareja salió contoneándose. En un abrir y cerrar de ojos, desaparecen como cuando pasa un tornado por un cordel con ropa colgada.

Era el turno de Tim y yo. Pegados de la cadera, caminamos hacia adelante como patos. Yo estaba al frente. Cuando llegamos a la puerta, Tim agarra con las dos manos una barra horizontal que estaba en la parte superior. Yo estoy más o menos al borde de un pozo sin fondo con todo el viento tratando de separarme.

No puedo creer que esté haciendo esto.

Tim comienza a mecernos hacia adelante y hacia atrás, uno, dos, tres: ¡Salta! El aire nos rasga rápidamente, y no hay fondo a la vista. Hemos saltado. Estoy entumecida pero llena de júbilo al mismo tiempo. La muerte debe parecerse a esto. Mis piernas patalean desesperadamente en busca del suelo. ¡Y después hablan de sólo «asumir la posición de caída libre»! Las rodillas de Tim se enroscan con las mías para controlar la agitación de mis piernas, y finalmente parece como si estuviéramos flotando en una almohada de aire. Pero ¡ni hablar de tener conversaciones íntimas sobre esa almohada! mientras nuestra caída se aproxima a los 190 km/h; el rugir del viento era ensordecedor.

Poco a poco recobro la calma lo suficiente como para abrir mis ojos. El cielo y el terreno agrícola se despliegan por todo el horizonte. Estoy planeando por el cielo como una diosa mitológica. Quiero hacer esto por toda la eternidad.

Pero el ver a Tim con su altímetro acaba con mi encanto. Nuestra caída libre de sesenta segundos está por terminar. Busco el cordón y lo jalo. Escucho al viento susurrar y algo se desenreda, inmediatamente siento una picazón en el trasero cuando el arnés de seguridad se subió de un tirón.

La caída pierde velocidad; el rugido se desvanece. Ahora Tim y yo podemos hablar. Él me muestra cómo caer como sacacorchos al jalar sólo un cordón del paracaídas. Revoloteamos y giramos. Pasamos flotando a través de una nube, pero yo prefiero ver el panorama, árboles, graneros y campos, vacas blanquinegras esparcidas por el pasto verde como dados en un tablero. No quiero aterrizar, pero nuestros siete minutos debajo de la cúpula ya casi se han vencido.

«No vamos a aterrizar corriendo» me informa Tim. «Cuando dé la señal, estira tus piernas como si estuvieras sentada en el piso. No dobles tus rodillas. Te las podrías romper. Mis piernas estarán debajo de las tuyas y nos deslizaremos con nuestros traseros». De esta forma, la gravedad al final se salió con la suya.

Físicamente, llegué a tierra firme, sin embargo la adrenalina tuvo control de mi sistema por tres días. Mi hijo me dio el mejor regalo que jamás haya recibido: un toque de terror, una pizca de muerte (no muy diferente a lo que experimenté cuando nació, le dije a Jeff), y la determinación de nunca actuar de acuerdo a mi edad.

No, no todos necesitamos saltos desde 4,200 metros de altura para obtener una nueva perspectiva de la vida, un mayor sentido de visión. Pero los visionarios tienden a ser el tipo de personas que están constantemente explorando nuevas facetas y miran a la vida desde muchos ángulos. El resultado es que descubren nuevas maneras de disfrutar, encuentran nuevos amigos, y mejoran su habilidad de ver las cosas que la gente común y corriente no ve.

~~~

ELABORACIÓN FINAL

La visión requiere un propósito y luego empieza a convertirlo en algo específico: qué hacer específicamente, cuándo hacerlo, y cómo lograrlo. Tanto Walt Disney como Don Schoendorfer, por ejemplo, tuvieron el mismo propósito: hacer felices a otros. Pero sus visiones de qué hacer y cómo emprenderlo fueron muy diferentes. Además, en los dos casos, una vez que tuvieron sus visiones (sus primeras creaciones) fijas en sus mentes, se propusieron con confianza —paso a paso, flor a flor— dar vida a sus segundas creaciones.

Por supuesto, una de las visiones más importantes que usted tendrá es el concepto propio que forme en su mente. Su *visión personal* relaciona de modo demostrable su mente subconsciente con la consciente, y al final forma sus hábitos. Por lo tanto, crea siempre en sí mismo y establézcase expectativas realistas pero retadoras... incluso si necesita «pedir un deseo a una estrella».

REFLEXIONES

- Disney siempre estaba soñando en el futuro. ¿Qué sueños futuros tiene usted? ¿Dónde se ve dentro de cinco años? ¿Saca tiempo de su atareado programa para soñar un poco?

- Las visiones de Disney tendían a apuntar a las estrellas, pero se basaban en la realidad. ¿Están puestas sus expectativas lo suficientemente alto? ¿Demasiado alto?

- Don Schoendorfer tuvo una visión de largo plazo que dividió en importantes metas de corto plazo. Primero cien sillas, luego cien mil sillas, después veinte millones. ¿Divide usted sus metas en hitos significativos, puntos de celebración?

- Con la «ayuda» de su hijo, Joan Sheehy agregó nuevas perspectivas a su vida al probar cosas nuevas. ¿Qué ha hecho usted recientemente para expandir su sentido de visión, para ver la vida con todas sus maravillas desde diferentes ángulos?

MÁS REFLEXIONES SOBRE LA
Visión

~

DESEOS

La visión nos ayuda a ver las posibilidades del futuro dentro de las realidades del presente, y nos motiva a hacer lo que se necesita hacer.

Los sueños son muy importantes. Usted no los puede realizar a menos que los imagine.

—GEORGE LUCAS

■ ■ ■

La superestrella Wayne Gretzky tiene más récords en hockey que cualquier otro en la historia del deporte. Al preguntársele acerca de su éxito, temporada tras temporada, Gretzky dijo: «Patino hacia donde va el disco, no hacia donde estuvo».

—CITADO POR JAMES R. PAUL,
EN *VITAL SPEECHES OF THE DAY* [RAZONAMIENTOS VITALES DE LA ÉPOCA]

■ ■ ■

Los que rinden al máximo no sólo desean ganar el próximo partido. Ven el recorrido total hacia el campeonato. Tienen un objetivo de largo alcance que inspira compromiso y acción.

—CHARLES A. GARFIELD,
PEAK PERFORMER [RENDIDORES AL MÁXIMO]

■ ■ ■

El problema con no tener una meta es que uno se puede pasar la vida corriendo de arriba abajo por el campo y nunca anotar.

—BILL COPELAND

■ ■ ■

Cuando un hombre no sabe a qué puerto se está dirigiendo, ningún viento es el correcto.

—SÉNECA

ALTAS EXPECTATIVAS

Walt Disney siempre estaba apuntando hacia las estrellas. Nosotros también debemos fijarnos metas que nos exijan más allá de nuestra capacidad normal.

Éxito es en gran parte el resultado de subir continuamente nuestros niveles de aspiración y expectación.

—JACK NICKLAUS,
MY STORY

■ ■ ■

Celebre lo que ha logrado, pero levante la barra un poco más cada vez que triunfa.

—MIA HAMM

■ ■ ■

A la larga los hombres sólo le dan a lo que le apuntan.

—HENRY DAVID THOREAU

■ ■ ■

Muchos de nuestros sueños parecen imposibles, luego improbables, después inevitables.

—CHRISTOPHER REEVE

■ ■ ■

Para ser un realista hay que creer en milagros.

—DAVID BEN-GURION

■ ■ ■

Un hombre debe tener sus sueños: sueños que recuerden el pasado y sueños entusiastas del futuro. Yo nunca quiero dejar de alcanzar nuevas metas.

—MAURICE CHEVALIER

■ ■ ■

Señor, concédeme que siempre desee más de lo que logro.

—MIGUEL ÁNGEL

PEQUEÑOS PASOS

A veces la escalera del éxito parece ser insuperable. Pero recuerde, Walt Disney fue en pos de su visión escena tras escena y Don Schoendorfer logró su sueño a través de cada silla de ruedas.

El hombre que mueve una montaña empieza sacando pequeñas piedras.

—PROVERBIO CHINO

■ ■ ■

Nada es difícil en particular si se divide en pequeñas tareas.

—HENRY FORD

■ ■ ■

Al mundo no solamente lo mueven los poderosos empujones de los héroes sino también el total de empujoncitos de cada trabajador honesto.

—HELEN KELLER

■ ■ ■

Robert J. Kriegel aprendió el valor de tomar la vida en pequeños pasos como instructor de esquiación llevando a los principiantes al borde de una pendiente difícil:

Ellos miraban todo el recorrido de bajada hasta el fondo. Invariablemente la colina les parecía demasiado empinada y muy difícil, así que retrocedían. Yo les decía que no pensaran en esquiar toda la colina. Que en cambio trataran de hacer el primer giro. Esto cambiaba su enfoque. Después de algunos giros se volvían más confiados y, sin ningún empujón, bajaban la pendiente.

—ROBERT J. KRIEGEL CON LOUIS PATLER,
IF IT AIN'T BROKE, BREAK IT

■ ■ ■

Si usted no puede alimentar a cien personas, entonces alimente sólo a una.

—MADRE TERESA

PREPARACIÓN

Para que los sueños se hagan realidad debemos preparar los pasos y los detalles que nos llevarán a donde queremos ir.

Antes que todo lo demás, estar listo es el secreto del éxito.

—HENRY FORD

■ ■ ■

Cave un pozo antes de que le dé sed.

—PROVERBIO CHINO

■ ■ ■

La gente no planifica fallar; sólo falla en planificar.

—SHERATON-PARK HOTEL NEWS

■ ■ ■

El comienzo es la parte más importante del trabajo.

—PLATÓN

■ ■ ■

El deseo de ganar es menos importante que el deseo de prepararse para ganar.

—BOBBY KNIGHT

■ ■ ■

Pozo comenzado es medio hecho.

—PROVERBIO GRIEGO

■ ■ ■

Después de que Michelle Kwan ganara su primer campeonato nacional en 1996 asombró a sus rivales más experimentadas al ganar el título mundial.

«Sé que se supone que me debe sorprender lo que he logrado —asegura Kwan—. Pero no veo la razón. Todo el mundo dice que sucedió muy rápido, pero a mí no me parece rápido. Estuve ahí todos los días, todo el tiempo, esforzándome y patinando bien. Ganar no es una cuestión de milagros sobre el hielo sino de entrenamiento».

—MARK STARR,
EN *NEWSWEEK*

■ ■ ■

Los trabajólicos son adictos a la actividad; los alcanzametas se enfocan en los resultados. Trabajan por objetivos que contribuyan a su misión. En sus mentes ven el final de lo que desean y las acciones que conducen a ello.

—CHARLES A. GARFIELD,
PEAK PERFORMER [RENDIDORES AL MÁXIMO]

La apatía sólo se puede vencer con el entusiasmo, y el entusiasmo sólo se puede despertar con dos cosas: primero, un ideal que tome la imaginación por asalto; segundo, un plan definido y comprensible para llevar ese ideal a la práctica.

—ARNOLD TOYNBEE

11

INNOVACIÓN

*La mente celebra un pequeño triunfo cada
vez que formula un pensamiento.*

—RALPH WALDO EMERSON

Se ha dicho que el matemático griego Arquímedes resolvió un
problema particularmente desconcertante un día mientras se
bañaba. Su alegría era tan inmensa que corrió desnudo por las
calles de la antigua Siracusa exclamando: «¡Eureka!» —¡Lo encontré!
La acción de innovar puede generar muchas emociones. Puede
producir angustia, transpiración, lágrimas y cansancio. Pero también
produce grandes emociones, satisfacción y gozo... aunque esperamos que no haga que todo el mundo corra desnudo a través de su
vecindario o lugar de trabajo. Pero la innovación no llega sin un precio. Muchas de las emociones y los arduos esfuerzos asociados con
ella se demuestran en cada una de las tres historias siguientes,
comenzando con Charles Dickens y «La segunda historia más grande de Navidad jamás contada».

LA SEGUNDA HISTORIA MÁS GRANDE DE NAVIDAD JAMÁS CONTADA

Thomas J. Burns

Una tarde a principios de octubre en 1843, Charles Dickens caminaba desde el pórtico de ladrillo y piedra de su casa cerca del Regent's Park, en Londres. El aire fresco del anochecer era un alivio para la humedad propia de un día de otra estación, cuando el escritor empezó su paseo nocturno por lo que él llamaba «las calles negras» de la ciudad.

Dickens, un hombre bien parecido, con pelo marrón suelto y ojos normalmente brillantes, estaba profundamente preocupado. De treinta y un años y padre de cuatro hijos, podía pensarse que estaba en el tope de su carrera. *Los papeles del club Pickwick, Oliver Twist* y *Nicholas Nickleby* habían sido muy populares, y *Martin Chuzzlewit*, que él consideraba su novela más distinguida, estaba siendo publicada en episodios mensuales. Pero ahora, el célebre autor estaba enfrentando serios problemas financieros.

Algunos meses antes, su editor le había revelado que las ventas de la nueva novela no eran lo que se había esperado, y quizás sea necesario reducir seriamente los avances mensuales por ventas futuras.

Las noticias habían anonadado al escritor. Parecía que su talento estaba siendo cuestionado. Reaparecieron los recuerdos de la pobreza de su infancia. Dickens mantenía a una numerosa y extensa familia, y sus gastos ya eran casi más de lo que podía manejar. Su padre y sus hermanos estaban suplicando por préstamos. Su esposa, Kate, esperaba a su quinto hijo.

Todo el verano Dickens se preocupó por la acumulación de sus facturas, especialmente la enorme hipoteca que debía por su casa. Pasó un tiempo en un hotel playero, donde tuvo dificultades para dormir y caminaba por los riscos durante horas. Sabía que necesitaba una idea que le hiciera ganar mucho dinero, y la necesitaba rápidamente. Pero se le estaba siendo difícil a Dickens escribir en medio de su depresión. Después de regresar a Londres, esperaba que la reanudación de sus caminatas nocturnas le ayudara a estimular su imaginación.

El brillo amarillo de las parpadeantes lámparas de gas alumbraba su andar por los mejores barrios de Londres. Entonces, a medida que se acercaba al río Támesis, solamente la luz suave de las ventanas de las casas vecinas iluminaba las calles, llenas de basura, y filas de alcantarillas abiertas. Las damas elegantes y los caballeros bien vestidos del vecindario de Dickens fueron reemplazados por obscenas prostitutas callejeras, carteristas, bandoleros y mendigos.

El pésimo lugar le recordó la pesadilla que a menudo perturbaba su sueño: *un niño de doce años sentado en una mesa de trabajo con montones de envases de pasta negra de zapatos. Durante doce horas al día, seis días a la semana, pega etiquetas en los interminables envases para ganar los seis chelines que lo mantendrán vivo.*

El niño del sueño mira el sótano a través del piso podrido del almacén, donde se escurrían hordas de ratas. Luego levanta su mirada hacia la ventana mugrosa, que chorrea vaho por el tiempo invernal de Londres. La luz se está desvaneciendo ahora, junto con las esperanzas del niño. Su padre está en la prisión para deudores, y el jovenzuelo asiste a una sola clase en la escuela, durante su hora de cenar en el almacén. Él se siente indefenso, abandonado. Quizás nunca podrá haber celebración, júbilo, o esperanza otra vez...

Esta no era una escena de la imaginación del escritor. Era un período de su niñez. Afortunadamente, el padre de Dickens heredó un poco de dinero, lo que le permitió pagar sus deudas y salir de la prisión— y a su hijo, escapar de un triste destino.

Ahora el temor de ser incapaz de pagar sus propias deudas lo perseguía. Con mucho cansancio regresó a su hogar del largo paseo, sin haberse acercado a la idea para el «cuento alegre y entusiasta» que quería relatar cuando salió.

Sin embargo, cuando se acercaba a la casa, sintió un destello repentino de inspiración. ¡Qué tal una historia de Navidad! Escribiría una para la misma gente con la que se encontraba en las calles negras de Londres. Gente que vivía y luchaba con los mismos miedos y ansias que él conocía, gente que tenía hambre de una pizca de alegría y esperanza.

¡Pero faltaban tres meses para la Navidad! ¿Cómo podía hacer una tarea tan grande en un tiempo tan corto? El libro tendría que ser breve, indudablemente no una novela completa. Tendría que estar terminado a fines de noviembre para ser impreso y distribuido a tiempo para las ofertas de Navidad. Para acelerar el proceso, tuvo la idea de adaptar la historia de un duende navideño de uno de los capítulos de *Los papeles del club Pickwick*. Llenaría la historia con los lugares y los personajes que adoraban sus lectores. Habría un niño pequeño y enfermizo, su honesto pero poco efectivo padre, y, en el centro de la obra, un villano egoísta, un viejo con una nariz puntiaguda y mejillas marchitas. Cuando los días templados de octubre dieron paso a un fresco noviembre, el manuscrito creció, página por página, y la historia cobró vida. La trama básica era lo suficientemente simple como para que la comprendieran los niños, pero evocaba temas que traerían al corazón adulto cálidos recuerdos y emociones.

Después de retirarse solo en la Nochebuena a su frío y lúgubre departamento, Ebenezer Scrooge, un mezquino hombre de negocios de Londres, es visitado por el espíritu de su socio muerto, Jacob Marley. Condenado por su codicia e insensibilidad hacia su compañero cuando vivía, el fantasma de Marley recorre el mundo atado por cadenas forjadas por su propia indiferencia. Advierte a Scrooge que debe cambiar, o sufrir el mismo destino. Los fantasmas de las Navidades Pasadas, Navidad Presente y Navidades por Venir aparecen y le muestran a Scrooge conmovedores escenas de su vida y de lo que ocurrirá si no enmienda su camino. Lleno de remordimiento, Scrooge renuncia a su antiguo egoísmo y se convierte en una persona amable, generosa y amorosa, que ha aprendido el verdadero espíritu de la Navidad.

Gradualmente, mientras lo escribía, algo sorprendente le pasó a Dickens. Lo que había empezado como un plan desesperado y calculado para rescatarse a sí mismo de las deudas—«una pequeña treta», como él lo describió, pronto comenzó a producir un cambio en el autor. A medida que escribía acerca de la clase de Navidad que amaba—felices reuniones familiares, con ramilletes de muérdagos colgando del cielo raso, alegres villancicos, juegos, bailes y regalos; deliciosos banquetes de ganso asado, pudín de ciruela, pan recién horneado, que todos disfrutaban frente a una ardiente leña de Navidad, el gozo de la estación él atesoraba comenzó a aliviar su depresión. *Un villancico navideño* capturó su corazón y su alma. Esto se convirtió en una obra de amor. Cada vez que sumergía su pluma en la tinta, los personajes parecían cobrar vida como por arte de magia: el diminuto Tim con sus muletas, Scrooge encogido de miedo delante de los fantasmas, Bob Cratchit bebiendo la alegría navideña en medio de la pobreza.

Todas las mañanas, Dickens estaba más emocionado e impaciente por empezar el trabajo del día. «Fui muy impactado por el pequeño libro», escribiría después a un periodista, y «me resistía a dejarlo a un lado siquiera por un momento». Un amigo, el futuro biógrafo de Dickens, John Forster, tomó nota del «fuerte dominio» que la historia impuso sobre el escritor. Dickens contó a un catedrático de los Estados Unidos cómo era que cuando escribía, «lloraba, se reía, y lloraba otra vez». Dickens incluso se hizo cargo del diseño del libro, eligiendo una cubierta estampada en dorado, una página titular de verde y rojo con guardas coloreadas, cuatro grabados coloreados a mano y cuatro grabados en planchas de madera. Para que el libro pudiera ser accesible al mayor número de lectores posible, fijó su precio en sólo cinco chelines.

Por fin, el 2 de diciembre estuvo terminado, y el manuscrito se fue a la imprenta. El 17 de diciembre se repartieron las copias del escritor, y Dickens estaba encantado. Nunca había dudado que *Un villancico navideño* sería popular. Pero ni él ni su editor estaban listos para la respuesta abrumadora que vino. La primera edición de seis mil copias se agotó antes de la Nochebuena, y a medida que el mensaje reconfortante del librito se esparcía, Dickens recordó después, él recibía «en cada correo, todo tipo de cartas de personas desconocidas escribiendo acerca de sus hogares y de sus chimeneas, y de cómo el *Villancico* era leído en voz alta y guardado en su propio estante exclusivo». El novelista William Makepeace Thackeray dijo del *Villancico*: «Me parece que es un beneficio para el país, y una gentileza personal para cada hombre o mujer que lo lea».

A pesar de la aclamación pública del libro, éste no se convirtió en el éxito financiero inmediato que Dickens había esperado debido a la calidad de producción que exigió y a su bajo precio. Sin embargo, ganó dinero suficiente para sobrevivir, y la popularidad enorme del *Villancico navideño* reavivó a su público para las novelas siguientes, mientras daba una dirección fresca y nueva a su vida y a su carrera.

Aunque Dickens escribiría muchos otros libros bien acogidos y económicamente rentables— *David Copperfield, Un cuento de dos ciudades, Grandes expectativas*—nada igualaría la alegre satisfacción de espíritu que obtuvo de la universalmente amada pequeña novela. Con el tiempo, algunos lo llamarían el apóstol de la Navidad. Y, a su muerte, en 1870, se oyó preguntar a un niño de Londres: «¿Dickens, muerto? ¿Entonces se morirá Papá Noel también?»

En un sentido muy real, Dickens popularizó muchos aspectos de la Navidad que hoy celebramos, incluyendo grandes reuniones de familia, bebidas y platos de la estación y la entrega de regalos. Incluso nuestro lenguaje ha sido enriquecido por el cuento. Quién no ha conocido a un «Scrooge», o exclamado: «¡Bah! ¡Tonterías!» cuando se siente irritado o escéptico. Y la frase «¡Feliz Navidad!» pasó a usarse mucho más después de que apareció la historia.

En medio de la inseguridad y la confusión, a veces un hombre hace su mejor trabajo. De la tormenta de la tribulación viene un regalo. Para Charles Dickens, una pequeña novela de Navidad trajo una nueva fuente de confianza en sí mismo y en la alegría redentora de la estación.

Temiendo que su carrera pudiera haber llegado a su nivel más alto, y enfrentando problemas económicos, cada paso de Dickens era acompañado por una oscuridad interior cuando caminaba por las ennegrecidas y adoquinadas calles con la esperanza de descubrir un chispazo de imaginación. Y fue allí en la ciudad que se puso en contacto con sus lectores. El panorama y los olores traían recuerdos de sus propias emociones infantiles. Pronto se abrieron panoramas de creatividad. Él mismo se encontró riendo, llorando, «emocionado e impaciente por empezar el trabajo del día». La experiencia de Dickens nos recuerda cuán difícil puede ser el proceso de innovación. También envía una clara señal de que un buen punto inicial desde el cual lanzar sus poderes creativos es salir y explorar su ambiente con ojos y oídos siempre observadores.

No es frecuente encontrarse con una pequeña invención y pensar: ¿Por qué no pensé en eso? Pero lograr que hasta las ideas sencillas se conviertan en realidad involucra un proceso, el cual no siempre es tan fácil como parece.

JONRÓN DEL INGENIO
Stephen Madden

Era el verano de 1952, y a David Mullany, niño de 12 años que vivía en Faierfield, Connecticut, sólo le preocupaba una cosa en la vida: cómo jugar aún más el béisbol. «Jugábamos desde que amanecía hasta que anochecía, todas las semanas», cuenta Mullany, hoy de 63 años. «Siempre había un partido, por lo general en el patio de mi casa. No éramos más que un montón de chicos, y nos divertíamos como enanos».

Para Dave y sus amigos fanáticos del deporte, John Belus, Hill Hackman, Dave Osbourne y demás, el patio de los Mullany era el último recurso como campo de juego. Unos muchachos mayores y la policía de la escuela primaria de la ciudad los habían botado de la cancha de béisbol del Parque Gould Manor por haber roto ventanas a pelotazos. La madre de Dave Osbourne los dejaba jugar en su patio, pero sólo si en vez de pelota dura usaban una de tenis. «Si has viso lo que una pelota de tenis le hace a la puerta de un garaje, que es lo que usábamos de valla de contención, comprenderás que la señora era muy tolerante», explica Mullany. La temporada pelotera de los chicos en casa de los Osbourne terminó el día en que Mullany, que es zurdo, bateó una recta al tendedero mientras la señora ponía la ropa a secar. «Por un pelo no le di en la nariz», recuerda, «pero la pelota hizo añicos la lámpara del porche».

Por eso acabaron en el patio de los Mullany, que era mucho más pequeño. Aun así, la pelota de tenis, a fuerza de golpear contra la casa, empezó a aflojar las tablas de la fachada a un ritmo alarmante. «Busqué en la cochera algo que hiciera menos daño», cuenta Mullany, «y en la bolsa de golf de papá encontré unas pelotas perforadas. Nos pusimos a jugar con ellas y con un palo de escoba».

Llamaron al juego *whiff ball* («bola imbateable») porque, con un bate y una pelota tan pequeñas, los bateadores no daban ni una. Inventaron reglas especiales que les permitían jugar con un mínimo de dos jugadores (lanzador y bateador) y un máximo de 18. En vez de correr a las bases, si un bateador lanzaba una pelota baja más allá del lanzador, le anotaban un sencillo y tenía por lo tanto un corredor imaginario en primera base. Si la bateaba bien arriba más allá del lanzador, era doble y le concedían segunda base. «Si la pelota pasaba sobre la valla del patio era triple, y si pasaba por encima de la casa, se anotaba un jonrón», explica Mullany.

Su padre, David N. Mullany, aguantaba el barullo todos los días, aunque desde hacía algún tiempo no le iba bien. Con el optimismo heredado de sus padres, inmigrantes irlandeses, había renunciado a un buen empleo de agente de compras de un pequeño laboratorio farmacéutico para iniciar un negocio de pulido de metales. Durante un tiempo el negocio prosperó, pero los problemas de liquidez y los impuestos terminaron por hacerlo quebrar.

Ni su esposa, Ivy, ni Dave lo sabían. Todas las mañanas el señor se levantaba tan animado como siempre, se ponía un traje de vestir y se despedía diciendo que iba a la oficina, aunque en realidad salía a buscar empleo o a hacer trabajos eventuales. Todas las noches volvía con un periódico bajo el brazo y una sonrisa en el rostro. Los viernes le entregaba a Ivy un sobre lleno de dinero, producto de una póliza de seguro de vida que había cobrado. «Y todas las noches se encontraba con el patio lleno de niños», recuerda Dave.

El señor Mullany era un lanzador zurdo, que había jugado en el equipo de la Universidad de Connecticut. Si el laboratorio farmacéutico le dio empleo en toda la época de la Gran Depresión, fue porque necesitaba un buen jugador para su equipo de béisbol.

«Cuando papá me vio tratar de lanzar curvas con aquella pelotita, quizá pensó que me estaba lastimando el codo», explica Dave. «Una noche me preguntó si el poder lanzar curvas mejoraría el juego».

Dave, entusiasmado, le contestó que sí, y se propusieron a diseñar una pelota con la que hasta el jugador más pequeño pudiera lanzar curvas. El señor Mullany acudió a algunos contactos de su época en el laboratorio, en busca de materiales para fabricar la pelota. Dio con un proveedor de envases al que le sobraban mitades de esfera hechas para la fábrica de cosméticos Coty.

Entonces, después de pasarse el día buscando empleo, se sentaba en la cocina con su hijo a perforar el plástico blanco con navajas de rasurar, para ver qué clase de calado facilitaría más las curvas. Pegando arandelas en la superficie lograban que la pelota se bamboleara. Hacían perforaciones grandes y pequeñas. Al otro día, cuando el pegamento se había secado, Dave y sus amigos probaban los prototipos.

Después de tres noches y más de 20 diseños, un modelo se distinguió entre los demás: estaba formado por una mitad lisa y la otra con ocho agujeros alargados a modo de radios. «Funcionó a la perfección», agrega Dave. «Podía lanzar bolas curvas, quebradas, rápidas y lentas».

El invento fue un éxito instantáneo entre los amigos de Dave, que no tardaron en acabarse los prototipos. El señor Mullany, aunque pensaba que habría podido idear un truco aún más eficaz, le pidió al fabricante de las pelotas perforadas de golf que le hiciera un lote del prototipo con polietileno. En la primavera de 1953 los Mullany estaban casi listos para lanzar al mercado su invención.

Lo único que les faltaba era el nombre. «Propuse que la llamáramos Whiff Ball, como el juego al que jugábamos», cuenta Dave. «Papá dijo que debía tener dos sílabas, como Whiffle. Estuve de acuerdo, pero le sugerí que le quitáramos la *h* porque, si alguna vez fundábamos una empresa, nos ahorraríamos una letra en el letrero».

Los Mullany vendieron la primera docena de Wiffles en consignación al dueño de una cafetería en la autopista Merritt. «Las puso junto a la caja registradora y las vendía a 49 centavos de dólar cada una», cuenta Dave. Dentro de la caja venían las instrucciones para lanzarlas. «El sábado siguiente nos pidió otra docena porque se le habían terminado. Mientras volvíamos al auto papá comentó:

—A lo mejor hemos dado con un buen negocio.

Después de hacer algunas indagaciones, el señor Mullany consultó con un emprendedor comerciante neoyorquino de juguetes, Saul Mondschein, quien estuvo de acuerdo en que las Wiffles quizá resultaran un buen negocio. «Dijo que podía irnos bien durante un par de años, y que entonces probablemente pasaría de moda», explica Dave. «También nos recomendó venderlas junto con un bate».

Los Mullany empezaron a fabricar un bate de fresno, el trabajo de Dave consistía en envolver el mango con cinta de aislar, y al poco tiempo las Wiffles se vendían en las tiendas Woolworth.

Han pasado 50 años desde que los Mullany llevaron la curiosa pelotita a la cafetería. El bate de fresno dejó de fabricarse en 1972, pero aparte de eso las cosas no han cambiado mucho. La compañía Wiffle Ball Inc. sigue funcionando en el modesto edificio de ladrillos de Shelton, Connecticut, en el que se han producido millones de pelotas.

El padre de Dave murió en 1990, mucho después de haberles pagado a los amigos que le prestaron dinero para emprender el negocio, y mucho después de haberle revelado a su mujer las estrecheces económicas de la familia antes de la invención de la Wiffle. Ahora, Dave y sus dos hijos administran la fábrica.

¿Y cómo se relajan los Mullany después de una semana de trabajo? Hace poco, después de una comida dominical con sus hijos y nietos, Dave estaba adolorido de tanto lanzar la pelota. «Es un gran juego», comenta. «Siempre lo ha sido».

La historia de la pelota Wiffle demuestra el proceso de innovación que está detrás de tantos de los productos que se venden hoy día. Desde identificar una necesidad, tomar un riesgo económico, examinar el mercado, repartir y hacer mejoras, todos estos pasos y más tuvieron parte en la creación de la pelota Wiffle. Pero creo que la verdadera clave a la innovación que resalta esta historia —una piedra angular que a menudo se pasa por alto— es el principio de la sinergía. Mientras el padre pudo incubar y sostener la idea de principio a fin, se debe observar que su hijo menor ayudó con el diseño y el nombre de la pelota, mientras que varias otras personas proveyeron conocimiento y experiencia económica, técnica, de producción, y de mercadotecnia. Fue un esfuerzo de sinergía en equipo.

Ciertas personas parecen tener tino para ser creativas. Pero si usted las observa por un tiempo, luego se hace evidente que sus poderes innovadores no parecen ser magia o suerte. Al contrario, no es coincidencia que los individuos innovadores también tiendan a aprender constantemente y a tener una gran variedad de intereses.

EL HOMBRE MÁS TALENTOSO QUE JAMÁS HAYA EXISTIDO

Leo Rosten

Podía dibujar una hoja o una mano, un helecho o una roca, de manera tal que su contemplación pareciera un milagro. Nadie nunca igualó sus creaciones de luz y de sombra, o su genio para revestir una superficie plana con una escena de misterio hechizante. Sin embargo, para Leonardo da Vinci, creador de la *Mona Lisa* y *La última cena*, la grandeza artística era uno de sus atributos increíbles.

Leonardo da Vinci fue cautivado por todo: la sonrisa de un bebé, el vuelo de las aves, el desfile de los planetas. Adoraba el rostro y las formas humanas, y bosquejó una cautivante galería de guerreros, brujas, ancianos—y cuerpos con la piel despellejada para revelar la arquitectura de los ligamentos y músculos.

Pero Leonardo era mucho, mucho más que un artista. Fue ingeniero, músico, arquitecto, cartógrafo y matemático. Fue astrónomo, botánico, zoólogo, geólogo y fisiólogo. Fue el primer hombre en hacer la impresión en cera del interior del cerebro, en considerar el uso del vidrio o modelos de cerámica para poder entender el funcionamiento del corazón y del ojo. Fue el primero en dibujar una representación exacta de un útero abierto (con un embrión dentro) y el primero en investigar por qué las hojas se distribuyen de la forma en que están alrededor del tallo.

En una de sus muchas libretas dibujó la figura de un varón dentro de un círculo, las piernas juntas, luego abiertas, los brazos estirados horizontalmente, luego en un ángulo de cuarenta y cinco grados. «El espacio entre los brazos extendidos de un hombre es igual a su altura», reveló. «El centro del círculo moldeado por las extremidades de los miembros extendidos será el ombligo. El espacio entre las piernas... formará un triángulo equilátero».

Fue el primer pensador y científico moderno, porque trató de descubrir las causas de las cosas por medio de la observación directa y la experimentación—no como hicieron la mayoría de los visionarios del siglo XV, en las palabras de los Sagradas Escrituras, o en Aristóteles, o en Tomás de Aquino. Él sostenía que la ciencia es «el conocimiento de todas las cosas posibles» y estuvo obsesionado por lo que llamó *saper veder* («saber ver»).

Una de las cosas más extraordinarias acerca de Leonardo es que él asumía que era capaz de entender cualquier cosa. El universo entero, desde el ala de una libélula hasta la propia creación del mundo, fue el patio de recreo para su virtuosa inteligencia.

Antes de Copérnico, notó que el sol no se movía alrededor de la tierra y que la tierra era «una estrella, como la luna». Antes de Galileo, dijo que al caer los objetos aceleran su velocidad con la distancia, y sugirió que debería usarse «un gran lente de aumento» para estudiar la superficie de la luna. Fue un pionero en óptica, en hidráulica, en la física del sonido y la naturaleza de la luz. Hizo notar que el sonido se mueve mediante ondas—lo que hace que si se tocan simultáneamente dos campanas de iglesia, una más lejos que la otra, se oyen por separado. Y, notando un lapso entre un destello del relámpago y el trueno, llegó a la conclusión de que la luz se desplazaba más rápido que el sonido. En sus investigaciones en cuanto a la circulación de la sangre, fue capaz de describir la arteriosclerosis, ¡que atribuyó a la falta de ejercicio!

Pero eso no es todo. Mucho antes de la Revolución Industrial, en un mundo que no tenía ni siquiera destornilladores, creó una llave inglesa, trinquetes, gatas, cabrestantes, un torno y una grúa que podía levantar una iglesia entera. Diseñó un pistón que se movía por la presión del vapor y una cadena de rueda con engranajes que no se resbalaba. Inventó una transmisión diferencial que permitía que un carro tomara una curva con la rueda del interior moviéndose más despacio que la exterior.

Dibujó variedades innumerables de poleas, resortes, puentes portátiles, calles de dos niveles; un dispositivo para medir los cambios del clima; un «alimentador» automático para imprimir. Inventó cojinetes de rodillo y unas tijeras que abrían y cerraban con el movimiento de una mano; también, esquíes inflados con aire para caminar en el agua.

Fue el primer hombre en recomendar que el aire fuera utilizado como fuente de poder. Describió un motor de combustión interna, un dispositivo de aire acondicionado, un podómetro, un odómetro, un higrómetro. Hasta enumeró el costo y beneficio de la fabricación en serie.

Este artista supremo, que llamó a la guerra «una locura bestial», se desempeñó como ingeniero militar para César Borgia. Inventó una ametralladora, el tanque, el submarino. Creó el traje de buceo de hombre rana, el esnórkel, un buque de guerra con doble casco. (Podía mantenerse a flote después de que el casco exterior fuera dañado).

Siempre estuvo fascinado por el agua: las mareas del océano y las cascadas, las olas golpeando contra las rocas; una piscina silenciosa, un arroyo, un río. El describió cosas que ninguna otra persona había observado antes: que la superficie de una laguna es movida por el viento, sin embargo el fondo permanece quieto ; que los ríos corren más rápido cerca de la superficie que cerca del fondo; que el agua nunca cambia de lugar por sí mismo, excepto cuando desciende. Diseñó y supervisó la construcción de canales alrededor de toda la ciudad de Milán, una hazaña todavía elogiada por los ingenieros.

En ningún campo, Leonardo era más audaz y original que en la aerodinámica: «Una ave trabaja de acuerdo a leyes matemáticas, lo que está dentro de la capacidad humana de reproducir». Él dejaba que los pájaros enjaulados salieran para estudiar su despegue y la extensión de sus alas. Su vista era excepcional, porque vio y dibujó cosas que no eran visibles para la mayoría de los hombres— hasta que la fotografía de alta velocidad «paralizó» el movimiento.

En el siglo XV, inventó el planeador. Y el paracaídas. Y el helicóptero. Describió el valor de los trenes de aterrizajes replegables y ruedas...

Leonardo nació en Vinci, cerca de Florencia, en 1452, hijo ilegítimo de un notario y de una muchachita campesina. Fue criado por su padre y abuelo paterno. A una edad temprana mostró extraordinaria curiosidad y destreza excepcional por la música, la geometría y el dibujo. A los quince años, fue aprendiz del famoso pintor Verrocchio, a quien sorprendió con su habilidad maestra como dibujante y la belleza luminosa de su pintura.

«Era alto, garboso, muy fuerte», afirmaba con admiración el artista contemporáneo Giorgio Vasari. Era también un fino esgrimista y un excelente jinete. Improvisó en la poesía, la cual cantaba con voz melodiosa con el acompañamiento de un laúd que había hecho. Cuando tenía 28 años, Leonardo fue reconocido como el pintor más grande de su tiempo—un período que incluía a Miguel Ángel, Rafael y Botticelli.

Pero había un lado oscuro y reservado en Leonardo. Era intranquilo y temperamental, y tenía miedo a las multitudes. Nunca estaba satisfecho con su trabajo, culpándose a sí mismo por no encargarse de más cosas, pero rompiendo compromiso tras compromiso para empezar algún nuevo proyecto fastuoso—que a la vez se quedaba incompleto. «Quisiera fabricar milagros», había escrito en su juventud; más tarde a menudo se lamentaba por haber «desperdiciado» tantos días de su vida.

Las libretas famosas de Leonardo eran un popurrí de páginas de varios tamaños, descosidas, o atadas en pequeños lotes. Su ortografía era tan descarriada como su gramática —y se capacitó a sí mismo para escribir al revés en lo que parecía ser una clave especial. Aproximadamente seis mil páginas han sido descubiertas en colecciones por todo Europa. Son seguramente el registro más extraordinario de creatividad alguna vez producido por un ser humano. Leonardo murió cerca de Amboise, Francia, mientras estaba en la corte de Francisco I. Tenía sesenta y siete años, una vejez madura para esos días. Nadie puede explicar su manera de ser. El término «genio» es escaso para hacer justicia al excepcional nivel y originalidad de su trabajo. No hay ningún nombre, en toda la historia, que pueda ponerse junto al suyo. Dicho de manera más sencilla, Leonardo da Vinci permanece como el ser humano mejor dotado que jamás haya existido.

Leonardo da Vinci fue una de las personas más sabias y polifacéticas que han existido. Todo el universo —desde las alas de una libélula hasta la creación del mundo— fue el patio de recreo de su curiosa inteligencia. Sin embargo, ¿tuvo Leonardo algún don místico o innato de clarividencia e invención, o fue su brillantez aprendida y ganada por el esfuerzo? No hay duda de que tenía una mente extraordinaria y una capacidad asombrosa para ver lo que otros no veían. Pero las seis mil páginas de notas y dibujos detallados presentan clara evidencia de un estudiante diligente y curioso —un perpetuo aprendiz en búsqueda laboriosa de sabiduría en constante exploración, cuestionamiento y prueba. Para ser creativos es esencial expandir la mente. Por tanto, invertir con regularidad en oportunidades de aprendizaje es uno de los más grandes dones que usted puede otorgarse.

Elaboración final

La pelota Wiffle difícilmente fue lo que muchos considerarían una innovación de alta tecnología. Seguro, se aplicó tecnología avanzada en planificar los materiales correctos y quizás incluso un poco de ciencia en encontrar los tamaños correctos y las formaciones de los huecos. Pero no fue ciencia espacial. Sin embargo, lo que aprendimos de la pelota Wiffle y del escrito de Dickens de *Un villancico navideño* fue que esa innovación sigue un proceso. Comenzó con identificar una necesidad, seguido de una investigación cuidadosa, experimentación, y la participación de personas correctas para seguir la idea desde su origen hasta que alcanzó la madurez. A veces el proceso se extiende por años y requiere un montón de paciencia. En ocasiones lo acelera un poco de suerte o de casualidad. Pero en la mayoría de casos la clave de la innovación es la gente que hay detrás, personas como Leonardo que son curiosas, persistentes y entendidas, que pueden ver las cosas desde varias perspectivas.

Reflexiones

- La innovación de Charles Dickens resultó estimulada al pasear por su vecindario y aprovechando las necesidades y los sentimientos de sus lectores. ¿Saca usted tiempo para la exploración en su esfuerzo por ser innovador?

- La pelota Wiffle tuvo la participación de niños, de muchachos, del papá, de expertos en plásticos, de inteligentes agentes de mercadeo. ¿Hace usted participar a las personas correctas en su esfuerzo por ser innovador?

- El conocimiento de Leonardo abarcaba arte, música, geometría, ciencia y más. ¿Cuán amplios son los intereses y estudios de usted? ¿Invierte suficientes recursos para aprender lo que debe saber para lograr sus sueños y objetivos?

- Leonardo era impaciente consigo mismo y crítico de su propio trabajo. ¿Es usted paciente consigo mismo en sus esfuerzos por aprender y crear?

MÁS REFLEXIONES SOBRE LA
Innovación

~

EL DON DE LA IMAGINACIÓN

El don de la imaginación está en el centro principal de su capacidad de ser innovador.

La imaginación es más importante que el conocimiento.

—ALBERT EINSTEIN

■ ■ ■

Las oportunidades del hombre están limitadas sólo por su imaginación. Pero muy pocos han pensado que hay diez mil violinistas por cada compositor.

—CHARLES F. KETTERING

■ ■ ■

Creatividad es más que ser diferente. Cualquiera puede tocar raro; eso es fácil. Lo difícil es ser tan sencillo como Bach. Complicar lo sencillo es lo típico; hacer que lo complicado sea sencillo, formidablemente sencillo... eso es creatividad.

—CHARLES MINGUS,
MÚSICO DE JAZZ, EN *SPORTS ILLUSTRATED*

■ ■ ■

Una de las virtudes de ser joven es que no permite que los hechos le estorben la imaginación.

—SAM LEVENSON

■ ■ ■

Descubrir consiste en ver lo que todos han visto, y pensar lo que todos han pensado.

—ALBERT SZENT-GYORGYI

En búsqueda de conocimiento

Para las personas creativas es una prioridad la búsqueda de conocimiento. Analizan las cuestiones importantes de la vida, y reúnen una fuente de conocimientos a la cual acceder al instante.

Quizás imaginación es sólo inteligencia divirtiéndose.

—George Scialabba

■ ■ ■

El aprendizaje no se obtiene por casualidad. Se debe buscar con pasión y prestarle atención con diligencia.

—Abigail Adams

■ ■ ■

Si usted no aprende mientras trabaja está perdiéndose de la mejor parte de su salario.

—Napoleon Hill

■ ■ ■

En la época de cambios drásticos, los que aprenden son los que heredan el futuro. Los que no aprenden por lo general se encuentran equipados para vivir en un mundo que ya no existe.

—Eric Hoffer

■ ■ ■

La mayoría de personas están dispuestas a pagar más para que las diviertan que para que las eduquen.

—Robert C. Savage

■ ■ ■

Quien teme preguntar se avergüenza de aprender.

—Proverbio danés

■ ■ ■

El que sabe cómo siempre tendrá trabajo. Pero el que sabe por qué será su jefe.

—Carl C. Wood

■ ■ ■

Para adquirir conocimiento se debe estudiar; pero para adquirir sabiduría se debe observar.

—MARILYN VOS SAVANT

■ ■ ■

La lectura es a la mente lo que el ejercicio es al cuerpo.

—JOSEPH ADDISON

■ ■ ■

La curiosidad es la mecha en la vela del aprendizaje.

—WILLIAM A. WARD

■ ■ ■

Creo que al nacer un bebé, si la madre pudiera pedir a una hada madrina que lo dotara con el regalo más útil, ése sería la curiosidad.

—ELEANOR ROOSEVELT

MENTES BIEN EQUILIBRADAS

Algunos de los individuos más interesantes son aquellos que como Leonardo tienen una amplia gama de intereses y talentos.

Cuando quinientas sociedades cultas de todo el mundo llevaron a cabo en 1956 una celebración internacional del bicentésimo quincuagésimo aniversario del nacimiento de Benjamín Franklin, la ocasión se debió dividir en diez secciones distintas: 1. ciencia, invención e ingeniería; 2. arte de gobernar; 3. educación y estudio de la naturaleza; 4. economía, seguros, comercio e industria; 5. comunicación de masas; 6. imprenta, publicidad y artes gráficas; 7. religión, organizaciones fraternales y humanidades; 8. medicina y salud pública; 9. agricultura; 10. música y recreación.

Sin embargo hemos reducido sus logros en ciencia pura, los cuales fueron tan profundos como para convertirlo en el Newton del siglo dieciocho, a las dimensiones del experimento del rayo y la cuerda de cometa, porque es más fácil de captar.

—BRUCE BLIVEN

■ ■ ■

Trato de sacar cada noche tiempo para leer. Además de los periódicos y las revistas de siempre, tengo como prioridad leer al menos un semanario de noticias de cabo a rabo. Si me dedicara a leer solamente lo que me intriga —es decir las secciones de ciencia y comercio— entonces terminaría la revista siendo la misma persona que era cuando empecé. Por eso la leo toda.

—BILL GATES,
EN *THE GUARDIAN* [EL GUARDIÁN]

■ ■ ■

Un ser humano debe ser capaz de poder cambiar un pañal, planear una invasión, matar un chancho, guiar un buque, diseñar un edificio, componer un soneto, conciliar cuentas, construir un muro, encajar un hueso, consolar moribundos, recibir órdenes, dar órdenes, cooperar, actuar solo, echar estiércol, resolver ecuaciones, analizar un problema nuevo, programar una computadora, cocinar una comida sabrosa, pelear con eficacia, morir con gallardía. La especialización es para los insectos.

—Robert A. Heinlein,
THE NOTEBOOKS OF LAZARUS LONG
[Los cuadernos de observaciones de Lazarus Long]

La serendipia

La exploración es la raíz de la innovación. La serendipia son los resultados no buscados, las sorpresas felices, o las flores de sinergía que de vez en cuando surgen de la exploración.

Serendipia es buscar una aguja en un pajar y encontrar a la hija del granjero.

—Citado por Julius H. Comroe, hijo

■ ■ ■

No se quede para siempre en la vía pública, yendo sólo adonde otros han ido. Salga de vez en cuando del sendero transitado y métase en los bosques. Con seguridad encontrará algo que nunca antes ha visto. Será algo pequeño, pero no lo ignore. Sígalo, explore todo lo que le rodea; un descubrimiento llevará a otro, y antes de darse cuenta tendrá algo en que valdrá la pena pensar.

—Alexander Graham Bell

■ ■ ■

Es muy importante que no se tenga la vida totalmente ocupada, que no se tengan los días y las semanas totalmente organizadas. Es esencial reservar espacios e intervalos para la acción espontánea, porque a menudo en esa espontaneidad y en esas sorpresas es que nos abrimos a las oportunidades ilimitadas y áreas nuevas que la casualidad trae a nuestras vidas.

—Jean Hersey,
The Touch of the Earth [El toque de la tierra]

■ ■ ■

No todo lo que brilla es oro; ni todos los que deambulan están perdidos.

—J. R. R. Tolkien

■ ■ ■

La originalidad es territorio virgen. Allí se llega cargando una canoa… no se puede ir en taxi.

—Alan Alda

■ ■ ■

Hay ejemplos de serendipia dispersos en todas nuestras vidas cotidianas, aun debajo de nuestros pies, ante nuestros propios ojos, o en la punta de nuestras lenguas.

Un científico francés llamado Benedictus sacó de manera accidental una botella de un anaquel en su laboratorio, la cual cayó violentamente al suelo y se hizo añicos. Pero para el asombro de Benedictus, la botella conservó su forma. Ninguna de las partículas se dispersó. Él recordó haber usado una solución de piroxilina en la botella. Por casualidad el solvente se había evaporado, dejando una capa delgada e invisible en las paredes de la botella. Poco después él leyó acerca de un accidente automovilístico en que una joven se había cortado gravemente con vidrios astillados. Los dos acontecimientos se relacionaron en la mente de Benedictus, y el resultado fue el vidrio de seguridad laminado.

—Byron C. Foy,
Scientific American [Ciencia estadounidense]

■ ■ ■

Cierto joven trabajaba en una fábrica donde la maquinaria pesada hacía vibrar todo el edificio. No era muy robusto, y no le gustaba el continuo sonido discordante que producía. Así que un día llevó a la fábrica una alfombrilla de caucho y se paró en ella. Como lo esperaba, las vibraciones ya no le molestaban cuando se ponía encima de la alfombrilla.

Sin embargo, después de varios días alguien le robó su alfombrilla. Reaccionó consiguiendo dos pedazos de caucho y clavándolos a sus tacos. Esto le dio dos pequeños trozos de caucho que nadie podía robar.

El nombre del joven era O'Sullivan. Y sí, se convirtió en el inventor original de los tacos de caucho.

—Herbert N. Casson,
Will Power in Business
[El poder de la voluntad en los negocios]

■ ■ ■

Un vendedor de pasteles nacido en Damasco y llamado Hamwi consiguió un permiso para vender zalabia (un wafle persa de oblea delgada, servido con azúcar u otros edulcorantes) en la Ferial Mundial de 1904. Un puesto cercano ofrecía helado en platillos. Un caluroso día se le acabaron los platillos al vendedor de helados, así que Hamwi agarró su zalabia caliente, formó un cono con ella, la dejó enfriar, y dejó caer una bola de helado en la parte superior. La «Cornucopia de la Feria Mundial», conocida hoy como el cono de helado, fue inmediatamente todo un éxito.

—BRUCE FELTON Y MARK FOWLER,
FENTON & FOWLER'S FAMOUS AMERICANS YOU NEVER KNEW EXISTED
[LOS FAMOSOS ESTADOUNIDENSES DE FENTON & FOWLER QUE USTED
NO SABÍA QUE EXISTÍAN]

12

CALIDAD

En la carrera por la calidad no hay línea de llegada.
—David T. Kearns

¿A quién no le gusta la sensación de calidad? Sea que venga en forma de un auto bien hecho, una prenda de tejido fino, un edificio sólido, una comida exquisita, un aparato tecnológico complicado, una interpretación musical precisa, un equipo de trabajo bien sintonizado, o un mueble sólido, la calidad tiene una sensación atractiva.

Pero la calidad también tiene su precio, como lo demostraron los siguientes tres individuos, empezando con Johnny Carson, quien por treinta años deleitó enormes audiencias de televisión. Su sonrisa y sus carcajadas eran de lo más contagiosas cuando todas las noches aliviaba a los oyentes de las tensiones del día. Pero aunque él hacía que todo pareciera natural, en «¡Aquí está Johnny!» nos enteramos exactamente cuán duro trabajaba Carson para mantener su elevado nivel de calidad. Dónde obtuvo algo de su sed por la calidad se revela en «Trabajando en las partes difíciles», de Jack Benny, al que le sigue una ojeada momentánea del hombre cuyo nombre se ha convertido en sinónimo de calidad: César Ritz.

¡AQUÍ ESTÁ JOHNNY!

Ed McMahon

Casi cinco mil veces durante treinta años, Johnny Carson caminó a través de las cortinas de *El show de esta noche* después de haberme tomado bastante tiempo en decir tres palabras: *«¡Aquííííí está Johnny!»* Casi cinco mil veces marchó al ritmo de una canción que me había ayudado a escribir, en un estilo único que se definió como garboso y con una sonrisa burlona que hacía recordar a un niño simpático castigado por la maestra, Johnny mostró a millones de estadounidenses la manera más feliz de terminar el día.

Mi primera audición con él no duró más de seis minutos. Fue para el programa diurno *¿En quién confía usted?* que estaba animando en 1958. En una calle al este de Times Square, entré al camarín de Johnny. «Me alegro de tenerlo por aquí, Ed», dijo, estrechando mi mano afectuosamente.

Dos de las ventanas de su camarín daban a la calle 44 y tenían una vista al Teatro Shubert. La marquesina entera estaba siendo cambiada por un espectáculo de éxito llamado *Las campanas están sonando* que tenía como protagonista a Judy Holliday. Cuando Johnny y yo observamos cómo cuatro grúas levantaban la enorme cartelera, me preguntó:

—¿Dónde estudió usted, Ed?

—En la Universidad Católica —dije.

—Tiene una buena escuela de teatro, ¿verdad?

—Sí, excelente.

—¿Qué está haciendo ahora?

—Tengo un par de espectáculos en Filadelfia —espectáculos de variedades.

— ¿Usted vino en el tren desde Filadelfia?

—Sí —respondí.

Y entonces, estrechando mi mano otra vez, dijo: «Bien, gracias por acercarse, Ed. Fue un agrado conocerlo».

Traduciendo sus palabras, interpreté: «No nos llame; nosotros lo llamaremos. Pero no será en esta vida».

Un poco después su productor me llamó.

—Hola, Ed, soy Art Stark. Cuando usted aparezca en el show, queremos que use terno. Johnny quiere llevar ropa deportiva y nos gustaría hacer resaltar su tamaño cuando esté junto a él».

—Pero... ¿De qué me está hablando? —dije.

—Oh, ¿no lo llamaron? El puesto es suyo. Empieza el próximo lunes.

«HE ENGANCHADO MI CAMIONETA A UNA ESTRELLA»

Johnny parecía contar siempre el chiste correcto, o hacer el ademán correcto, o las dos cosas. *Él sí que sabe*, pensé. *He enganchado mi camioneta a una estrella.*

Mientras crecía en Norfolk, Nebraska, había afinado sus destrezas estudiando la sincronización de su ídolo, Jack Benny. «Yo solía acostarme en la alfombra, con el rostro entre mis manos y escucharlo», me contó una vez. «Ahí fue cuando supe qué quería hacer en la vida: crecer y hacer reír de la misma manera que lo hacía Benny».

A mediados de 1962, la cadena de televisión NBC empezó a buscar un reemplazo para Jack Paar, la estrella de *El show de esta noche* desde 1957. Cuando la cadena le ofreció el puesto a Johnny, no brincó de alegría. Tenía confianza en sí mismo, pero estaba nervioso.

—No creo que pueda, Ed —me dijo.

—Por supuesto que puedes —le dije, sorprendido de que tuviera tales reservas.

—Puedo encargarme de un programa diurno de preguntas que dure media hora —dijo—, pero el salto a una hora y cuarenta y cinco minutos por la noche... Bueno, esto se parece a saltar de un puente.

En treinta años juntos, Johnny nunca me dio una sola instrucción. Por escasos minutos antes de que saliera para animar la audiencia, él y yo hablábamos en su camarín —sobre las noticias del día, el mercado de valores, nuestros niños o el béisbol. Nunca hablamos del show. Cuando recién comenzamos a trabajar juntos, Johnny me dijo privadamente: «Ed, sé que tenemos todos estos escritores, pero nunca hagamos algo que suene como demasiado planificado».

—No te preocupes —dije—. Este show se siente como que está tan planificado como jugar a la guerra tirándose la comida.

—¡Que así sea! —dijo—. No quiero salir con algo que inmediatamente se vea como que tuvo un mes de preparativos. No podría mostrar eso todas las noches. Simplemente voy a ser natural y veamos qué sucede.

Lo que ocurrió fue el alto sello distintivo de la TV estadounidense.

Una vez escuché a un admirador preguntarle: «¿Cómo se convirtió en una estrella?»

Y Johnny respondió: «Comencé en un estado gaseoso y luego me congelé».

EL TRABAJO DETRÁS DEL INGENIO

Todas las mañanas, al tomar café, Johnny hojeaba los periódicos, buscando material para su monólogo. *El show de esta noche* amoldaba y reflejaba la opinión estadounidense, porque Johnny empezaba el día haciendo círculos con un lápiz. Y no estaba marcando caballos de carrera precisamente.

Fue el perfeccionista más grande que he conocido. Aunque él quería que el show siempre pareciera improvisado, la mayoría de la gente no veía todo el trabajo que había detrás del ingenio. Al final de cualquier show que él sentía que no había sido excelente, me diría: «Bueno, lo haremos mejor mañana». O diría: «¿Cuánto tiempo más crees que podemos durar haciendo esto?»

Esperaba que las otras personas hicieran su trabajo de la manera que él hacía el suyo: como un profesional. Cuando salía al aire y cuando no, habían dos cosas que lo enfadaban: la grosería y la falta de profesionalismo. «No se requiere mucho para que las cosas me molesten», dijo una vez. Sus estándares eran tan altos que Doc Severinsen, su líder de banda, me dijo que él empezaba a sudar cada vez que Johnny cruzaba el telón. Doc tenía miedo de que pudiera equivocarse y tener que enfrentar la mirada furiosa de un perfeccionista que a menudo se sentaba solo durante horas para pulir su monólogo.

Ojo para los nuevos talentos

Sin importar en cuál costa estábamos, Johnny hizo avanzar la carrera de las más grandes estrellas como nadie en el mundo del espectáculo. Yo estaba ahí en la plataforma de lanzamiento, por ejemplo, cuando una delgada y nerviosa joven de Nueva York se paró en el escenario y dijo: «Vivimos en Westchester y mi madre estaba tan preocupada de que yo no me fuera a casar que puso un letrero afuera de nuestra casa que decía: última chica antes de llegar a la autopista».

Después de decir algunos otros chistes tan buenos como éste, la joven fue invitada a sentarse en el sillón al lado de Johnny — el cohete acolchado hacia la fama. Y Johnny le dijo a Joan Rivers: «Usted es graciosa. Será una estrella».

Repitió lo mismo cuando un cómico bajo y flaco salió al escenario y dijo: «No creo en la vida después de la muerte, pero por si acaso estoy llevando ropa interior extra». La carrera de Woody Allen se había iniciado.

Siempre supe cuándo a Johnny le gustaba el rendimiento de un comediante. Se apoyaría sobre su codo izquierdo con su muñeca bajo la barbilla. Cuando el comediante terminaba, moviendo esa misma mano le señalaba el sofá y una carrera entraba en órbita.

Muchas otras estrellas deben el despegue o el aceleramiento de sus carreras a Johnny. Irónicamente dos de ellos fueron Jay Leno y David Letterman. Admiré a Johnny por no tener celos de otros cómicos, una actitud tan rara como una celebración judía en Palestina.

Como anfitrión del show, Johnny tenía otra cualidad. No tenía temor —ni del hombre ni de las bestias. Jim Fowler, el naturalista y experto en vida silvestre, trajo una vez una tarántula y la puso en la mano de Johnny. Con una sonrisa enferma, Johnny preguntó: «Es venenosa, ¿verdad?»

—No mucho —respondió Fowler.

—Entonces no voy a estar muy muerto —dijo Johnny.

—Solamente no la enojes.

—¿Cómo voy a hacer que se enoje una tarántula? —preguntó—. ¿Diciéndole eres muy fea?

—Soplándola.

—¡Yo nunca soplo a una tarántula! —dijo Johnny—. ¡Ésa es una de las cosas que mi madre me enseñó!

USTED NO PUEDE FINGIR ESO EN LA TV

Aunque siempre estaba consciente de su lugar en la escena pública, Johnny se conducía menos como una estrella en comparación con todas las que he conocido en toda mi vida. Carente de ego visible, él mismo manejaba su automóvil al estudio de Burbank todos los días, llevando su almuerzo en una bolsa de papel.

En 1991 tanta gente veía la función de *El show de esta noche* que Johnny estaba generando sesenta millones de dólares para la NBC, el 30 por ciento de las ganancias operativas. Ese año ganó veinte millones de dólares. Pero no los gastó en trescientos trajes. Una vez me dijo: «No necesito ocho casas u ochenta y ocho automóviles o trescientos trajes. ¿En cuántas casas se puede vivir?»

Johnny donó millones a la Universidad de Nebraska y a las escuelas públicas en su pueblo natal. Entregó grandes donaciones a organizaciones de las que la mayoría de las personas nunca habían nunca oído hablar, e hizo todas sus contribuciones en secreto porque no quería ningún alboroto. «Tengo un ego como cualquier otro», me dijo. «Pero no necesito que lo acaricien».

En su show de despedida en 1992, me emocioné mucho cuando Johnny dijo a los Estados Unidos: «Habría sido imposible hacer este show sin Ed. Algunas de las mejores cosas que hemos hecho han sido… bueno, él empieza algo o yo empiezo algo. Muchas personas que trabajan juntas en la televisión no se caen bien, pero Ed y yo hemos sido buenos amigos. Eso no se puede fingir en la televisión».

No, no se puede.

Aquí el compañero de tantos años de Johnny Carson, Ed McMahon, reveló lo que no se vio en la televisión: horas tras horas de esfuerzo entre bastidores que invirtió Johnny puliendo chistes y perfeccionando gestos faciales. ¿Dónde obtuvo Johnny su ética laboral y su enfoque en la calidad?

Una clave se encuentra en Jack Benny, el hombre que Johnny llamaba su ídolo. De niño, «yo solía acostarme en la alfombra con el rostro entre mis manos y escucharlo», recordaba Johnny. Él analizó toda mirada y toda sonrisita burlona de Jack, y no dejó de notar que rara vez aparecía en escena sin su violín característico. Sin embargo, lo que llevó a Johnny una carrera para apreciarlo completamente, fue que había una historia y una ética laboral —junto con un mensaje— detrás del violín.

EL MEJOR CONSEJO QUE ALGUNA VEZ RECIBÍ

Jack Benny

Realmente no comprendí a mi padre sino hasta casi el día de su muerte. Lo amé y lo respeté, pero me parecía un hombre particularmente poco imaginativo. Meyer Kubelsky tenía a cargo una pequeña tienda de ropa para hombres en Waukegan, Illinois, y su vida parecía circunscrita a su negocio, a nuestro departamento ubicado encima de una carnicería, y al camino entre ambos lugares.

Cuando cumplí seis años ocurrió algo que debería haber hecho que me diera cuenta de que habían profundidades escondidas en mi padre. Aquella noche me pasó un paquete grande. Lo abrí con profunda ansiedad. Era un violín.

«Benny, tienes que convertirte en violinista», dijo. «Contrataré al mejor profesor y tal vez un día serás un gran músico».

«Sí, Papi», dije. «Muchas gracias». Estaba contento con el regalo, pero hubiera preferido una bicicleta o una manopla de béisbol. No supe en ese entonces cuánto representaba para él este instrumento.

Empecé mis lecciones y descubrí que mis dedos eran fuertes y flexibles, y que tenía un buen sentido del ritmo y del tono. Sin embargo, tenía un defecto muy importante: era flojo.

Todas las noches cuando mi padre volvía a casa me decía:

—¿Cómo está Benny Kubelsky, el violinista?

—Muy bien, Papi —contestaba.

—¿Estás practicando?

—Sí.

—Ése es un buen niño.

Llegó la noche, no obstante, en que mi elocuente respuesta no fue suficiente. Cuando preguntó: «¿Estás practicando?» y le respondí que sí, me dijo:

—Demuéstramelo.

Hice un gesto hacia el estante de música. «Ese».

Miró la partitura cuidadosamente. Entonces resopló:

—Ésa es una pieza muy fácil. Tú la aprendiste hace un mes.

—Practiqué —dije obstinadamente.

Con un suspiro se sentó en su silla. «Hablé con tu profesor, Benny. Dice que tienes talento, pero haces trampas con las lecciones. Constantemente juegas a los temas fáciles. Podrías ser un gran músico, pero debes practicar las partes difíciles». Pensó un momento y luego dijo: «No sólo en la música sino también en cualquier negocio, algunas cosas son fáciles y otras son difíciles. Para ser exitoso en algo, debes practicar las partes difíciles. Deberías recordar eso».

—Sí, Papá —dije.

Cuando tenía dieciséis años conseguí un trabajo en la orquesta del Teatro Barrison de Waukegan, acompañando los espectáculos de variedades. Después de la primera función mi padre vino a la parte de atrás del escenario, con su rostro desconcertado. «¿Eso es todo?», preguntó. «¿Sólo ese acompañamiento musical para esas gordas arriba en el estrado?»

—Eso es todo.

Sacudió la cabeza.

—Esperaba, quizás, un poco de Schumann.

—Lo siento, Papá, pero después de todo es una orquesta y estoy aprendiendo todo el tiempo».

Su cara se despejó un poco.

—Así es —reconoció—. Sigue estudiando. Preocúpate de practicar las partes difíciles.

Pasar de la orquesta al espectáculo de variedades no me llevó mucho tiempo. Empecé con una dama pianista llamada Cora Salisbury, y luego tomé el nombre artístico de Jack Benny Woods para llevar a cabo un musical de piano y violín. Un día, de improvisto, saqué el violín de debajo de mi barbilla y conté un chiste. ¡El público se rió! Tal sonido me embriagó. Esas risas terminaron mis días como músico porque nunca más puse el violín donde correspondía, excepto como chiste.

La música fue trabajo duro para mí, aunque realmente no había estado aplicando el consejo de mi padre. Ahora, razoné, podía entretener al público con sólo pasar airosamente por el escenario y contar algunos chistes —¡eso era lo mío! Me convertí en un comediante.

Ah, pero pronto descubrí que, después de todo, contar chistes no era fácil. A veces se puede desperdiciar la parte más graciosa, a veces se tiene que enfatizarla. Una pausa podía preparar un chiste—o enterrarlo. La sincronización era la clave. En pocas palabras, la comedia requería el dominio de ciertas destrezas al igual que la música. Y tenía la misma cantidad de partes difíciles que practicar. La diferencia era que había encontrado un campo donde realmente quería profundizar.

Durante los siguientes años escribí frecuentemente a mi familia, pero nunca tuve el valor para decirles que no estaba tocando a Schumann en las salas de conciertos. Entonces, inevitablemente, fui programado para ir a Waukegan. Fui a la tienda de ropa para caballeros de mi padre y le pasé dos entradas. «Para usted y mamá. Boletos para la función».

—Oh... la función —dijo entre dientes, sin mirarme—. Tu primo Cliff la vio en Chicago la semana pasada. Dijo que tú llevas el violín al escenario, pero que no lo tocas.

—Bueno, no. Mira Papi, mi acto ha cambiado. Ahora cuento chistes.

Pensó por un momento.

—¿Entonces, ¿para qué llevas el violín?

—Es un apoyo. Hace reír.

—El violín... ¿es gracioso?

Me miró fijamente con incredulidad. Luego sonrió como disculpándose.

—Lo siento, Benny, pero no podría reírme.

En los años que siguieron comencé a tener éxito en el mundo del espectáculo. Siempre, sin embargo, el recuerdo de la decepción de mi padre le restaba brillo. Siempre estaba el sonido de su voz diciendo: «No podría reírme». Entonces me propuse y decidí convertirme en una estrella. Para cada función ensayé y ensayé, corregí y volví a escribir, a menudo hasta llegar a fastidiar a los directores y al elenco, los cuales me llamaban perfeccionista. Trabajé en las entradas, salidas, señales musicales, e incluso los comerciales.

Justo antes de la Segunda Guerra Mundial, hice una película con Dorothy Lamour titulada *Hombre de la ciudad*, y pedí al estudio que el estreno tuviera lugar en Waukegan. Mi padre se había negado a venir al teatro de variedades, pero no podía hacer caso omiso de un gran desfile en el que quería que Meyer Kubelsky asistiera sentado en el primer automóvil, entre Dorothy Lamour y yo.

Papá tenía ochenta años para ese entonces y había enviudado. Su estampa se había vuelto flaca y encorvada, pero tenía abundante pelo blanco y sus ojos tenían la rapidez de los pájaros. Se ubicó en el asiento y salimos a lo largo de calles repletas de vecinos que aclamaban. Después tuvo lugar una recepción cívica, seguida de una cena en que la gente dijo cosas agradables sobre mí. Finalmente, me llegó el turno de decir algo. Había trabajado mucho en el «improvisado» discurso, y conseguí algunas buenas risas. De vez en cuando, yo miraba a mi padre disimuladamente, pero sus ojos nunca se fijaron en los míos. Él estaba viendo al público con mucha atención.

Cuando lo dejé en casa, todavía no había hecho ningún comentario. Dije buenas noches y estaba a punto de partir cuando tomó mi brazo.

—Va a haber guerra —anunció en su apenas audible voz de viejo.

—Sí —dije.

—Estados Unidos aplastará a Hitler.

Quedó en silencio, pero me tenía cerca agarrado de mi brazo. Cuando habló otra vez, sus ojos estaban distantes, en el pasado. «Siempre han habido problemas en Europa. Esa fue la razón por la que tu madre y yo nos vinimos a los Estados Unidos, para que nuestros hijos no vivieran esas experiencias. Siempre me ha parecido que tenemos una deuda con los Estados Unidos, y siempre quise pagarla. Sin embargo, fui solamente un insignificante vendedor de ropa para hombres, un cero a la izquierda. Pero cuando entregué un violín a mi hijo, pensé que él podría ser un gran músico, que podía componer música hermosa».

Suspiró e hizo un leve encogimiento de sus viejos hombros huesudos. «Por eso fue que estaba tan triste cuando dejaste de tocar, Benny. Pero ahora comprendo. Tú descubriste que eras mejor haciendo reír a la gente, y es bueno que las personas se rían en estos tiempos».

—¿Te parece? —pregunté ansiosamente.

Asintió con la cabeza. «En el otro país nunca nos reímos de los malos momentos, y durante los buenos tiempos tampoco nos reímos mucho porque estábamos pensando en los malos. Es bueno reírse, y me alegro de que sea Benny Kubelsky quien lo hace posible».

Se detuvo, luego sonrió. «Y he escuchado cómo practicas las partes difíciles. ¿Es verdad, Benny?»

—Sí, Papá.

—¡Bien hecho hijo! —dijo.

Jack Benny repitió un mensaje que todos hemos oído muchas veces antes, si no a un padre, entonces quizás a un maestro de escuela, a un entrenador, o a un amigo: el trabajo duro —tanto físico como mental— es lo que pavimenta la carretera hacia el éxito. Por supuesto, como Jack y su padre lo descubrieron juntos, el trabajo duro es mucho más satisfactorio cuando disfruta el trabajo que hace, y más particularmente cuando también lleva alegría a otros. Ya que la combinación de trabajo y gozo puede brindar a una persona la mayor satisfacción... incluso cuando se trabaja en las partes difíciles.

El nombre «Ritz» se ha vuelto sinónimo de «calidad». Cuando oímos frases como «poniéndose el ritz» o «este es un lugar ritzy», nuestras mentes evocan automáticamente imágenes de buena calidad y vida de lujo. Esta conexión se origina, por supuesto, en la impecable atención a los detalles de nadie más que César Ritz.

LA PALABRA QUE SIGNIFICA ELEGANCIA

George Kent

Cuando se viste como para el Ritz, o se describe algo como elegante (*ritzy* en inglés), se le está rindiendo un homenaje a un campesino suizo cuya educación nunca fue más allá de la simple aritmética. Su nombre se convirtió en sinónimo de lujo. La historia de César Ritz es la historia de un genio que hizo mucho para convertir en arte la vida en un hotel. Encontrará su marca en todos los continentes hoy día, cada vez que un hotel le pone el énfasis a la gracia, a la comodidad y al buen gusto innovador.

Ritz vivió a fines del siglo XIX, cuando las mujeres comenzaron a exigir igualdad. Él las alentó, las ayudó a salir de sus claustros victorianos. Cuando llegó a Londres a fines de la década de los noventa, por ejemplo, ninguna mujer de buena familia se atrevía a ser vista cenando en público. Ritz persuadió a unas pocas grandes mujeres —como la duquesa de Devonshire y Lady Dudley— a que fueran a las salas comedores de su hotel. Les siguieron otras, y pronto cenar en el Savoy, en el Carlton, se convirtió en un deber social.

Ritz introdujo la iluminación suave para favorecer los rostros de las mujeres y para hacer lucir sus vestidos de noche. Él planificó sus comedores de modo que las mujeres, al subir unos pocos peldaños, pudieran hacer una «entrada». Conspiró con su famoso maestro de cocina, Auguste Escoffier, para crear una enorme variedad de platos que especialmente les gustaran a las mujeres. Además introdujo por primera vez en Londres la música suave durante la cena. Siempre perfeccionista, eligió la orquesta de Johann Strauss para que tocara para sus huéspedes.

César Ritz nació en la aldea montañosa suiza de Niederwald, y fue a trabajar a los dieciséis años a un comedor de un hotel en la cercana ciudad de

Brieg. Unos meses más tarde fue despedido. «En el negocio de la hotelería», comentó su empleador, «tienes que tener una aptitud, un estilo. Tú no tienes ni rastros de ello».

Ritz obtuvo otro trabajo como mesero y nuevamente fue despedido. Fue a París, donde consiguió —y perdió— otros dos trabajos. Su carrera empezó realmente con el quinto empleo, en un pequeño y elegante restaurante cerca de la Madeleine donde escaló desde ayudante de camarero a gerente. Tenía nada más que diecinueve años cuando su empleador lo invitó a ser su socio. Para cualquier joven ésta hubiera sido una magnífica oportunidad. Pero Ritz ahora sabía lo que quería: El mundo de los grandes nombres, de fiestas epicúreas.

Guardó sus delantales, y se fue caminando por la calle al restaurante número uno de esa época, Voisin's, y entró a trabajar como asistente de camarero; otra vez desde abajo. Observó y aprendió: Cómo prensar un pato y trinchar una carne; como decantar un Burgundy; cómo servir la comida en una forma que complaciera los ojos así como el paladar.

En 1871 Ritz dejó París y durante tres años trabajó en restaurantes famosos por su concurrencia en Alemania y Suiza. Para ese entonces era gerente de restaurante del Rigi-Kulm, un hotel alpino conocido por su vista y su cocina. Un día se descompuso el calentador. Casi al mismo tiempo llegó un mensaje: ¡Cuarenta estadounidenses ricos estaban en camino para almorzar!

La temperatura en la sala comedor era de congelamiento. Ritz, envuelto en su abrigo, ordenó que la mesa para comer se colocara en la sala: Tenía cortinas rojas y *aparentaba ser* más cálida. En cuatro macetas de cobre enormes, usadas hasta ese momento para contener palmeras, echó alcohol y las encendió. Se pusieron ladrillos en los hornos.

Cuando llegaron los huéspedes, la sala estaba tolerablemente cálida y debajo de los pies de cada comensal había un ladrillo envuelto en franela. El menú era una obra de arte para el frío, comenzando con un consomé caliente con pimienta y terminando con crepés suzettes flambeados.

Este pequeño milagro de ideas corrió rápidamente como rumor en los lugares donde se reunían los hoteleros. Finalmente llegó a los oídos del dueño de un gran hotel en Lucerna que estaba perdiendo dinero. Le pidió a Ritz que fuera su gerente general. En dos años, el campesino de veintisiete años hizo que el hotel tenga ganancias.

Para Ritz ningún detalle era demasiado fútil, ninguna empresa era demasiado grande si significaba la felicidad de un huésped. «A la gente le gusta que le sirvan», solía decir Ritz, «pero *de manera invisible*». Las reglas que él ha formulado son los cuatro mandamientos de un buen hotelero en la actualidad: Ver todo sin mirar; oír todo sin escuchar; estar atento sin ser servil; anticiparse sin ser presuntuoso.

Si un huésped se quejaba de que la cuenta era demasiado alta, él sonreía afablemente y se olvidaba de traerla de nuevo. Si al comensal no le gustaba la carne o el vino, estos eran quitados rápidamente de la mesa. Ritz tenía una memoria prodigiosa. Se acordaba a quién le gustaba determinada marca de cigarros turcos, a quién le apasionaba el *chuthey*, y cuando llegaban los invitados, tales cosas los estaban esperando.

También abastecía a sus huéspedes fijos. El hombre alto encontró una cama de dos metros y medio en su cuarto. La señora Smith, que no podía soportar las flores, nunca se enojó con ellos; pero la señora Jones, que amaba las gardenias, siempre encontraba un ramo de esas flores en su bandeja de desayuno.

En 1892 Ritz fue a Londres para ocuparse del Hotel Savoy, que estaba atravesando problemas financieros. El público respondió y el hotel salió de las cifras rojas en un tiempo sorprendentemente corto. Yendo de cuarto en cuarto, Ritz volvía a tender las camas para asegurarse que estuvieran bien hechas. Una vez, al inspeccionar la sala comedor, olió a jabón en una copa y envió varios cientos de copas a que se lavaran de nuevo.

Un día estaba haciendo las decoraciones de una habitación nupcial y el candelero de bronce que sobresalía del cielorraso le causó un disgusto. Mientras buscaba una forma de iluminar el cuarto de manera menos obstructiva, las cornisas que se proyectaban hacia afuera le dieron una idea. Colocó las luces debajo de ellas y se introdujo la iluminación indirecta.

Al ocuparse de los arreglos de una fiesta para Alfred Beit, el rey de los diamantes de Sudáfrica, Ritz inundó el salón de baile del Savoy, transformándolo en una Venecia en miniatura. A los comensales se les servía como si estuvieran reclinados en góndolas.

La época de oro de Ritz en el Savoy terminó con una pelea entre él y los directores. Volvió a su amada París y concretó un sueño que había atesorado durante años: Estableció, en la Place Vendome, el más grande de todos los hoteles Ritz. Para desalentar a los ociosos, planificó un vestíbulo pequeño. Para alentar las conversaciones mientras se tomaba café o té, diseñó un jardín. Queriendo que todo estuviera limpio, pintó las paredes en vez de empapelarlas, porque la pintura podía lavarse. Para el diseño de los muebles fue a Versailles y a Fontainebleau. Tomó prestado el esquema de colores de una pintura de Van Dyck.

Una innovación fue la cantidad de habitaciones equipadas con baños privados. El día de la inauguración, la gente iba por los pasillos como si estuvieran en un museo, básicamente para inspeccionar los baños.

Nunca se puso en duda el éxito del Ritz de París. En un menú de cena guardado por un antiguo empleado del Ritz habían autógrafos de cuatro reyes, siete príncipes y todo tipo de nobleza. A todos Ritz les prodigaba su atención, sensible a todo estado de ánimo y precio.

Aquí Ritz estableció la vestimenta tradicional del mesero: Corbata blanca para el mesero, corbata negra para el *maitre d'hotel*. También le dio al botones sus botones de bronce.

A fines del siglo, Ritz construyó y abrió el Carlton Hotel en Londres, y unos pocos años después se abrió el hotel en Picadilly que lleva su nombre. Este último fue el primer edificio de Inglaterra que usó construcción de bastidores de acero, que Ritz, enamorado de la Torre Eiffel, había insistido en que se incluyeran en la construcción. Un grupo de financistas se unieron a Ritz para crear la Ritz Hotel Development Corporation, que edificó la mayoría de los hoteles Ritz esparcidos por todo el mundo.

Mientras agonizaba, en octubre de 1918, murmuró: «Cuiden a nuestra hija». Él tenía dos hijos varones, pero ninguna hija. Para ellos, la «hija» era la forma en que se refería al Hotel Ritz en París.

Aun hoy, años después de su muerte, los hoteles y servicios relacionados con el nombre César Ritz establecen la norma de calidad. Calidad era su modo de pensar cotidiano. De comida en comida, hotel tras hotel, él pagó el precio para producir alta calidad, y las personas estaban dispuestas a pagar un precio por disfrutarla. Pero al igual que en otras historias de éxito en esta antología, la reputación de Ritz no llegó de la noche a la mañana. Más bien evolucionó poco a poco mientras él se ocupaba de la luz, la música, el montaje, la temperatura, la limpieza, y el aroma, creando así una atmósfera que atraía huéspedes de elevados niveles. Hasta el día de hoy, personas de todo el mundo siguen esperando solamente calidad cuando oyen el nombre Ritz.

ELABORACIÓN FINAL

Con el paso de unas cuantas décadas la palabra *calidad* se ha relegado de modo predominante a un término comercial. Y los negocios deben prestar atención a la calidad como asunto de sobrevivencia, exactamente como Johnny Carson, Jack Benny y César Ritz lo hicieron parte integral de sus reputaciones profesionales. Pero calidad es una manera de vivir y un factor clave en la Grandeza para cada día, ya sea en el campo comercial o en su vida personal. La calidad afecta cómo usted habla, se viste, trabaja, entretiene y come. Influye en cómo camina, enseña, escucha, hace ejercicio, aprende y juega. Es uno de esos principios que se entrelazan por todo el bordado de la vida, tocando de modo tanto directo como indirecto todo lo que usted es y todo lo que hace. Y, no, la calidad no requiere que usted haga muchos gastos, pero sí requiere una cuidadosa atención a los detalles.

REFLEXIONES

- Tanto Jack Benny como Johnny Carson encontraron éxito esforzándose en las partes difíciles. Cuando se trata de partes difíciles, ¿persiste usted o deja las cosas para más tarde?

- Jack Benny descubrió que las risas y la alegría eran la parte «viciosa» de su trabajo. ¿Encuentra usted gozo y risas en su trabajo?

- El padre de Jack Benny se preocupó de que Jack hiciera algo que brindara alegría a otras personas. ¿En qué maneras puede usted hacer más placentero el trabajo duro, tanto para usted como para otros?

- Johnny Carson, Jack Benny y César Ritz establecieron sus reputaciones de promocionar la calidad un día a la vez. ¿Se satisface usted fácilmente con la mediocridad, o son también su nombre y su reputación sinónimos de calidad?

Más reflexiones sobre la
Calidad

~

Solamente lo mejor

Calidad significa esforzarse por dar lo mejor de sí. Es una elevada búsqueda de actitud y reputación.

Dar lo mejor de sí en este momento lo coloca en el mejor lugar para el siguiente.

—Oprah Winfrey

■ ■ ■

Ya sea que usted vuele por el Atlántico, venda salchichas, edifique rascacielos, maneje un camión, o haga una pintura, su poder más grande viene del hecho de que desee en gran manera hacer eso muy bien. Y algo bien hecho por lo general resulta para beneficio tanto de otros como de usted. Esto se aplica a deportes, negocios, amistad.

—Amelia Earhart,
en *American Magazine*

■ ■ ■

Un profesional es alguien que puede dar lo mejor de sí cuando no tiene ganas.

—Alistair Cooke

■ ■ ■

La calidad de la vida de alguien está en proporción directa a su compromiso con la excelencia, sea cual fuere el campo de labores que haya elegido.

—Vince Lombardi

■ ■ ■

El trabajo elogia al hombre.

—Proverbio irlandés

ASUNTOS DE DETALLE

Algunos «expertos» sugieren que los líderes no deberían de preocuparse por los detalles. Aunque sin duda algunos detalles se deberían dejar a otros, con seguridad el distintivo de un líder es atender a los detalles importantes.

Después de una agotadora marcha de entrenamiento de un día, Colin Powell estaba preparando a las tropas para lanzarse en paracaídas desde un helicóptero. Ya dos veces había gritado a todo el mundo para que volvieran a revisar sus cuerdas estáticas: las cuerdas que cuando se enganchaban al cable de una pieza abriría sus paracaídas. Entonces:

Como un viejo maniático empecé a abrirme paso a través de la multitud de personas, revisando personalmente las cuerdas. Para mi sorpresa, un gancho estaba suelto. Puse la oscilante cuerda frente al rostro del hombre. Él jadeó. Este sujeto hubiera salido del helicóptero y caído como una roca.

Los errores se producen exactamente en los momentos de estrés, confusión y fatiga. Cuando todos los demás están distraídos, el líder debe ser doblemente vigilante. «Revisar siempre los detalles pequeños» se convirtió en una de mis reglas.

—COLIN POWELL CON JOSEPH E. PERSICO,
EN *MY AMERICAN JOURNEY* [MI VIAJE ESTADOUNIDENSE]

Cuidado con el hombre que no se preocupa de los detalles.

—WILLIAM FEATHER, PADRE

■ ■ ■

Con frecuencia el poder yace en los detalles, y la búsqueda tenaz de tales palancas ocultas pueden valer muchísimo. Aunque usted no desee obtener una reputación de preocuparse demasiado e innecesariamente, es importante preocuparse de detalles en privado. Usted podría creer que es el orador más fabuloso del mundo, pero si el sistema de sonido del auditorio presenta interferencia... bueno, olvídelo.

—TOM PETERS,
THE PURSUIT OF WOW! [LA BÚSQUEDA DE ¡VAYA!]

Trabajo

El trabajo pone los sueños en acción. El éxito verdadero requiere el sudor de la frente.

Si usted quiere llegar al sol debe soportar unas cuantas ampollas.

—Abigail Van Buren

■ ■ ■

Nada grande y durable se ha producido alguna vez con facilidad. El trabajo es el padre de todos los monumentos perdurables del mundo, sean en verso o en piedra, en poesía o en pirámides.

—Thomas Moore

■ ■ ■

El cuerpo de toda organización está hecho de cuatro clases de huesos. Existen los huesos de la suerte, que pasan todo su tiempo anhelando que otra persona haga el trabajo. Luego están los maxilares, que hablan todo el tiempo, pero nada más. Los nudillos derriban todo lo que alguien trata de hacer. Por suerte en toda organización también hay columnas vertebrales, que se echan encima la carga y hacen la mayor parte del trabajo.

—Leo Aikman,
Atlanta Constitution [Constitución de Atlanta]

■ ■ ■

El matrimonio no es sólo comunión espiritual y abrazos apasionados; también es tres comidas al día, compartir la cantidad de trabajo y recordar sacar la basura.

—Joyce Brothers,
en *Good Housekeeping*

■ ■ ■

El diccionario es el único lugar donde éxito aparece antes que trabajo.

—Arthur Brisbane

■ ■ ■

Las alturas alcanzadas y mantenidas por grandes hombres
No se lograron con vuelos repentinos,
Sino que ellos, mientras sus compañeros dormían,
Seguían esforzándose hacia arriba en la noche.

—HENRY WADSWORTH LONGFELLOW

■ ■ ■

Sólo soy un hombre promedio, pero ¡caramba!, me esfuerzo más en eso que el hombre promedio.

—THEODORE ROOSEVELT

■ ■ ■

Cuando le preguntaron por qué seguía trabajando al mismo ritmo de siempre a medida que envejecía, el coronel [Harland Sanders] resopló. «Trabajar no hiere a nadie —manifestó—. Más son las personas que se oxidan que las que se desgastan. Pero yo no. Estaría condenado si me llegara a oxidar».

—JAMES STEWART-GORDON
EN *LOUISVILLE MAGAZINE*

■ ■ ■

Reflexione en lo que los siguientes artistas pasaron para que sus obras tengan calidad.

El famoso artista Norman Rockwell ponía pasión en los detalles cautivadores. ¿Cómo hacía posar a una gallina?

Agarre a la gallina y balancéela hacia atrás y adelante unas cuantas veces. Cuando la ponga en el suelo se quedará exactamente en el mismo sitio por cuatro o cinco minutos. Por supuesto, usted tiene que correr rápidamente detrás del caballete para pintar todo lo que pueda antes de que la gallina se mueva.

Si desea pintar todo el rostro de la gallina, el procedimiento es aún más complicado porque los ojos de una gallina están en los costados de su cabeza y cuando lo miran a usted gira la cabeza. Finalmente agarré una vara larga, y después de haber puesto a la gallina en el piso e ido detrás del caballete golpeo la pared a un lado de la gallina y ella vuelve la cabeza hacia mí para mirar la pared. Es muy extenuante pintar una gallina.

—Norman Rockwell,
My Adventures as an Illustrator [Mis aventuras como ilustrador]

■ ■ ■

¿Cómo captaba Louis L'Amour la intriga de millones con sus novelas del oeste?
L'Amour se recorría bibliotecas y librerías en busca de historias genealógicas, diarios antiguos y publicaciones familiares. Una vez encontró una cabaña abandonada en la que sus ocupantes setenta años antes habían usado periódico para aislar la estructura contra los vientos glaciales. Se pasó días quitando el aislamiento, lo llevó a casa y recogió evidencia para dos historias.

Al iniciar una novela, L'Amour tenía copias de toda proyección topográfica, planos en relieve, y mapas de minas que existían en la región que cubría en su historia. «Mis descripciones deben ser correctas» —él insiste—. «Cuando le hablo a mi lector de un pozo en el desierto, él sabe que allí está, y que el agua es buena para beber».

Una vez, por tres dólares diarios quedó en ayudar a un trampero de ochenta años de edad, contratado para despellejar todas las reses muertas en la hacienda de un ganadero. «Habían novecientas veinticinco, y algunas habían muerto mucho tiempo atrás» —él recordaba—. «Nadie más se habría acercado al lugar. Pero el viejo tenía una historia para contar: lo habían secuestrado los apaches cuando tenía siete años de edad y lo criaron como uno de ellos. Había montado a caballo con los grandes jefes Nana y Jerónimo. Yo lo tuve para mí por tres meses y conseguí mucho material para libros que escribí más tarde: Hondo, Shalako y The Skyliners».

—John G. Hubbell

El gozo del trabajo

El modo más fácil de trabajar duro es encontrar el trabajo que sea significativo y placentero. Mientras más gozo encontremos en nuestro trabajo, más dinamismo tendremos.

Fíjese en un día en el que al final se ha sentido sumamente satisfecho. No es un día en que usted ha holgazaneado sin hacer nada. Es cuando ha tenido de todo por hacer, y lo ha hecho.

—Margaret Thatcher

■ ■ ■

Disfrutar el trabajo pone perfección a la obra.

—Aristóteles

■ ■ ■

Me encantaban los escritos de libros y el material de las revistas; para mí era simplemente como jugar billar.

—Mark Twain,
A LOS SETENTA Y DOS AÑOS DE EDAD

■ ■ ■

La presidencia es un trabajo de todo el día y casi toda la noche. Que no salga de estas cuatro paredes, lo disfruté.

—Harry S Truman

■ ■ ■

Recibí lecciones de violín desde los seis hasta los catorce años, pero no tuve suerte con mis maestros, porque la música no trascendía la práctica mecánica. Empecé de veras a aprender sólo después de enamorarme de las sonatas de Mozart. Tratar de reproducir su gracia singular me obligó a mejorar mi técnica. Creo, en general, que el amor es mejor maestro que la sensación de deber.

—Albert Einstein,
Creator and Rebel [Creador y rebelde],
POR Helen Dukas y Banesh Hoffman

■ ■ ■

La aviación tenía todos los elementos que me encantaban. Había ciencia en cada curva de un plano aerodinámico, en el espacio vacío de una bujía o el color de la llama del tubo de escape. Un piloto estaba rodeado de belleza en tierra y cielo. Rozaba copas de árboles con las aves, saltaba valles y ríos, exploraba la nubosidad de cañones que había mirado de niño. Había aventura en cada ráfaga de viento.

—CHARLES A. LINDBERGH,
THE SPIRIT OF ST. LOUIS [EL ESPÍRITU DE ST. LOUIS]

La felicidad camina con pies ocupados.

—KITTE TURMELL

La acción quizás no siempre sea felicidad, pero no hay felicidad sin acción.

—BENJAMIN DISRAELI

Un hombre que trabaja con sus manos es un obrero; el que trabaja con sus manos y su cerebro es un artesano; el que trabaja con sus manos, su cerebro y su corazón es un artista.

—LOUIS NIZER,
BETWEEN YOU AND ME [ENTRE USTED Y YO]

LA PEREZA ASFIXIA LOS SUEÑOS

Todos los caminos hacia el éxito están salpicados de tentadoras zonas de descanso donde la pereza puede hacer que hasta los mejores sueños echen chispas y se estanquen.

Si trabajar duro es la llave del éxito, la mayoría de las personas preferiría abrir la cerradura con un gancho.

—CLAUDE MCDONALD

Así como el hierro se oxida al dejar de utilizarse, así también la inactividad echa a perder el intelecto.

—LEONARDO DA VINCI

Una oficina de empleos, al revisar las referencias de un aspirante al trabajo, le preguntó a un ex empleador: «¿Era un trabajador estable?»

«¿Estable?» —llegó la indignada respuesta—. «Era inmóvil».

—TERRY TURNER,
EN *AKRON BEACON-JOURNAL*

La pereza viaja tan lentamente que la pobreza la alcanza con rapidez.

—BENJAMÍN FRANKLIN

El mundo está lleno de personas dispuestas; algunas dispuestas a trabajar, el resto dispuesta a dejar que lo hagan.

—ROBERT FROST

Nota puesta en la compañía Pappas Refrigeration Co, en Houston: A
TODOS LOS EMPLEADOS. Debido al aumento de competencia y a un
anhelo de no cerrar, vemos que es necesario instituir una nueva política.
Estamos pidiendo que entre el tiempo de empezar a trabajar y el de
concluir, y sin interferir demasiado con el tiempo en que generalmente se
dedican a almorzar, tomar café, descansar, contar historias, vender boletos,
planificar vacaciones y volver a decir lo que pasó en los programas de
televisión del día de ayer, cada empleado se esfuerce en encontrar un
tiempo que se pueda separar y conocer como «Pausa para Trabajar».

—GEORGE FUERMANN,
HOUSTON POST

CÓMO LLEVARSE
BIEN CON OTROS

Los copos de nieve son una de las cosas más frágiles de la naturaleza,
pero simplemente observe lo que pueden hacer cuando se juntan.

—VESTA M. KELLY

Vivimos en un mundo interdependiente. Aunque algunos somos más sociables y comunicativos que otros, ninguno es una isla en sí mismo. Por tanto, debemos aprender a vivir, trabajar y a asociarnos con otros. Esto no siempre es fácil debido a que las personas vienen en todas las formas, tamaños, colores, edades, géneros, y variedades sociales. Pero los individuos que parecen sacar el mayor provecho a la vida —aquellos con Grandeza para cada día— no sólo toleran las diferentes naturalezas de las personas; sino que valoran, celebran y capitalizan la gran variedad de diferencias.

Entre los principios que resaltan la habilidad de alguien para llevarse bien con los demás están:

• Respeto

• Empatía

• Unidad

13

RESPETO

*Si ahora no podemos acabar con nuestras diferencias, al menos podemos
ayudar a que el mundo sea un lugar seguro para la diversidad.*

—JOHN F. KENNEDY

El filósofo alemán Johann Goethe enseñó: «Trata a un hombre
como es, y permanecerá como es. Trata a un hombre como
puede y debería ser, y llegará a ser como puede y debería ser».
Es más, la mayoría de los individuos responden a ser tratados con
respeto elevando sus pensamientos y acciones hasta el mismo nivel
de respeto que les han dado... o más allá.

Siempre disfruto relatos de individuos aparentemente «del
montón» cuyas vidas brillan y florecen como consecuencia de que
alguien se interesó en ellos y los trató con respeto. «La esposa de
ocho vacas de Johnny Lingo» y «Un poquito de ayuda de un amigo»
son dos de esas historias. Ambas envían un poderoso mensaje que
padres, cónyuges o cualquiera que dirige a otros o trabaja con otros
debería tomar a pecho. «Cambio de parecer» amplía el principio de
respeto para incluir relaciones o interacciones en que participan personas cuyas culturas y valores pueden ser diferentes a las nuestras.

LA ESPOSA DE OCHO VACAS DE JOHNNY LINGO

Patricia McGerr

Cuando partí en barco hacia Kiniwata, una isla del Pacífico, llevé una agenda conmigo. Al regresar estaba llena de descripciones de flora y fauna, costumbres y vestimentas nativas. Pero la anotación que aún me interesa es la que dice: «Johnny Lingo le dio ocho vacas al padre de Sarita». Y no tengo necesidad de tenerla por escrito. Me acuerdo de eso cada vez que veo a una mujer subestimada por su marido o a una esposa marchitándose bajo la burla de su esposo. Quisiera decirles: «Deberían saber por qué Johnny Lingo pagó ocho vacas por su esposa».

Johnny Lingo no era exactamente su nombre. Pero así lo llamaba Shenkin, el gerente de la casa de huéspedes en Kiniwata. Shenkin era de Chicago y tenía el hábito de dar nombres norteamericanos a los habitantes de la isla. Pero Johnny era mencionado por muchas personas en muchos aspectos. Si yo quería pasar unos pocos días en la isla vecina de Nurabandi, Johnny Lingo podía conseguirme un lugar. Si quería pescar, él podía mostrarme dónde era mejor. Si eran perlas lo que buscaba, él me traía las mejores compras. Toda la gente de Kiniwata hablaba muy bien de Johnny Lingo. Sin embargo, cuando lo hacían, sonreían, y las sonrisas eran ligeramente burlonas.

—Pídale a Johnny Lingo que le ayude a encontrar lo que quiere y deje que él haga el regateo —me aconsejó Shenkin—. Johnny sabe cómo hacer una transacción.

—¡Johnny Lingo! —un muchacho sentado se moría de la risa.

—¿Qué sucede? —pregunté—. Todo el mundo me dice que me ponga en contacto con Johnny Lingo y luego se ríen. ¿Cuál es el chiste?

—Ah, a la gente le gusta reírse —dijo Shenkin, encogiéndose de hombros—. Johnny es el más brillante, el muchacho más fuerte de las islas y para su edad, el más rico.

—Pero si él es todo lo que usted dice, ¿de qué hay que reírse?

—De una sola cosa. Hace cinco meses, en el festival de otoño, Johnny llegó a Kiniwata y se buscó una esposa. ¡Le pagó a su padre con ocho vacas!

Yo conocía bastante sobre las costumbres de las islas como para estar impresionada. Dos o tres vacas compraban una esposa regular; cuatro o cinco, una muy atractiva.

—¡Dios mío! —dije—. ¡Ocho vacas! Ella debe haber sido tan bella que quitaba el aliento.

—No es fea —respondió y sonrió un poco—. Pero a lo más se podría decir que Sarita era común y corriente. Sam Karoo, su padre, temía que se quedara soltera.

—¿Pero después él le consiguió ocho vacas por ella? ¿No es extraordinario?

—Nunca nadie pagó tanto.

—¿Y sin embargo dice que la esposa de Johnny es común y corriente?

—Dije que sería mejor si la llamara común y corriente. Era muy flaca. Caminaba con los hombros encorvados y la cabeza gacha. Le temía a su propia sombra.

—Bueno —dije—, supongo que el amor es ciego.

—Eso es cierto —estuvo de acuerdo el hombre—. Y por eso los aldeanos se ríen cuando hablan de Johnny. Tienen una satisfacción especial por el hecho de que el comerciante más hábil de las islas fue superado por el tonto y viejo Sam Karoo.

—¿Pero cómo fue eso?

—Nadie lo sabe y todo el mundo se lo pregunta. Todos los primos instaban a Sam a que pidiera tres o cuatro vacas y que negociara en dos hasta que estuviera seguro de que Johnny pagaría solamente una. Luego Johnny fue a ver a Sam Karoo y le dijo: «Padre de Sarita, te ofrezco ocho vacas por tu hija».

—Ocho vacas —murmuré—. Me gustaría conocer a ese Johnny Lingo.

Quería pescar. Quería perlas. Así que la tarde siguiente atraqué mi bote en Nurabandi. Y advertí mientras solicitaba instrucciones para llegar a la casa de Johnny que su nombre no generaba ninguna sonrisa burlona en los labios de sus compañeros de Nurabandi. Cuando conocí al joven delgado y serio, cuando me dio la bienvenida con gracia en su hogar, me sentí feliz de que tuviera el respeto de su propia gente, sin burlas. Nos sentamos en su casa y hablamos.

—¿Vino aquí desde Kiniwata? —me preguntó.

—Sí.

—¿Hablan de mí en esa isla?

—Dicen que no hay nada que yo quisiera tener que tú no puedas ayudarme a obtener.

Él sonrió con cordialidad.

—Mi esposa es de Kiniwata.

—Sí, lo sé.

—¿Hablan de ella?

—Un poco.

—¿Qué dicen?

—Bueno, solo… —la pregunta me tomó por sorpresa—. Me dijeron que te casaste en la época del festival.

—¿Nada más? —la curva de sus cejas me decía que él sabía que debía haber más.

—También me dijeron que arreglaste el matrimonio por ocho vacas —hice una pausa—. Se preguntan por qué.

—¿Se preguntan eso? —sus ojos brillaron de gozo—. ¿Todo el mundo en Kiniwata sabe sobre las ocho vacas?

Asentí.

—Y en Nurabandi también lo saben todos —su pecho se expandió con satisfacción—. Siempre y para siempre, cuando hablen de arreglos matrimoniales, se recordará que Johnny Lingo pagó ocho vacas por Sarita.

Así que esta es la respuesta, pensé: La vanidad.

Luego la vi. La observé entrar al cuarto para colocar flores en la mesa. Se quedó de pie quieta durante un momento para sonreírle al joven que estaba a mi lado. Luego se fue silenciosamente. Era la mujer más hermosa que había visto en mi vida. Los hombros erguidos, la inclinación de su barbilla, la chispa en sus ojos, todo expresaba un orgullo que nadie podía negarle el derecho a tener.

Me volví a Johnny Lingo y lo descubrí mirándome.

—¿La admira? —murmuró.

—Ella… ella es maravillosa —dije.

—Hay una sola Sarita. Tal vez no luzca como dicen que lucía en Kiniwata.

—No, oí que era agradable. Todos se burlan de ti porque te dejaste engañar por Sam Karoo.

—¿Cree que ocho vacas fueron demasiadas? —se le deslizó una sonrisa entre los labios.

—No, ¿pero cómo puede ser tan diferente?

—¿Alguna vez pensó —preguntó—, qué debe significar para una mujer el hecho de saber que su esposo arregló su matrimonio por el precio más bajo por el que pudo ser comprada? Y luego, más tarde, cuando hablan las mujeres, alardean de lo que sus maridos pagaron por ellas. Una dice: Cuatro vacas; otra, tal vez seis. ¿Cómo se siente la mujer que ha sido comprada por una sola vaca? Esto no podría pasarle a mi Sarita.

—¿Entonces lo hiciste sólo para hacer feliz a tu esposa?

—Sí, quería que Sarita fuera feliz. Pero quería más que eso. Usted dijo que ella es diferente. Eso es cierto. Muchas cosas pueden cambiar a una mujer. Cosas que suceden por dentro, cosas que suceden por fuera. Pero lo que importa más es lo que ella piensa de sí misma. En Kiniwata, Sarita creía que no valía nada. Ahora sabe que vale más que cualquier otra mujer de las islas.

—Entonces quisiste...

—Quise casarme con Sarita. La amaba a ella y no a otra mujer.

—Pero —estaba a punto de comprender.

—Pero —terminó con suavidad—, yo quería una esposa de ocho vacas.

Todos los seres humanos desde la cuna hasta la tumba responden al respeto, responden a las personas que ven sus potenciales ocultos y los hacen surgir. Usted lo ve en sus semblantes; lo oye en sus voces. No, quizás no todos se transformen en bellezas físicas como Sarita, pero su belleza interior brillará en maneras que creo que influirán considerablemente en su presencia física y llevarán nueva luz a sus ojos.

Algunos individuos nacen en ambientes en que no existe el respeto, y a menudo su conducta y su personalidad reflejan el vacío. Pero en ocasiones sólo se necesita que alguien los respete para cambiar todo.

Un poquito de ayuda de un amigo

Dudley A. Henrique

El clima era hermoso esa mañana de noviembre. La ciudad de Fredericksburg, Virginia, pasaba por debajo del ala izquierda del avión de combate reconstruido P51 mientras giraba 330 grados. Más adelante estaba el lugar que estaba buscando, la ciudad de Culpeper.

Mi altitud era de cuatro mil quinientos metros. Empujando la palanca hacia delante, comencé a bajar rápidamente con el Mustang. Encontré el punto que estaba buscando, luego giré y bajé en picada. El indicador de velocidad del aire mostraba más de 600 kilómetros por hora cuando dejé de bajar. Estaba a nivel de la copa de los árboles y me dirigía al camino correcto del campo. Conté tres segundos y realicé la subida con giro más grande de mi vida.

Me di cuenta de que había violado varias reglamentaciones federales de vuelo, incluso un zumbido bajo no autorizado, volar en una proximidad ilícita a los edificios y realizar acrobacias aéreas por debajo de los cuatrocientos cincuenta metros. ¡Y esto hecho por un oficial de la Asociación de Pilotos de Combate y un instructor que dice que hay que cumplir con lo que está en los libros! Pero no lamenté el haber cometido mi única infracción. Correcto o incorrecto, ese momento fue mío para siempre.

Tenía seis años cuando mi padre se divorció de mi madre y nos dejó en la ciudad de Nueva York para que nos arregláramos solos. Era 1943 y eran épocas difíciles.

Mi madre trabajaba en una planta de defensa militar cuando se casó con un hombre al que se me dio a conocer como Jack. Era un hombre propenso a tener ataques de ira. La vida con Jack era una serie de peleas a gritos por la noche, a veces seguidas por sonidos de golpes. Recuerdo que mamá lloraba mucho.

Una noche Jack me dijo que él y mi madre iban a salir y que yo debía irme a la cama y quedarme allí. Luego me apagó la luz y se fue. Yo tenía la costumbre de escabullirme de la cama y mirar desde la ventana mientras partían. Cuando estaba caminando por el cuarto en la oscuridad, se encendió la luz. Jack estaba de pie junto a la puerta, con un cinturón y un trozo de cuerda. Me insultó, gritando que le había desobedecido. Me arrojó sobre la cama y ató mis manos y mis pies al bastidor. Luego me pegó hasta que sangré.

Viví bajo esas condiciones durante los siguientes dos años. Luego una noche mi abuela paterna vino desde Wilmington, Delaware. Luego de una pelea violenta con mi madre, la abuela me tomó rápidamente y me llevó hasta un auto que estaba esperando y que arrancó. Esa fue la última vez que vi a mi madre.

Durante los ocho años siguientes viví en Wilmington. Mi abuela era una buena mujer pero muy estricta; casi nunca usaba la palabra *amor* en una conversación. Mientras tanto, mi padre se había vuelto a casar y estaba viviendo en Texas con su segunda esposa. Venía a visitarme de vez en cuando, pero casi no lo conocía. Lo recuerdo como un hombre que me traía regalos.

La abuela era gerente de negocios de una gran compañía y tenía poco tiempo para mí. La veía antes de irme a la escuela y no la volvía a ver hasta las seis de la tarde, cuando regresaba a casa. En la escuela constantemente me metía en peleas con los otros niños, y mi actitud era arisca y agresiva.

A los quince años me expulsaron. La abuela me inscribió en una academia militar en Bryn Mawr, Pennsylvania, que tenía la reputación de manejar a los niños con problemas. En cierto modo, esta fue la primera muestra de educación que tuve, junto con una disciplina justa y firme. Pero tampoco me fue bien allí, y a los dieciséis años me expulsaron.

De nuevo en la escuela pública de Wilmington, tenía fines de semana solitarios y sin mucho que hacer. Un sábado tome un autobús hasta la base aérea de New Castle, que estaba ubicada fuera de la ciudad. Allí, en el hangar de la Guardia Nacional Aérea de Delaware tuve mi primer diagrama de un avión. Era un avión de combate de la Segunda Guerra Mundial, P51 Mustang. ¡Estaba hipnotizado! Caminé alrededor del P51 tocando las alas y el propulsor; luego salté sobre el ala y me deslicé en la cabina. En un instante un hombre que tenía tres galones en su manga verde apareció y gritó: «Oye, muchacho, ¡bájate de ahí!»

Estaba paralizado por el miedo y comencé a bajar. Entonces una mano tocó mi hombro y me empujó dentro de la cabina. Al darme vuelta, me vi cara a cara con un oficial vestido con traje de vuelo. Estaba de pie en el ala; era pelirrojo, con ojos alegres.

El nombre del piloto era James Shotwell y era capitán. Antes de terminar el día se había convertido en «Jim». A partir de entonces, visitaba New Castle todos los fines de semana. Jim había sido piloto de combate en el Pacífico durante la guerra. Al volver a casa se graduó en la universidad como ingeniero electrónico y fue a trabajar para una empresa de ingeniería en Georgetown, Delaware.

Las semanas fueron y vinieron y yo me hallé cada vez más y más cerca de Jim Shotwell. Le conté sobre los malos momentos que había pasado hasta entonces. Él respondió con bondad y de manera amistosa. Había encontrado a mi primer amigo verdadero, y como resultado de esto mi vida iba a cambiar para siempre.

Jim y yo nos sentábamos bajo el ala de su Mustang y hablábamos sobre aviones y temas como matemáticas, historia y física. ¡Era maravilloso! Quizá lo más importante era que Jim me presentó a los otros pilotos. Por primera vez en mi vida experimenté el sentimiento de pertenecer a un grupo.

Un día le dije a Jim que quería abandonar la escuela y encontrar un trabajo. De repente se puso bastante serio. «Amigo», dijo, «me recuerdas a una golondrina ciega. Sabe cómo volar pero no puede, porque no puede ver. Inclusive si emprendiera vuelo chocaría contra cosas que la lastimarían. Vaga por la vida sin lograr nada. No tiene sentido de la dirección. Tú tienes *todas* las herramientas, amigo. ¡Por amor de Dios, úsalas! No importa lo que hagas en esta vida, debes desarrollar una cosa: ¡Un sentido de dirección! Piénsalo».

Fuera de Jim y de la base aérea, mi vida no había cambiado. Seguía metiéndome en problemas y mis notas eran malas. Finalmente mi abuela decidió que debía ir a California a vivir con mi tía. Se lo conté a Jim. Varias noches después, vino y habló con mi abuela durante horas. Pero nada cambió, y hacia fines de agosto de 1953, estaba en un avión camino a Los Ángeles.

Mi tía era muy amable conmigo e intentaba ayudarme como podía. Yo extrañaba New Castle y a Jim, pero hice lo que pude para adaptarme a mi nuevo destino. Las cartas de Jim iluminaban mis días. Luego, una noche de marzo de 1955, sonó el teléfono. Respondió mi tía. Mientras hablaba yo podía darme cuenta de que algo malo pasaba. Colgó el auricular y suavemente me dijo que Jim Shotwell había muerto. Había perdido un motor al regresar a New Castle de una misión de práctica. Podría haberse eyectado, pero eligió quedarse en el avión, dirigiéndose lejos del área poblada, hasta que fue demasiado tarde para saltar en paracaídas.

Emociones que nunca había sentido brotaban dentro de mí. Traté de evitar las lágrimas pero no pude. Todo parecía estar fragmentado y confuso.

Gradualmente dejé de llorar y comencé a pensar en Jim y en las muchas cosas que me había dicho. Su analogía de la golondrina ciega seguía dándome vueltas en la mente. Siempre supe que lo que Jim me había dicho sobre mí mismo era cierto. Pero hasta esa noche no había podido juntar las piezas del rompecabezas en que se había convertido mi vida. Finalmente me quedé dormido, despertándome al amanecer con un sudor frío. Mi mente estaba extrañamente clara. Instintivamente, me di cuenta de que algo había cambiado. Ahora sabía a dónde iba a dirigir mi vida y qué haría para llegar allí.

Ese año me alisté en la fuerza aérea y me convertí en controlador de tráfico aéreo. La fuerza aérea terminó la tarea que había comenzado Jim. Para el momento en que tuve la licencia en 1959, mi actitud negativa se había revertido y mi fe en Dios y en el hombre se había restaurado. ¡Quería conocer lugares!

Me sumergí en un año intenso de arduo trabajo y estudio, y obtuve mis clasificaciones como piloto de la *FAS*. Pronto siguió un empleo como instructor de vuelo. Resultó ser que tenía cierto talento en acrobacia aérea y a través de enseñar y de volar en espectáculos aéreos todos los fines de semana, me creé una buena reputación.

Hacia 1971, había acumulado miles de horas de vuelo, había participado en más de cien espectáculos aéreos y había instruido a pilotos de todo el país al respecto. Durante esos años, volaba casi a toda máquina, incluso algunos aviones experimentales y militares.

En otoño de ese año, un médico de Nueva York me contrató para que llevara un P51 Mustang desde Newark, Nueva Jersey hasta Manassas, Virginia. Cuidadosamente tracé un rumbo que me llevaría a algún lugar en el sur de Manassas. Con 180 galones de gasolina en las alas, calculé que podía incluir unos treinta minutos adicionales de tiempo de vuelo antes de llegar a mi destino final.

El 21 de noviembre a las siete y treinta, trepé al Mustang en la rampa de Newark e hice un ángulo al sur hacia Cape May, Nueva Jersey. Desde allí fui a Cambridge, Maryland. Llegando a tiempo a Cambridge, oscilé a estribor y me dirigí a Culpeper.

El lugar donde violé las reglamentaciones federales de vuelo esa mañana era el Cementerio Bautista Monte Carmelo. Allí abajo estaban los restos de mi amigo, el capitán James R. Shotwell, hijo. Me había llevado 16 años encontrar la oportunidad adecuada para presentar mis respetos al hombre que cambió mi vida. Y lo hice volando el mismo tipo de avión en el que estuve sentado el día que lo conocí en New Castle. Esa pirueta aérea fue mi grito de triunfo y gratitud, el saludo del piloto combatiente.

Hoy día mi esposa todavía bromea conmigo acerca de mi vuelo sobre la tumba de Jim Shotwell y lo llama: «El día en que el Barón von Sobras condujo el gran ataque a la ciudad de Culpeper». Pero ella sabe cuánto significa ese momento para mí. Mantiene vivas en mi mente dos poderosas lecciones: Un hombre *puede* influir en la vida de los demás, como lo demostró Jim Shotwell. Y uno puede lograr casi todo con un arduo trabajo, perseverancia... y un poquito de ayuda de un amigo.

El respeto que Jim Shotwell mostró a Dudley prácticamente le cambió la vida. ¿Qué mayor resultado de Grandeza para cada día puede haber? Pero observe que Jim no ayudó a Dudley haciendo algo por él. No, no lo presionó ni le dijo qué hacer al detalle. En vez de eso, lo ayudó mostrándole respeto, señalándole fines más nobles, hablando de propósitos más dignos, y expresando confianza. Mostró respeto al escuchar y al no juzgar excesivamente. Incluso hasta después de la muerte de Jim, el respeto que Dudley había recibido aún estaba radiante en sus pensamientos más íntimos. La Grandeza para cada día nunca subestima el poder del respeto.

Jim Shotwell mostró respeto a un joven, y esto cambió la vida del joven. También hay ocasiones en que mostrar respeto a otros puede terminar cambiando nuestras propias vidas.

CAMBIO DE PARECER

Mary A. Fischer

En 1992, como muchas personas en Los Ángeles, miraba los noticieros en la televisión donde Rodney King hablaba a la prensa después de que cuatro oficiales acusados de golpearlo en 1991 fueron absueltos, lo que condujo a disturbios en la ciudad. Mientras King hablaba con los periodistas, preguntó con sencillez: «¿Nos podemos llevar todos bien?»

«¡No! No podemos», le grité a la televisión, aunque no había nadie más en el cuarto para escucharme. La mía no era una respuesta ociosa, sin fundamentos. Sabía de lo que estaba hablando. A fines de 1989 compré una casa en un lugar accesible en el vecindario este de Los Ángeles llamado Highland Park, que se había transformado como resultado de las olas de nuevos inmigrantes, y yo estaba convencida de que la armonía racial era imposible. Las estadísticas decían que cada año, decenas de cientos de nuevos inmigrantes, la mayoría de América Latina y Asia, estaban llegando a raudales al sur de California, pero para la mayor parte de los blancos, estas tendencias quedaban en el reino abstracto de las estadísticas.

Sin embargo, cuando me mudé a Highland Park, las estadísticas se convirtieron en mi realidad cotidiana y trajeron a la superficie mis prejuicios.

Muchos de mis vecinos eran de México, El Salvador, Filipinas y Vietnam, y por primera vez, yo formaba parte de la minoría, y no me gustaba.

Convencida de que no teníamos nada en común, me encerré en mi adorable casa rosa estilo español situada encima de una colina. Rara vez hablaba con mis vecinos, saludando con la mano ocasionalmente cuando sacábamos afuera los depósitos de basura o pasábamos cerca con los automóviles. Yo encajaba en el estereotipo de ellos —la gringa blanca poco amistosa que era dueña de la casa más linda de la cuadra—, así como ellos encajaban en mis ideas preconcebidas de los inmigrantes que testarudamente se rehusaban a asimilarse.

Me enojaba cuando los vendedores hispanos de Radio Shack no comprendían al pedirles baterías de litio o extensiones eléctricas. Me irritaba que los supermercados locales no tuvieran cosas como queso azul y leche de soya, y que algunos anuncios de películas y automóviles estuvieran escritos en español.

Durante años, me quejé a varios oficiales cuando mis vecinos se comportaban de una manera con la que yo no estaba de acuerdo. Una mujer de El Salvador tenía un gallo en el patio trasero de su casa que me despertaba todas las mañanas a las cinco. Cuando la reporté al Departamento de Reglamentación para Animales, ella respondió a la queja cortándole la cabeza al gallo. Me sentí culpable por haber sido la causante de la muerte brutal del gallo, pero lo racionalicé como algo necesario para restaurar la paz y la calma en el vecindario.

Cuando mis vecinos de México tocaron música a todo volumen, llamé a la policía, quien le puso fin a esto. Al sospechar que los estaba reportando, mis vecinos dejaron de hablarme. Era un castigo con el que podía vivir, ya que razoné que estaba llevando al vecindario a cumplir con mis valores.

Luego, hace dos años, sucedió algo que me cambió a mí y mi manera de vivir en mi vecindario. En cuestión de dos días, perdí las cosas que más me importaban. Mi trabajo de seis cifras de salario como escritora principal para una revista nacional llegó a su fin, y una relación con un hombre al que amaba terminó mal. De repente, todas mis anclas se habían ido y, hundida en la pena, me pregunté cómo —o si— podría reponerme.

Las pérdidas que experimenté me volvieron más humilde y me hicieron más susceptible, pero como consecuencia comencé a relacionarme mejor con mis vecinos y el mundo que me rodeaba. Descubrí cuán extraordinarios eran. No tenían nada que ver con lo que mis prejuicios me hacían ver que eran. Eran muy trabajadores, personas respetables que, como yo, estaban sólo tratando de vivir bien y experimentar algo de felicidad.

Me enteré que la mujer de El Salvador había huido de su país con dos hijas pequeñas después de que escuadrones de la muerte asesinaron a su esposo. Ella limpiaba casas para poder vivir y mandar a sus hijas a la universidad.

Me enteré de que cuando mis vecinos de México llegaron a Los Ángeles hacía quince años, no hablaban inglés y el padre limpiaba oficinas por ocho dólares la hora. Más tarde, conducía camiones de carga. Hoy día es propietario de tres edificios de apartamentos y ha hecho más dinero de lo que probablemente haga yo en toda mi vida.

Ahora, muchos de mis vecinos son mis amigos. En Navidad les regalo vino tinto y pasteles y ellos me dan flores y platos de burritos. Cuando hace unos meses mi auto no arrancaba, y parecía que debía ser remolcado, otro vecino de Guatemala, un hombre dulce llamado Ángel, que es jardinero, pronto trajo sus cables e hizo que el auto arrancara.

Actualmente respondería la pregunta de Rodney King de forma diferente. Diría que es posible que nos llevemos bien si la gente de culturas diferentes no comete el error que cometí yo. Cuando me mudé a mi vecindario, rechacé el hecho de ver a mis vecinos como personas y los consideraba diferentes y ajenos a mí. Ahora veo cómo sus vidas y la mía incluyen experiencias que son universales para todos nosotros: Pérdidas, desilusión, esperanza y amor.

El mes pasado, oí un gallo temprano por la mañana. Parece ser que mi vecina de El Salvador se consiguió otro, pero ya no me importa.

Me gusta observar al gallo mientras camina por el vecindario. De alguna manera, me hace sentir como que estoy en casa.

Una de las experiencias más emocionantes e inspiradoras que tengo cuando viajo por el mundo es encontrar culturas que no sólo respetan las diferencias sino que en realidad las festejan, donde cada tradición religiosa es celebrada por casi todas las personas. Celebración es más que tolerancia, la actual palabra de moda usada en los círculos de diversidad. Usted sabe, tolerancia por las opiniones de los demás, tolerancia por las culturas de las personas, tolerancia por los sistemas de creencia de las personas, y tolerancia por los estilos de las personas. Oímos la palabra todos los días. Pero lo que Mary hizo involucraba más que la tolerancia, más que el respeto, y aun más que valorizar las diferencias. Lo que Mary hizo fue festejar las diferencias de sus vecinos.

~

Elaboración final

El principio del respeto siempre me despeja y hace humilde, quizás tanto como cualquier otro principio. Contiene un espíritu de reverencia por la gente. Produce una sensación de reverencia por el espíritu humano y por lo que cada persona tiene el potencial de llegar a ser como individuo en constantemente progreso. Me gustaría ver lo que sucedería si todos los que leen este libro hicieran lo que hizo Johnny Lingo para mostrar respeto a Sarita, o como Jim Shotwell hizo al trabajar con Dudley, identificando a alguien en necesidad de respeto y abriéndole los ojos a la bondad que hay en su interior. Me encantaría ver lo que ocurriría si todo el mundo apreciara con respeto las diferencias de su prójimo, como lo hizo Mary. Una definición de liderazgo que he usado durante años y que creo que representa el principio de respeto, es esta: Liderazgo es comunicar la valía y el potencial de las personas con tanta claridad que se inspiran a verlo en sí mismas.

REFLEXIONES

- ¿Alguna vez ha habido alguien que haya creído en usted de maneras que ni siquiera usted ha creído de sí mismo? ¿Cómo lo hizo sentir? ¿Se comportó diferente como resultado del respeto que recibió?

- ¿Hay personas que usted sabe que se beneficiarían de recibir respeto adicional? ¿Qué puede hacer para resaltar la autoestima en ellas y ayudar a que salga su potencial? ¿Qué «vacas» puede usted brindarles como símbolo de su respeto?

- Igual que Johnny Lingo, casi todo el mundo ha sido víctima de chismes, lo cual es una clara violación del principio de respeto. Cuando usted oye un chisme en círculos sociales, ¿lo transmite o acaba con él de raíz?

- Por primera vez a los dieciséis años Dudley se sintió parte de un grupo. ¿Conoce usted personas que se beneficiarían de ser parte de su círculo?

- ¿Cuándo fue la última vez que usted celebró las diferencias de algún vecino?

MÁS REFLEXIONES SOBRE EL

Respeto

~~

LA LIBERACIÓN DEL POTENCIAL

Cuando tratamos a los demás con respeto les ayudamos a adquirir confianza y a revelar el potencial interior que de otro modo quedaría sin explotar.

Pocas cosas ayudan más a alguien que asignarle responsabilidad y hacerle saber que usted confía en él.

—BOOKER T. WASHINGTON

▓ ▓ ▓

El mayor bien que usted puede hacer por otra persona no es sólo compartir con él sus riquezas sino revelarle las propias.

—BENJAMIN DISRAELI

▓ ▓ ▓

Lo recuerdo como si hubiera ocurrido el día de ayer. Décimo grado, Escuela Secundaria Frederick Douglass en Atlanta. Alto y desgarbado, estaba avanzando a empujones por el abarrotado pasillo. De pronto una voz fuerte y retumbante repicó como un trueno a mis espaldas:

—¡Oye, hijo!

Era el entrenador William Lester. Él era un hombre fornido, de amplio tórax, un metro noventa. Además de ser el entrenador juvenil de básquetbol también tenía reputación de ser quien imponía la disciplina en el colegio, así que lo primero que pensé fue: este… alguien está en problemas. Se fijó en mí con ojos penetrantes y rugió:

—¡Sí, tú, hijo!

Empecé a caminar hacia él con las rodillas temblorosas. Oh, Dios mío, ¿qué había hecho yo? Me detuve frente a él, con mi metro noventa y cinco temblando en mis zapatos.

—¡Hijo! —repitió, mirándome de arriba abajo—. Eres demasiado grande para caminar por estos pasillos y no jugar básquetbol. Te veré en el gimnasio hoy a las tres y media de la tarde.

—¡Pero entrenador! —balbuceé—. Nunca he jugado básquetbol. No tengo ropa ni zapatos de básquetbol.

—¡Hijo! ¿No oíste lo que dije? ¡Te veré a las tres y media!

Y se alejó.

Así que fui.

Y desde ese día hasta ahora no hay duda en mi mente que todo lo que me ha ocurrido desde entonces, convertirme en jugador de básquetbol, luego en entrenador, criar a mis tres hijos, escribir un libro, es consecuencia de ese día en que el entrenador me llamó y me dijo:

—¡Oye, hijo! ¡Sí, tú!

Hasta ese momento yo no había sido un alborotador, pero estaba sin rumbo. No tenía idea de cuáles eran mis metas o adónde me dirigía.

El entrenador Lester me ayudó a ver algo más grande. Recuerdo cuando me dijo:

—Puedes obtener una beca universitaria.

Cuando yo dije:

—Pero no sé cómo. No tengo lo que se requiere.

—Sí lo tienes —replicó él—. Te lo voy a demostrar. Voy a trabajar contigo. Tú puedes lograrlo.

Y él tenía razón. Lo supe el día en que entré al campus universitario, beca en mano. Él creyó en mí.

Muchas veces desde el día en que esa voz fuerte rugió: «¡Oye, hijo!», he pensado: *si tan sólo cada muchacho tuviera un entrenador como William Lester que creyera en él, qué cambio se produciría.*

—RICKY BYRDSONG,
EX ENTRENADOR DE BÁSQUETBOL DE LA UNIVERSIDAD NORTHWESTERN,
EN *COACHING YOUR KIDS IN THE GAME OF LIFE*
[CÓMO ENTRENAR A SUS MUCHACHOS EN EL JUEGO DE LA VIDA]

Una persona sumamente discapacitada no conoce sus fuerzas ocultas hasta que es tratado como un ser humano normal y se le anima a tratar de moldear su propia vida. Annie Sullivan consideraba a los ciegos como seres humanos dotados de derechos de educación, recreación y empleo, y luchó por arreglar mi vida en consecuencia. La maestra creyó en mí, y yo resolví no traicionar su fe.

—Helen Keller,
Teacher [Maestra]

Para qué son los amigos

Una de las más grandes formas de respeto que podemos extender a otro es la amistad. La amistad acepta a las personas por lo que son y permanece con ellas en momentos difíciles. Un amigo oye el cántico en mi corazón y lo canta conmigo cuando mi memoria falla.

—Pioneer Girls Leaders' Handbook [Manual de chicas líderes pioneras]

■ ■ ■

Un amigo es alguien que te puede ver con transparencia y aún así disfruta del espectáculo.

—Farmer's Almanac [Almanaque del agricultor]

■ ■ ■

Lo que hace de la amistad un regalo tan maravilloso es que bendice simplemente por ser quien uno es.

—Constance Buxer,
en Woman's Day [El día de la mujer]

■ ■ ■

En sus frecuentes viajes a pie a Temuco, una vieja india araucana siempre solía traer a mi madre algunos huevos de perdiz o unas cuantas fresas. Mi madre no hablaba más araucano que el saludo «mai-mai», y la anciana no sabía español, pero tomaba té y comía pastel con una risita de agradecimiento. Las niñas mirábamos fascinadas sus capas de ropas coloridas tejidas a mano, sus brazaletes de cobre y sus collares de monedas, y competíamos unas con otras para tratar de memorizar la frase cantada que siempre decía al levantarse para salir.

Al fin aprendimos de memoria las palabras y las repetimos al misionero, quien nos las tradujo. Han permanecido en mi mente como el cumplido más agradable jamás pronunciado:

«Vendré otra vez, porque me hace bien cuando estoy cerca de usted».

—Elizabeth Mauske

Respetar las diferencias

Es fácil y hasta halagador respetar a las personas que se parecen a nosotros. Pero apreciar a las personas distintas a nosotros es lo que devela las formas más nobles de respeto.

Todos los hombres nacen libres e iguales... libres al menos en su derecho a ser diferentes. Algunas personas desean homogeneizar la sociedad por todos lados. Estoy en contra de los homogenizadores en arte, en política, en todos los oficios. Quiero que lo mejor suba.

—Robert Frost

■ ■ ■

Algunas personas marchan a ritmo distinto, y otras bailan polca.

—Sindicato de *Los Ángeles Times*

■ ■ ■

Gran parte de la vitalidad en una amistad yace en honrar las diferencias, no sólo en disfrutar las similitudes.

—James L. Fredericks

■ ■ ■

Lo que hace agradable a las relaciones son las cosas que se tienen en común, pero las pequeñas diferencias son las que las hacen interesantes.

—Todd Ruthman

■ ■ ■

Tolerancia es el primer principio de comunidad; es el espíritu que protege lo mejor que todo ser humano cree. Ninguna pérdida por inundaciones y relámpagos, ninguna destrucción de ciudades y templos por las fuerzas hostiles de la naturaleza ha privado al hombre de tantas vidas e impulsos nobles como las que ha destruido su intolerancia.

—Helen Keller,
The Open Door [La puerta abierta]

El chisme

Johnny Lingo fue objeto de chismes. Pero una de las verdaderas señales de respeto es cuando las personas son leales a los ausentes al no hablar a sus espaldas.

El chisme no necesita ser falso para ser malo; hay muchas verdades que no se deberían estar propagando.

—Frank A. Clark

■ ■ ■

Un campesino hizo circular una calumnia acerca de un amigo, sólo para descubrir después que no era verdad. Fue a pedir consejo a un viejo monje.

—Para tener paz en tu conciencia —manifestó el monje—, debes llenar una bolsa con plumas de gallina, ir a cada casa de la aldea, y poner una pluma en la entrada.

El campesino cumplió lo que se le dijo y regresó anunciando que había completado su penitencia.

—¡Todavía no! —contestó el monje—. ¡Ahora agarra tu bolsa y recoge cada una de las plumas que dejaste!

—Pero el viento se las debió haber llevado lejos.

—Así es —replicó el monje—. Y eso fue lo que pasó con el chisme. Las palabras se propagan con facilidad, pero por mucho que lo intentes, no puedes volver a recogerlas.

—Merle Crowell,
The American Magazine

■ ■ ■

Quien te cuenta un chisme, chismeará de ti.

—Proverbio turco

■ ■ ■

Un rumor sin bases se las ingeniará para continuar de alguna otra manera.

—John Tudor

JUZGAR A OTROS

Dejamos de tratar a los demás con respeto cuando constantemente los juzgamos, o juzgamos mal cada una de sus palabras y acciones.

Oh, Gran Espíritu, ayúdame a no juzgar a alguien hasta que haya caminado dos semanas en sus mocasines.

—ORACIÓN DE LOS INDIOS SIOUX

▦ ▦ ▦

Al regresar a Sur África de una larga estadía en Europa, una amiga mía tenía tiempo extra en el Aeropuerto Heathrow de Londres. Así que compró una taza de café y un pequeño paquete de galletas y tambaleándose por su abrumador equipaje, se sentó en una mesa desocupada. Estaba leyendo el periódico matutino cuando se dio cuenta que alguien estaba produciendo un crujir en su mesa. Se quedó estupefacta al ver, por detrás del periódico, a un joven nítidamente vestido comiéndose las galletas. Como no quería hacer un escándalo, se inclinó y agarró una galleta. Pasó un minuto más o menos. Más crujidos. Él estaba agarrando otra galleta.

Para cuando sólo quedaba la última galleta en el paquete, mi amiga estaba muy enojada pero seguía sin decir nada. Entonces el joven partió la galleta restante en dos, le pasó la mitad a ella, se comió la otra mitad y se fue.

Poco después, cuando la llamaron por los altoparlantes pidiéndole que presente su boleto, ella estaba que echaba chispas. Imagine su vergüenza al abrir la cartera y encontrarse con su paquete de galletas. Se había comido las de él.

—DAN P. GREYLING

▦ ▦ ▦

Cuando nadie alrededor suyo parece estar a la altura de las circunstancias, es el momento de revisar la cinta métrica con la que mide.

—BILL LEMLEY

▦ ▦ ▦

Al leer los informes escolares de nuestros hijos comprendemos con una sensación de alivio que puede convertirse en placer que —gracias a Dios— nadie está informando así sobre nosotros.

—J. B. Priestley,
Delight [Placer]

■ ■ ■

El prejuicio es un mal caracterizado por el endurecimiento de las categorías.

—William Arthur

■ ■ ■

Ver todo, pasar por alto mucho, corregir poco.

—Papa Juan XXIII

14

EMPATÍA

Escucha, o tu lengua te mantendrá sordo.

—PROVERBIO DE LOS INDIOS NORTEAMERICANOS

La empatía involucra entender el corazón, la mente y el espíritu de otra persona, e incluye sus motivos, orígenes y sentimientos. Mientras más empatía tengamos por los demás, más llegamos a apreciar y considerar quiénes son. Porque tocar los sentimientos internos y el alma de otro ser humano es caminar sobre terreno sagrado.

Para obtener empatía por otros debemos escucharlos con nuestros ojos, nuestros corazones, y también con nuestros oídos. Sin embargo, la mayoría de individuos no escuchan con la intención de entender sino con la intención de responder. Están ocupados filtrando todo a través de sus propias perspectivas en vez de tratar de entender el marco de referencia de los demás. Los efectos de tales comportamientos faltos de empatía se expresan en «Preste oídos». Escuche cómo Roberta describe sus fracasos y éxitos tanto al experimentar empatía como al practicarla. Luego observe cuando a dos médicos se les enseña la importancia de sacar tiempo para escuchar y qué influencia puede tener eso en una relación significativa.

PRESTE OÍDOS

Roberta Israeloff

Mis suegros habían pasado el invierno en Florida, y acababan de regresar a Nueva York después de un espantoso viaje por carretera.

—El coche se nos descompuso cuando estábamos en Carolina del Norte —me dijo mi suegra por teléfono—. Lo llevamos a reparar, y se volvió a descomponer en Delaware. Para colmo, pasamos por el Puente Verrazano-Narrows a la hora de mayor tráfico. ¡Pensé que nunca íbamos a llegar a casa!

—¡Qué barbaridad! —exclamé.

Y estaba a punto de contarle que, una noche, mi auto se averió a las 9:30 en el estacionamiento vacío de un centro comercial.

Por suerte, alguien llamó a su puerta y tuvimos que suspender la charla.

—Gracias por escucharme —me dijo—. Sobre todo, gracias por no relatarme tu peor experiencia.

Las palabras de mi suegra me hicieron avergonzar, y los siguientes días estuve meditando en ellas.

¡Cuántas veces he empezado a desahogarme con alguna amiga de un pleito con mi hijo, un problema en el trabajo o incluso alguna falla mecánica, sólo para que ella me salga con: «Fíjate que a mí me ocurrió lo mismo...»! Y de pronto la conversación empieza a girar en torno a *su* hijo ingrato, *su* jefe odioso, *su* fuga de gasolina. Yo asiento cortésmente con la cabeza, pero por dentro me pregunto si no estamos padeciendo todos de un grave déficit de atención emocional.

¡Cómo confundimos la verdadera empatía con otra emoción que dice: «Sé cómo te sientes y te lo voy a demostrar»! Nada es más natural que tratar de consolar a un amigo atribulado asegurándole que no se halla solo.

Pero las calamidades se parecen una a otra sólo de lejos; de cerca son tan únicas como las huellas digitales. Pongamos por caso que al esposo de una amiga lo despiden, y que lo mismo le ha ocurrido al mío. Sin embargo, las circunstancias son distintas, porque no existen dos familias con cuentas bancarias, pagos de indemnización y planes de contingencia idénticos.

El «Sé cómo te sientes» puede preceder al «Esto es lo que hice, y esto es lo que deberías hacer». Pero cuando un viaje por carretera dura tres veces más de lo normal, o al hijo de una le da una fiebre muy alta a media noche, ¿realmente quiere usted oír lo que su amiga hizo en una situación similar?

Cuando estamos tristes, preocupados o eufóricos, no hay mayor bendición que contar con un amigo que tenga todo el tiempo del mundo para escucharnos. Esta capacidad de acompañar a alguien en su dolor o en su felicidad es la piedra angular de la auténtica empatía.

Ésta, por fortuna, es muy fácil de desarrollar. En mi caso, desde aquella conversación con mi suegra contengo el impulso de interrumpir a mis amigas cuando me confían sus asuntos. Estoy aprendiendo a dejarme guiar por la otra persona, poniendo atención en su lenguaje corporal, sus expresiones faciales, el tono de su voz y las cosas que calla.

También me he vuelto más capaz de reconocer y apreciar la empatía cuando soy yo la que habla. Hace poco llamé por teléfono a una amiga para contarle que me sentía nerviosa y distraída.

—Cuéntame lo que te pasa —dijo.

Y así lo hice.

Al final, le agradecí que me hubiera escuchado y le pregunté cómo se sentía *ella*.

—De mí hablamos otro día, mejor —respondió.

Eso es empatía.

No siempre queremos respuestas o consejos. A veces, sólo queremos que alguien nos escuche.

Como Roberta concluyó, «A veces, sólo queremos que alguien nos escuche». Cierto. Pero lo que preferimos de verdad es que alguien nos entienda, o que al menos haga lo posible por entendernos. Tal entendimiento empieza con la empatía. Y como lo sugirió Roberta, quienes tienen empatía aprenden a ver las cosas a través de los ojos de los demás en vez de filtrarlas a través de sus propias autobiografías o filosofías. Saben cómo contener la lengua al no forzar a los demás a escuchar sus propias historias, consejos, juicios u opiniones.

En última instancia, ¿no es el tiempo o el sacar tiempo una de las barreras más grandes para escuchar con empatía?

EL ARTE DE ESCUCHAR

Noah Gilson, MD

Mark Orsini, un paciente mío que estaba en silla de ruedas, fue llevado al podio para bachilleres y, con la cara aún medio paralizada, pronunció el discurso de graduación. Habló con voz suave, pero vibrante, y sus compañeros, que dudaban que llegara a graduarse, le rindieron una ovación de pie.

Mark, de 18 años, padecía el síndrome de Guillain-Barré, una afección autoinmunológica que le había paralizado casi todo el cuerpo y lo obligaba a usar un respirador.

Sus padres sostenían que era un luchador, que se recuperaría y asistiría a la Universidad de Dartmouth, pero, ¿cómo iba a lograrlo?

La solución fue notable: sus padres se sentaban frente a él y decían el alfabeto; cuando llegaban a la letra que Mark necesitaba para formar una palabra, él asentía con la cabeza. Ellos la anotaban y volvían a empezar. Nunca perdía la paciencia, y lo hacían participar en todas las decisiones del tratamiento. Como la terapia normal no había funcionado, propuse una medida drástica, que consistía en filtrarle la sangre. Después de este tratamiento, mostró mejoría y pronto pudo mover los dedos de los pies, las piernas, y después, los brazos.

Mark se graduó de Dartmouth. Hace algún tiempo fue a verme al consultorio, y se sentía de maravilla. Pero hubo mucho que no se dijo. Yo quería expresarle el respeto que me inspiraba, y que sus padres, que lo habían escuchado pacientemente durante horas, letra por letra, estaban entre la gente más admirable que había conocido en mi vida. Quería confesarle cómo me avergonzaba de haber rechazado a mis hijos cuando habían tratado de hablarme, porque no tenía tiempo para escuchar. Quería decirle que nunca los olvidaría. Pero me faltaron las palabras.

Al ritmo que se mueve el mundo, el tiempo cuesta mucho y la eficacia parece ser la meta de todos. Pero la empatía toma tiempo, y la eficacia es para las cosas, no para las personas. Estos padres estuvieron más que dispuestos a sacar tiempo para su hijo, y los resultados fueron invalorables.

En la siguiente historia otro médico aprende el valor de sacar tiempo para escuchar y el costo de tratar de ser eficiente con las personas. Aprende que la parte más importante de su trabajo se realiza fuera de la sala de operaciones e involucra escuchar.

El amor cala los huesos

Michael J. Collins, MD

Soy cirujano ortopédico, y aunque tengo buena mano para arreglar partes del cuerpo, no soy muy hábil con el lenguaje; me cuesta trabajo escuchar, y a veces me faltan palabras para expresarme.

Quizá esto se deba a que me prepararon para la acción, pero no para los aspectos emocionales de mi trabajo. Durante mis cuatro años de residencia —de 1979 a 1981— en la Clínica Mayo de Rochester, Minnesota, el símbolo de la cirugía y los quirófanos, de las «luces calientes y el acero frío», como decían los médicos de más edad, fue el bisturí. Reconstruíamos rodillas, enderezábamos huesos y dejábamos de nuevo enteros a los lesionados. Mi esposa, Patti, sabía que yo había escogido la cirugía porque quería ayudar a los demás. Pero a veces mis pacientes terminaban enseñándome cosas inesperadas. Una noche en que me encontraba de guardia durante mi tercer año de residencia me llamaron de la sala de emergencia; un niño de cinco años se había fracturado la muñeca al caer de la litera donde dormía. ¡Rayos, otro más! Parecía que ese año había epidemia de muñecas fracturadas entre los niños de Rochester. Bajé penosamente del piso de ortopedia al de emergencia, tomé el expediente y fui a ver a mi pequeño paciente.

Lo encontré sentado en las piernas de su padre, lloriqueando, con un pijama del pato Donald y abrazando un gastado Tribilín de peluche. Tenía la muñeca izquierda doblada hacia atrás a 45 grados. Me presenté al padre y le pregunté al hijo qué le había pasado. No quiso contestarme, ni siquiera mirarme; sólo se hundió más entre los brazos de su padre. Yo estaba impaciente. Sabía lo que había que hacer y cuánto tardaría, así que desistí de hablar con él y llamé a radiología. A los cinco minutos apareció la técnica, se sentó en cuclillas junto al niño y le dijo:

—¡Ay, Danny! ¿Te lastimaste la mano, corazón?

—Me caí de la cama —le respondió él con ojos llorosos.

—¡Pobrecito! —lo consoló acariciándole la mejilla—. Bueno, voy a tomarte una foto del brazo, y luego este simpático doctor te lo va a arreglar. ¿Quieres que le tome una también a Tribilín?

Danny asintió con la cabeza. En un rincón, yo me preguntaba por qué el niño estaba dispuesto a hablar con la técnica radiológica y no con su médico. Ella seguía parloteando, y yo, pensando en el tiempo que perdíamos. Por fin preparó la máquina y tomó las placas, incluso la del muñeco.

Mientras esperaba las imágenes cité a Bonnie, la anestesista, y al técnico de yeso, John Kowalski, en la sala de enyesado. Las radiografías revelaron una fractura muy dislocada, pero eso no preocupaba a Danny, que estaba absorto en la silueta grisácea de Tribilín sobre el fondo negro de la película. Avisé a los padres que debía reducir la fractura usando anestesia general.

—No creo que tenga que hacer una incisión —les expliqué—. Casi siempre puedo reacomodar los huesos con las manos y luego enyesar.

Llevamos a Danny a la sala de enyesado y esperamos 15 minutos a que llegara Bonnie. John, callado y eficiente como siempre, preparó el yeso. Bonnie por fin hizo dormir al chico y me dijo que podía empezar.

—Bueno, John, ya sabes lo que hay que hacer.

Doblé el codo de Danny a 90 grados y, mientras John lo sostenía, retraje la mano para separar las partes de la fractura, metí el pulgar entre ellas e hice palanca hasta que, con un chasquido, los huesos volvieron a su posición normal. Fue una reducción perfecta. Me había vuelto muy competente. Por eso estaba ahí, ¿no? Sólo faltaba enyesar el brazo.

«COMO NUEVO OTRA VEZ»

Mientras John sujetaba el brazo, empecé a envolver la muñeca con el relleno para el yeso. Entonces noté un tatuaje azul bajo la manga del técnico.

—¿Por qué 28? —le pregunté señalando el tatuaje.

—Era mi regimiento —contestó en voz baja—. El 28 de infantería. Fui socorrista militar en Vietnam.

Nunca me lo había dicho. Mientras yo aplicaba la venda enyesada, siguió hablándome de su época en Vietnam.

—Era un infierno, doctor. Atendí a muchos hombres quemados y despedazados por explosiones o por las balas. Me pasaba los días poniendo vendas y tablillas. Después de un tiempo empecé a actuar como un autómata. No quería pensar en lo que hacía, sólo acabar de una vez y volver a casa.

—Te entiendo muy bien —le dije en un susurro.

—Pero estaba equivocado. Había dejado de pensar en los pobres compañeros que resultaban malheridos sin ninguna justificación. Al final comprendí que no sólo necesitaban mi trabajo, sino saber que me importaban. No se trataba de vendar heridas sin más, así como ahora no se trata únicamente de enderezar huesos.

Mientras alisaba el yeso con las manos me puse a pensar en el asunto. *Claro que se trataba de enderezar huesos. ¿No fue por eso que habían llevado al niño a la sala de emergencia? ¿No era ése mi trabajo?*

Entonces caí en cuenta. *¡Qué tonto eres!* me dije. *No te has enterado de nada.* John debía de estar preguntándose qué pasaba con «Don Eficiente», que en vez de apresurar a la técnica para que tomara las nuevas radiografías, no hacía más que frotar el yeso ya seco. Me quedé mirándolo como un bobo colocar el brazo del niño en la máquina de rayos X.

Yo también había permitido que mi trabajo se volviera automático al olvidar el deber esencial de un médico. Me había dejado llevar por el pragmatismo. Hasta la técnica radiológica había sabido ser afectuosa con el niño. Yo no había hecho más que presionarlo para poder pasar a lo siguiente.

Las radiografías estuvieron listas en cinco minutos. John las desplegó en la pantalla luminosa y les echamos un vistazo.

—Buen trabajo, doctor... como siempre —me dijo.

¿Cómo es que hasta entonces no había notado la ironía de su voz?

—Puedes despertarlo, Bonnie —le dije a la anestesista.

Cuando Danny empezó a despertar, lo llevamos en silla de ruedas a la sala de recuperación. Tomé a Tribilín y le puse algo de yeso en el brazo; luego improvisé un pequeño cabestrillo de papel y lo até al cuello.

—No tengas miedo, Danny —le dije al verlo abrir los ojos y mirar asustado a su alrededor—. Ya terminamos. Tu brazo quedó perfecto, y mira, también arreglamos a Tribilín.

Con el brazo sano tomó el muñeco y con los labios temblorosos dijo:

—Quiero a mi mamá.

—Estás como nuevo otra vez —insistí—. Dentro de un rato vamos a dejar que Tribilín y tú se vayan a casa.

Tomé el expediente y leí su nombre: Daniel Oestmann, de Byron, Minnesota. Ni siquiera sabía su apellido. Me limpié los restos de yeso del brazo, recogí las radiografías y fui a ver a sus padres.

—Hola, señor y señora Oestmann —dije—. Danny está bien. Los huesos ya se encuentran en su lugar y podrá irse a casa esta misma noche.

—¿Tuvo que operar? —preguntó el padre.

—No, pude reducir la fractura sin necesidad de hacer incisiones.

Los dos estaban radiantes. ¿Cuándo había dejado de notar cosas como ésa? ¿Cuándo me volví tan impaciente por dar las noticias y marcharme?

—Tomen asiento, por favor —les dije, señalando un sofá.

Me quedé con ellos unos 15 minutos. Me contaron que tenían otros dos hijos, de 12 y 10 años.

—Entonces Danny es el bebé, ¿eh? —le pregunté a la señora Oestmann.

—Así es, doctor —se adelantó el esposo—. Para Nancy, el más pequeño es el centro del universo.

Ella sonrió con timidez.

Les dije cuáles eran las señales a las que debían estar atentos, cuándo volver por más radiografías y que me llamaran si tenían alguna inquietud. Cuando iba a preguntar a las enfermeras si ya podían pasar a ver a Danny, los Oestmann se levantaron y me estrecharon la mano.

—Gracias, doctor —dijo él—. Muchas gracias.

Entonces nos despedimos. Esa noche aprendí una valiosa lección. Después de hablar con las enfermeras me dirigí a la sala de enyesado. Había alguien a quien debía dar las gracias.

Inicialmente el cirujano estaba tan empeñado en ser eficiente y en enfocarse en su competencia técnica que ni siquiera observó el efecto que eso estaba teniendo en sus pacientes. La eficiencia con personas por lo general no da resultado. ¿Ha tratado usted alguna vez de ser eficiente con su cónyuge o con una amistad íntima en un asunto difícil? ¿Cómo le fue? ¿Ha tratado alguna vez de ser eficiente con un hijo o una hija sobre algún asunto emocional? ¿Qué pasó? Usted puede ser eficiente con cosas, pero no con personas. Sólo cuando usted está en sintonía en relación con lo que es importante, la eficiencia con las personas se puede volver eficaz.

ELABORACIÓN FINAL

La clave de estas tres historias es la atención. Todas las mejores «técnicas» de oír en el mundo palidecen en comparación al impacto que la verdadera atención a alguien puede tener al escucharse mutuamente. Además hay una medida de integridad y de seguridad personal interna, porque la empatía involucra ser vulnerable y arriesgado, y si nuestra seguridad no se ha profundizado dentro de nosotros, no podemos tomar mucho de ese riesgo, ni mucha de esa vulnerabilidad. Por tanto, aunque las habilidades de escuchar podrían representar la punta de un iceberg, la parte más grande e invisible que permanece debajo del agua la forma una base de carácter, atención, integridad y seguridad interior.

REFLEXIONES

- ¿Cuándo fue la última vez que usted sacó tiempo con el único propósito de escuchar a alguien importante para usted? ¿Escuchó con empatía?

- Si usted tiene un papel de liderazgo ¿cuán a menudo sale y escucha a otros: empleados, clientes, proveedores, asesores? ¿Permanece más naturalmente detrás de un escritorio, o se le conoce más por mezclarse con los demás?

- ¿Busca usted activamente las reacciones de otros como estilo de escuchar, o con mayor frecuencia espera que la reacción lo encuentre a usted? ¿Se describe usted mejor como una persona que se defiende o que está abierta a la crítica?

MÁS REFLEXIONES SOBRE LA

Empatía

~

ESCUCHAR PARA ENTENDER

Escuchar con la intención de entender da gran resultado en permitir que otros se sientan bien al expresar sus pensamientos y sentimientos más íntimos.

El prerrequisito de mayor demanda para un amigo es tener un oído accesible.

—MAYA ANGELOU,
THE HEART OF A WOMAN [EL CORAZÓN DE UNA MUJER]

■ ■ ■

Existe una manera de escuchar que sobrepasa todos los halagos.

—JOSEPH VON LIGNÉ

■ ■ ■

Escuchar es un acontecimiento extraño entre los seres humanos. Usted no puede oír el mensaje que otro expresa si le preocupa su propia apariencia o el tratar de impresionar a los demás, o si está tratando de decidir qué es lo que va a decir cuando el otro deje de hablar, o si está tratando de analizar si lo que le dicen es cierto, relevante o algo con lo que está de acuerdo. Tales asuntos tienen su lugar, pero sólo después de escuchar el mensaje cuando lo están pronunciando.

—WILLIAM STRINGFELLOW,
FRIENDS JOURNAL

■ ■ ■

Todo aquel con quien usted se encuentra tiene intereses que usted no tiene. El uso acertado de los oídos bastará para reconocerlos.

—W. SOMERSET MAUGHAM

■ ■ ■

Nadie aprecia el genio tan especial de su conversación como lo hace un perro. Si usted puede charlar con él por un rato, fortaleciendo gradualmente los argumentos y la entonación, él se entusiasmará tanto que se revolcará en el suelo, se tenderá de espaldas pateando y gruñendo de alegre adoración. Muy pocas esposas se afectan de ese modo.

—Christopher Morley

■ ■ ■

La verdadera comunicación se da cuando nos sentimos seguros.

—Ken Blanchard,
The Heart of a Leader [El corazón de un líder]

■ ■ ■

Una muchacha a otra: «Sólo puedo tolerarlo una hora. Después de eso él se cansa de escuchar».

—Salo

■ ■ ■

En una clase de apreciación musical se preguntó sobre la diferencia entre el escuchar y el oír. Al principio nadie contestó. Por fin, se levantó una mano y un pequeño ofreció esta solución sagaz: el escuchar es el deseo de oír.

—M. C. Hess

■ ■ ■

La regla de oro de la amistad es escuchar a los otros como quieres que te escuchen a ti.

—David Augsburger,
Man, Am I Uptight [Qué tensionado que estoy]

■ ■ ■

No existe préstamo mayor que un oído comprensivo.

—Frank Tyger

EL SILENCIO VALE ORO

A veces el requerimiento más retador de la empatía es refrenar la lengua cuando uno está siendo tentado a contestar, a dar consejo, o a contar sus propias historias.

La palabra inglesa «listen» [escuche] contiene las mismas letras que la palabra también inglesa «silent» [silencio].

—ALFRED BRENDEL

■ ■ ■

Una vez en una reunión estuve hablando con un botánico. Yo estaba fascinado mientras él me contaba hechos asombrosos acerca de la humilde papa. Después de despedirme esa noche el botánico se volvió hacia nuestro anfitrión, me dio algunos elogios, y terminó diciendo que yo era un «conversador muy interesante». ¿Un conversador interesante? Apenas dije una que otra cosa. Pero había escuchado con atención, y él lo sintió.

—DALE CARNEGIE,
CÓMO GANAR AMIGOS E INFLUIR SOBRE LAS PERSONAS

■ ■ ■

Sus pensamientos eran lentos,
Sus palabras eran pocas, y nunca crearon un resplandor.
Pero él era la alegría para todos sus amigos:
Deberías haberlo oído escuchar.

—ANÓNIMO,
CITADO POR WAYNE MACKEY
EN *OKLAHOMA CITY TIMES*

■ ■ ■

Da a todo hombre tu oído pero a pocos tu voz.

—WILLIAM SHAKESPEARE

Lo que no se dice

Los verdaderos oyentes empáticos hasta pueden oír lo que se dice en el silencio.

Lo más importante en la comunicación es oír lo que no se está diciendo.

—Peter F. Drucker

En ocasiones la noticia está en el ruido, y otras veces en el silencio.

—Thomas L. Friedman
en el *New York Times*

Es asombroso todo lo que se puede oír cuando nadie dice nada.

—Elaine St. James,
Inner Simplicity [Sencillez interior]

Los ojos gritan lo que los labios temen decir.

—Will Henry

En una clase de apreciación musical se preguntó sobre la diferencia entre el escuchar y el oír. Al principio nadie contestó. Por fin, se levantó una mano y un pequeño ofreció esta solución sagaz: el escuchar es el deseo de oír.

—M. C. Hess

La regla de oro de la amistad es escuchar a los otros como quieres que te escuchen a ti.

—David Augsburger,
Man, Am I Uptight [Qué tensionado que estoy]

No existe préstamo mayor que un oído comprensivo.

—Frank Tyger

Veamos a través de los ojos de otros

No entendemos por completo a otra persona hasta que nos quitamos los lentes y vemos el mundo a través de sus ojos.

Si hay algún secreto del éxito, éste yace en la capacidad de captar el punto de vista de la otra persona y ver las cosas tanto desde su ángulo como del propio.

—Henry Ford

■ ■ ■

No confunda ser «blando» con ver el punto de vista de otra persona.

—George H. W. Bush,
All the Best, George Bush [Todo lo mejor, George Bush]

■ ■ ■

En realidad no nos hemos movido un paso de casa hasta que nos establecemos en el punto de vista de otro.

—John Erskine

■ ■ ■

Acérquese a cada persona nueva que conozca con un espíritu de aventura. Trate de descubrir lo que cree y siente; de entender hasta donde pueda el trasfondo del que viene, la tierra en que han crecido sus raíces, las costumbres, creencias e ideas que han conformado su pensamiento. Si a usted le importa lo suficiente como para hacer el esfuerzo, puede establecer una relación comprensiva con personas que están totalmente fuera de su propio círculo.

—Eleanor Roosevelt,
You Learn by Living [Se aprende viviendo]

■ ■ ■

Mejor compasión tiene quien ha sentido la congoja.

—John Gay

■ ■ ■

¿No es gracioso?, cuando otros se toman mucho tiempo para hacer algo, son lentos. Cuando yo me tomo mucho tiempo para hacer algo, soy cuidadoso. Cuando los demás no hacen algo, son perezosos. Cuando yo no hago algo, estoy ocupado. Cuando otros hacen algo sin que se les diga, están sobrepasando sus límites. Cuando yo sigo adelante sin que me lo digan, eso es iniciativa. Cuando otros declaran con fuerza su opinión, son obstinados. Cuando yo declaro con fuerza mi opinión, soy firme. Cuando los demás pasan por alto unas cuantas reglas de etiqueta, son maleducados.

—TOM KNIGHT,
CITADO POR CHARLES MCHARRY,
NEW YORK DAILY NEWS

■ ■ ■

Cuando nos ponemos en el lugar de la otra persona, es menos probable que querramos ponerlo en su lugar.

—*FARMER'S DIGEST*

■ ■ ■

Las ideas preconcebidas son las cerraduras de la puerta a la sabiduría.

—MERRY BROWNE,
EN *NATIONAL ENQUIRER*

■ ■ ■

Una idea nueva es delicada; la puede matar una expresión desdeñosa o un bostezo; la puede apuñalar un chiste, y la puede inquietar un ceño fruncido en la frente de la persona apropiada.

—CHARLIE BROWER

APRENDAMOS A RECIBIR LAS REACCIONES

Quienes triunfan conocen la importancia de la reacción cuando ésta les ayuda a evaluar el progreso hacia su visión y les ayuda a corregir el curso cuando sea necesario.

Los clientes más infelices son nuestra mayor fuente de aprendizaje.

—BILL GATES

❖ ❖ ❖

Nadie quiere críticas constructivas. Es lo único que podemos hacer para aguantar los elogios constructivos.

—MIGNON MCLAUGHLIN

❖ ❖ ❖

Ponga atención a sus enemigos, porque son los primeros en descubrir los errores suyos.

—ANTÍSTENES

❖ ❖ ❖

Si un hombre lo llama burro, no le ponga atención. Si dos hombres lo llaman burro, busque una montura.

—PROVERBIO YÍDISH

❖ ❖ ❖

La mayoría de nosotros preferiríamos ser arruinados por los elogios que salvados por la crítica.

—NORMAN VINCENT PEALE

Pero hay un momento en el que uno puede escuchar las reacciones demasiado...

Un líder gubernamental que mantiene permanentemente el oído pegado al suelo no tendrá elegancia de postura ni flexibilidad de movimiento.

—ABBA EBAN

❖ ❖ ❖

Un hombre que se acomoda para adaptarse a todo el mundo pronto se irá menoscabando.

—CHARLES SCHWAB

Transparencia

La empatía requiere transparencia. La transparencia declara nuestra aceptación de que otros pueden tener pensamientos o habilidades superiores a los nuestros.

Presente ideas y contémplelas como si fueran realeza, porque una de ellas podría ser el rey.

—Mark Van Doren

■ ■ ■

Las mentes son como los paracaídas: sólo funcionan cuando se abren.

—Lord Thomas Dewar

■ ■ ■

A una época se le llama oscura, no porque la luz haya dejado de brillar sino porque la gente se negó a verla.

—James A. Michener,
Space [Espacio]

15

UNIDAD

Sólo somos frágiles hilos, pero qué tapiz formamos.

—JERRY ELLIS

Mahatma Gandhi sugirió que uno de los mayores retos de nuestra época es encontrar unidad entre la diversidad. La unidad implica cualidad de ser uno. Pero dicha cualidad no necesariamente implica semejanza. En otras palabras, todos podemos ser individuos diferentes y únicos, pero a través de la unidad de propósito podemos trabajar uniendo fuerzas y recursos para realizar grandes tareas, en las cuales el todo es mayor que la suma de sus partes.

Se busca la unidad en los equipos deportivos, las unidades de trabajo, los proyectos comunitarios y, fundamentalmente, en todo esfuerzo basado en grupo. Tal vez en ninguna parte se exhibe la unidad con mayor fuerza que en las familias bien cohesionadas donde prevalece la armonía. Se da con mayor fuerza aún en las ocasiones en que la familia necesita vincular sus talentos para vencer un obstáculo o una necesidad especial. La fuerza de tal unidad se representa vívidamente en «La familia que no podía romperse».

La familia que no podía romperse

John Pekkanen

Poco después del nacimiento de su hijo, Steven, Lindy Kunishima reunió a sus hijas, Trudi, de trece años, y Jennifer, de nueve, en la sala de su hogar de Honolulu.

«Quiero contarles un cuento», dijo la estadounidense descendiente de un samurai japonés. «Un día un guerrero samurai se sentó con sus tres hijos varones y tomó una flecha. Le pidió a cada uno de sus hijos que la quebrara. Todos lo hicieron con facilidad. Luego tomó las tres flechas, todas juntas, y las ubicó frente a sus hijos. "Ahora rompan estas tres flechas", dijo. Ninguno pudo hacerlo».

Al llegar al final de la historia, Lindy miró firmemente los ojos de sus hijas. «Luego el samurai les dijo a sus hijos: "Esa es su lección. Si los tres permanecen juntos, nunca serán vencidos"».

Como único hijo varón en la estrechamente unida familia de Lindy y Geri Kunishima, Steven ocupaba un lugar de honor. Sus dos hermanas lo amaron desde el día en que nació, en septiembre de 1982.

Sin embargo, cuando Steven cumplió seis meses, su madre se preocupó. La maestra de escuela Geri Kunishima no podía comprender por qué su hijo aún se despertaba llorando varias veces por la noche para alimentarse. Su conducta durante el día también era extraña. Steven se quedaba donde Geri lo colocaba, se movía poco y casi no hacía ruidos.

—No es como correspondería a un niño de su edad — le dijo Geri al pediatra.

—Está demasiado ansiosa —dijo—. Steven está perfectamente bien. Las niñas suelen desarrollarse más rápido.

A los dieciocho meses, Steven aún no podía caminar ni hablar, y a principios de 1984 Geri llevó a su hijo a un neurólogo. Una tomografía computarizada reveló que el vermis, una zona del cerebro que transmite mensajes desde y hacia los músculos del cuerpo, no se había desarrollado.

Esta condición —llamada bipoplasia del vermis— explicaba por qué los músculos de Steven estaban sin fuerza y flácidos. También explicaba por qué se despertaba tantas veces por la noche: Los músculos de su lengua eran demasiado débiles para tragar la suficiente leche como para satisfacer su apetito.

«Señora Kunishima», dijo el neurólogo, «me temo que su hijo no caminará ni hablará nunca, ni hará ninguna otra cosa que requiera control muscular». Luchando por no perder la compostura, Geri preguntó cómo podría esto afectar a la inteligencia de Steven. «Será profundamente retardado», respondió el médico, «ineducable en todas las tareas, hasta las más simples. En el futuro, debería considerar internarlo en una institución».

Destrozada por el diagnóstico, no pudo comer ni dormir durante días. A altas horas de la noche, Trudi y Jennifer podían oír los sollozos de su madre y las palabras cariñosas de su padre intentando consolarla.

Jennifer, que ahora tenía once años, también estaba luchando con sus emociones. Era una alumna ejemplar y una atleta natural con un amplio círculo de amigos. Si bien amaba profundamente a Steven, no podía soportar que sus amigos supieran que tenía un hermano que no estaba bien. Así que, cuando estaba con ellos, evitaba mencionar a Steven.

Trudi también era una excelente alumna y una persona que lograba lo que se proponía. A los quince años tenía la sabiduría de alguien mayor. Era más capaz de aceptar la discapacidad de Steven y sin embargo se preguntaba cuán discapacitado era. Un día, al intentar aliviar la tristeza de su madre, Trudi desafió el pronóstico del médico. «Mamá», anunció, «no creo lo que dijo sobre Steven. Jen y yo vemos una chispa en sus ojos. No puedes rendirte con él. Si tú no le das una oportunidad, no la tendrá».

Las palabras de Trudi obligaron a Geri a echar mano de su espíritu de luchadora. Convocó una reunión familiar alrededor de la mesa de la cocina.

—Pensé en lo que me dijo Trudi hoy —comenzó Geri—. Cuando ustedes dos eran pequeñas, su padre y yo les leíamos mucho. Creíamos que eso estimularía sus mentes y les ayudaría a aprender la lengua. Creo que debemos hacer lo mismo con Steven.

—¡Sí! —estuvo de acuerdo Trudi, entusiasmada.

—No dejaremos pasar ni una noche —prometió Jennifer. Los cuatro unieron sus manos alrededor de la mesa e inclinaron sus cabezas.

—A partir de este momento —dijo Geri—, prometemos hacer todo lo que esté en nuestro poder para ayudar a Steven.

A la noche siguiente, mientras Geri preparaba la cena, Trudi desplegó una pequeña colchoneta sobre el piso de baldosas blancas de la cocina y colocó a su hermano en posición derecha sobre unos cojines. Tomó su cabeza entre sus manos porque él no podía mantenerla erecta durante mucho tiempo y, arrimándose a él, comenzó a leerle un libro para niños.

Le siguió otra lectura la noche siguiente, y la otra, hasta que se convirtió en un ritual de media hora todas las noches, en el horario de la cena. Junto con la lectura, Jennifer y Trudi le hacían preguntas y señalaban animales o personas de las ilustraciones de los libros. Pero, semana tras semana, Steven solo miraba en blanco al espacio, al parecer perdido en un mundo oscuro y vacío. *Ni siquiera mira las imágenes,* pensó Geri. *¿Alguna vez descubriremos lo que hay dentro de este niño?*

Gradualmente, Geri sintió que la desesperanza la estaba embargando de nuevo. Una mañana, en la quietud de antes del amanecer, en su cuarto, desahogó sus sentimientos con Lindy.

—Las niñas lo intentan todo —dijo Geri—, pero Steven no percibe nada. Ni siquiera sé si la lectura lo está ayudando o lo está hiriendo.

—Nunca podremos estar seguros —respondió Lindy—. Pero en mi corazón sé que hacer algo es mejor que no hacer nada.

«Hora de la lectura, Steven», anunció Trudi, acurrucándose cerca de su hermano en el piso de la cocina. Después de tres meses, aún no había mostrado ninguna respuesta. Incluso pocas veces se movía. Sin embargo, esa noche, repentinamente se escabulló fuera de los cojines.

«¡Mira a Steven!», llamó Trudi a su madre. Con una sorpresa aturdida, observaron mientras se arrastraba por el piso. Avanzando lentamente hacia los libros para niños que estaban en la pared, intentó tomar uno.

«¿Qué está haciendo?», preguntó Trudi.

Incapaz de pasar las páginas con sus dedos, Steven daba como bofetadas a las hojas. Cuando llegó a la página llena de imágenes de animales, la observó durante un largo rato. Luego, tan pronto como lo hubo abierto, el mundo de Steven volvió a cerrarse.

A la noche siguiente, se repitió la escena. Mientras Jennifer se preparaba para leer, su hermano gateó hasta donde estaba el mismo libro y con sus manos lo abrió en la misma página. Sin hablar, las dos hermanas lo abrazaron, riendo y llorando al mismo tiempo.

«¡Steven tiene memoria!», se maravilló Geri.

En ese momento, Geri tenía un permiso de su trabajo, así que podía dedicarle más tiempo a su hijo. A medida que transcurrieron los meses, Steven mostró cada vez más respuestas a la lectura nocturna. A partir de su estudio sobre el tema, Geri aprendió que con frecuencia otras partes del cerebro pueden compensar otra área dañada. *Tal vez eso es lo que le esté sucediendo a Steven,* pensó.

Tanto Trudi como Jennifer tocaban el piano, y ahora colocaban a Steven debajo del piano de cola mientras tocaban. Un día, después de practicar, Jennifer levantó a Steven de su lugar debajo del piano. Esta vez, emitía un sonido nuevo. «¡Está canturreando la música que acaba de oír!», les gritó Jennifer a sus padres. «Steven», le dijo, «tú entiendes la música, ¿no es cierto?» El niño sonrió.

Al mismo tiempo, la familia también se ocupó de trabajar sus músculos. Lindy asistía a una escuela de masajes y aprendió a dárselos a su hijo en brazos y piernas. Geri, Trudi y Jennifer aplicaban manteca de maní en los labios del niño. Al lamerlo, ejercitaba la lengua y la mandíbula. También le daban goma de mascar y plumas para soplar. Lentamente, los músculos flácidos del rostro de Steven comenzaron a fortalecerse.

Cuando Steven tenía cuatro años y medio, aún no podía pronunciar palabras, pero podía emitir sonidos como «aaah» y «guaaah». Además, con un andador, ahora podía estar de pie y dar pasos lentos arrastrando los pies. Es más, demostraba una memoria visual sorprendente. Después de estudiar la imagen en un rompecabezas de trescientas piezas, podía juntarlas en una sesión.

Pero Steven seguía siendo rechazado por todas las escuelas preescolares donde la madre solicitaba su inscripción. Finalmente lo llevó a ver a Louise Bogart, la entonces directora de la Escuela Montessori L. Robert Allen, en la Universidad Chaminade de Honolulu.

Bogart observó a Steven gatear por el piso de su oficina. Él levantaba la cabeza, intentado hablarle a su madre. «Aaaah… aaaaah», repetía una y otra vez, haciendo gestos insistentemente. Bogart vio el dolor y la frustración en su rostro. Pero también vio algo más: Steven estaba decidido a hacerse entender.

«Señora Kunishima», dijo Bogart, «nos haría felices tener a Steven en nuestra escuela».

En los meses siguientes, el niño continuaba teniendo un progreso lento. Una mañana, en su segundo año en la escuela Montessori, estaba jugando ociosamente con bloques sobre una esterilla. Bogart se mantenía alejada, observando a la maestra mientras trabajaba los números junto a otro niño.

«¿Qué número sigue ahora?», preguntó la maestra.

El niño no pronunció ningún resultado.

«¡Veinte!», dijo abruptamente Steven.

Bogart casi se marea. Steven no solo había hablado con claridad, sino que había dado la respuesta correcta.

Bogart se acercó a la maestra.

—¿Alguna vez trabajó Steven en esto? —preguntó.

—No —contestó la maestra—. Trabajamos mucho con él con los números del uno al diez, pero no sabíamos que hubiera aprendido más allá del diez.

Cuando Geri fue a buscar a Steven después de la escuela, Bogart le contó lo que había sucedido. «Esto es solo el comienzo de lo que es capaz de hacer», dijo Bogart.

Jennifer sintió un nudo en el estómago mientras su padre la llevaba en auto a su primer partido de baloncesto de la escuela secundaria, en una noche de febrero de 1990. Steven, que ahora tenía siete años, estaba sentado en silencio en el asiento trasero, observando el tráfico que pasaba.

El amor de Jennifer por su hermano era tan fuerte como siempre, pero aún quería mantener en secreto su discapacidad. Y eso se estaba volviendo cada vez más difícil. Dos años antes, Steven había aprendido a hablar y su habla delataba su problema. «Por favor, papá», dijo con un suspiro Jennifer antes de entrar a los vestuarios, «intenta que Steven no grite durante el partido». Cuando comenzó el juego, a Steven le invadió el entusiasmo. «¡Vamos, Jennifer!», gritaba en su habla de bajo volumen y con pausas. Jennifer se encogía de vergüenza y se negaba a mirar a su hermano. Sabía que lo estaba desilusionando; no estaba siendo la tercera flecha fuerte.

En casa, sin embargo, Jennifer le prodigaba afecto y atención a su hermano. Sus habilidades motrices seguían siendo pobres, así que Jennifer, Geri y Trudi trabajaban duro para que sus garabatos escritos fueran legibles. «Yo puedo hacerlo», le aseguró un día Steven a Jennifer. «Solo dame tiempo».

Para Steven, el mayor reto de todos era simplemente moverse de un lado a otro. Lo típico de cualquier mañana era que Geri oyese un ruido sordo procedente de la cocina. «Se cayó otra vez», decía Geri, y corría al lado de su hijo.

Para entonces, Steven se había caído tantas veces que tenía las rodillas cruzadas de cicatrices. Sin embargo, Steven nunca lloraba cuando se caía. Incluso desarrolló un sentido del humor al respecto. Una vez que se cayó usando pantuflas, se volvió a sus padres, con los ojos alegres y dijo: «Ahora sé por qué las llaman pantuflas, porque te hacen patinar».

«Realmente tengo que ir a este campamento», le contó Jennifer a su directora de escuela secundaria un día de marzo de 1991. «Es muy importante para mí».

El campamento Paumalu, situado a treinta y ocho kilómetros al norte de Honolulu, se llevaba a cabo dos veces al año durante cuatro días para ayudar a que los alumnos encuentren retos, desarrollen habilidades de liderazgo y enfrenten sus miedos y problemas. Jennifer se había empezado a dar cuenta de que era un gran obstáculo el tormento que sentía al tener que mencionar a Steven a sus amigos.

Una tarde, en el campamento, mientras caminaba hablando con un muchacho de su escuela secundaria, Jennifer sintió que su problema estaba hirviendo para llegar a la superficie y las palabras le salieron de la boca. «Tengo un hermano», le dijo al muchacho. «Nunca fui cruel con él, pero en algún sentido sí lo fui. Nunca quise enfrentar el hecho de que tiene una discapacidad. Siempre quise simular que se le iría». Cuando Jennifer terminó, sintió que le habían sacado un peso de encima.

El último día del campamento, cada alumno escribía en un tablero de madera de pino el temor o el problema que tenía que vencer. Luego el líder del campamento rompía ceremoniosamente el tablero con un golpe de la mano o de los pies, rompiendo simbólicamente el obstáculo. En su tablero, Jennifer escribió su problema en letras grandes. Luego golpeó con su mano hacia abajo, pero hasta el quinto intento no pudo partir la madera en dos.

Al día siguiente, llegando a casa, Jennifer abrazó a su madre: «Soy libre, mamá», dijo. «Soy realmente libre».

Ahora, Jennifer aceptaba a Steven de manera total. Ese otoño, en su primer partido de baloncesto de la temporada, volvió a oír la fuerte voz de Steven alentándola. Volviéndose hacia su hermano, lo saludó efusivamente con la mano, *Ahora*, pensó su padre, *las tres flechas están verdaderamente unidas*.

Durante tres años, comenzando en 1990, Steven asistió a la *Holy Trinity School*, una escuela católica convencional. Todavía le costaba aprender, pero el habla y la escritura de Steven habían mejorado hasta ser normales, y sus movimientos físicos estaban cerca de serlo. Hacia los once años de edad, estaba trabajando para ponerse al nivel de los niños de su edad. Podía correr y saltar y —como Jennifer— comenzó a jugar al baloncesto.

En 1992, Steven captó la atención de Lynne Waihee, esposa del gobernador de Hawai, John Waihee. La primera dama de Hawai había presidido un programa llamado «Léeme», que alentaba a las personas para que les leyeran a los niños. Impresionada por cuánto le había ayudado la lectura a Steven, dispuso que el Consejo del Gobernador para el Alfabetismo les rindiera honores a los Kunishima.

En una recepción en la mansión del gobernador, Geri presentó a Steven, que dijo más que los doscientos dirigentes del área acerca de su lucha a lo largo de los años. Todos en pie le ovacionaron.

En marzo de 1993, la delegación hawaiana de la Cruz Roja estadounidense otorgó a Lynne Waihee su Premio humanitario. Le pidió a Steven que escribiera una dedicatoria para su programa del banquete de entrega del premio. Durante horas, Steven sopesó qué decir. Finalmente, resumió lo que la lectura significaba para él y al hacerlo manifestó el triunfo de la familia Kunishima: «Mi familia me leyó y ahora puedo leer por mí mismo».

Este fue un esfuerzo de toda la familia. La madre, el padre y las tres flechas, incluyendo a Steven, obraron juntos. Cada uno contribuyó a su manera: el padre aconsejando; la madre investigando, persistiendo y sacrificándose; las niñas leyendo, tocando el piano y colmando de atención (aunque a veces era difícil hacerlo). Todos demostraron el excepcional y sanador poder que la unidad familiar puede otorgar.

Se evidencia otro fuerte vínculo en los motivos y obligaciones nacionales, las ocasiones en que la gente lo da todo de sí de buen grado para proteger sus libertades e ir en auxilio de sus conciudadanos.

UNA CUESTIÓN DE HONOR

Allan Sherman

El 26 de mayo de 1940, cuando los ejércitos de Hitler invadieron Francia, decenas de miles de soldados de las tropas británicas y francesas se retiraron al pequeño puerto francés de Dunquerque. Desde allí no había a dónde ir salvo al Canal de la Mancha.

La poderosa armada británica tenía unos pocos barcos lo bastante pequeños o ágiles para entrar y evacuar a sus hombres. Así, el Mundo Libre no pudo hacer otra cosa que sentarse al lado de la radio con impotencia y angustia, esperando noticias de la aniquilación de este gran ejército de valientes.

Luego, en las primeras horas del 27 de mayo, comenzó a producirse un milagro. Vinieron de todas partes de las Islas Británicas: pobres pescadores con botes de pesca en mal estado, nobles con yates, deportistas con balandras de carrera y lanchas a motor. El primero de esta flota diversa, capitaneada por hombres sin pistolas ni uniformes, navegó con la luz de la luna desde Sheerness, avanzando suavemente a través de las aguas infestadas de submarinos y minas. Cuando el sol salió en las playas de Dunquerque, el primero de los cientos de botes llegó a la orilla. Los gritos de aliento de los soldados atrapados fueron ahogados por el rugir de la Luftwaffe que sobrevolaba la zona, bombardeando la playa, y por el ruido de los Spitfires británicos, intentando luchar contra ellos.

Bajo ese infierno en el cielo, el milagro de Dunquerque continuó durante nueve días y nueve noches. En total se salvaron 338.226 vidas británicas y francesas.

El 18 de junio, Winston Churchill dijo: «Por lo tanto, aboquémonos a nuestros deberes y recuerden que, si el Imperio Británico y su Mancomunidad duran mil años, los hombres todavía dirán: Esta fue su mejor hora».

Tengo un profundo cariño y respeto por los habitantes de las islas británicas, fruto del tiempo que he vivido y trabajado entre ellos. Aunque con gran diversidad de pensamiento y sin temor de expresar sus diferencias o discrepar, cuando alguien está en necesidad son también una de las primeras y más firmes naciones en trabajar juntas por el bien de la causa común.

Cuando las personas se unen en un mismo propósito no solo se respetan las diferencias sino que se pueden valorar de veras por el valor que aportan al esfuerzo en común.

AMISTAD DE DISTINTOS COLORES

Jeanne Marie Laskas

Mis amigos y yo estamos muy entusiasmados planeando algo divertido: ¡una fiesta para pintar la casa! Conseguiremos rodillos, trapos viejos, pintura base para la primera mano y otras de alegres colores pastel para los acabados, y nos repartiremos por los cuartos, quizá provistos de cervezas, para terminar más pronto.

—¡De perlas! —digo, tan emocionada como el que más, puesto que es mi casa de la que estamos hablando.

Creo que cometí un error al decirle al contratista que realizó la remodelación que no se molestara en pintar. Una olvida lo tedioso que puede ser dar varias manos de pintura a cuatro cuartos.

—Si todos ponemos nuestro granito de arena, acabaremos en un abrir y cerrar de ojos —insiste Jack.

Es entonces cuando interviene Beth, con gesto un poco ceñudo:

—Pues yo no pinto.

«¡Pero qué le pasa a esta mujer!», es la expresión que va recorriendo los rostros.

—Escuchen —explica—. Si le pago 20 dólares la hora a alguien para que pinte mi casa, es precisamente porque yo no pinto.

—Pero no se trata de pintar en sí —objeta su novio, Bill—. Se trata de darnos la mano, de lograr algo entre todos.

—De acuerdo —concede Beth—. En ese caso, ¿qué les parece si, en vez de pintar, yo ayudo con la comida o con otra cosa?

Está bien, convenimos todos. Está bien, pero lo cierto es que Beth queda tácitamente excluida de la Conciencia de Grupo que vamos adquiriendo a medida que transcurre la semana y vamos concretando los planes para la fiesta.

Quedan diecisiete personas por venir y, de una en una o de dos en dos, van llegando con herramientas para la tarea. Leslie trae palos para ayudarnos a alcanzar el techo; Nancy y Jack, rodillos y bandejas; Vince y Chris, utensilios especiales para pintar más fácilmente orillas y rincones; Sue y Heidi, hojas de plástico para cubrir los muebles. Nos dividimos en equipos: uno para el baño de la planta alta, otro para el estudio, una pareja para el hueco de la escalera y un grupito muy bullicioso para el cuarto del bebé.

Beth se queda en la cocina. «Yo no pinto», explica a los que aún no lo saben, y la molestia que les causa se vuelve tan palpable como el olor a pintura que invade la casa.

Como cada equipo trabaja en un cuarto distinto, el Espíritu de Competencia divide inevitablemente la Conciencia de Grupo. Todos nos medimos con todos: Amarillos (baño), Azules (cuarto del bebé), Blancos A (estudio) y Blancos B (escalera). Al poco rato los Azules afirman que han pintado el techo mejor que los Amarillos, y los Blancos A retan a los Blancos B a una carrera para terminar los rodapiés.

—¡Vamos a tomar un descanso! —anuncia mi equipo, los Amarillos, porque ya no queremos competir (y también porque detestamos perder).

Además, nos duele la espalda.

Vamos a la cocina y nos encontramos con que Beth tiene ya la mesa puesta con un buffet de sándwiches, pepinillos agrios dispuestos perfectamente y distintas verduras crudas con una salsa para sumergirlas. ¡Qué oportuna! Porque, pensándolo bien, ya tenemos hambre. Nos abalanzamos sobre los mejores sándwiches antes de que los Azules y los dos equipos Blancos se enteren de que el almuerzo está servido. Nos ponemos a comer de pie, charlando sobre una técnica para pintar en línea recta que consiste en cubrir la superficie adyacente con cinta adhesiva. Luego reanudamos el trabajo.

En el siguiente descanso volvemos a la cocina y encontramos a Beth lavando una lechuga en el fregadero. Ahora que lo pienso, es muy agradable hallarla siempre allí, donde la necesitamos. Nos señala unos platos con galletas, pastelillos de chocolate y una especie de cuadraditos de coco exquisitos, de los cuales solo quedan dos porque los Azules se nos adelantaron y arrasaron con todo cual estampida de búfalos.

Mirar a Beth frente al fregadero me hace pensar en mi madre, en la madre de mi amiga, en las madres de todos. Es mamá la que siempre está allí donde la necesitamos.

A las 9 de la noche el Espíritu de Competencia degenera en el de Acabemos de Una Buena Vez. Vamos todos al cuarto del bebé, que parece interminable porque la madera absorbe mano tras mano de pintura base. Algunos ya están malhumorados y preguntan a quién se le ocurrió tan tonta idea.

—Cálmense, muchachos —dice Beth entrando en el cuarto—. Si no, alguien va a salir lastimado.

Nos quedamos mirándola. La habíamos despreciado por no querer entrar a formar parte del grupo y ahora la adoramos por la misma razón. Y la adoramos aún más por su siguiente anuncio:

—Bajen a cenar. Ya habrá tiempo después para limpiar.

Vamos una vez más a la cocina, donde nos esperan dos tipos de lasaña, un pan de corteza crujiente y una ensalada salpicada de queso gorgonzola y nueces tostadas. Nos llenamos los platos y, como albañiles tras una jornada extenuante, nos dejamos caer en las sillas o directamente en el suelo, con el plato en el regazo.

—¡Qué gusto nos da que no pintes! —le dice Vince a Beth, que parecía estar esperando, como todas las madres, aunque fuera un poquito de gratitud.

Me gusta la actitud de Beth. Pero al principio fue su actitud la que parecía entrar en conflicto inmediato con el grupo. Todos echaban chispas: «¿Qué quieres decir con que no pintas? ¡Ninguno de nosotros pinta!» Pero a medida que el día pasaba, brochazo a brochazo, el grupo aprendió una lección acerca de la sinergia, y en particular del valor de las diferencias. Y sin duda todos apreciaron más la actitud de Beth. Porque la mayoría de personas que «no pintan» simplemente se habrían quedado en casa y evitado las miradas poco corteses. Pero Beth apareció con lo que tenía para ofrecer y el resultado final fue para el grupo una experiencia mayor de la que habría disfrutado en su ausencia. El equipo, familia, o grupo de trabajo que se complementa es aquel donde las fortalezas se hacen más productivas y las debilidades más irrelevantes. Este punto se va haciendo cada vez más relevante a medida que el mundo se hace cada vez más interdependiente.

~⁀⌇

ELABORACIÓN FINAL

Repito, unidad no significa igualdad. Es más, la unidad se fortalece con la diversidad, siempre y cuando haya unidad de propósito. Quienes exhiben Grandeza para cada día saben cómo ser jugadores de equipo. Saben cómo trabajar juntos en grupo, no solo ser compatibles con otros sino actuar con verdadera sinergia. No les preocupa dejar de lado sus propios intereses por el bien del todo. Esto, por supuesto, no significa que dejen de ser quienes son solo para armonizar con el grupo, sino que amplifican sus fuerzas hacia causas que van de victoria en victoria. No solo se gozan con los triunfos de otros sino que también luchan para hacer realidad esos triunfos. Ellos saben que son más fuertes cuando «todas las flechas» se mantienen unidas, y procuran la fuerza de otros a fin de pintar una vida mejor para todos los involucrados.

REFLEXIONES

- La familia Kunishima unió su tiempo, su amor y sus talentos en favor de Steven. ¿Alrededor de qué propósitos se unen su familia, su equipo de trabajo u otros grupos? ¿Tienen todos claro cuáles son esos propósitos?

- La hermana de Steven luchó en público con su compromiso hacia él. ¿Cuál es el grado de compromiso de usted con los esfuerzos de su equipo?

- El punto fuerte de Beth era cocinar. Cuando usted piensa en alguien con quien interactúa a menudo, ¿qué puntos fuertes ve en esa persona que son distintos de los suyos? ¿Qué virtudes tiene usted que otros miembros del equipo no poseen? ¿En qué formas se pueden combinar sus puntos fuertes diferentes para actuar en sinergia?

- Piense en las personas a quienes más ama. ¿Enfatiza más sus debilidades, o celebra y aprovecha al máximo sus virtudes?

MÁS REFLEXIONES SOBRE LA
Unidad

~

CÓMO TRABAJAR UNIDOS

Encontrar unidad en la diversidad es uno de los mayores desafíos de la civilización, pero trabajar unidos es esencial para el bienestar del todo.

Reunirse es el principio; mantenerse unidos es progresar; trabajar unidos es triunfar.

—HENRY FORD

■ ■ ■

Hay partes de un barco que si están separadas se hundirían. El motor se hundiría. La hélice se hundiría. Pero cuando las partes de un barco se unen, flotan.

—RALPH W. SOCKMAN,
EN *THE TREASURE CHEST* [EL COFRE DEL TESORO]
EDITADO POR CHARLES L. WALLIS

■ ■ ■

Sé que sería un mentiroso o un necio si dijera que tengo el mejor de los tres lugares del Apolo 11, pero puedo decir con certeza y ecuanimidad que estoy perfectamente satisfecho con el que tengo. Esta operación se ha estructurado para tres hombres, y considero mi tercer lugar tan necesario como cualquiera de los otros dos.

—ASTRONAUTA MICHAEL COLLINS
(APOLO 11, PRIMERA EXPEDICIÓN A LA LUNA,
ÉL FUE EL PILOTO DURANTE LA ALUNIZACIÓN DE ARMSTRONG Y ALDRIN),
CARRYING THE FIRE: AN ASTRONAUT'S JOURNEY
[CON EL FUEGO POR ENCIMA: EL VIAJE DE UN ASTRONAUTA]

LA FORMACIÓN DE UN EQUIPO

Nuestras posibilidades de Grandeza para cada día aumentan cuando nos rodeamos de un equipo y una red de individuos fuertes.

Un día un pequeñuelo trataba de levantar una piedra pesada, pero no lograba moverla.

—¿Estás seguro de estar usando todas tus fuerzas? —le dijo finalmente su padre, quien lo observaba.

—¡Las estoy usando! —lloró el muchacho.

—No, no es así —contestó el padre—. No me has pedido ayuda.

—*BITS & PIECES*

■ ■ ■

No tema a quien podría tener una mejor idea, o incluso a quien podría ser más inteligente que usted.

David Ogilvy, fundador de la empresa de publicidad Ogilvy & Mather, les ilustró esto a los recién nombrados jefes de oficina enviando a cada uno un juego de muñecas rusas con cinco figuras dentro, cada una más inteligente que la anterior.

Su mensaje lo contenía el muñeco más pequeño: «Si cada uno de nosotros contrata personas más pequeñas que él mismo, nos volveremos una empresa de enanos. Pero si cada uno de nosotros contrata personas más grandes, Ogilvy & Mather se convertirá en una empresa de gigantes.

—DENIS WAITLEY,
PRIORITIES

■ ■ ■

Los hombres de primera clase contratan hombres de segunda clase; los hombres de segunda clase contratan hombres de tercera clase.

—LEO ROSTEN

■ ■ ■

MEZCLA DE TALENTO

La diversidad de talentos y pensamientos añade sabor a la vida y abre el camino al trabajo de equipo y la sinergia.

No se consigue armonía cuando todos cantan la misma nota.

—DOUG FLOYD

▪ ▪ ▪

La meta del matrimonio no es pensar igual sino pensar juntos.

—ROBERT C. DODDS

▪ ▪ ▪

Los esposos y las esposas se completan mutuamente, y el total de la unión se hace más fuerte y más maravilloso que la suma de las dos partes.

—WILLIAM J. BENNETT

▪ ▪ ▪

Muchas ideas crecen mejor cuando se transplantan a otra mente distinta de aquella en que brotan.

—OLIVER WENDELL HOLMES

▪ ▪ ▪

Una idea se puede volver polvo o magia, dependiendo del talento que la frote.

—WILLIAM BERNBACK

▪ ▪ ▪

En lo que incumbe a opiniones, moralidad y política no existe la objetividad. Lo mejor que podemos esperar es que la libertad facilite puntos de vista subjetivos para conocernos y complementarnos unos a otros.

—JEAN D'ORMESSON

Victoria compartida

La mayor parte de la vida es de naturaleza interdependiente. Por tanto, cuando subyugamos a otro nos subyugamos a nosotros mismos. Pero cuando encumbramos a otro también nos levantamos a nosotros mismos.

Ayude a cruzar al barco de su hermano, ¡y vea que el suyo ha llegado a la orilla!

—Proverbio hindú

▪ ▪ ▪

Un hombre no puede mantener a otro en la zanja sin permanecer en la zanja con él.

—Booker T. Washington

▪ ▪ ▪

No hay felicidad para quienes viven a expensas de otros.

—Anwar El-Sadat

▪ ▪ ▪

Cooperación es la total convicción de que nadie puede llegar a menos que cada uno llegue.

—Virginia Burden,
The Process of Intuition [El proceso de la intuición]

▪ ▪ ▪

Mientras esté usted impidiendo a alguien levantarse, alguna parte de usted tiene que estar abajo para evitar que esa persona suba, lo cual significa que usted no puede ascender como de otro modo podría.

—Marian Anderson

▪ ▪ ▪

Hay victorias del alma y el espíritu. En ocasiones, aunque usted pierda, gana.

—Elie Wiesel

▪ ▪ ▪

Considere los siguientes fragmentos de reflexiones, de nivel olímpico, sobre victoria compartida...

Berlín: Jesse Owens parecía seguro ganador de salto de longitud en los juegos de 1936. El año anterior había saltado 8,13 metros, un récord que iba a durar veinticinco años. Sin embargo, cuando Owens caminaba hacia la pista de salto, vio a un alemán alto, rubio y de ojos azules practicando saltos de casi ocho metros. Jesse se puso nervioso. Era consciente de la tensión que creaba su presencia. Sabía que el deseo de los nazis era probar la «superioridad» aria, especialmente sobre los negros.

La presión era abrumadora y en su primer salto Owens se impulsó sin darse cuenta pisando varios centímetros sobre el trampolín de despegue. Nervioso, en su segundo intento también cometió una falta. Estaba a solo un error de ser eliminado.

En este momento el larguirucho alemán se acercó a Jesse y se presentó como Luz Long. Entonces ocurrió algo asombroso. El hijo negro de un agricultor y el modelo blanco de la virilidad nazi conversaron a la vista de todo el estadio. ¿De qué estaban hablando?

Puesto que la distancia clasificatoria era de solo 7,04 metros, Long insinuó hacer una marca varios centímetros antes del trampolín de despegue, y saltar desde allí, solo para asegurar el salto. ¡Sorprendente! Al principio de la Segunda Guerra Mundial este modelo de fortaleza alemana estaba proporcionando ayuda técnica y palabras de aliento a un rival deportivo y extradeportivo.

Owens se clasificó fácilmente. En las finales estableció un récord olímpico y obtuvo la segunda de cuatro medallas de oro en los olímpicos de 1936. La primera persona en felicitarlo fue Luz Long, a la vista de Adolfo Hitler.

Jesse no volvió a ver a Long, porque el alemán murió en la Segunda Guerra Mundial. «Usted podría derretir todas las medallas y copas que tengo —escribió Owens después— y no podrían enchapar la amistad de veinticuatro quilates que sentí por Luz Long».

—DAVID WALLECHINSKY,
THE COMPLETE BOOK OF THE OLYMPICS
[EL LIBRO COMPLETO DE LAS OLIMPIADAS]

■ ■ ■

INNSBRUCK: En 1964, Eugenio Monti y Sergio Siorpaes de Italia fueron muy favorecidos en la competición de bobsleigh por pares. Pero mientras esperaban su segunda participación, el menos reputado equipo británico, integrado por Tony Nash y Robin Dixon estaba en un estado de desesperación. Después de una primera participación sensacional se había roto el tornillo de un eje de su trineo y parecía seguro que abandonarían.

Monti, con su segunda participación ya concluida, actuó rápidamente. Sacó el tornillo de su propio trineo y se lo ofreció a Nash. En uno de los más bruscos cambios en la historia de las olimpiadas, el equipo británico ganó la medalla de oro, mientras el de Monti terminó tercero.

Cuatro años después, Monti impulsó a la victoria olímpica tanto a sus trineos de dos hombres como a los de cuatro.

—BUD GREENSPAN,
PARADE

CÓMO VENCER LA ADVERSIDAD

*Si usted está levantando una tormenta,
no espere una navegación despejada.*
—P. P. SULLIVAN

Ya sea en el trabajo independiente o en equipo con otros, podemos esperar dificultades. Por tanto, el modo en que decidamos responder a la adversidad puede preparar o destruir nuestra habilidad para lograr los propósitos tras los que decidimos ir. Por fortuna, gran parte de las dificultades que enfrentamos en la vida obran finalmente a nuestro favor. Nos desafían. Nos enseñan. Nos hacen llegar un poco más alto y un poco más hondo.

Los principios que ayudan a vencer los obstáculos de la vida incluyen:

- Adaptabilidad

- Magnanimidad

- Perseverancia

16

ADAPTABILIDAD

En cuanto hay vida hay peligro.

Aunque algunos individuos dejan que la adversidad incline o destruya sus espíritus, otros rápidamente se adaptan al entorno y vencen las dificultades. La habilidad de adaptarse y de dar lo mejor en situaciones difíciles es una prueba segura de Grandeza para cada día.

A lo largo de los años *Selecciones de Reader's Digest* ha publicado cientos de historias conmovedoras y dramáticas de individuos que han vencido toda clase de impedimentos imaginables: ataques físicos, pérdida de seres queridos, desesperación económica, desastres naturales, etc. Recuerde, por ejemplo, las primeras historias de esta recopilación, que incluyen a John Baker, Betty Ford, Walt Disney, Maya Angelou y Luba Gercak. Cada uno es relato de cómo vencer la adversidad. Aunque cada sufrimiento es tan exclusivo como el individuo que lo enfrentó, hay algunas perlas comunes en cómo se adaptan y conquistan los vencedores. Varias de ellas se demuestran en «El mensaje de los arces» y en las otras dos historias de adaptabilidad que le siguen.

El mensaje de los arces

Edward Ziegler

Lo conozco como un hombre sabio, que vive en reclusión con su esposa, pero dispuesto, dijo, a recibirme si alguna vez estaba en esa parte de Nueva Inglaterra.

Lo había oído hablar hace años y recientemente había leído varios de sus libros. Ahora lo estaba buscando, porque tenía esperanzas de que su sabiduría pudiera aliviar la melancolía que me consumía y que oscurecía mis días. Las pérdidas económicas y una antigua discapacidad se habían combinado para quitarle gran parte de sabor a mi vida.

En un día claro de invierno, lo encontré en su granja cerca de Corinth, Vermont, rodeado de campos y bosques salpicados por la nieve. Tras años de escribir, dar conferencias y ayudar a los demás, como ministro y como «médico del alma», Edgar N. Jackson estaba poniendo en práctica ahora su propia sabiduría consigo mismo. Había sido golpeado por un grave derrame cerebral. Lo dejó paralizado del costado derecho e imposibilitado de hablar.

El pronóstico inicial había sido grave. Le dijeron a Estelle, su esposa durante cincuenta y tres años, que era improbable que recuperara el habla. Sin embargo, al cabo de pocas semanas había vuelto a obtener su capacidad de hablar y estaba decidido a recuperar todavía más de sus facultades.

Se puso de pie para saludarme. Era un hombre de aspecto distinguido, de mediana estatura, que se movía con lentitud, ayudado por un bastón, y que tenía una inequívoca chispa en la mirada. Me condujo hasta su estudio. Estaba lleno de libros, nuevos y viejos, todos rodeando un escritorio donde había una computadora, resmas de papel y revistas.

Me dijo que le alegraba oír que sus libros me habían ayudado. De hecho, así fue, les dije, pero aun así, se habían sumado una serie de infortunios a una angustia que no estaba seguro de poder dominar.

—Entonces, en un sentido, ha sido golpeado por la pena —dijo.

—Pero no he perdido a nadie cercano —respondí.

—No importa, lo que está atravesando está relacionado con el dolor. Lo esencial es hacer el duelo total por sus pérdidas y encontrar solaz aprendiendo a vivir con ellas. Las personas que no lo hacen —añadió—, terminan amargadas y desilusionadas por la angustia. No son capaces de encontrar solaz. Pero otros que usan creativamente el hecho del duelo pueden obtener una nueva sensibilidad y una fe más rica. Por eso escucha tantas veces que tenemos que desahogar nuestros sentimientos, expresar nuestras emociones. Eso es parte del proceso de duelo. Solo así puede seguir la sanidad.

"Déjeme mostrarle algo", ofreció, señalando a través de la ventana un sitio de arces desnudos, impasibles ante el fuerte viento que daba tirones a sus ramas yermas y enviaba hacia abajo un polvo del tenue brillo de la nevada de ayer. Un dueño anterior había plantado los arces en el perímetro de un campo de forraje de tres acres de superficie.

Salimos por una puerta lateral y nos movimos lentamente sobre la nieve crujiente hacia los pastos. En verano era un espacio rocoso con césped y flores silvestres, pero ahora era de color marrón y estaba marchito por las heladas. Advertí que entre cada árbol grande había hileras de alambre de púas.

«Hace sesenta años, el hombre que plantó estos árboles los usaba para resguardar la pastura y esto le ahorraba mucho trabajo de cavar agujeros para los postes. Era un trauma para los árboles jóvenes tener alambre de púas clavado en su tierna corteza. Algunos lucharon contra ellos. Otros se adaptaron. Así, por ejemplo, el alambre de púas ha sido aceptado e incorporado en la vida de este árbol, pero no en la del que está más allá».

Señaló un viejo árbol severamente desfigurado por el alambre. «¿Por qué ese árbol se daña a sí mismo luchando contra el alambre de púas, mientras que este que está aquí se convirtió en amo del alambre en lugar de ser su víctima?»

El árbol cercano no mostraba ninguna marca. En lugar de las cicatrices largas y dolorosas, parecía que el alambre había penetrado por un lado y salido por el otro, casi como si hubiera sido introducido por medio de un taladro.

«He pensado mucho acerca de esta arboleda», dijo mientras regresábamos a la casa. «¿Qué fuerzas internas posibilitan vencer una herida como la del alambre de púas, en lugar de permitir que desfigure el resto de su vida? ¿Cómo puede una persona transformar el duelo en un nuevo crecimiento en lugar de permitir que se convierta en una invasión que le destruye la vida?»

Edgar no podía encontrar explicación a lo que les pasaba a los arces, admitió. «Pero con las personas», continuó, «las cosas son mucho más claras. Hay maneras de enfrentar la adversidad y hacerse camino a través de ese período de pena. Primero, hay que tratar de mantener un aspecto juvenil. Luego, no tener resentimientos. Y quizá lo más importante de todo consista en hacer todos los esfuerzos necesarios para ser amable consigo mismo. Eso es lo difícil. Uno tiene que pasar mucho tiempo consigo mismo y la mayoría solemos ser demasiado críticos. Firme un tratado de paz consigo mismo, le digo. Perdónese por los tontos errores que ha cometido».

Después de otra mirada pensativa a la arboleda de arces, me condujo de regreso a la casa. «Si somos sabios en la manera en que manejamos el duelo, si podemos guardar un luto rápido y pleno, el alambre de púas no gana. Podemos vencer toda angustia y vivir la vida triunfante».

Estelle apareció con una porción de pastel de manzanas y una taza de café. «Intento mantener un margen de crecimiento en mi vida, buscando nuevos conocimientos, nuevas amistades, nuevas experiencias», continuó Edgar, mirando la nueva computadora y una media decena de libros nuevos en su escritorio. Había estado librando su propia batalla. Aún se sentía frustrado por la parálisis parcial de su costado derecho, pero no le daba lugar a la derrota.

«Podemos usar nuestras experiencias dolorosas como excusas para replegarnos. O podemos aceptar las promesas de resurrección y renacimiento». Su mirada se desvió hacia el forraje con un manto de nieve al otro lado del camino.

—Usted tiene sus problemas. Yo tengo mis propias luchas. Yo voy a trabajar en las mías —me ofreció—, si usted trabaja en los suyos.

—Gracias, lo haré —prometí y nos dimos la mano. Habíamos hecho un trato. Sentí que había obtenido una nueva forma de entender y ahora tenía una estrategia para manejar mis penas.

Mientras conducía por el valle, pude dar un vistazo a su granja entre las praderas. El viento jugaba con las partes encumbradas de esos postes de cerca vivientes que, aunque seguían siendo misteriosos, tenían mucho que decirnos a todos.

Muchas adversidades de la vida son a corto plazo y se detienen rápidamente cuando encontramos un nuevo empleo, solucionamos una discusión, o nos recuperamos de un resfriado. Pero otras formas de adversidad son a largo plazo: la pérdida de un ser querido, una dolencia física permanente, una relación familiar desalentadora o un trágico accidente no son temporales, ni se quitan fácilmente. En tales casos, los arces de Edgar Jackson proporcionan esperanza y guía. Nos enseñan el poder de confrontar la adversidad, adaptarnos y seguir adelante.

A veces la adaptación significa «haga lo que debe hacer». El joven de la siguiente historia sabe muy bien cómo hacerlo.

EL COMPETIDOR

Derek Burnett

Kyle Maynard estaba tratando arduamente de no perder ante el tipo del parque de atracciones *Six Flags*. Con el transcurso de los años, había desarrollado un repertorio de tácticas de persuasión; desde recurrir al encanto hasta sus proezas de fuerza, por ejemplo, hacer dos docenas de abdominales. Pero el operador de la montaña rusa no se movía. No dejaría que Kyle subiera a la atracción, porque cuando miraba a Kyle no veía a un atleta estrella ni a un muchacho bien adaptado, capacitado. Veía una denuncia legal y, en la lista de acusados, justo debajo del nombre del parque, veía su propio nombre en letras grandes. No hay nada que hacer, amigo.

Así, abochornado frente a sus amigos, Kyle se dejó llevar por el encanto y el humor.

Ante un público de doscientos espectadores, hizo este desafío: «Tú ve y encuentra al tipo más grandote que trabaje aquí y si puede evitar que suba a la montaña rusa, no lo haré».

Para un desconocido, el desafío podría causarle risa. Un inexperto podía haber visto las cosas como lo hacía el tipo de Six Flags.

Después de todo, Kyle Maynard, de pie cerca de su silla de ruedas, medía apenas un metro veinte centímetros. Sus brazos terminaban en muñones en los codos; sus piernas estaban aún más atrofiadas. ¿Alguien con ese cuerpo podría permanecer en la silla de la montaña rusa?

Si usted fuera Kyle Maynard o uno de sus amigos, nada podría ser más ridículo que la idea de que él no podía ir en una montaña rusa. Usted esperaría, por el bien del empleado más grande de Six Flags, que nadie aceptara el reto. Porque una vez que se metiera en el universo de Kyle Maynard, aprendería que discapacitado no quiere decir incapaz.

Cuando Anita Maynard estaba embarazada de su primer hijo, los médicos le dijeron a ella y a su esposo, Scott, que no podían encontrar las piernas del bebé en la ecografía. Sin embargo, después de una segunda inspección, les aseguraron a los Maynard que de hecho el niño poseía miembros inferiores. Luego nació Kyle.

Lo que los médicos habían confundido por piernas resultaron ser un par de pies deformados justo debajo de la cadera del bebé. No tenía manos.

Sus brazos estaban por la mitad. En resumen, Anita recordaba: «Él era maravilloso. Su rostro simplemente brillaba. Cabello rubio, ojos azules, piel de durazno».

La joven pareja no sabía qué esperar. Nunca habían visto a nadie como Kyle, entonces decidieron dejar que cada día trajera su propio afán. Y muy rápidamente, se olvidaron de pensar en Kyle como un discapacitado. «Hacía todo como cualquier bebé», decía Scott. «Gateaba, jugaba con los juguetes. Lloraba. Se reía».

Con la garantía de que la condición de Kyle no era genética —y muy improbable que apareciera en otro hijo—, Scott y Anita tuvieron tres hijas más. Y si Kyle no les parecía discapacitado a sus padres, para sus hermanas era todavía menos novedad. Él jugaba con ellas como cualquier otro hermano mayor, uniéndose a ellas para jugar a las escondidas o para peleas de agua con los niños del vecindario.

Antes de comenzar la escuela, le pusieron prótesis. Normalmente ágil, Kyle estaba ahora restringido por los falsos miembros. Las piernas no le dejaban levantarse cuando estaba sentado en el piso. Los brazos tenían manguitos de látex hasta las axilas y arneses cruzándole la espalda. Nunca se sentía cómodo. En la hora de contar cuentos en el jardín de párvulos, Kyle y sus compañeros de clase se sentaban en la alfombra y cuando llegaba el momento de volver a sus asientos, él se quedaba atrás hasta que viniera un adulto a ayudarlo.

«Mamá», dijo un día Kyle con un suspiro, «no quiero usar más estas cosas. Quiero poder bajar y jugar con los niños».

Esa fue la última vez que usó prótesis. «Simplemente nos desharemos de ellas», anunció Anita. «Y él puede brincar y dar saltos mortales y una vuelta de carnero y sentarse para la hora de los cuentos y después correr de vuelta a su silla».

Kyle prosperaba sin los miembros. Cuando sus compañeros de clase aprendieron a colorear los renglones, él también lo hizo, tomando el crayón entre los extremos de los brazos.

Cuando aprendían a escribir, él desarrolló una escritura perfecta junto a ellos. Para las distancias largas, y para no estar en la mugre, Kyle tenía una silla de ruedas eléctrica, pero la dejaba de lado cuando estaba en casa o en cualquier otro lugar donde fuera práctico usar el cuerpo que Dios le había dado.

Kyle aprendió a alimentarse tomando una cuchara entre los extremos de sus brazos (uno encima del otro), recogiendo el cereal o lo que fuera y luego haciendo girar todo el asunto y colocando el alimento prolijamente en su boca. No hay nada raro en esto; la maniobra requiere tanta concentración como la que le costaría a usted. Sin embargo Kyle ha realizado la operación ante las cámaras de televisión. Imagine un mundo en el que las personas vienen a su casa para filmarlo mientras come con una cuchara. Ya se está haciendo una idea de la vida en el universo de Kyle Maynard.

Anteriormente, toda la familia Maynard aprendió a usar el humor para tratar con los extraños y sus reacciones. Más de una vez, Scott y Anita les dieron a sus hijos el discurso de cómo debe perdonarse a la gente por su curiosidad natural. Sin embargo, les dieron límites. «Les damos a las personas tal vez cinco minutos para que lo miren», sonrió Anita, «luego les contamos el cuento del ataque del tigre».

Una vez, en la playa, Kyle y algunos amigos llevaron su humor tal vez demasiado lejos. Untaron sus miembros con salsa de tomate y luego corrieron al agua gritando que había un tiburón. A las personas no les divirtió.

Kyle comenzó a jugar al fútbol a los once años de edad. Scott pensó que era una gran idea, pero a Anita hubo que convencerla. Los hombres de la casa prevalecieron y el equipo de escuela intermedia contó con un nuevo y muy pequeño traje deportivo.

Al observar los vídeos de los partidos de Kyle, uno se pregunta cómo pudo aguantarlo Anita, viendo a su hijo golpeado, en el lodo, cerca de todas esas rodillas que se balanceaban. Uno se sorprende por lo valiente e incansable que es el niño. Debido a la forma de sus pies, nunca tuvo un par de zapatos en su vida; en el campo de fútbol usaba medias con hombreras sobre ellas, una frágil protección contra la lluvia de estampidas de los oponentes.

Fue entonces cuando Kyle comenzó por primera vez a llamar la atención de la gente que lo consideraba un valiente y una fuente de inspiración. Era algo surrealista para Kyle y su familia. Él no intentaba inspirar a nadie o hacerse de un nombre; él solo quería jugar al fútbol. No obstante, lo tomaba jocosamente. Bien parecido y precoz, contestaba preguntas de los medios de comunicación. Hizo el truco de la cuchara para ellos.

Kyle empezó a entrenarse para fortalecerse, dándole un poder impresionante a sus brazos y a su torso.

Decidió que su deporte era la lucha. Ahora era a Scott, que había sido luchador durante sus años de escuela secundaria, al que había que convencer. Era diferente de estar en un equipo de fútbol donde si pierdes no es culpa de nadie en particular. Si Kyle perdía un encuentro de lucha, sería porque su oponente había actuado mejor que él. ¿Podría soportarlo?

La respuesta terminó siendo sí. Por dos motivos: Kyle perdía todos los encuentros. Los torneos de lucha solían ser prolongados, de todo el día, y a veces Kyle tenía que levantarse a las 5 de la mañana para un encuentro, perder, luego tener que estar sentado sin hacer nada esperando luchar de nuevo por la tarde, para luego volver a perder. Era desmoralizante. Sin embargo, se negaba a dejarlo.

Afortunadamente, el entrenador de Kyle, Cliff Ramos, había adoptado un enfoque creativo y de mente abierta para trabajar con Kyle. «Al principio, no sabía qué hacer con Kyle», admitió Ramos. «Su cuerpo era tan diferente. Pero entonces comenzamos a intentar usar su forma como una ventaja e inventamos algunas llaves y movimientos usando su barbilla y sus brazos».

Y Kyle comenzó a ganar. Con su torso enormemente fuerte y sus inteligentes estrategias, se convirtió en un rival respetado en su categoría de peso de 103 libras.

Los rivales que sentían escrúpulos o lástima por él pronto se encontraban vencidos sin misericordia. Algunos padres y entrenadores hasta se quejaban de que la mayoría de los de su peso eran niños con miembros fibrosos, Kyle tenía una ventaja injusta sobre ellos.

Lo que parece ridículo, hasta que uno tiene en cuenta que Kyle ganó una vez el título de Adolescente Más Fuerte por hacer veintitrés repeticiones de mariposa con 240 libras encadenadas a esposas acolchadas en sus brazos. Una vez hizo una única repetición con 420 libras. Gradualmente iba a llegar a las 500. Pero dijo: «Necesito conseguir cadenas más gruesas».

Una tarde de verano, Kyle condujo en la camioneta de su madre, preparada con extensiones que le permitían manipular los pedales con sus brazos, hasta la práctica de lucha. En la escuela, Kyle descubrió que había olvidado su llave del ascensor que le da acceso con silla de ruedas a la sala de lucha que está en el segundo piso. «Bueno», dijo, subiendo con energía por la escalera y saltando desde la silla de ruedas, que dejó en el corredor. Gateó por la mugrosa escalera, lo que hizo que pareciera como si acabara de visitar al equipo campo a través justo después de la práctica.

Más tarde, de regreso en casa, se lo mencionó a Anita, una maniática confesa de los gérmenes, que se asustó visiblemente.

—¿Por qué no le pediste a algún empleado que te trajera la llave del ascensor? —le preguntó ella.

—No quería esperar —respondió Kyle—. Además, a veces tienes que hacer lo que tienes que hacer.

Ese cliché particular es uno de los que salen con facilidad de la boca de Kyle. También le soltará este: «Sé qué puedo hacerlo, y lo voy a hacer».

Su seriedad es lo que inspira a la gente, porque con claridad proviene de una imagen propia sólida como una roca, completamente carente de autocompasión.

Los medios de prensa encontraron de nuevo a Kyle hacia finales de su escuela secundaria, cuando se convirtió en miembro destacado del equipo de lucha de la universidad. En el fútbol había sido un gesto de bondad que le permitieran jugar con los niños no discapacitados. Pero en la lucha, él los dominaba.

En un torneo, un tipo de mediana edad se acercó a Scott. Había visto a Kyle en la televisión y quería conocerlo, ya que, dijo, Kyle le había salvado la vida.

Con sobrepeso, diabético, sin salud y deprimido, el hombre se había sentido sobrecogido por la actitud positiva de Kyle y había dado un giro completo a su vida. «Su hijo es un antidepresivo humano», le dijo a Scott.

Cuando llegó el término de su temporada final, Kyle estaba allí con algunos de los mejores luchadores del Sudeste. Acabó segundo en las regionales. Para el mes que faltaba para el torneo estatal, se quedaba dos o más horas después de la práctica cada noche, trabajando hasta mucho más tarde de lo que sus compañeros llegaban a casa. Su meta todas las noches, dijo, «era no poder llegar a mi silla de ruedas debido al cansancio». En el estado, sufrió dos derrotas lamentables. Pero, debido a su récord, se le otorgó un permiso para participar en el Campeonato Titular de Lucha, donde terminó entre los doce primeros.

Kyle confesaba su sincero asombro por la atención que le daban a, como decía él, «un atleta de escuela secundaria promedio». Así lo explicó dos meses después de graduarse, como disertante invitado en un foro para los discapacitados: no hay excusas. «Cualquiera», le dijo a la multitud, «puede sobrepasar sus límites y lograr sus sueños».

En agosto de 2004, Kyle comenzó sus estudios en la Universidad de Georgia. (Terminó la escuela secundaria con una magnífica calificación media y escribía un promedio de cincuenta palabras por minuto, usando los pequeños apéndices de los extremos de sus brazos.) Ya que la universidad no tiene equipo de lucha en la liga, se unió a un club. Quiere continuar dando conferencias públicas, estudiando psicología del deporte, tal vez convertirse en entrenador o gestionar un centro de cultura física.

Una vez un juez sentenció a un niño problemático a pasar un día con Kyle para que aprendiera algo sobre la adversidad. Hijo de padres divorciados, el muchacho fue expulsado de la escuela por pelear y andaba por la mala senda. Sin embargo, fue Kyle el que aprendió sobre las dificultades. «La gente piensa que tengo una mala vida», explicó Kyle: «Miren mi vida en comparación con la de este muchacho. Yo tengo una familia hermosa que me ama. Todos tenemos luchas. Mis luchas solo son más evidentes».

Y, una vez que se comprende, esa es la parte que lo convierte en un miembro del universo de Kyle Maynard. Su magia reside en que él puede hacerle creer que si usted estuviera en su lugar, haría exactamente lo que ha hecho él.

Comienza a ver que lo especial que tiene Kyle no está disminuido porque terminó siendo un tipo normal; él es especial exactamente porque es un tipo normal. Y cuando él lo convence de eso, uno comienza a verse a sí mismo y a las personas que lo rodean como fuerzas de la naturaleza irreprimibles y potencialmente imparables. Lo único que debemos hacer es recordarlo de vez en cuando.

Todo el mundo tiene retos; nadie está exento. Pero lo que Kyle nos enseña es que no se logra nada bueno sentado quejándose. Al contrario, él reconoció sus «límites», los aceptó, y buscó formas de vencerlos. Luego salió e hizo lo que «debía hacer».

Cuando la vida se nos vuelve difícil, a veces un poco de humor oportuno puede ayudar a nuestra adaptación.

LA TERAPIA DE LA RISA
Robert Schimmel

Recuerdo la primera vez que entré a la Clínica Mayo en Scottsdale, Arizona, después de que se me dijera que tenía cáncer. Me acordé de ese cartel: «La evolución del hombre». Salvo que yo estaba observando una fila de pacientes de quimioterapia calvos, delgados, con la piel pálida, con tubos intravenosos en sus brazos. *¿Esa es la evolución?*, me dije en tono de broma. Ese fue el comienzo de mi camino a la recuperación.

Desde niño me fascinó el poder de la risa. Mis padres, que eran supervivientes del Holocausto, tenían un sentido del humor magnífico y me hicieron conocer a algunos de los grandes comediantes de nuestra época. Crecí mirando a Jackie Gleason, Ernie Kovacs, Sid Caesar, Jonathan Winters, Los tres chiflados y los Hermanos Marx. Siendo niño, aprendí que si uno podía hacer reír a la gente, uno le gustaba a todos. Y mi deseo de hacer reír a la gente era adictivo. No tenía forma de saber entonces que el poder de la risa podía salvar mi vida.

En marzo de 1999, actué en el Festival de Arte de la Comedia estadounidense en Aspen, Colorado, una reunión de muchos cómicos de primera línea y de ejecutivos de Hollywood que podrían contratarlos. Por algún motivo, tuve éxito. Fui la comidilla del festival. Unos pocos días más tarde me ofrecieron mi propio especial en el canal *HBO*. Después llegó un contrato para mi tercer disco compacto de comedia. Al poco tiempo, las redes de televisión me estaban ofreciendo mi propio programa de comedia de situaciones, y Fox eligió mi espectáculo *Schimmel* para su temporada de otoño de 2000.

El 2 de junio de 2000, llegué a Las Vegas para mi primera aparición en el Monte Carlo Resort & Casino. En el aeropuerto vi un enorme cartel con mi foto. Fuera del hotel, había otro cartel: «Robert Schimmel: 2 y 3 de junio». Estaba camino al estrellato, impulsado por un cohete.

Dos días después, me sentí agotado y con fiebre, así que fui a mi médico. Pensé que tenía gripe. Encontró una pequeña protuberancia debajo de mi brazo izquierdo y me preguntó cuánto hacía que la tenía. No sabía. No lo había advertido. Pidió una tomografía computarizada y una biopsia.

Cuando me desperté en la sala de recuperación, tenía un gran vendaje en mi axila derecha. Mi médico entró y dijo que había encontrado un bulto más grande, del tamaño de un albaricoque, debajo de mi brazo derecho. Lo siguiente que recuerdo es estar en el consultorio del médico con mi mamá, mi papá y mi esposa. El médico entró con mis películas. Me dijo que el bulto era maligno. Cáncer. No linfoma de Hodgkin. Así es mi suerte, dije: no tenía el que llevaba el nombre del tipo ese, Hodgkin.

Lo más difícil fue contárselo a mis hijos. Esta no era nuestra primera experiencia. En 1992, perdí a mi hijo Derek por un cáncer de cerebro. Tenía once años. Ahora mis otros hijos iban a verme pasar por el mismo tratamiento que pasó él. Sabía que tenía que hacer todo lo posible por mantenerme positivo, tratar de eliminar su temor a perderme a mí también.

Puesto que ya tenía metástasis, la radioterapia no era una opción. En vez de eso, tenía que hacer quimioterapia. Si la quimioterapia no funcionaba, tenía seis meses de vida. Si funcionaba, tenía un 49 por ciento de posibilidad de vivir dos años sin una recaída. Otra cosa más: Existía el riesgo de volverme estéril y no poder tener más hijos.

—Si muero —le dije a mi esposa—. Lamento todas las cosas malas que alguna vez te hice.

—¿Y si no te mueres? —respondió ella—. ¿Seguirías lamentándolo?

En mi primer día en la Clínica Mayo, encontré un asiento al lado de este tipo Bill, que también tenía que hacerse quimioterapia. Era cincuentón. Era delgado y se le estaba cayendo el pelo. Le pregunté cómo le iba.

—¿Cómo te parece que me va? —preguntó—. Tengo cáncer.

—Me llamo Robert —intenté iniciar una conversación—. ¡Yo también tengo cáncer!

—Bueno, esta debe ser tu primera sesión de tratamiento, Robert. Hablemos después de que hayas pasado por dos o tres más. Entonces veremos cuán contento estarás.

La enfermera sugirió que me cambiara de lugar. Dijo que Bill tenía una actitud negativa y que la gente como él arrastraba a todos hacia abajo con ellos.

Más tarde, uno de mis médicos me dijo que hay dos tipos de personas cuando se trata del cáncer: Los transmisores y los transformadores. Los transmisores toman la experiencia negativa y transmiten la negatividad a todos los que los rodean. Los transformadores transforman la negatividad en algo positivo. Aunque no conocía esos términos cuando conocí a Bill, ahí mismo decidí ser un transformador.

Le pregunté a Bill si había ido a algún grupo de apoyo. Dijo que no; no le gustaba oír un montón de historias tristes. Le dije que yo había ido a uno la noche anterior, para prepararme ante lo que iba a enfrentar. Allí, una mujer estaba mal porque pensaba que su marido no la encontraría atractiva una vez que comenzara a perder el cabello.

Le conté a Bill que la miré y pensé: *¿Atractiva? Señora, si cree que ahora luce atractiva, tal vez necesite que le examinen también los ojos.*

Comenzó a reírse. Las enfermeras me preguntaron qué le había dicho; nunca lo habían visto sonreír. Y cuando llegué a mi segunda sesión de quimio, allí estaba Bill, guardándome un asiento. Nos contamos chistes todo el día mientras nos daban nuestro tratamiento.

Comencé a llevar discos compactos de comedia a la clínica y a escucharlos mientras me hacían la quimioterapia. Antes de darme cuenta, mi sesión había terminado. Les presté mis discos a otros pacientes. A poco andar, también se estaban riendo.

Mientras estaba en el hospital me prometí a mí mismo que, si salía de allí, nunca iba a olvidar a los que seguían luchando contra la enfermedad. También le prometí a mi médico: usaré la comedia para despertar la conciencia respecto del cáncer y no voy a dejar de hacer reír a la gente hasta que me quede sin trabajo.

Cuando a uno le diagnostican cáncer, empieza a negociar con Dios: «Déjame atravesar esto y me cuidaré más. Pondré mis prioridades en orden. Aprenderé a vivir cada día como si fuera el último». Una vez, mientras estaba en quimioterapia, pensé: *¿No es triste que tengas que enfermarte para disponerte a vivir la vida a plenitud?*

El 5 de junio de 2000, creí que nunca iba a ver la luz al final del túnel. De una manera extraña, sin embargo, es como si el cáncer fuera el primer brillo de luz. Para mí, enfermarme fue un don. Antes de que sucediera, había pasado mi vida en la oscuridad, como un caballo con anteojeras. Cuando me lo diagnosticaron, las anteojeras se me cayeron. Ahora estoy calentándome bajo la luz.

Otra cosa más: El 5 de junio de 2003 nació mi hijo Sam, tres años después del día en que me dijeron que tenía cáncer.

Robert Schimmel estaba decidido a ser un transformador. Un transformador es lo mismo que alguien de transición, algo a lo cual me referí en la Introducción: alguien que toma los acontecimientos negativos de la vida y los trasforma en algo positivo. Robert decidió hacerlo de la mejor manera que sabía: por medio de la risa. Reír no solo tiene efectos curativos sino que también es contagioso. Aunque no solucionará todos los problemas, aligerará la carga y suavizará el camino.

~~~)

Elaboración final

La adversidad siempre insiste en que respondamos una serie de preguntas: ¿Nos adaptaremos a hacer lo que debemos hacer y seguiremos adelante, o permitiremos que las dificultades nos venzan? ¿Seremos transmisores o transformadores? ¿Encontraremos la oportunidad y lo bueno que hay aun en lo malo, o hallaremos tormentas en cada atardecer? Cuando creo en posibles respuestas a estas preguntas me acuerdo de mi hermana, quien, durante los últimos meses de su vida y en su batalla con el cáncer, agarró la oportunidad de usar su enfermedad como terreno de entrenamiento para enseñar a sus hijos a arreglárselas y a sonreír frente a los obstáculos. Ella utilizó su cáncer para enseñarles a cumplir con la vida hasta el final. Al morir dejó un legado de Grandeza para cada día que siempre estará grabado no solo en las mentes de sus hijos sino en las de quienes tuvimos la dicha de conocerla. La dificultad es la etapa en la cual se realizan muchas acciones de Grandeza para cada día.

Reflexiones

- ¿Conoce usted a alguien que sea un ejemplo de cómo tratar con la adversidad? ¿Qué características exhibe esa persona cuando enfrenta dificultades?

- Al tener que enfrentar dificultades, ¿tiende usted a adaptarse y, como Kyle, hacer lo necesario para seguir adelante, o deja que la dificultad lo ahogue y lo retraiga? ¿Qué ejemplos de su pasado representan mejor su habilidad para vencer la adversidad?

- Cuando usted enfrenta adversidades, ¿tiene más de transmisor que de transformador?

- Robert Schimmel no solo usó el humor para adaptarse sino también para ayudar a otros a superar sus dificultades. ¿Ha contado usted algunos chistes últimamente?

Más reflexiones sobre la
Adaptabilidad

~

Cómo sobreponerse

Al enfrentar dificultades, los triunfadores encuentran maneras de sobreponerse y aderezar las circunstancias.

Aunque el mundo está lleno de sufrimiento, también está lleno de victorias sobre el sufrimiento.

—HELEN KELLER

■ ■ ■

La adversidad hace que algunos hombres se rompan, otros rompen récords.

—WILLIAM ARTHUR WARD,
QUOTE

■ ■ ■

Las aves cantan después de una tormenta. ¿Por qué no nosotros?

—ROSE KENNEDY

■ ■ ■

La mayoría de las personas cree que los campos de concentración eran como fosos de serpientes; que la gente pisaba a los demás para sobrevivir. No fue así en absoluto. Había amabilidad, apoyo y comprensión.

Una amiga mía de la infancia, Ilse, encontró una vez una frambuesa en el campamento y la llevó todo el día en el bolsillo para regalármela esa noche en una hoja. Esos son los momentos que deseo recordar. La gente se comportó noblemente bajo circunstancias inenarrables.

—GERDA WEISSMANN KLEIN,
EN *THE CHRISTIAN SCIENCE MONITOR* [EL MONITOR DE LA CIENCIA CRISTIANA]

■ ■ ■

En muchos casos no podemos controlar lo que nos sucede, pero sí podemos controlar nuestras reacciones ante lo que nos ocurre. Podemos permanecer derribados en espera de la cuenta atrás y de que nos saquen del cuadrilátero, o podemos ponernos de pie por nosotros mismos.

—ANN LANDERS,
THE ANN LANDERS ENCYCLOPEDIA A TO Z
[ENCICLOPEDIA DE ANN LANDERS DE LA A A LA Z]

Revestimientos de plata

A menudo la adversidad saca el verdadero espíritu y el carácter dentro de las personas, y las lleva a tomar las más nobles de las decisiones.

La adversidad es la prueba del principio. Sin ella, difícilmente un hombre sabe si es sincero o no.

—Henry Fielding

■ ■ ■

A los ochenta y tres años Thomas Edison seguía siendo tan intensamente activo como siempre, y cuando le propusieron liberarse de su sordera, él se negó, diciendo que su enfermedad le ayudaba a pensar, y «deseo pensar mucho más antes de morir».

—Gamaliel Bradform,
Nations Business

■ ■ ■

El golf sin bancos de arena y sin peligros sería insulso y monótono. Así también la vida.

—B. C. Forbes,
en *Forbes Epigrams* [Epigramas de Forbes]

■ ■ ■

Todo el mundo enfrenta adversidades en algún momento. Creo que si no aprendemos de ellas, entonces solo fueron un castigo. Pero si usted las usa, entonces se convierten en lecciones.

—Dr. Phil McGraw

■ ■ ■

La piedra preciosa no se puede pulir sin fricción.

—Proverbio chino

■ ■ ■

Un día de principios de primavera conocí a un anciano agricultor. Había llovido mucho y comenté cuánto bien debía hacer a las cosechas tener tanta lluvia a principios de la estación. Él contestó: «No, si el clima es ahora poco severo con las cosechas, las plantas solo echan raíces en la superficie. Si eso ocurre, entonces una tormenta podría destruirlas fácilmente. Sin embargo, si las cosas no son tan fáciles al principio, entonces las plantas tendrán que desarrollar las raíces fuertes y profundas que necesitan para obtener todo el agua y el alimento que yace abajo. Así es más probable que sobrevivan si llega una tormenta o una sequía». Ahora veo los tiempos difíciles como una oportunidad para profundizar algunas raíces que me ayuden en futuras tormentas que podrían llegar a mi camino.

—JERRY STEMKOSKI

■ ■ ■

Ojalá se presenten bastantes nubes en sus días para que hagan un hermoso atardecer.

—REBECCA GREGORY

■ ■ ■

Miremos donde miremos en esta tierra, las oportunidades toman forma dentro de los problemas.

—NELSON A. ROCKEFELLER

Solución de problemas

Cuando surgen problemas hacemos bien si actuamos rápidamente para agotarles el impulso y seguir adelante.

Nunca varié de la regla directiva de que lo peor que podemos hacer es considerarnos fuera de juego ante cualquier problema. No hacer nada es una cómoda alternativa porque no tiene riesgo inmediato, pero es una manera absolutamente fatal de conducir un negocio.

—Thomas J. Watson, hijo,
en *Fortune*

■ ■ ■

Hay un momento en la vida de cada problema que es demasiado grande para verlo, pero demasiado pequeño para solucionarlo.

—Mike Leavitt

■ ■ ■

Un día en la Grand Central Station observé al hombre detrás de la ventanilla de información. La gente se arremolinaba a su alrededor, gritando y exigiendo, pero él no se ponía nervioso. Escogía a alguien, lo miraba directamente y respondía su pregunta de modo lento y pausado. No le quitaba la mirada, no ponía la más mínima atención a los demás hasta que había terminado, señalado a su próximo interpelante. Al llegar mi turno lo felicité por su aplomo y su atención. Sonrió. «He aprendido —manifestó—, a concentrarme en una persona a la vez y analizar su problema hasta que se haya solucionado. De otro modo me volvería loco».

—Norman Vincent Peale

■ ■ ■

Un verdadero problema bien expresado es un problema medio resuelto.

—Charles F. Kettering

■ ■ ■

Hay mil asperezas en las ramas del mal para alguien que está atacando la raíz.

—Henry David Thoreau

REDÚZCALO DE TAMAÑO

Una manera de encontrar alivio del estrés es reducir de tamaño los desafíos, tomando uno a la vez.

Cuando se le preguntó a sir Henry Morton Stanley si le había asustado la selva que había intimidado a anteriores exploradores, dijo:

No vi el todo. Solo vi esta roca que había ante mí; solo vi esta serpiente venenosa que debía matar para dar el siguiente paso. Solo vi el problema que estaba directamente frente a mí. Si hubiera visto todo el conjunto me habría abrumado demasiado para intentarlo.

—JOHN MACK CARTER Y JOAN FEENY,
STARTING AT THE TOP [CÓMO EMPEZAR POR LA CIMA]

■ ■ ■

No lleve más de una clase de problema a la vez. Algunas personas soportan tres: Todo lo que han tenido, todo lo que ahora tienen, y todo lo que esperan tener.

—EDWARD EVERETT HALE

■ ■ ■

Lo que le dice el médico del ejército al soldado que enfrenta fatiga de combate:

Piense en su vida como un reloj de arena. Todos los miles de granos de arena de arriba pasan lenta y uniformemente por el cuello estrecho en el medio, uno a uno. Usted, todos los demás y yo somos como este reloj de arena. Cuando empezamos en la mañana hay centenares de tareas que sentimos que debemos lograr ese día, pero si no las tomamos una a la vez y las dejamos pasar lenta y uniformemente por el día, estamos obligados a acabar con nuestra estructura física o mental.

—DALE CARNEGIE,
HOW TO STOP WORRYING AND START LIVING
[CÓMO SUPRIMIR LAS PREOCUPACIONES Y DISFRUTAR DE LA VIDA]

■ ■ ■

La verdadera clave para calmar el estrés es controlar las molestias que usted tiene el poder de cambiar, y aceptar las que no puede cambiar. Hay mucho de verdad en la oración de la serenidad recitada en las reuniones de Alcohólicos Anónimos: «Señor, concédeme la serenidad para aceptar las cosas que no puedo cambiar, valor para cambiar las que sí puedo y sabiduría para saber la diferencia».

—Dr. Paul J. Rosch

Cómo obrar de adentro hacia afuera

Es frecuente que quienes encuentran dificultades busquen causas o culpas exteriores. Pero la mejor forma de empezar a cambiar y a progresar es mirar primero hacia dentro: comenzar con uno mismo.

Con frecuencia cambiamos de trabajo, amigos y cónyuges en vez de cambiarnos nosotros.

—AKBARALI H. HETHA

■ ■ ■

Un general chino lo dijo de este modo: «Si se debe ordenar el mundo, primero debe cambiar mi nación. Si se debe cambiar mi nación, es necesario arreglar mi pueblo natal. Si hay que reorganizar mi pueblo natal, primero es necesario corregir a mi familia. Si se debe revitalizar a mi familia, debo empezar conmigo».

—A. PURNELL BAILEY

■ ■ ■

Todo el mundo piensa en cambiar la humanidad, pero nadie piensa en cambiarse a sí mismo.

—LEÓN TOLSTOI

■ ■ ■

Quien no puede cambiar la estructura misma de su pensamiento nunca podrá cambiar la realidad.

—ANWAR EL-SADAT,
IN SEARCH OF IDENTITY [EN BUSCA DE IDENTIDAD]

■ ■ ■

Que todos barran frente a sus puertas y todo el mundo estará limpio.

—GOETHE

■ ■ ■

Cuando alguien está desconectado de sí mismo no puede estar en contacto con otros.

—ANNE MORROW LINDBERGH,
GIFT OF THE SEA [EL REGALO DEL MAR]

Humor

A veces, cuando estamos deprimidos, la mejor solución es reír y seguir adelante, porque muchos aspectos de la vida sencillamente no se pueden tomar muy en serio.

La risa es el sol que saca el invierno del rostro humano.

—Víctor Hugo

■ ■ ■

Hay tantos enredos en la vida definitivamente desesperados que no nos queda espada más adecuada que la risa.

—Gordon W. Allport, PhD.

■ ■ ■

Si usted va a poder reírse de algo que recuerde, también puede reírse ahora, antes de que sea un recuerdo.

—Marie Osmond

■ ■ ■

La risa nos permite distanciarnos. Nos deja contemplar un suceso con cierta perspectiva, tratar con él y luego seguir adelante.

—Bob Newhart

■ ■ ■

Acerca de por qué empezó a hacer comedia de las pequeñas adversidades a temprana edad:

La comedia es tragedia revivida. Por ejemplo, horneé una torta de crema, la dejé enfriar, y se formó un charco de agua en la parte superior. La llevé al lavaplatos y la incliné levemente para quitarle el agua. Pero todo el interior se fue por el fregadero. Se perdieron dos horas de trabajo.

—Phyllis Diller,
en *Morning Edition* [Edición matutina] de National Public Radio

■ ■ ■

Un hombre sin regocijo es como un carromato sin amortiguadores. Da tumbos de manera desagradable con cualquier piedrecilla del camino.

—Henry Ward Beecher

17

MAGNANIMIDAD

*No permitiré que ningún hombre estreche
y degrade mi alma haciendo que lo odie.*

—BOOKER T. WASHINGTON

L a capacidad de dominar las propias emociones y acciones en respuesta a vejaciones hechas por otros resulta cada vez más rara en esta moderna sociedad amante de los pleitos. Pero ese dominio está en el mismísimo núcleo del principio de magnanimidad; porque alguien magnánimo es quien rechaza la venganza y se sobrepone a la ira mientras va tras fines más dignos.

Alguien que conoció bien el significado de la magnanimidad fue Mahatma Gandhi. En toda su vida hubieron muchas ocasiones en que fácilmente pudo haber dejado que el enojo gobernara sus pensamientos y acciones. Pero en vez de eso optó por la magnanimidad sobre la venganza como su guía para tomar decisiones. En el proceso influyó en gran manera a quienes lo rodeaban. Una de estas personas fue Vijaya Lakshmi Pandit, ex alto comisionado para la India en el Reino Unido. Ella aprendió directamente de Gandhi la profundidad y el poder sanador de la magnanimidad, y luego siguió lo que llamó «El mejor consejo que he recibido».

El mejor consejo que he recibido

Vijaya Lakshmi Pandit

El mejor consejo que he recibido me lo dio, una tarde soleada, una de las personas más grandes que el mundo haya conocido: Mahatma Gandhi.

La mayoría de las personas pasan por un período de angustia cuando su creencia en la humanidad está en un punto bajo. Yo estaba pasando por esos días. Mi esposo había muerto hacía poco. A mi gran pena por su muerte le siguió el humillante descubrimiento de que ante los ojos de la ley de los indios, yo no tenía vida propia. Igual que otras mujeres indias, había participado durante años con hombres en la lucha nacional por la libertad, trabajando y sufriendo junto con ellos hasta que finalmente se hubo logrado. Sin embargo, por ley, a nosotras las mujeres todavía se nos reconocía solamente por nuestra relación con los hombres. Ahora, viuda y sin hijo varón, no tenía derecho a ninguna parte de la propiedad familiar, ni tampoco mis dos hijas. Me molestaba esta exasperante posición. Sentía rencor contra aquellos miembros de mi familia que apoyaban esta anticuada ley.

Por esta época, fui a presentarle mis respetos a Gandhi y a decirle adiós antes de irme a Norteamérica y tomar parte en la Conferencia de Relaciones Pacíficas. Después de nuestra conversación, me preguntó lo siguiente: «¿Se ha reconciliado con sus familiares?»

Estaba asombrada que se pusiera en contra mía. «No he peleado con nadie», le contesté. «Pero me niego a tener relación con quienes se aprovechan de una ley desfasada para crearme una situación difícil y humillante».

Gandhi miró por la ventana por un instante. Luego se volvió hacia mí, sonrío y dijo: «Irá y se despedirá, porque es lo que exige la cortesía y la buena educación. En la India, todavía nos apegamos a la importancia de estas cosas».

—No —dije—, ni siquiera por complacerlo iré a aquellos que deseen hacerme daño.

—Nadie puede hacerle daño sino usted misma —dijo, y aún sonreía—. Veo suficiente amargura en su corazón para hacerse daño, a menos que se controle.

Me quedé en silencio y él siguió diciendo: «Va a un nuevo país porque no está feliz y quiere escapar. ¿Puede escapar de usted misma? ¿Encontrará felicidad en lo exterior cuando hay amargura en su corazón? Piénselo. Sea un poco humilde. Ha perdido un ser querido; baste con ese dolor. ¿Va a causarse más heridas por no tener valor para limpiar su propio corazón?» Sus palabras no me dejaban. No me daban tranquilidad. Después de algunos días de dura lucha conmigo misma, finalmente llamé por teléfono a mi cuñado: «Me gustaría verlo, y a su familia», dije antes de irme.

Cuando no llevaba ni cinco minutos con ellos ya había sentido que mi visita había traído alivio a todos. Les conté mis planes y les pedí que me desearan lo mejor antes de empezar esta nueva etapa de mi vida. El efecto en mí fue milagroso. Sentí como si me hubieran quitado un gran peso de encima y fuera ya libre para ser yo misma.

Este pequeño detalle fue el comienzo de un cambio significativo en mí. Año y medio después me encontraba en Nueva York: líder de la delegación india para las Naciones Unidas. Para nosotros era importante la queja de la India respecto al tratamiento de personas de origen indio en la República de Sudáfrica. Se dijeron palabras duras entre los dos partidos. Me molestó la manera en la cual mis opositores hicieron ataques personales dañinos al prestigio de la India y al mío. Devolví con las mismas armas afiladas.

Luego, después de la penosa contienda de palabras, de repente pensé en Gandhi. ¿Lo aprobaría? Para él, los medios eran tan importantes como el fin; a la larga, quizás más importantes. ¿Qué pasaría si tuviéramos éxito al pasar nuestra moción pero con tácticas discutibles que dañaran nuestra dignidad?

Antes de acostarme esa noche decidí que, viniera lo que viniera, no usaría ninguna palabra a la ligera en las Naciones Unidas. De ahí en adelante llevé el debate como debía ser, rechazando tomar represalias por ataques personales o dar algún golpe bajo. Nuestros opositores nos encontraron en un nuevo nivel y de ahí en adelante argumentamos el caso por separado.

Antes de irnos de la sala de comité en el último día, me acerqué y hablé con el líder de la delegación contraria: «He venido a pedirle que me perdone si lo he herido con alguna palabra o hecho en este debate».

Me dio la mano calurosamente y dijo: «No tengo queja».

Era bueno sentirse bien con él, pero aun mejor sentirse bien conmigo misma. Una vez más, el consejo de Gandhi me había salvado de mí misma. Sus palabras me han ayudado a conservar la objetividad de las cosas aun en asuntos pequeños. Muchas mujeres, creo yo, comparten conmigo una pesadilla recurrente: alguien importante para usted viene a cenar; los invitados han llegado y es hora de comer, pero no hay cena. Despiertas transpirando, aliviada por saber que solo ha sido un sueño.

Pero recientemente me sucedió de verdad. Mis invitados de honor, el primer ministro de la Gran Bretaña y Lady Eden, no podrían haber sido más importantes para mí; el alto comisionado de mi país en el Reino Unido. Había planeado todo minuciosamente, desde la carta hasta el orden del color de las flores y los candelabros. Cuando los invitados habían llegado y se sirvieron las bebidas por segunda vez, le hice señas al mayordomo para que dijera que ya estaba la cena. Sin embargo, seguíamos esperando. Cuando las bebidas se sirvieron por tercera vez, me excusé y bajé las escaleras a la cocina.

Se presenciaba un espectáculo horrible. En una esquina estaba parada una ayudante de cocina asustada; en la otra, un ama de llaves. En la mesa estaba sentado mi cocinero, que agitaba un cucharón y cantaba, llevando el compás con el pie. Tenía los ojos vidriosos y estaba lejos, en otro mundo. Había pedazos de pollo tirados en la mesa.

Sentía las rodillas demasiado débiles para sostenerme, pero pregunté con la voz tan normal como pude: «¿Por qué no está lista la cena?»

«Pero si *está lista*, señora», gritó mi cocinero. «Todo listo. Todos, siéntense, siéntense…»

Estaba furiosa. Tenía en la punta de la lengua un: «Lárguese. Está despedido». Entonces pensé en el consejo que me calmó muchas veces. Si pierdo el control, solo me haría daño.

Recobré la compostura. «Pongamos algo en la mesa», dije.

Todos arrimaron el hombro. La comida que se había servido no era realmente lo que decía en la carta, pero cuando les dije a mis invitados lo que había sucedido, hubo un coro de sorpresa: «Si esto es lo que su cocinero le da cuando está ebrio», exclamó alguien, «¿qué será cuando esté sobrio?»

El alivio con que me reí debió de haber parecido un poco histérico. Recuperé la forma de ver las cosas; me di cuenta de que una cena de fiesta, por muy importante que fuera, no es el eje de nuestra vida. No exagerar las cosas es tan importante como ser capaz de mantener el propio corazón libre de odio. El consejo que Gandhi me dio es significativo, tiene sentido para todos nosotros, no importa en lo que trabajemos: «Nadie puede hacerle daño salvo usted mismo».

El mensaje de Gandhi para Vijaya no fue que está mal experimentar emociones negativas o sentir enojo. Tampoco que debería pasarse la vida dejando que los demás se aprovecharan de ella. Al contrario, lo que Gandhi le enseñó y demostró a Vijaya y al resto de nosotros es que no debemos dejar que las acciones o las palabras de los demás determinen nuestras respuestas. Los individuos magnánimos deciden reaccionar a las vejaciones de los demás basándose en sus principios y en sus propios sistemas de valores, no en sus estados de ánimo o en su enojo.

Al divertido vaquero Will Rogers se le conocía por su rápido ingenio y su agudo humor. Pero había otro lado más serio y magnánimo en él que también hizo que se le quisiera y respetará más.

UN POCO DE FELICIDAD HUMANA
Albert P. Hout

«Nunca conocí a nadie que no me cayera bien», dijo Will Rogers. Probablemente la razón por la cual el gran vaquero humorista norteamericano pudo hacer esa afirmación era que pocos, o ninguno, eran los hombres a quienes no les cayera bien Will Rogers. Un episodio de cuando Rogers era un joven vaquero en Oklahoma ayuda a explicarlo.

En el invierno de 1898, Rogers heredó una hacienda cerca a Claremore. Un día, un granjero que vivía cerca mató uno de los novillos de Will que había roto una cerca y se había comido el maíz recién sembrado. De acuerdo a la costumbre del campo, el granjero debió haber informado a Will de lo que había hecho y por qué. No lo hizo, y cuando Rogers se enteró, se puso como loco. Ardiendo de ira, llamó a un jornalero para que lo acompañara y se fueron a caballo para vérselas con el granjero.

Durante el camino, cayó una tormenta del norte que llenó de hielo a los vaqueros y sus caballos. Cuando llegaron a la cabaña del granjero, no se encontraba en casa. Pero la esposa insistió para que aquellos hombres congelados entraran y esperaran junto al fuego hasta que regresara. Mientras se calentaba, Rogers se dio cuenta de lo delgada y consumida por el trabajo que estaba la mujer. También se dio cuenta de que había cinco niños escuálidos mirándolo detrás de unos muebles.

Cuando el granjero regresó, su esposa le dijo cómo Rogers y su acompañante habían salido de la tormenta. Will empezó a encenderse contra el hombre, entonces cerró de repente la boca y le tendió la mano. El granjero, que no sabía por qué había venido Will, aceptó la mano que le habían ofrecido y los invitó a que se quedaran a cenar. «Tendrán que comer frijoles», se excusó, «porque la tormenta me impidió sacrificar mi novillo».

Los dos visitantes aceptaron la invitación.

Durante toda la comida, el compañero de Roger esperaba que Will dijera algo acerca del novillo muerto, pero Rogers solo seguía riéndose y contando chistes con la familia, y veía cómo los ojos de los niños se iluminaban cada vez que mencionaban la carne que comerían en la mañana y durante las semanas venideras.

La tormenta aún soplaba cuando se terminó la cena, así que el granjero y su esposa insistieron que los dos hombres se quedaran por la noche. Así lo hicieron.

A la mañana siguiente, los despidieron con la barriga llena de café negro, frijoles picantes y panecillos. Rogers aun no había mencionado la razón de su visita. Mientras se iban, el acompañante de Will empezó a gritarle: «Pensé que ibas a tumbar ese desgraciado por nuestro novillo», dijo.

Will calló unos instantes; luego contestó: «Era mi intención, pero luego pensé: ¡Vaya! Realmente no perdí ese novillo; solo lo cambié por un poco de felicidad humana. Hay millones de novillos en el mundo, pero la felicidad humana es bastante escasa».

Will llegó a las puertas de la familia con veneno en su lengua y un hombre fornido a su lado. Pero ver las circunstancias de la familia y los ojos de los niños hambrientos le hizo detenerse y reconocer que a veces en la vida hay batallas que es mejor dejarlas sin pelear: ciertos novillos que es mejor dejar solos.

En la próxima historia viajaremos a los tramos más lejanos de la magnanimidad para recordar el principio del perdón.

LA FUERZA DEL PERDÓN

Christopher Carrier

El día en que David McAllister murió sentí mucha pena, pero también un gran alivio.

Llovía en Miami aquella mañana de septiembre de 1996. No hubo cortejo fúnebre, ni flores, ni sentidos discursos en recuerdo del anciano. Aunque no fue por el mal tiempo por lo que nadie más se presentó a despedirse de él. McAllister cosechó al perecer la amargura que había sembrado a lo largo de su vida. Fue un ladrón y estafador de la peor calaña, impulsado siempre por una fuerza maligna producto de la ira y el odio. Aun así, ahora comprendo que pocas cosas me han afectado tanto como la muerte de ese hombre.

La historia empezó 22 años atrás, una soleada tarde de diciembre de 1974. Un niño de diez años acababa de bajar del autobús escolar en la avenida Aledo, cerca de su casa, en el arbolado suburbio de Coral Gables, en Miami. Hugh era el segundo nombre del larguirucho chico, y así solía llamarlo su padre, abogado de una empresa. Tenía pelo castaño, ojos que revelaban confianza y una sonrisa fácil.

Esa tarde Hugh pensaba en la Navidad, para la que solo faltaban cinco días. No se percató del hombre que venía caminando hacia él hasta que, muy sonriente, le dijo:

—Hola, soy amigo de tu papá.

En esos días, en Coral Gables a nadie le preocupaban mucho los desconocidos, sobre todo si iban tan bien vestidos y eran tan corteses como aquel sujeto de edad madura y cabello entrecano. Hugh le devolvió la sonrisa.

—Se está preparando una fiesta para tu padre —continuó el hombre—, pero no estoy muy seguro de qué regalarle. ¿Me harías el favor de ayudarme a escoger? Volveremos enseguida.

Hugh aceptó, ansioso de hacer algo por su padre. Caminaron dos calles y subieron a una casa rodante. El hombre se dirigió al norte y casi no habló mientras avanzaban hacia campo abierto. Se detuvo en un paraje solitario.

—Creo que tomé la calle equivocada —dijo, dándole un mapa al niño—. Ve si puedes encontrar la carretera principal.

Mientras Hugh revisaba el mapa, el desconocido se levantó y caminó hasta el fondo del vehículo.

Instantes después el chico sintió un agudo dolor en la espalda. Al sentir otro aguijonazo, se retorció en el asiento y se volvió horrorizado. El hombre, de mirada fría y perversa, estaba de pie a sus espaldas, blandiendo en alto un picahielo.

Hugh trató de protegerse, pero el atacante lo empujó al piso. Le clavó el arma una y otra vez. Pese al miedo, el pequeño tuvo la impresión de que el picahielo no penetraba profundamente. El hombre sostuvo el arma sobre el pecho de Hugh un instante, con mano temblorosa, pero en seguida lo soltó.

Sin decir nada, dejó que el aterrado chiquillo regresara al asiento y volvió a ponerse al volante, alejándose aún más de la ciudad.

—Tu padre me hizo perder mucho dinero y me puso las cosas difíciles —dijo sin ninguna emoción.

Hugh se hundió en el asiento, demasiado asustado para hablar. Las heridas no eran graves, pero estaba paralizado de pavor. En eso, el hombre tomó una carretera conocida como el Callejón de los Caimanes, ya que cruza las marismas de Florida, que son un hervidero de caimanes y cocodrilos.

—Voy a dejarte a unos kilómetros de aquí —anunció de repente—. Llamaré por teléfono a tu padre para que venga a buscarte.

Siguieron adelante durante un rato; luego doblaron por un camino de tierra y se detuvieron en un claro.

—Ven, baja —ordenó el sujeto.

Aliviado de estar fuera de la autocaravana, Hugh avanzó unos pasos y se sentó frente a unos matorrales. No vio acercarse al atacante con una pistola de pequeño calibre en la mano. Tampoco sintió cuando la bala le entró por la sien izquierda.

Durante seis días, los padres del niño no supieron si su hijo estaba vivo o muerto. Con cada día que pasaba iban perdiendo la esperanza. No había testigos del rapto y la policía no tenía pistas. Era como si a Hugh se lo hubiese tragado la tierra.

El 26 de diciembre, el Departamento de Policía de Coral Gables (DPCG) dio aviso a los afligidos padres de que habían hallado al niño en las marismas, sentado en una piedra junto a la carretera.

Tras permanecer inconsciente durante casi una semana, Hugh había despertado y se había dirigido, tambaleante, hasta el camino, donde un automovilista lo recogió. La bala, que le salió por la sien derecha, le había dañado el nervio óptico izquierdo y lo había dejado ciego de ese ojo. Con todo, era un milagro que hubiese sobrevivido.

En el curso de las semanas siguientes, los investigadores trataron de identificar al agresor con ayuda de Hugh. El niño contó que éste se había expresado con odio de su padre y describió su aspecto con detalle. Los agentes elaboraron una lista de sospechosos. Entre ellos estaba un enfermero que el padre de Hugh había contratado para que cuidara a un tío y a quien había despedido hacía poco por beber en horas de trabajo. Para los policías, todo indicaba que había sido una venganza.

El sujeto tenía una autocaravana como la que el chico había descrito y, además, antecedentes penales. Se llamaba David McAllister.

Durante semanas, Hugh examinó cientos de fotos, pero no pudo identificar a McAllister como el atacante. Los investigadores sabían que, en esta situación, no tenían pruebas suficientes para hacer el arresto.

Transcurrieron los meses, luego los años, y McAllister seguía libre.

A pocos consternó tanto el caso de Hugh como a Chuck Scherer, un comandante del DPCG que había participado en la investigación cuando era sargento. El ataque lo horrorizó porque tenía dos hijos casi de la misma edad que Hugh, y estaba firmemente convencido de que McAllister era el culpable.

Cuando la policía fue a interrogarlo, el sospechoso los recibió con una sonrisa burlona.

—¿Por qué tardaron tanto en venir? —les dijo—. Llevo dos semanas esperándolos.

Luego negó haber tenido algo que ver con el rapto del niño.

La arrogancia de McAllister obsesionó a Scherer. Durante años le siguió los pasos con la esperanza de que cometiera un desliz. Los conocidos del sujeto lo habían descrito como un alcohólico resentido y perverso. No tenía amigos y su familia no quería saber nada de él.

La vida de Hugh continuó en una espiral descendente. Ya no se sentía seguro y rara vez se atrevía a salir solo. Durante tres años, durmió casi todas las noches junto a la cama de sus padres, en el suelo, y hasta el más leve ruido lo asustaba.

Al crecer, se fue cohibiendo cada vez más a causa del ojo ciego, cuyo párpado estaba medio cerrado. Tenía pocos motivos para sonreír. Le parecía que la gente lo miraba demasiado y que nunca podría llevar una vida normal. A pesar del apoyo y el aliento de sus padres y amigos, la inseguridad lo agobiaba.

Cuando tenía 13 años, Hugh descubrió un lugar fuera de casa en que se sentía contento: la iglesia de su barrio. El mensaje cristiano de esperanza y perdón lo conmovió profundamente porque parecía estar dirigido especialmente a él.

Desde el ataque, no había dejado de buscar una manera de superar el temor y la ira. Por fin la había encontrado. Una tarde les contó su experiencia a unos amigos que había conocido en la iglesia. Habló con voz entrecortada, sin saber cómo iban a reaccionar. Cuando terminó, recibió unas muestras de apoyo que lo hicieron llorar. Comprendió entonces que su milagrosa supervivencia no debía ser fuente de odio y temor, sino de paz y regocijo. Al ir profundizándose su fe, sus temores se disiparon y volvió a sonreír. Entonces se dio cuenta de que su misión en la vida era compartir su fe en Dios.

Cuando terminó de cursar la enseñanza media superior ingresó en la Universidad Mercer, en Macon, Georgia, donde estudió cristianismo y psicología. Más adelante se inscribió en el Seminario Teológico Bautista del Suroeste, en Forth Worth, Texas, donde obtuvo un posgrado en teología.

En 1991 conoció a Leslie Ritchie, una atractiva pelirroja que compartía su fe y su deseo de trabajar con jóvenes. Un año después se casaron y, en 1994, Leslie dio a luz a Amanda, la primera de sus tres hijos.

Cuando volvió a Miami, en 1995, Hugh tomó un empleo como director de orientación juvenil en la iglesia de su barrio, en Coral Gables. Los muchachos solían preguntarle qué le había pasado en el ojo y él se lo contaba para romper el hielo. Al enterarse de su triste experiencia, los jóvenes se mostraban más dispuestos a revelarle sus problemas.

En 1996 Hugh cumplió 32 años y se sentía plenamente satisfecho con su vida.

Podía decirse que había superado el horrendo episodio de su niñez, aunque seguía acosándolo una duda: ¿qué haría si llegara a encontrarse frente al hombre que trató de matarlo? Era una pregunta que le hacían cada vez que contaba su historia y siempre respondía: «Ojalá tuviera la fuerza para perdonarlo. Si no, acabaría viviendo en un mundo de odio y venganza como él».

Sin embargo, en el fondo no estaba seguro de la respuesta.

A comienzos de ese año, Hugh recibió con sorpresa un mensaje de Chuck Scherer, quien ya era jefe de asuntos internos del DPCG. Le explicó que un colega que conocía su interés por el caso había visitado recientemente un hogar para ancianos ubicado en la zona norte de Miami, donde resultó que estaba internado David McAllister. Poco después, Scherer había ido allí y conversado con él.

—Al principio se mostró evasivo —añadió el policía—, pero luego admitió haberte raptado aquel día.

Hugh se quedó mudo.

—¿Te gustaría encontrarte cara a cara con el hombre que intentó matarte? —preguntó Scherer.

Mil emociones se agolparon en la mente de Hugh, quien al final dijo:

—Sí, quiero verlo.

Al otro día se presentó en el hogar de ancianos. Muy tenso y con las manos sudorosas, recorrió el largo pasillo que conducía al dormitorio de McAllister.

Jamás había estado tan nervioso. ¿Podría siquiera estrecharle la mano al hombre que lo había abandonado en las marismas tras darle un balazo? De no ser así, ¿era mentira todo lo que les enseñaba a los jóvenes sobre el perdón?

Cuando se acercó al cuarto, temió que al ver a McAllister se desbordaran sus emociones. Se detuvo frente a la puerta y respiró profundamente. Tenía que hacer acopio de fuerza y valor para entrar.

Nunca imaginó lo que vería: en la cama no estaba el monstruo de sus pesadillas, sino un guiñapo de 77 años que pesaba menos de 30 kilos. Su rostro era una máscara arrugada, y sus ojos, ciegos a causa del glaucoma, estaban fijos en el techo.

Hugh se presentó y, mientras hablaba, McAllister hizo gala de su vieja arrogancia.

—¡No sé de qué me está hablando! —exclamó cuando Hugh le recordó lo que le había confesado a Scherer.

Al cabo de unos minutos algo pareció derrumbarse en el interior del anciano. Tras un largo silencio, sus facciones se suavizaron. Empezó a temblar y después a llorar. Extendió una de sus frágiles manos y Hugh la tomó entre las suyas.

—Lo siento —dijo al fin McAllister—. Lo siento tanto.

Embargado de ternura y compasión, Hugh respondió:

—Solo quiero que sepa que Dios me bendijo. Lo que usted hizo no me llevó a perder el sentido de mi vida, sino a descubrirlo.

El viejo le apretó la mano.

—Me alegro mucho —susurró.

Durante las tres semanas siguientes, Hugh visitó a McAllister casi todos los días. Era evidente que el anciano se sentía feliz al oírlo. Aunque apenas podía hablar, le contó partes de su vida. Sin un padre que lo guiara, había pasado periodos de su niñez en centros de detención juvenil y, al llegar a la adolescencia, ya era un bebedor empedernido. Su familia lo rechazaba y no tenía amigos. Para Hugh era claro que lamentaba haber llevado una existencia llena de rabia y vergüenza.

Aunque McAllister confesó haber pensado siempre que «solo los tontos» creían en Dios, con ayuda del visitante empezó a orar.

Una tarde de otoño, en el hogar, Hugh habló de sus creencias y de la esperanza que tenía de que la naciente fe del anciano se fortaleciera.

—Pienso ir al cielo —le dijo— y deseo encontrarlo allí. Quiero que nuestra amistad continúe.

David McAllister murió esa noche mientras dormía.

Hasta el día de hoy me resulta difícil caminar por la avenida Aledo sin recordar aquella lejana tarde en que David McAllister surgió de las sombras.

Una parte de mí se siente aliviada de que por fin se haya ido, una parte que encuentra, en su muerte, la certeza de que el monstruo jamás volverá.

Aunque también fue un hombre muy diferente el que surgió, como de las sombras, en los últimos días de la vida de McAllister: un hombre agobiado por un dolor mucho más grande de lo que la mayoría de nosotros podría imaginar. En cierto sentido, quizá pagó el sufrimiento que había causado.

Por extraño que parezca, ese anciano me ayudó mucho sin saberlo. En su oscuridad encontré una luz que me guía hasta el presente. Perdonarlo me dio una fuerza que nunca me abandonará.

Sí, yo era ese niño. Hugh es mi segundo nombre.

Cuando no perdonamos entregamos nuestros futuros. Permitimos que otras personas, pasadas o presentes, nos priven de nuestro poder. El ayer mantiene cautivos al hoy y al mañana.

⁓

Elaboración final

Magnanimidad no es un término común. Muchas personas no lo reconocen al oírlo. Pero lo conocen al instante al explicárselo, y la mayoría lo reconoce como una de las áreas en que pueden mejorar personalmente. Porque muchísimos de nosotros somos rápidos para vengarnos, prestos a criticar, prontos para hallar faltas y veloces para desquitarnos. Sí, muchos somos lentos para contener nuestras lenguas, para perdonar y hasta para olvidar. Una de las principales razones para la falta de magnanimidad es lo que llamo mentalidad de escasez. La gente con mentalidad de escasez cree que hay poco en el mundo para repartir. Es como si vieran la vida como un pastel. Cuando alguien más agarra un pedazo grande, entonces creen que ellos obtienen menos. Esos individuos siempre están tratando de vengarse y tratan de rebajar a los demás a su nivel para lograr tener un pedazo igual o mayor del pastel. Por el contrario, en la raíz de la magnanimidad hay una mentalidad de abundancia y una sensación de seguridad interior. Y aunque *magnanimidad* quizás no sea un término diario, siempre será una de las características de la Grandeza para cada día.

REFLEXIONES

- ¿Cómo calificaría usted su habilidad de dominar sus emociones, de reflexionar antes de actuar o de reaccionar? ¿Cómo calificarían sus amigos, sus hijos o sus compañeros de trabajo el control emocional de usted, especialmente bajo condiciones acaloradas?

- ¿Lo ha ofendido alguien profundamente a usted hace poco? ¿Cómo reaccionó? ¿Fue magnánimo? ¿De qué otra manera respondería si se dieran otra vez las mismas circunstancias?

- Una de las más supremas formas de magnanimidad es el perdón. ¿Es el perdón una parte consistente de usted como persona?

Más reflexiones sobre la
Magnanimidad

~

El control de las emociones

Aunque todos tenemos emociones, los individuos firmes las controlan y saben cómo templar su temperamento.

Cualquiera se puede enojar. Eso es fácil. Pero no es fácil enojarse con la persona correcta, hasta el grado correcto, en el momento correcto, para el propósito correcto y de la manera correcta.

—Aristóteles

■ ■ ■

Las cabezas acaloradas y los corazones fríos nunca solucionan nada.

—Rev. Billy Graham

■ ■ ■

Nada da a nadie tanta ventaja sobre otro como mantener siempre la serenidad y la calma bajo toda circunstancia.

—Thomas Jefferson

■ ■ ■

Cuando siento que las llamas de la frustración empiezan a calentarme la mente, pienso en algo que Winston Churchill dijo durante la Segunda Guerra Mundial. «Señor —gruñó el primer ministro a un general explosivo e impaciente—, usted no posee emociones. ¡Ellas lo poseen usted!»

—Norman Vincent Peale

■ ■ ■

Después de un difícil atasco de tráfico ocasionado por un motorista descortés, halagué a un taxista de Chicago sobre su temperamento calmado. «¡Ah! —contestó—, uno no puede permitir que nada lo exaspere o estaría peleando todo el día».

—E. G. SWANSON

■ ■ ■

Los hombres son como el acero. Cuando pierden su temple, pierden su valor.

—CHUCK NORRIS

■ ■ ■

La manera de cambiar la mentalidad de otros es con cariño, no con ira.

—THE DALAI LAMA

■ ■ ■

La ira es mala consejera.

—PROVERBIO FRANCÉS

■ ■ ■

No permitiré que ningún hombre estreche y degrade mi alma haciendo que lo odie.

—BOOKER T. WASHINGTON

CÓMO CONTENER SU LENGUA

A menudo, cuando las circunstancias se caldean, lo más prudente es no decir nada.

Una vez, en un viaje en ferrocarril, mi padre cometió sin querer una leve infracción y fue regañado sin piedad por un insignificante empleado ferroviario. Yo era joven entonces y después le dije con vehemencia a mi padre que debería haberle dicho cuatro verdades al hombre.

Mi padre sonrió. «Ah —contestó—, si un hombre como ese puede soportarse toda su vida, sin duda yo lo puedo soportar cinco minutos».

—ANÓNIMO,
CATHOLIC QUOTE [CITA CATÓLICA]

El más fabuloso remedio para la ira es la demora.

—SÉNECA

Si usted está enojado, cuente hasta diez antes de hablar; si está muy enojado, cuente hasta cien.

—THOMAS JEFFERSON

En medio de gran gozo no prometa nada a nadie. En medio de gran enojo no responda la carta de nadie.

—PROVERBIO CHINO

Nunca insulte a un caimán hasta después de haber cruzado el río.

—CORDELL HULL

Yo discuto muy bien. Pregúnteselo a cualquiera de los amigos que me quedan. Puedo ganar una discusión sobre cualquier tema. Los demás lo saben y me evitan en las fiestas. A menudo, como señal de su gran respeto, ni siquiera me invitan.

—DAVE BARRY,
MIAMI HERALD

DE ENEMIGO A AMIGO

Una de las recompensas más agradables de la magnanimidad
se da cuando los enemigos se hacen amigos.

Él trazó un círculo que me dejó fuera:
Hereje, rebelde, despreciable.
Pero el amor y yo tuvimos ingenio para ganar:
Trazamos un círculo que lo incluía a él.

—EDWIN MARKHAM

■ ■ ■

Booker T. Washington luchó contra el prejuicio blanco profundamente
arraigado para establecer su Tuskegee Institute en Alabama. Un día, cuando
pasaba frente a la mansión de una mujer rica, para quien él solo era otro
negro, la oyó decir:

—Ven acá, muchacho, necesito que cortes un poco de leña.

Sin pronunciar una palabra, Washington se quitó la chaqueta, agarró el
hacha y se puso a trabajar, no solo cortando un montón de leña sino
llevándola dentro de la casa.

Apenas había salido, cuando un siervo dijo:

—Señora, ese era el profesor Washington.

Avergonzada, la mujer fue al instituto para disculparse.

—No son necesarias las disculpas, señora —contestó el educador—. Me
alegra hacer favores a mis amigos.

La mujer se convirtió en una de las más cálidas y generosas seguidoras
de Tuskegee. Washington no dejaba que el insulto o la persecución le
afectasen.

—CLARENCE W. HALL

■ ■ ■

Nuestra familia de ocho hijos tenía un hermoso terreno con un huerto limitado por arbustos de lilas. Detrás de nosotros había una vecindad habitada por sujetos que solían arrojar su basura —zapatos y medias viejas, toda clase de cosas— en nuestro huerto. Mis hermanos mayores y yo pensamos que a esas personas —en ese entonces no se les llamaba contaminadores— se les debería regañar.

Mamá, quien nunca estudió gramática en la escuela del campo, ni había oído hablar de «psicología», nos dijo que saliéramos y recogiéramos lilas. Luego nos hizo llevar un ramo a cada una de las doce familias de la parte de atrás y decir que nuestra madre esperaba que les gustase el ramo.

De algún modo ocurrió un milagro. No hubo más basura.

—COMO NARRADO A LEO AIKMAN,
ATLANTA CONSTITUTION

CÓMO RESPONDER A LA CRÍTICA

Se puede encontrar un crítico detrás de cada esquina. Pero no tenemos que tomarnos personalmente los insultos, ni permitirles que gobiernen nuestros pensamientos o acciones.

Theodor Leschetizky, el gran maestro de piano, comentó: «Hemos aprendido mucho de las cosas desagradables que nos dicen, porque nos hacen pensar, mientras que las cosas buenas solo nos hacen alegrarnos».

Pregúntese sinceramente si hay algo cierto en la crítica. Cuidado con las excusas o las racionalizaciones; si usted cede ante ellas sencillamente podría agravar el error original. Si ha llegado a la conclusión de que lo que dicen sus críticos es verdad, lo mejor que puede hacer es admitirlo.

—NORMAN VINCENT PEALE

■ ■ ■

Si yo tratara de leer o, peor aún, de contestar todas las críticas que me hacen y todos los ataques dirigidos contra mí, esta oficina se tendría que cerrar para todos los demás asuntos. Hago todo lo que puedo, lo mejor que sé. Quiero seguir haciendo esto hasta el fin. Si al final resulta que están equivocados, entonces ni diez ángeles jurando que yo tenía razón influirían para nada. Si al final yo tengo la razón, entonces lo que se ha dicho ahora en mi contra no valdrá nada.

—ABRAHAM LINCOLN

■ ■ ■

Pero si usted no puede resistir la urgencia de contestar la crítica de alguien, también podría poner algo de humor e ingenio en su conversación.

El capitán de un barco escribió una vez en su diario: «Mi compañero se emborrachó hoy». Cuando al compañero se le pasó la borrachera estaba terriblemente disgustado e iracundo, le rogó al capitán que tachara el registro; declaró que nunca antes había estado borracho y que no volvería a beber. Pero el capitán dijo: «En este diario escribimos la rigurosa verdad». La semana siguiente el compañero agarró el diario, y escribió en él: «El capitán estuvo sobrio hoy».

—WILLIAM LYON PHELPS,
ADVENTURES AND CONFESSIONS [AVENTURAS Y CONFESIONES]

VENGARSE

Tratar de vengarse es una práctica que muy rara vez aporta beneficios.

Uno no puede progresar mientras se está vengando.

—DICK ARMEY

No hay pasión del corazón humano que prometa tanto y cumpla tan poco como la venganza.

—H. B. SHAW

Quienes combaten el fuego con el fuego por lo general terminan en cenizas.

—ABIGAIL VAN BUREN

Un hombre que se venga mantiene abiertas sus propias heridas.

—FRANCIS BACON

He tenido unas cuantas discusiones con personas, pero no guardo rencores. ¿Sabe por qué? Mientras usted está guardando un rencor, ellas están danzando afuera.

—BUDDY HACKETT

Odiar a las personas es como quemar su casa para deshacerse de una rata.

—HARRY EMERSON FOSDICK,
THE GOLDEN BOOK [EL LIBRO DE ORO]

El resentimiento es como tomar veneno y esperar que la otra persona muera.

—MALACHY MCCOURT

El perdón

Sin duda una de las más sublimes formas de magnanimidad es perdonar.

Nunca el alma humana parece tan fuerte y noble como cuando renuncia a vengarse y se atreve a perdonar una ofensa.

—E. H. Chapin

■ ■ ■

Uno de los placeres más duraderos que se puede experimentar es la sensación que llega al perdonar de veras a un enemigo, lo sepa él o no.

—O. A. Battista

■ ■ ■

Uno de los secretos de una vida larga y fructífera es perdonar todo a todo el mundo cada noche antes de acostarse.

—Ann Landers

■ ■ ■

Todo hombre debería mantener un cementerio lo bastante grande como para enterrar las faltas de sus amistades.

—Henry Ward Beecher

■ ■ ■

Después de enterrar el hacha de guerra, no marque el lugar donde la enterró.

—The English Digest

■ ■ ■

Un perdón debería ser como una cuenta saldada: partida en dos y quemada, para que no se pueda volver a echar en cara.

—Henry Ward Beecher

■ ■ ■

Criada entre insultos, una joven sentía amargura hacia sus padres. Pero cuando le diagnosticaron cáncer de mama decidió amarlos a pesar de lo pasado.

Cada mañana, al salir a trabajar le decía a su madre que la amaba. Su madre no le contestaba.

Entonces un día, más o menos tres meses después, la hija llegaba tarde y salió corriendo de la casa. Su madre se precipitó a la puerta.

—Olvidaste algo —le exclamó a la hija.

—¿Qué? —preguntó la joven.

—Olvidaste decir «te amo».

Se abrazaron. Lloraron. Sanaron.

—BERNIE S. SIEGEL,
PRESCRIPTIONS FOR LIVING [RECETAS PARA VIVIR]

■ ■ ■

Las heridas se escriben en la arena, la amabilidad en mármol.

—PROVERBIO FRANCÉS

18

PERSEVERANCIA

Puedo resumir en dos palabras todo lo que he aprendido acerca de la vida: Esta continúa.

—ROBERT FROST

Dos de los mayores obstáculos para que las personas triunfen en la vida son el fracaso y la fatiga. Les surge una buena idea, le añaden algunos planes y todo resulta bien hasta que se topan con su primer fracaso. O se dedican a trabajar, disfrutan unos cuantos triunfos y luego comprenden que hay mucho más trabajo del que esperaban, y se apagan sus energías.

La perseverancia vence tanto el fracaso como la fatiga. Lleva a las personas a través de la privación y la pesadez. El primero de los siguientes tres relatos de perseverancia, «El hombre que escribió el Mesías», probablemente traiga recuerdos de la historia anterior acerca de Charles Dickens y su escrito Canción de Navidad, al ser el relato de otro escritor talentoso, solo que esta vez se trata de un compositor. Descubrir cómo Georg Friedrich Handel perseveró para sobrellevar los vaivenes del éxito y el fracaso. Los otros dos relatos señalan cómo la perseverancia requiere una perspectiva progresista —de enfoque hacia adelante, no atrás— así como la habilidad de hacer caso omiso a los negativistas.

El hombre que escribió el *Mesías*

David Berreby

Árboles sin fruto se mecían con el viento junto a los brumosos muelles de Chester, un Puerto al oeste de Inglaterra. En la empañada ventana de plomo de la cafetería del mercado, un hombre grande y corpulento estaba parado mirando con ansiedad a los marinos desocupados que pisoteaban en el frío. Seguía habiendo un viento desfavorable, lo que nuevamente iba a impedir la partida de ningún paquebote. Pero él tenía que llegar a Irlanda, y pronto.

Hubo un tiempo en que toda Europa lo aclamaba: su único compositor famoso. Pero este día poco prometedor de noviembre de 1741, Georg Friedrich Handel estaba al borde de la ruina financiera, y quizás también de la artística. Tenía a los acreedores a apenas un paso y su público lo había abandonado.

Dejó la ventana, se sentó incómodo y nervioso en una dura silla de roble, y le dio unas caladas a su pipa. Era un día hecho para sombrías reflexiones.

La música había sido el pasaporte de Handel para el mundo desde que su padre, un cirujano del pueblo alemán de Halle, lo había llevado de joven a la corte del duque Johan Adolf en Weissenfels. Su padre quería que su hijo fuera abogado.

Mientras el anciano Handel atendía los negocios en la corte, Georg Friedrich, aburrido, entró a ver la capilla del palacio y empezó a improvisar en el órgano. El sonido de unos pasos hizo que se diera la vuelta. Parado allí, mirando, se encontraba el duque Johann Adolf.

«¿Quién?», dijo el duque, «¿es este chico extraordinario?»

Mandaron llamar al padre de Handel y le dijeron que sería un delito hacer de un prodigio, un abogado.

Georg Friedrich aprendía rápido. De adolescente, se fue de Halle primero a Hamburgo; luego para Italia donde dominó el arte de componer óperas. Alrededor de sus veinte años, había puesto su interés en Londres, con su animada vida musical y su dinero de sobra para magníficos espectáculos.

En 1711, *Rinaldo*, la primera ópera de Handel en italiano para el público inglés, la presentaron por quince noches magníficas abarrotando el teatro nuevo de Haymarket. Fue un éxito que nunca había conocido la escena musical de Londres y lanzó a Handel en la sociedad. Duques y duquesas dejaban sus fincas rurales para escuchar la ópera. Y en las repletas calles de la ciudad, los que habían tenido la suerte de conseguir entradas, silbaban las melodías.

Después de presentar el «Te Deum» de Handel en la catedral de San Pablo para celebrar el tratado de paz de 1713, la reina Ana le otorgó un estipendio anual de doscientas libras. Con eso y los ingresos de la ópera, Handel era ahora probablemente el compositor mejor pagado del mundo.

Por si fuera poco, el sucesor de la reina Ana, el rey Jorge I, le sumó doscientas libras al estipendio. Y el monarca también se unió a los muchos londinenses de moda al invertir miles de libras en la compañía de ópera de Handel, la Real Academia de la Música.

La academia era la culminación del sueño de Handel. La mayoría de músicos dependían de dádivas de patrocinadores aristocráticos. Pero Handel había aprendido a ser tanto artista como empresario. Aun cuando componía, buscaba inversores, atraía cantantes y desempeñaba varias tareas de administración. Mientras sus óperas complacieran a la gente, ésta compraría boletos, y la academia se convertiría en una gran fuente de ingresos.

Invertir en Handel parecía una apuesta segura. En las funciones de *Amadigi* en 1715, el público seguía pidiendo a gritos que repitiesen las arias, hasta que finalmente el gerente del teatro prohibió los bises para que el espectáculo pudiera terminar antes del alba. En la inauguración de *Radamisto* en 1720, multitudes incontroladas se pelearon para conseguir asiento.

Aquellos fueron los días gloriosos, cuando todo Londres era un hervidero con historias de cómo Handel había rechazado ser intimidado por patrocinadores o cantantes célebres. Un tenor había amenazado con lanzarse de cabeza a un clavicémbalo si Handel no cambiaba una melodía.

«Eso», dijo el compositor, «sería infinitamente más entretenido que su canto».

Pero, a mediados de los años 1720, la fortuna de Handel empezó a reducirse. El público menguó, y en 1728 la academia tuvo que declararse en bancarrota. También ese año, el poeta John Gay presentó la *Ópera del mendigo*, una parodia de ópera italiana cantada en inglés. Fue un gran éxito, y generó una moda en los espectáculos, con música pegadiza y canciones en inglés. La nueva moda fue un paso más hacia la derrota del repertorio italiano de Handel.

Pero siguió componiendo y produciendo obstinadamente sus óperas. En 1737, el estrés y el agotamiento le causaron una parálisis que lo privó del uso de cuatro dedos de la mano derecha. Por toda Inglaterra y el continente volaron cartas expresando preocupación acerca de su deterioro. El futuro Federico el Grande de Prusia, escribió a sus primos de la realeza en Inglaterra: «Los grandes días de Handel se acabaron; ya no tiene inspiración y sus gustos ya no están de moda».

Era un Handel desesperado el que se fue de Inglaterra ese verano para curarse en las famosas termas de Aachen en Alemania. Allí, se sentaba todos los días en el agua borboteante. Había pequeñas bandejas flotantes para llevar comida y aperitivos. Era un lugar agradable y lo animaba.

No llevaba allí mucho tiempo cuando una tarde salió del baño y se vistió rápido. Varias horas después no había regresado para su siguiente tratamiento. Las monjas que se ocupaban de las termas se preocuparon. Luego, desde la abadía, vino un estallido de música gloriosa. Los hábitos volaban: las monjas fueron a ver qué ocurría. Allí estaba Handel, su salud se había recuperado inexplicablemente y, feliz, improvisaba en el órgano.

Pero el regreso de la salud de Handel no fue acompañado por un regreso de la preferencia del público por sus óperas. Estaba muy endeudado y sus ahorros procedentes de los anteriores negocios con la ópera se habían acabado.

Durante varios años, apenas se mantuvo a flote dando conciertos, mientras sus óperas fracasaban una tras otra. En el verano de 1741, Handel, a la edad de cincuenta y seis años, debió de haber pensado si había llegado el momento de abandonar totalmente los escenarios.

Una mañana, un criado trajo un grueso paquete de papeles, envuelto con pergamino. Era un texto recopilado por uno de los admiradores ricos de Handel, un poeta aficionado llamado Charles Jennens.

Jennens había intentado durante años interesar a Handel en ponerle música a sus palabras. Ya le había mandado al compositor una dramatización de la historia bíblica de Saúl y David. Handel escribió un oratorio, una especie de ópera desnuda, presentada por cantantes en ropa sencilla y sin escenario. Pero no tuvo éxito. ¿Cómo iba a tenerlo? Sin efectos especiales ni grandes vestidos.

Handel examinó este nuevo guión. Como en el trabajo previo de Jennen, la trama procedía de la Biblia. Pero esto era diferente. El texto realmente era la Biblia. Jennens había recopilado con habilidad citas del Antiguo y del Nuevo Testamento en una narración conmovedora del nacimiento, el sacrificio y la resurrección de Cristo. El título que le dio a la pieza fue: *Mesías*.

Empezaba con una profecía de Isaías que prometía liberación: «Consolaos, pueblo mío». Había palabras de consuelo tan sencillas y conocidas que parecían sacar melodías de Handel con solo un suspiro. Estuvo intensamente inspirado.

El Lord Teniente de Irlanda había invitado a Handel a Dublín para presentar una obra de caridad. Era esta una ocasión que beneficiaría por lo menos a los más necesitados. Handel empezó a trabajar.

Compuso con confianza. Empezó el *Mesías* el 22 de agosto y veintitrés días más tarde ya lo tenía. Esta música le había dado algo más precioso que la atracción taquillera: le había dado esperanzas.

Handel se animó, pagó su cuenta y se fue de la cafetería de Chester. Paseó de regreso al *Golden Falcon Inn*. Era muy diferente de los palacios y balnearios a los que estaba acostumbrado. Al entrar en su pequeña habitación, volvió de nuevo a luchar contra la desesperanza. Después de ese esfuerzo tan monumental, ¿se iba a detener su música por las contingencias del viento y la marea? Se fue a dormir preocupado, procurando reavivar la esperanza que aquella milagrosa composición había creado en él.

A la mañana siguiente el viento había cambiado.

Los amantes de la música en Dublín esperaban algo extraordinario. Handel había practicado su nueva obra durante meses y ahora el periódico principal pedía que en el espectáculo de apertura las damas no usaran arcos en sus faldas y los «caballeros fueran sin sus espadas», para dar lugar a cien personas más en el teatro de la calle Fishamble.

Era una multitud ruidosa y apasionada la que vio Handel mientras se sentaba en el clavicordio el 13 de abril de 1742. Miró a su pequeño grupo de instrumentistas y saludó con la cabeza. Sin más preámbulo, en los serenos tonos de su sinfonía de apertura, el *Mesías* vino al mundo. Antes de que terminara, la música había hecho llorar a los dublineses. Los críticos quedaron extasiados.

La siguiente representación recibió una asistencia tan entusiasta que abrieron las cristaleras para que el corredor no se recalentara. Lo mejor de todo: la obra resultó ser un regalo del cielo para los fondos de beneficencia: Se destinaron cuatrocientas libras a hospitales y enfermerías y se pagaron con el *Mesías* las deudas de 142 prisioneros, que fueron así liberados de prisión.

Pero el estreno de Londres del *Mesías*, el 23 de marzo de 1743, fue otra historia. Se predicaron sermones en contra. ¿Se iba a permitir que unos actores cantaran el texto bíblico solo por diversión? Y el público que sí buscaba diversión se desilusionó por la falta de acción y de arias espectaculares. Más adelante, estos zelotes de la ópera contrataron matones para golpear a quienes iban a ver las obras de Handel.

«*No importa*», pensó el alemán. Su inspiración renovada logró componer otras piezas: *Sansón*, *Judas Macabeo* y la *Música para los fuegos artificiales del rey* fueron todo un éxito. También tuvo fracasos. Pero, con una fe renovada, se puso a escribir la mejor música que pudo. Cuando los amigos se compadecieron de las sillas desocupadas en el espectáculo de Teodora, Handel encogió los hombros y contestó: «La música sonará mejor».

Contra viento y marea, Handel se aferró con terquedad a su amado *Mesías*, ofreciéndolo como obra benéfica todos los años de la última década de su vida. El público de Londres empezó a acudir a las representaciones. Cuando el rey Jorge II oyó del oratorio por primera vez, cuenta la historia, no pudo contener la emoción. Mientras sonaban las trompetas en el gran coro «Aleluya», se puso de pie. El público se conmocionó y, entre el sonido de las ropas de seda y del metal de las espadas, todo el mundo se levantó. Hasta hoy, cuando se oyen los cantos de júbilo de este coro, todos los públicos del mundo de habla inglesa se ponen de pie.

La misteriosamente poderosa inspiración que dio a luz al *Mesías* restauró la fluctuante confianza de Handel y le ayudó a salvarse de la ruina y la oscuridad. Aunque en sus últimos años estaba ciego, aún componía y tocaba el órgano. Estaba ya ciego cuando, después de una representación del *Mesías*, se desmayó y lo tuvieron que llevar a casa. Agonizó la noche del Viernes Santo del 13 de abril de 1759: diecisiete años después del estreno del *Mesías* de Dublín. En las horas de la madrugada, falleció Georg Friedrich Handel. Pero para deleite de los melómanos de todas las confesiones del mundo, su *Mesías* vive.

Todo aquel que ha estado alguna vez en una gran catedral y escuchado la obra de Handel resonando por los enormes tubos del órgano sabe el tremendo don que tenía. Sin embargo, a pesar de sus grandes triunfos, Handel enfrentó ocasiones en que fácilmente pudo haber decidido renunciar a sus talentos y sueños, en particular cuando empezaron a abandonarlo sus amigos, su salud y su fama. Pero en vez de eso encontró maneras de seguir adelante y perseverar.

Parte de perseverar y seguir adelante es dejar atrás el equipaje del pasado que nos distrae.

TRES PALABRAS A EVITAR;
TRES PARA RECORDAR
Arthur Gordon

Nada en la vida es tan emocionante y gratificador como el repentino destello de comprensión que deja una persona transformada; no solamente transformada, sino cambiada para mejor. Estos momentos, con seguridad, son raros; pero nos llegan a todos nosotros. A veces de un libro, un sermón o un verso. A veces de un amigo.

Aquella tarde de invierno en Manhattan, esperando en el pequeño restaurante francés, me sentía frustrado y deprimido. Por varios errores de mi parte, había fracasado en un proyecto de importancia considerable en mi vida. Ni siquiera la expectativa de ver a un querido amigo (el viejo, como yo lo llamaba en privado y con cariño) me animó como solía hacerlo. Me senté allí mirando con el ceño fruncido al mantel de cuadros, rumiando el amargo sabor de lo vivido.

Por fin cruzó la calle envuelto en su abrigo viejo, con su deforme sombrero que le cubría la calva, más parecido a un gnomo lleno de energía que a un siquiatra eminente. Su despacho estaba cerca; yo sabía que acababa de estar con el último paciente del día. Cumpliría ochenta años dentro de poco, pero aún tenía un número de pacientes, actuaba como director de una gran fundación y le gustaba escaparse al campo de golf cuando podía.

Cuando llegó y se sentó junto a mí, el mesero había traído su invariable botella de cerveza. No lo había visto desde hacía varios meses, pero parecía tan indestructible como nunca.

«Bien, joven», dijo sin preámbulo. «¿Qué le preocupa?»

Desde hacía rato había dejado de sorprenderme su capacidad de percepción. Así que proseguí a contarle con algunos detalles lo que me molestaba. Con cierto orgullo y tristeza, procuré ser muy honesto: no culpé a nadie por mi desilusión, solo a mí mismo. Analicé todo el asunto: las decisiones equivocadas y los movimientos en falso. Seguí unos quince minutos mientas el viejo se tomaba su cerveza en silencio.

Cuando terminé, soltó su vaso y dijo:

—Vamos, vámonos para mi despacho.

—¿Su despacho? ¿Se le olvidó algo?

—No —dijo con suavidad—. Quiero su respuesta a algo. Eso es todo.

Una lluvia fría empezó a caer afuera, pero su despacho era cómodo, familiar y hacía calorcito: paredes forradas en linda cenefa, un largo sofá de cuero, una foto firmada por Sigmund Freud y una grabadora en la ventana. Su secretaria se había ido. Estábamos solos.

El viejo tomó una cinta de una caja de cartón plana y la introdujo en la máquina.

«En esta cinta», dijo, «hay tres grabaciones cortas de tres personas que vinieron a verme para pedirme ayuda. No figuran sus identidades, desde luego. Quiero que escuche las grabaciones y vea si puede identificar la frase de tres palabras que es el común denominador en los tres casos». Sonrió: «No se quede tan perplejo. Tengo mis razones».

Lo que tenían en común las voces de la cinta, me parece, era que no eran felices. El hombre que habló primero evidentemente había sufrido cierta clase de pérdida o fracaso en los negocios. Él mismo se reprendía con vehemencia por no haber trabajado más duro y no haber mirado al futuro. La mujer que habló después nunca se casó porque se sintió obligada a su madre viuda, recordó con amargura todas las oportunidades de casarse que no había aprovechado. La tercera voz pertenecía a la madre cuyo hijo adolescente estaba en líos con la policía: se culpaba sin cesar.

El viejo apagó la máquina y se inclinó en su silla. «Seis veces se usa en esas grabaciones una frase que está llena de veneno sutil. ¿La encontró? ¿No? Bien, para empezar, usted la usó tres veces en el restaurante hace un rato».

Alzó la caja que tenía la cinta y me la tiró. «Ahí están, justo en el rótulo. Las tres palabras más tristes de cualquier idioma».

Miré hacia abajo. Impreso con buena letra y tinta roja estaban las palabras: «*Si tan solo…*»

«Se ve perplejo», dijo el viejo, «si supiera cuántas miles de veces me he sentado en esta silla y escuchado las oraciones lamentables que comienzan con esas tres palabras: "Si tan solo…", me dicen: "Lo hubiera hecho de manera diferente o no hubiera hecho nada. Si tan solo no hubiera perdido la paciencia, dicho esa cosa cruel, hecho ese movimiento deshonesto, dicho esa mentira tonta. Si tan solo hubiera sido más sabio, más generoso o tenido más dominio de mí mismo".

Siguen y siguen hasta que los detengo. A veces los obligo a que escuchen la grabación que acaba de oír. "Si tan solo…" les digo, "no dijeran más '*si tan solo…*', quizás empezaríamos a llegar a algún lado"».

El viejo estiró las piernas: «La preocupación de "si tan solo…"», dijo, «es que nada cambia. Lo mantiene a uno mirando en dirección equivocada; hacia atrás en vez de hacia delante. Pierde uno el tiempo. A la larga, si usted permite que se forme un hábito, se puede convertir en un verdadero obstáculo, una excusa para no procurar salir adelante.

«Ahora mire su propio caso: sus planes no funcionaron. ¿Por qué? Porque cometió ciertos errores. Bien, eso está bien; todo el mundo comete errores. Los errores nos sirven para aprender. Pero cuando me cuenta de ellos, lamentando esto, doliéndose por aquello, en realidad no está aprendiendo de ellos».

—¿Cómo lo sabe?—dije un poco a la defensiva.

—Porque —dijo el viejo— usted nunca se sale del tiempo pasado. Ni una vez mencionó el futuro. Y en cierto modo —sea sincero— lo disfrutaba. Hay una perversa tendencia en todos nosotros que nos hace retroceder a los errores pasados. Después de todo, cuando uno narra la historia del personaje principal, aún está en medio del escenario.

Sacudí mi cabeza con arrepentimiento.

—Bien, ¿cuál es el remedio?

—Cambie de enfoque —dijo el viejo con rapidez—, cambie las palabras clave y sustituya la frase que lo lleve a rastras por una que le genere edificación.

—¿Me recomienda alguna?

—Seguro. Saque las palabras "si tan solo" y sustitúyala por "la próxima vez".

—¿*La próxima vez?*

—Así es. He visto que funcione con milagros pequeños, aquí mismo, en este cuarto. Mientras un paciente me siga diciendo "si tan solo...", estará en dificultades. Pero cuando me mira a los ojos y me dice: "la próxima vez", sé que está en camino a vencer su problema. Significa que ha decidido aplicar las lecciones que ha aprendido de su experiencia, no importa lo desagradable o doloroso que haya sido. Significa que va a dejar a un lado el obstáculo del remordimiento, va a progresar, va a entrar en acción y va a seguir con su vida. Pruébelo usted mismo y verá.

Mi viejo amigo dejó de hablar. Afuera, podía oír la lluvia que susurraba contra el cristal de la ventana. Intenté sacar una frase de mi mente y remplazarla con la otra. Era fantástico, desde luego, pero podía oír las nuevas palabras que se grababan con un sonido audible.

«Una última cosa», dijo el viejo, «aplique este pequeño truco a cosas que todavía se pueden resolver». Del estante detrás de él, sacó algo que parecía un diario. «Aquí tengo un diario de hace una generación, de una mujer que era profesora en mi ciudad natal. Su esposo era una especie de gentil bueno-para-nada, encantador, pero completamente incapaz de proveer para su familia. Esta mujer tuvo que criar los hijos, pagar las cuentas y mantener la familia unida. Su diario está lleno de airadas referencias a las insuficiencias de Jonathan.

»Luego Jonathan murió y cesaron las anotaciones, excepto una: años más tarde. Aquí está: "Hoy me nombraron superintendente de escuelas, y creo que debería estar muy orgullosa. Pero si yo supiera que Jonathan está por ahí en algún sitio más allá de las estrellas, y si supiera cómo hacerlo, iría a estar con él esta noche"».

El viejo cerró el libro con suavidad.

«¿Ve? Lo que ella dice es: "si tan solo…"; "si tan solo… si tan solo lo hubiera aceptado, carencias incluidas; si tan solo lo hubiera amado mientras podía"».

Volvió a poner el libro en el estante.

«Ahí es cuando esas tristes palabras son las más tristes de todas: cuando es demasiado tarde para recuperar algo».

Se puso en pie con cierta rigidez.

«Bien, se terminó la clase. Fue un placer verlo, joven. Siempre lo es. Ahora, si es tan amable, ayúdeme a conseguir un taxi; quizás debería irme a casa».

Salimos del edificio a la noche lluviosa. Divisé un taxi que venía y corrí hacia él, pero otro peatón llegó más rápido.

«¡Dios mío! ¡Dios mío!», dijo el viejo con disimulo, «si tan solo hubiéramos venido diez segundos más temprano, habríamos tomado ese taxi, ¿cierto?»

Sonreí y me di cuenta de la clave: «La próxima vez correré más».

«Así es», gritó el viejo al ponerse el ridículo sombrero hasta las orejas. «Así es».

Otro taxi llegó despacio. Le abrí la puerta. Sonrió y dijo adiós con la mano mientras se iba. Nunca lo volví a ver. Un mes después, murió de un repentino ataque al corazón, sobre la marcha, por así decirlo.

Mucho tiempo ha pasado desde esa tarde lluviosa en Manhattan. Pero hasta hoy, cuando empiezo a pensar: "si tan solo...", cambio y digo: "la próxima vez...". Luego espero para el casi perceptible *clic* en mi mente. Y cuando lo oigo, pienso en el viejo.

Un pequeño fragmento de inmortalidad, no lo dude. Pero de la clase que él habría querido.

La tierra de «Si tan solo...» es territorio abierto de par en par. Aunque no tiene nada de valor eterno, es un lugar atractivo para visitar en tiempos difíciles o cuando las cosas no salen como se espera. Por otra parte, el camino a «La próxima vez...» abre panoramas enteros de oportunidad y es mucho más probable que nos lleve a las recompensas de la perseverancia. Como ya dije, una parte importante de perseverar y seguir adelante es dejar atrás los impedimentos del pasado.

Algunos de los más grandes enemigos de la perseverancia son los negativistas: individuos que insisten tercamente en que algo no se puede hacer. Recopiladas en «Yo sí puedo» hay cuatro historias cortas e inspiradoras de personas que demostraron que el mensaje de los negativistas está equivocado.

YO SÍ PUEDO

«ESTÁS ESTUDIANDO BASURA»

—*Fran Lostys*

El Dr. Judah Folkman guarda en sus archivos una reproducción de un artículo del *New York Times* de 1903. En él, dos profesores de física explican por qué es imposible que vuelen los aviones. El artículo se publicó tres meses antes de que los hermanos Wright surcaran los cielos de Kitty Hawk.

A principios de la década de 1970, Folkman propuso una idea de investigación del cáncer que no encajaba con lo que los científicos «sabían con certeza»: que los tumores no generaban nuevos vasos sanguíneos para «alimentarse» y crecer. Estaba convencido de que sí los generaban, pero sus colegas no cesaban de decirle: «Estás estudiando basura», es decir, que su proyecto era ciencia fútil.

Folkman hizo caso omiso de las burlas de la comunidad de investigadores. Durante dos decenios se topó con desinterés y hostilidad mientras proseguía con su trabajo de angiogénesis, el estudio del desarrollo de nuevos vasos sanguíneos. En una convención de investigadores, la mitad del público se salió de su conferencia. Es «solo un cirujano», escuchó que alguien decía. Sin embargo, él siempre creyó que su trabajo podría ayudar a detener el crecimiento de los tumores y tal vez a encontrar maneras de hacer crecer vasos sanguíneos donde hicieran falta, como alrededor de arterias obstruidas en el corazón.

Folkman y sus colegas descubrieron los primeros inhibidores de la angiogénesis en los años 80. Hoy día, más de 100.000 pacientes de cáncer se benefician de su investigación.

En la actualidad su trabajo es reconocido como de vanguardia en la lucha contra el cáncer.

«La frontera entre la persistencia y la obstinación es muy sutil», dice Folkman. «He llegado a darme cuenta de que la clave es encontrar un problema que vale el esfuerzo persistente».

La gerente que no sabía escribir

—*Gary Sledge*

Lo que impulsó la carrera de Amy Tan no fue una gran oportunidad sino una patada en el trasero.

Antes del millón de ejemplares vendidos de *The Joy Luck Club*, *The Kitchen God's Wife* y *The Hundred Secret Senses*, Amy Tan era escritora... de negocios. Ella y un socio dirigían un negocio de escritura técnica y cobraban por hora como los abogados. Su papel ante los clientes era el de gerente de cuentas, pero esta hija de inmigrantes quería hacer algo más creativo con las palabras del idioma inglés.

Así que le propuso a su socio: «Quiero escribir más». Él le manifestó que su fuerte era hacer estimados, buscar contratistas y cobrar facturas. «Eran cosas horribles». Justo las cosas que Tan odiaba y sabía que no hacía bien. Pero su socio insistía en que escribir era su punto débil.

«Pensé: puedo creerle y seguir trabajando en esto o hacer el intento». Así que discutió y defendió sus derechos.

Pero el socio no cedió.

Alterada, Tan dijo: «Renuncio». Y el socio respondió: «No puedes renunciar. ¡Estás despedida!» Y agregó: «Jamás ganarás un centavo escribiendo».

Tan se dispuso a probarle que estaba equivocado, aceptando todos los encargos que podía. En ocasiones trabajaba 90 horas a la semana como escritora técnica autónoma. Estar por su cuenta fue difícil, pero no permitir que otros la limitaran o definieran sus talentos hizo que valiera la pena. Además, por su cuenta, se sintió en la libertad de experimentar con la ficción. Y así, *The Joy Luck Club*, acerca de una inteligente y solitaria hija de inmigrantes chinos, vio la luz. Así la gerente que no sabía escribir se convirtió en una de las escritoras más queridas y con más libros vendidos de Estados Unidos.

Del fracaso al éxito

—Janice Leary

Cuando trabajaba en el cuarto de controles del buque de salvamento *Seaprobe*, a las 2 de una madrugada de 1977, a Robert Ballard lo sobresaltó el ruido de una enorme pieza de instrumental que se estrelló contra la cubierta a solo 90 centímetros de su cabeza. El barco se sacudió con la fuerza de una explosión. Un tubo de barrena con instrumentos de sonar y video se había desprendido y caído al Océano Atlántico, terminando abruptamente con las pruebas del explorador para encontrar el RMS *Titanic*.

«Perdí credibilidad ante los patrocinadores, que habían prestado los 600.000 dólares de instrumental» para la expedición de 1977. «Tardé ocho años en recuperarme». Pero se recuperó, a pesar del escepticismo de otros científicos, del fracaso en la recolección de fondos y otros contratiempos.

Tras la debacle del *Seaprobe*, Ballard dice: «Estaba de vuelta en el principio. Tenía que idear otra manera de buscar el *Titanic*».

Volvió al servicio activo como oficial de la armada estadounidense asignado a tareas de inteligencia. En una época en que aún se vivía la Guerra Fría, el geólogo marino hizo un trato con los oficiales de la armada. Pondría su destreza a su servicio a cambio de que financiaran el desarrollo y la prueba del Argo, robot submarino equipado con cámaras, esencial para la misión *Titanic*, y le permitieran utilizarlo para explorar. La armada envió a Ballard, con el Argo, a misiones secretas para inspeccionar los submarinos nucleares *Thresher* y *Scorpion*, hundidos en la década de 1960.

Estas naves yacían en aguas cercanas al *Titanic*.

Tras inspeccionar el *Scorpion* en 1985, Ballard comenzó a buscar el malhadado trasatlántico de lujo y, a 3,2 kilómetros de profundidad, en la oscuridad y a 49° 56' O, 41° 43' N, lo encontró.

El oceanógrafo, que después encontró el acorazado alemán *Bismarck*, el trasatlántico *Lusitania* y otros pecios históricos, tiene una visión sencilla. «El fracaso y el éxito son compañeros, así que estoy preparado para fracasar».

Hoy día, Ballard está anclado en la Escuela Profesional de Oceanografía de la Universidad de Rhode Island, donde ha lanzado un programa arqueológico. Sus alumnos lo acompañarán en su nueva aventura: la exploración de las antiguas rutas comerciales del Mar Negro y el Mediterráneo.

LA SUPLENTE

—Joseph K. Vetter

«Angie, ya sé que te gusta cantar», le dijo su padre, mecánico de automóviles, a Ángela Brown, «pero tienes que tener un respaldo». Brown siguió el consejo de su padre, obtuvo un título de secretaria antes de inscribirse al

Colegio Oakwood de Huntsville, Alabama. Su meta era convertirse en cantante de Gospel. Pero la atacó la pasión por la ópera, así que, tras graduarse, se dirigió a la Universidad de Indiana a estudiar con la legendaria soprano Virginia Zeani. En una ocasión en que a Brown la asaltó la inseguridad, Zeani la retó: «Si quieres ser la siguiente Aretha Franklin, vete, ya no necesitas más lecciones», recuerda Brown que le dijo. «Pero si quieres ser la mejor soprano verdiana de la historia, debes trabajar».

Y eso hizo. En tres ocasiones compitió en las Audiciones del Consejo Nacional de la Ópera Metropolitan. En tres ocasiones no llegó a la final en Nueva York. Entonces, en 1997, a los 33 años, límite de edad de las audiciones para sopranos, volvió a intentarlo.

Se inscribió en el último momento y ni siquiera ensayó, porque pensó: «Lo único que podrían hacer sería rechazarme, y eso ya no me lastima». Tenía el respaldo necesario para su sostenimiento si fallaba.

Ganó. Pero llegar a Nueva York era solo el principio. Los cantantes no obtienen papeles estelares de inmediato. Le tomó tres años convertirse en suplente del Met. Pero la espera no le preocupaba. Por fin llegó su oportunidad. Cuando la cantante titular enfermó, Brown tuvo la posibilidad de cantar el papel principal de *Aída*. El *New York Times* declaró que su debut había sido un triunfo. Ángela Brown, soprano, que se había preparado durante 20 años, se convirtió en sensación «de la noche a la mañana» a sus 40 años.

Cada uno de estos individuos oyó el claro y fuerte «No» de la muchedumbre, pero dentro de cada uno había un «Yo sí puedo» más profundo. La clave, como el Dr. Folkman observó, era encontrar algo digno de esfuerzo persistente, combinado con las fuerzas para vencer unos cuantos fracasos en el camino.

Elaboración final

El finado líder gurú Peter Drucker observó una vez que el problema con todas las ideas innovadoras es que rápidamente degeneran dentro del trabajo duro. Por desgracia, la falta de capacidad para trabajar duro es lo que hace abandonar a muchos muy cerca de la meta, aunque vayan tras objetivos importantes para ellos. Otras veces podría ser el temor a fracasar o una malsana dependencia del apoyo externo lo que hace que la gente renuncie y no cumpla con sus expectativas. Pero lo que demuestran las personas en estas historias es que la perseverancia no es algo que una persona hace un día sí, y al siguiente no. Lo que hace que la perseverancia sea una parte importante de la Grandeza para cada día es que sea una característica cotidiana sustentada sobre acciones diarias.

Reflexiones

- Handel pudo haber sucumbido fácilmente a la desesperación. Cuando las cosas no salen como usted desea, ¿lo obstaculizan los negativos o persevera y permite que los positivos lo saquen adelante?

- Como señaló el «viejo», algunas personas no pueden perseverar porque están atascados en su pasado. ¿Se descubre usted diciendo muy a menudo «si tan solo...»? ¿Dirá, en vez de eso, «la próxima vez»?

- Si usted calificara su persistencia en una escala de uno a diez, donde diez es lo máximo, ¿se calificaría con la decena? De no ser así, ¿qué le impide llegar a diez?

- Qué fácil es pensar en debilidades personales o usarlas como arma para derribar nuestra autoestima. ¿Piensa usted más en sus debilidades o en sus fortalezas, en sus fracasos o en sus triunfos?

Más reflexiones sobre la
Perseverancia

~

Cómo persistir

Sea que estemos arriba o abajo, la vida continúa. Por tanto nosotros también debemos continuar y persistir si queremos conseguir los sueños que más importan.

La perseverancia no es una carrera larga sino muchas carreras cortas una tras otra.

—Walter Elliott

■ ■ ■

La perseverancia es el trabajo duro que usted hace después de cansarse de hacer el trabajo duro que ya hizo.

—Newt Gingrich

■ ■ ■

A las mentes tranquilas no se les puede asustar o dejar perplejas, sino que continúan en fortuna o en desgracia a su propio ritmo, como un reloj durante una tormenta.

—Robert Louis Stevenson

■ ■ ■

El Dr. Jean-Louis Etienne, el hombre que caminó solo en el Polo Norte, explica lo que le brindaron esas incursiones en el mundo del hielo y la nieve: Hay dos grandes momentos de felicidad: cuando se está obsesionado por un sueño y cuando este se realiza. Entre lo uno y lo otro hay muchas ganas de abandonar. Pero usted debe seguir sus sueños hasta el final… Yo casi renuncio mil veces antes de alcanzar esos momentos de felicidad en los que me olvidaba del frío.

—L'Express, París

CÓMO RECUPERARSE

Algunas personas permiten que antiguos fracasos frustren sus sueños. Pero los triunfadores usan los fracasos como firmes peldaños hacia sus próximos triunfos.

Si cae siete veces, levántese ocho.

—PROVERBIO JAPONÉS

■ ■ ■

Si ha cometido equivocaciones, incluso graves, siempre hay otra oportunidad para usted. Lo que llamamos fracaso no es a caer sino a permanecer caído.

—MARY PICKFORD

■ ■ ■

Lo eliminaron 1330 veces. Pero eso no es lo que recordamos acerca de Babe Ruth. Sus 714 vueltas completas borraron por completo las eliminaciones. El lanzador Cy Young acumuló 511 victorias, una marca que nunca ha sido amenazada. Pero lo que generalmente se olvida es que Young perdió casi tantos juegos como los que ganó.

—HAROLD HELFER, KIWANIS MAGAZINE

■ ■ ■

La vida es muy sencilla: Usted hace algunas cosas; muchas fallan; algunas funcionan. Usted se esfuerza más. Si triunfa, otros rápidamente lo copian. Entonces, usted hace otra cosa.

—TOM PETERS

■ ■ ■

Puede que uno tenga que pelear una batalla más de una vez para ganarla.

—MARGARET THATCHER

■ ■ ■

Carácter es lo que usted hace en el tercer o cuarto intento.

—JAMES MICHENER,
CHESAPEAKE

Cómo ver el éxito

A veces las personas no perseveran porque las lentes a través de las cuales ven la vida están enfocadas en fracasar, no en triunfar.

Recuerdo de la charla motivacional que dio a los Dallas Cowboys antes de su victoria en el partido del Súper Bowl de 1993: Les dije que si yo atravesaba una tabla en el salón todos podríamos caminar por ella sin caer, porque nuestro punto de mira estaría en que íbamos a caminar por ella. Pero si pongo la misma tabla entre dos edificios a diez pisos del suelo, solo unos pocos lo harían, porque el punto de mira estaría en caer.

—Jimmy Johnson,

■ ■ ■

Ningún hombre haría nada si esperara hasta poder hacerlo tan bien que nadie encontrara fallos.

—John Henry Cardinal Newman

■ ■ ■

Los malos momentos tienen un valor científico. Son ocasiones que no perdería un buen aprendiz.

—Ralph Waldo Emerson

■ ■ ■

Hemos sido educados, por desgracia, para creer que nadie debería cometer equivocaciones. La mayoría de hijos son privados de su ingenio por el amor y el temor de sus padres a que pudieran cometer una equivocación. Sin embargo, todos mis progresos se hicieron por equivocaciones. Usted descubre qué es cuando se deshace de lo que no es.

—Buckminster Fuller,
citado en el *Washington Post*

■ ■ ■

Solo trato de lamentarme lo suficiente para aprender, y así no volver a caer en algún error.

—John Travolta

Cómo mirar hacia adelante

Algunos individuos quedan atrapados o perdidos en su pasado. Pero el pasado se debe entender dentro del contexto del futuro.

Usted puede aferrar tan firmemente el pasado a su pecho que sus brazos queden demasiado ocupados para abrazar el presente.

—Jan Glidewell

▩ ▩ ▩

Quienes miran demasiado al pasado, quienes piensan demasiado en lo que pudieron haber sido, están corriendo el mismo riesgo que el conductor que mantiene la mirada muy pendiente de su espejo retrovisor y no está atento al camino por delante. La experiencia es un gran maestro; es el camino en que hemos estado. Pero los baches que quedaron atrás no son los que ahora tratamos de evitar. Lo que ahora cuenta son las curvas de adelante.

—Richard L. Evans,
Tonic for Our Times [Tónica para nuestra época]

▩ ▩ ▩

La vida solo se puede entender hacia atrás, pero se debe vivir hacia adelante.

—Sören Kierkegaard

▩ ▩ ▩

Los recuerdos no son la clave para el pasado sino para el futuro.

—Corrie ten Boom,
The Hiding Place [El refugio secreto]

▩ ▩ ▩

Las experiencias deberían ser una guía, no una complicación.

—D. W. Williams

▩ ▩ ▩

Puedo hablar de un aserrador con quien estuve una noche mientras se incendiaba ante nuestros ojos hasta el último dólar que poseía. Se encontraba muy callado. Yo intenté ser muy comprensivo. Él dijo: «Estoy imaginando cómo se verá el nuevo aserradero».

—Clarence Budington Kelland,
en *American Magazine*

PACIENCIA

A menudo se equipara paciencia con pasividad, pero la paciencia es una decisión práctica y una forma vital de perseverancia.

La paciencia es compañera de la sabiduría.

—SAN AGUSTÍN

■ ■ ■

La paciencia es un ingrediente necesario de la genialidad.

—BENJAMIN DISRAELI

■ ■ ■

Un capullo de rosa en el jardín de mi abuela parecía tardar tanto en abrirse que me estaba impacientando, porque deseaba ver su color y su belleza. Pensé que debía hacer algo al respecto y apelé a la abuela. Cuando ella me dejó abrir los pétalos, me emocioné. Pero después que los pétalos quedaron abiertos no se trataba de la rosa verdaderamente hermosa que yo había imaginado. Yo había destruido la belleza de su rosa, la que rápidamente se marchitó. La abuela me explicó entonces que así ocurría con todo: debemos dejar que se abran a su manera y a su tiempo.

—DOROTHY E. MINCK

■ ■ ■

No tuve una sagacidad especial, solo el poder del pensamiento paciente.

—SIR ISAAC NEWTON

■ ■ ■

Sea paciente con todo el mundo, pero sobre todo consigo mismo.

—SAN FRANCISCO DE SALES

CÓMO ARMONIZAR LAS PIEZAS

El arte de vivir es más una lucha que una danza.
—MARCO AURELIO

Expresiones cotidianas como agotamiento, ojos enrojecidos, estrés, almuerzos ejecutivos, adicción al trabajo y horas extras se unen con frecuencia para formar la frase: «Necesito una vida». Uno de los mayores desafíos que enfrentamos al ir tras la Grandeza para cada día es el de tratar con todas las demandantes exigencias que se nos imponen. Parece haber muchas alternativas y poco tiempo. Para sacar lo mejor de la vida debemos encontrar maneras de simplificar, centrándonos solo en lo que más importa y en tener la oportunidad de refrescar nuestras mentes y nuestros cuerpos.

Entre los principios que nos ayudan a armonizar las variadas exigencias de la vida están:

- Equilibrio

- Sencillez

- Renovación

19

EQUILIBRIO

Anoche mi esposa y yo cenamos solos por
primera vez en veinte años.

—DIARIO DE GEORGE WASHINGTON

Sea usted soltero o casado, jubilado o empleado, joven o viejo, las exigencias sobre su tiempo parecen interminables. No hay suficientes horas en un día para pasar con quienes más nos importan o para hacer lo que nos brinda mayor alegría. Siempre parecemos estar buscando un mejor equilibrio.

Es más, a menudo corremos tanto por la vida que no sacamos tiempo para disfrutarla. Estamos tan ocupados preparándonos para el próximo proyecto o contestando las demandas urgentes que no nos detenemos a disfrutar nuestro presente. Este mensaje se ilustra, con cierto tono lúgubre, en las tres historias siguientes. Por suerte, cada una, así como las citas y anécdotas que las acompañan, también brinda reveladores consejos respecto de cómo podemos encontrar mayor gozo en nuestro presente mientras llevamos más equilibrio a nuestras vidas.

Una lección de un esquimal

Gontran de Poncins

Llevábamos treinta días de camino, la familia esquimal con la que viajaba y yo. Con el viento, el frío (estábamos a cincuenta bajo cero) y la forma de pensar de los esquimales, fue el viaje más duro que haya experimentado.

Sentí como si el destino obrara con malicia para demorarnos. Un día la tormenta de nieve nos mantuvo agachados en un iglú. Otro día, algún capricho raro se llevaba a mis compañeros nativos y, aunque el día era bueno, se detenían para edificar un nuevo iglú en vez de seguir nuestro camino.

Varias veces le había preguntado al viejo de la familia lo siguiente: «¿Cuántos días faltan para llegar a King William Land?» Nunca había respondido de forma directa. A los esquimales no les gustan las preguntas; piensan que son de mala educación. Solo un hombre blanco preguntaría una cosa como esa. Además, a los esquimales no les gusta comprometerse. Usted preguntará: «¿Cómo será el clima mañana?» Los esquimales lo saben demasiado bien, pero responderá de manera educada: *«mauna* (no sé)», y aparentará estar ocupado con los perros, como diciendo: «¿Por qué debería responder? Si mi respuesta es correcta, no seré mejor por ello; si no lo es, quedaría como un necio.

Toda la mañana y la tarde cruzamos el mar helado, deteniéndonos solo para desenredar las correas de los perros o para prender una pipa. Divisamos tierra. Quizás pudiéramos llegar a ella. Luego, cuando esa esperanza estaba ante nuestros ojos, llegó el viento; la tierra se oscureció por el remolino de nieve, perdida en lo que para mí era la tenebrosa desesperación de la nada.

Nos detuvimos de nuevo. Despacio y sin vacilar, con esa cortesía perfecta con la cual los esquimales aceptan la vida y el destino, Ohudler, el viejo, habló con su esposa y su niña. En mi casa, en Francia, cualquier campesino bajo una tormenta pararía con la misma indiferencia para revisar el arado.

Casi sin poder aguantar mi angustia, le hice de nuevo al viejo mis preguntas: «¿Cuando cree, ahora, que llegaremos a King William Land?» Si esta vez su paciencia había llegado al límite o en realidad estaba preocupado, nunca lo sabré. Se volvió hacia su esposa y se entendieron en silencio los dos.

Luego vino donde yo estaba y miró. Habló con ese estilo suave y casi sin importancia que los nativos usan cuando son prudentes y tienen miedo a la vez: «¿No avanzan los perros como usted quiere?»

Hubo silencio. Los perros habían vuelto las cabezas como cuando se les manda detenerse y me estaban mirando. La mujer y el niño fingían estar ocupados pero yo me sabía también el centro de su atracción. Al instante todo pareció quedar paralizado. Los esquimales le dan a uno ese sentir en sus momentos de tensión. Tienen cierta forma de que el ambiente se sienta pesado. ¿Lo dejarían de este modo? No. Había llegado demasiado lejos. Finalmente el viejo, como si no pudiera deshacerse de sus dudas, dijo: «¿No es este un buen trineo? ¿No está contento de que siga habiendo nieve sobre el mar mientras viajamos?»

Continuó mirándome con una mirada de mucha preocupación. La edad de piedra con su sencillez; el mundo oriental con su sabiduría, me observaban, procurando entender; o más bien, procurando darse a entender. Luego, de repente, vi lo que decía la mirada del viejo:

«¿Para qué ir de prisa?», decía su mirada, «¿y dónde está eso que siempre está queriendo alcanzar? ¿Por qué preocuparse por el futuro cuando el presente es tan magnífico?»

Ese día, el viejo me enseñó una lección que no he olvidado. A causa de mi obsesión por el futuro no había apreciado por el presente. En la presencia del viejo recordé lo que alguien me había dicho: «Pensar en el pasado es tener remordimiento; pensar en el futuro es tener temor». Pero el presente. ¿No es esa la única realidad que entendemos?

El mundo es como su mente construye. Para mí el Ártico había sido descorazonador; para los esquimales había sido un gran imperio donde ellos eran los reyes. Para mí la nieve había sido una experiencia detestable; para ellos era una bendición y un don sagrado. Entre las mil facetas de la vida somos libres de escoger entre el dolor y la esperanza.

Corremos por las carreteras de la vida, sin prestarle atención al paisaje. ¿Quién fue el que dijo: «El lujo consiste en tener tiempo de sobra. Tiempo para detenerse y pensar»? Los esquimales se detienen cuando quieren, aunque en el futuro les guarda, como a nosotros, la posibilidad eterna del hambre y de la muerte. Así que la muerte, cuando llega, los encuentra felices en el presente y se van sin pesar.

He aprendido, desde que me habló Ohudlerk con su mirada, cuánta pobreza de alma había sufrido en el Ártico. He aprendido a hacer de cada día algo delicioso como si no hubiera futuro. Nada de lo que el futuro me pueda hacer puede cambiar lo que ahora tengo.

En Vancouver, finalizada la larga caminata, me encontraba corriendo al hotel como si no hubiera tiempo que perder. De repente me detuve en medio de la circulación. Sonaban pitos de todas las direcciones pero no los escuchaba. Era como si Ohudlerk se parara en la calle frente a mí, observándome con aquella mirada sabia, de viejo, inquisitiva y preocupante, y me preguntara si los perros no eran buenos y la nieve no era en verdad un don del cielo.

Y me encontré riendo. *¡Somos tan tontos!* Pensé. Todavía lo pienso.

No importa la latitud o la longitud del lugar donde vivamos, el mundo actual está girando a tal ritmo nuestros días y noches parecen cada vez más cortos. Antes de poder detenernos para disfrutar el romanticismo de una luna llena, el sol ha salido de nuevo y vamos ya tras la próxima serie de citas y cosas que hacer. Es fácil lanzarse por la vida tan rápido que no disfrutemos el presente. Las personas con Grandeza para cada día podrán vivir en un mundo muy apurado, pero deciden vigilar sus mentes y sobrevivir a las tormentas de la vida, aprendiendo a vivir y a disfrutar el presente.

Es difícil sacar tiempo para oler las rosas y disfrutar. Aquí la extraordinaria articulista y consejera Erma Bombeck recuerda su vida y describe algunas cosas que le gustaría que hubieran sido diferentes.

SI TUVIERA QUE VIVIR MI VIDA OTRA VEZ
Erma Bombeck

Alguien me preguntó el otro día: «Si pudiera vivir su vida de nuevo, ¿cambiaría algo?»

«No», respondí, pero luego empecé a pensar…

Si pudiera vivir mi vida de nuevo, hubiera hablado menos y escuchado más.

Hubiera invitado amigos a cenar, aun si el tapete estuviera manchado y el sofá descolorido.

Hubiera comido palomitas de maíz en la «buena» sala y me hubiera preocupado menos de la suciedad cuando alguien quería prender fuego en la chimenea.

Hubiera dedicado tiempo a escuchar las divagaciones de mi abuelo acerca de su juventud.

Nunca hubiera insistido en que subieran las ventanas del carro en un día de verano porque estaba recién peinada y enlacada.

Hubiera quemado el candelabro rosado con forma de rosa antes de que se derritiera en el depósito.

Me hubiera sentado en el césped con mis hijos y no me hubiera preocupado por mancharme de hierba.

Hubiera llorado y reído menos mirando la televisión; y llorado y reído más mientras miraba la vida.

Hubiera compartido más de la responsabilidad que cargaba mi esposo.

Me hubiera acostado cuando estaba enferma en vez de pretender que la tierra se detuviera si yo no estaba de pie y trabajando ese mismo día.

Nunca hubiera comprado nada solo porque fuera práctico, no estuviera sucio o tuviera garantía de por vida.

En vez de hacer como el avestruz durante los nueve meses de embarazo, hubiera valorado cada instante y hubiera comprendido que la maravilla que crecía dentro de mí era mi única oportunidad en la vida para ayudar a Dios en un milagro.

Nunca hubiera dicho, cuando mi hijo me besaba de manera impulsiva: «Más tarde. Ahora ve y lávate para la cena».

Hubiera habido más «te amo», más «Lo siento»; pero sobre todo, ante otra oportunidad de vivir, hubiera aprovechado cada instante, mirarlo y verlo de veras, vivirlo y nunca devolverlo.

Lo que oigo decir a Erma Bombeck y a muchas otras personas que conozco es que quisieran haberse detenido para disfrutar un poco más la vida. Que quisieran haber puesto las relaciones por encima de las cosas, sus misiones por encima de sus relojes. Vivir la vida sobre la única base de la rentabilidad sale realmente caro.

Tal vez en ninguna parte es tan frecuente e inevitable sentir el dolor o escuchar los gritos del desequilibrio como en la lucha continua entre la profesión y las demandas familiares.

LADRILLO A LADRILLO

Bill Shore

Durante años trabajé en la política, una opción profesional que requiere de largas horas y mucho viajar. Cuando el senador Bob Kerrey se postuló para presidente en 1992, por ejemplo, lo ayudé en su campaña y le dediqué bastante tiempo, en detrimento de mi esposa Bonnie y nuestros dos hijos jóvenes Zach y Mollie.

Después de la campaña, llegué a casa para aprender una lección importante acerca del equilibrio entre mi profesión y mi familia; de lo que los hijos en verdad necesitan de papá, y de construir y derribar murallas.

Poco antes de que Mollie cumpliera tres años, acababa de regresar de una serie de largos viajes con el senador, algunos de los cuales duraron seis o siete días. Solo llegaba a casa por un instante para cambiarme de ropa.

Mollie y yo conducíamos por nuestro barrio de Silver Spring, Maryland, de regreso de la tienda de comestibles, cuando desde su asiento en la parte de atrás dijo: «Papá, ¿en qué calle queda tu casa?»

«¿Qué?» Pensé que no había escuchado bien.

«¿En qué calle queda tu casa?»

Fue un instante clave. Aunque ella sabía que yo era su papá y sabía que su mamá y yo estábamos casados, no sabía que yo vivía en la misma casa que ella.

Escondite secreto

Aunque pude convencerla de que vivíamos en la misma dirección, su inseguridad en cuanto a mi lugar en su vida continuó y se manifestó de muchas maneras. Cualquier raspadura en la rodilla y se apoyaba en su mamá, no en mí. Si surgía una pregunta por algo que había oído en el colegio, se la guardaba por horas hasta que mamá estuviera cerca para preguntarle.

Comprendí que no solamente tenía que dedicarle más tiempo a Mollie, sino que también tenía que dedicárselo de manera diferente. Cuanto más distante me sentía hacia ella, más cosas procuré hacer que tuviéramos en común: como ir a la piscina o ir a cine.

Si Mollie y yo no teníamos alguna actividad específica programada, como de costumbre me ponía a trabajar en quehaceres domésticos. Para optimizar el tiempo y que fuera productivo, tenía mucho sentido.

Cuando tocaba leer un cuento a la hora de dormir, Bonnie me llamaba después de que se terminara el resto de la rutina antes de acostarnos, y entraba al cuarto de Mollie como un odontólogo que esperaba hasta que el paciente estuviera preparado, para que no tuviera que perder ni un minuto de tiempo. Era la forma en que me sentía, y ahora estoy seguro de que era la forma en que hacía sentir también a Mollie.

Una tarde de verano se produjo un punto de inflexión. Mollie se frustraba cada vez más al procurar construir un escondite en el patio trasero. Se ocultaba el sol y llegaba la hora en que Mollie tenía que estar lista para dormir, pero las láminas de pizarra que ella había intentado usar para construir se seguían cayendo. Había estado allí ocupada en ello varios días; a veces con un amigo vecino, a veces sola. Cuando las murallas cayeron por última vez, y además se partieron, se echó a llorar.

—¿Sabes lo que necesitas para que esto funcione, Molls? —dije.

—¿Qué?

—Necesitas como sesenta ladrillos.

—Sí, pero no tenemos sesenta ladrillos.

—Pero podemos conseguirlos.

—¿Dónde?

—En la ferretería. Ponte los zapatos y súbete al auto.

Condujimos los cinco o seis kilómetros hacia la ferretería y encontramos los ladrillos. Empecé a subirlos a un carro grande y plano, poco a poco. Eran duros y pesados, y me di cuenta que era un trabajo duro para mí. Después de haberlos subido al carro, había que bajarlos y subirlos al auto, y luego bajarlos de nuevo en la casa.

«Ah, papá, déjame hacerlo, por favor», rogó Mollie.

Si la dejara, estaríamos allí una eternidad. Tendría que usar las dos manos solo para alzar un ladrillo. Miré el reloj y procuré mantenerme calmado y en control.

—Pero cariño, son muy pesados.

—Por favor, papá, quiero hacerlo — rogó de nuevo, fue corriendo al montón de ladrillos y agarró uno con ambas manos. Lo arrastró al carro y lo puso junto al puñado que había puesto allí.

Esto iba a tomar toda la noche.

Mollie volvió al montón y con cuidado seleccionó otro ladrillo. Se tomó su tiempo al escogerlos.

Entonces me di cuenta de que quería tomarse toda la noche.

Era raro que los dos tuviéramos tiempo así juntos. Esto era el tipo de cosas que por lo general haría su hermano mayor Zach: impulsivo, después de la hora de dormir, solo los dos. Solo con Zach, de una forma quizás típica de hombres, lo vería como una tarea a terminar pronto para podernos ir a construir la pared. Mollie quería que estos instantes duraran.

EL MOMENTO DE MOLLIE

Me recosté contra un palet de madera y respiré hondo. Mollie, que trabajaba firmemente con los ladrillos, se puso cómoda y se puso a charlar, hablándome de lo que iba a construir y acerca del colegio y sus amigas y su próxima clase de equitación. Y entonces me di cuenta: aquí estábamos comprando ladrillos para hacer una pared, pero en realidad estábamos desmantelando una pared ladrillo a ladrillo. La pared que había amenazado separarme de mi hija.

Desde ese entonces he aprendido lo que la madre de Mollie ya sabía: ver un programa de televisión con Mollie, aun si no era de mi agrado; estar con ella sin leer al mismo tiempo el periódico o una revista, prestar completa atención. Mollie no me quiere por lo que le puedo dar o dónde la puedo llevar, ni por lo que podamos hacer juntos. Me quiere a mí y solo a mí.

Nuestros días viajan a velocidades tan vertiginosas que constituye un desafío encontrar equilibrio entre carreras, amigos, pasatiempos y familia... sobre todo familia. Pero como aprendió el padre en esta historia, el equilibro no viene por sí solo; se obtiene ladrillo a ladrillo o, en este caso, conversación a conversación.

Elaboración final

No somos animales. Somos seres humanos conscientes, y entre todo lo que nos ha sucedido y cómo respondemos a ello hay un espacio. En ese espacio yace nuestro poder y nuestra libertad de decidir nuestras respuestas, y en esas decisiones yace nuestro crecimiento y nuestra felicidad. Aprendí eso en un libro desconocido, hace muchos años al deambular por los montones de libros de una biblioteca en Hawai. Afectó profundamente el resto de mi vida, incluyendo todo mi trabajo y mis escritos. Yace también en la base de todo este libro. Podemos detenernos y hacer una pausa para reflexionar. Podemos decidir qué es más importante y distinguir qué es urgente pero no de veras importante. Aunque podamos tener temporadas de desequilibrio por varias, e incluso sabias razones, nuestras vidas al final pueden reflejar un profundo equilibrio interior. Esto puede exigir que nos reinventemos, algo que los animales no pueden hacer. He descubierto que la mejor manera de hacer esto es programar primero las prioridades, dejando las actividades menos importantes para llenar espacios vacíos... si existen. Hay una diferencia importante entre priorizar su programación y programar sus prioridades.

REFLEXIONES

- ¿Encuentra usted gozo en su presente, o casi siempre espera encontrar gozo en algún suceso futuro? ¿Qué puede hacer este día que le traiga una mayor medida de gozo?

- *Equilibrio* no implica que pasemos igual tiempo con la familia, el trabajo, las amistades, etc. Más bien significa que encontremos en nuestras listas de actividades una adecuada proporción o armonía para cada cosa. Con eso en mente, ¿qué grado de equilibrio o buena proporción encuentra en su vida? ¿Está usted sobrecargado en algunas áreas?

- ¿Hay hábitos o pasatiempos ociosos en su vida —tales como demasiada televisión o muchas horas durmiendo— que le impidan tener más equilibrio? ¿Hay límites que deba poner a eso?

Más reflexiones sobre el
Equilibrio

Señales de exceso de ocupaciones

La vida viaja a un ritmo tan rápido que muchas personas terminan eludiendo lo más importante.

En realidad todos tenemos obligaciones y deberes hacia nuestro prójimo. Pero parece muy curioso que en la sociedad moderna y neurótica los hombres consuman sus energías en ganarse la vida y casi nunca en vivir. Se necesita mucho valor para que un hombre declare, con claridad y sencillez, que el propósito de la vida es disfrutarla.

—Lin Yutang,
The Pleasure of a Nonconformist [El placer de un inconformista]

■ ■ ■

Muchos individuos pierden su parte de felicidad, no porque no la hayan encontrado, sino porque no se detuvieron a disfrutarla.

—William Feather

■ ■ ■

Somos guerreros del tiempo que tenemos tremendos programas de citas en la pared de la cocina y blocs de mensajes en cada teléfono para equilibrar nuestros agitados programas. Adquirimos artefactos que prometen ahorrarnos tiempo, dejamos como lujos del pasado actividades como la lectura, tratamos de hacer todo solo un poco más rápido, y nos preguntamos por qué nada de lo anterior parece aflojar la apabullante presión del tiempo.

—Ralph Keyes,
Timelock [La llave del tiempo]

■ ■ ■

La vida es más que aumentar su velocidad.

—Mohandas K. Gandhi

CÓMO VIVIR CADA MOMENTO

Para hacer el mejor uso del tiempo debemos vivir cada instante como lo que es: de vital importancia.

La forma como pasamos nuestros días es, por supuesto, la manera como pasamos nuestras vidas.

—ANNIE DILLARD

■ ■ ■

La mayoría de las personas no piensan en minutos. Desperdician todos los minutos. Tampoco piensan en la totalidad de sus vidas. Funcionan con la medida intermedia de horas o días. Por eso empiezan de nuevo cada semana y pasan otro tiempo sin relacionarse con sus objetivos de vida. Andan al azar por la vida, moviéndose sin llegar a ninguna parte.

—ALAN LAKEIN,
CITADO EN *NEW YORK MAGAZINE*

■ ■ ■

Pierda una hora por la mañana y estará buscándola el resto del día.

—LORD CHESTERFIELD

■ ■ ■

Definitivamente, el tiempo es lo único que tenemos, y la idea no es ahorrarlo sino saborearlo.

—ELLEN GOODMAN,
EL *WASHINGTON POST*

■ ■ ■

Lo que hago hoy es importante porque estoy cambiando un día de mi vida por ello.

—HUGH MULLIGAN,
ASSOCIATED PRESS

■ ■ ■

Son millones los que anhelan la inmortalidad y sin embargo no saben qué hacer con su vida en una lluviosa tarde de domingo.

—SUSAN ERTZ

■ ■ ■

El tiempo vuela, pero recuerde que usted es el piloto.

—St. Louis Bugle

■ ■ ■

Decida cuáles son sus prioridades y cuánto tiempo les dedicará. Si no lo hace usted, otro lo hará.

—Harvey Mackay

■ ■ ■

No podemos elegir cómo hemos de morir; o cuándo. Solo podemos decidir cómo hemos de vivir. Ahora.

—Joan Baez

■ ■ ■

La mayor parte del tiempo se desperdicia en minutos, no en horas. El individuo promedio estafa suficientes minutos en diez años para haber obtenido un título universitario.

—Dale Turner,
Seattle Times

CÓMO ARMONIZAR EL TRABAJO Y LA FAMILIA

Al preguntarles qué es lo más importante, la mayoría de las personas dicen que es la familia. Sin embargo, por extraño que parezca, a menudo es la familia la que primero hacen de lado nuestras ocupaciones.

Hace poco leí un artículo sobre el síndrome «Gracias a Dios que es lunes»: la tendencia de muchas personas de emocionarse con su trabajo y aburrirse con sus pocos estimulantes fines de semana en casa. En realidad, nuestra sociedad parece creer que ganar dinero es más valioso que formar las almas de las personas, que tratar con adultos es más valioso que tratar con niños.

—RABINO HAROLD S. KUSHNER,
REDBOOK [EL LIBRO ROJO]

■ ■ ■

Hace unos años tuve un problema: Me moría de ganas de llegar a la oficina por la mañana y por la noche me costaba salir. Ser miembro del gabinete del presidente era tanto mejor que cualquiera de mis trabajos anteriores, de los que no lograba extraer lo suficiente.

Como es lógico, el resto de mi vida se marchitaba como una uva pasa. Dejé de ver viejos amigos. Veía poco a mi esposa y menos aún a nuestros dos hijos, Adam, entonces de quince años, y Sam, de doce.

Una noche, por sexta vez consecutiva, llamé a casa para decir a los chicos que otra vez me perdería su hora de acostarse. Está bien, dijo Sam. ¿Pero podría despertarlo cuando llegara a casa? Eso en realidad sería muy tarde, dije. Él se habría dormido mucho tiempo antes. Probablemente era mejor que lo viera la mañana siguiente.

Sam escuchó, pero insistió. Le pregunté la razón. Dijo que solo quería saber que yo estaba allí.

Hasta el día de hoy no me puedo explicar con precisión lo que sucedió en ese momento, pero de repente supe, con carácter absolutamente definitivo, que debía dejar mi trabajo.

—ROBERT REICH,
EX SECRETARIO DE TRABAJO DE ESTADOS UNIDOS

■ ■ ■

El trabajo más importante que usted y yo haremos en la vida estará entre las paredes de nuestros hogares.

—HAROLD B. LEE

■ ■ ■

En el cántico yídish «Mayn Yingele» (Mi pequeño), un padre canta a su hijo:

> Yo tengo un hijo, un hijo pequeño,
> Un chico totalmente brillante.
> Cada vez que lo veo me parece
> Que todo el mundo es mío.
> Pero rara vez, rara vez veo
> A mi hijo despierto y vivaracho.
> Solamente lo veo cuando duerme;
> Solo estoy en casa en la noche.
> Es temprano cuando salgo a trabajar;
> Cuando regreso, es tarde.
> Desconocida me es mi propia carne,
> Desconocido es el rostro de mi hijo.
> Cuando llego a casa muy cansado
> En la oscuridad después del día,
> Mi pálida esposa me dice:
> «Deberías haber visto jugar a nuestro hijo».
> Permanezco al lado de su camita;
> Observo y trato de oír.
> En su sueño él mueve los labios:
> «¿Por qué papá no está aquí?»

Ese canto se compuso en 1887. Hoy día, papá y mamá ya no están en las fábricas donde se explota a los trabajadores, pero no ha cambiado la angustia del padre que se ha atravesado a sí mismo con la espada de la ambición. Solo ha cambiado el domicilio.

—JEFFREY K. SALKIN,
BEING GOD'S PARTNER [CÓMO SER COMPAÑERO DE DIOS]

CÓMO DISFRUTAR LA CALMA

Parte de la consecución de la felicidad está en aprender a disfrutar hasta las partes menos emocionantes del viaje.

Para llevar una vida feliz es esencial cierta capacidad para soportar el aburrimiento. Las vidas de la mayoría de hombres importantes solo han sido emocionantes en algunos instantes de grandeza. Una generación que no puede soportar el aburrimiento será una generación de hombres insignificantes.

—BERTRAND RUSSELL

■ ■ ■

Los que no conocen las tensiones y presiones de la vida suelen ser los que no aprendieron a apreciar lo que los franceses llaman le petit bonheur (la pequeña felicidad) cuando esta llega. Eso está muy mal; porque la mayoría de las vidas tienen poco de dramático e irresistible. Pero cada día tiene su cuota de le petit bonheur.

—ARDIS WHITMAN,
WOMEN'S DAY

■ ■ ■

Norman Lear, acerca de las alegrías del triunfo: Triunfo es cómo usted acumula sus minutos. Usted pasa millones de minutos para alcanzar un triunfo, un momento, luego pasa quizás mil minutos disfrutándolo. Si fuera infeliz durante esos millones de minutos, ¿qué bien hay en esos miles de minutos de triunfo? No tiene comparación.

La vida está compuesta de pequeños placeres. Encontrarse con la mirada de su esposa en la mesa del desayuno. Un momento conmovedor con una amistad. La felicidad se compone de esos triunfos diminutos.

—PARADE

CÓMO VIVIR PARA HOY

Aunque cosechamos beneficios del pasado y soñamos para el futuro, para disfrutar la mayor satisfacción debemos vivir y encontrar felicidad en nuestro presente.

Uno de los aspectos más trágicos que conozco acerca de la naturaleza humana es que todos tendemos a dejar de vivir. Todos soñamos con algún mágico jardín de rosas en el horizonte, en vez de disfrutar las rosas que se están abriendo hoy al otro lado de nuestras ventanas.

—DALE CARNEGIE,
HOW TO STOP WORRYING [CÓMO SUPRIMIR LA PREOCUPACIÓN]

■ ■ ■

¡Qué extraña es nuestra pequeña procesión de vida! El niño dice: «Cuando yo sea un muchacho grande». El muchacho dice: «Cuando sea adulto». Y, de adulto, dice: «Cuando me case». Luego, cuando llega la jubilación, mira hacia atrás el paisaje recorrido; un viento helado parece habérselo llevado; de algún modo lo ha perdido todo y ha desaparecido. Demasiado tarde aprendemos que la vida está en vivir, en la trama de cada día y cada hora.

—STEPHEN LEACOCK

■ ■ ■

De vez en cuando es bueno hacer una pausa en nuestra búsqueda de felicidad y simplemente ser felices.

—THE COCKLE BUR

■ ■ ■

Al futuro lo compra el presente.

—SAMUEL JOHNSON

■ ■ ■

La felicidad no es una estación a la que se llega sino una manera de viajar.

—MARGARET LEE RUNBECK

■ ■ ■

> Observe este día
> Porque ayer es solo un sueño,
> Y mañana es solo una visión,
> Pero hoy, bien vivido,
> Hace de cada ayer un sueño de felicidad
> Y de cada mañana una visión de esperanza.
> Mire bien, por tanto, a este día.

—PROVERBIO SÁNSCRITO

■ ■ ■

Cada día es una nueva vida. Aprovéchela. Vívala. Porque en el hoy ya camina el mañana.

—DAVID GUY POWERS,
LIVE A NEW LIFE [VIVA UNA NUEVA VIDA]

20

Sencillez

Solo puedo hacer una cosa a la vez, pero puedo evitar
hacer muchas cosas simultáneamente.

—Ashleigh Brilliant

Al preguntársele por qué no fumaba, sir Isaac Newton contestó: «Porque no deseo adquirir ninguna otra necesidad». Newton y otras personas de éxito conocen el valor de mantener sus vidas ordenadas y sencillas. Pero la sencillez es a menudo un destino difícil de conseguir.

Al pensar en la sencillez me viene a la mente el clásico literario *Walden*, de Henry David Thoreau. Escrito hace más de siglo y medio, nos concede hoy día una pausa. Thoreau dejó por escrito cómo decidió dejar atrás por un tiempo una sociedad complicada y vivir en los bosques. ¿Su propósito? Ver lo que podía aprender de la vida sencilla. «¡Simplifique! ¡Simplifique!» es una versión de la obra fundamental de Thoreau. A medida que lea usted esto, reflexione en lo bien que le iría al vivir bajo las condiciones descritas por Thoreau. Piense en cómo las perspectivas de Thoreau se podrían llevar a la práctica en sus decisiones cotidianas. Luego busque en «Paseo en bus con Beth» y «Aligere su carga» útiles consejos sobre cómo podría usted simplificar su vida cotidiana en medio de la realidad de hoy.

¡SIMPLIFIQUE! ¡SIMPLIFIQUE!

Henry David Thoreau

Cuando escribí las siguientes páginas, o más bien la gran mayoría de ellas, vivía solo, en el bosque, a kilómetro y medio de mi vecino, en una casa que yo mismo construí, a la orilla de Walden Pond, en Concord, Massachussetts. Me ganaba la vida solo con lo que hacía con mis manos. Viví allí dos años y dos meses (desde el 4 de julio de 1845 hasta el 6 de septiembre de 1847).

Me fui al bosque porque deseaba vivir con tranquilidad, enfrentar sólo los hechos necesarios de la vida, y ver si no podría aprender lo que ella tenía que enseñarme, para no tener que descubrir, a las puertas de la muerte, que no había vivido. No deseaba vivir lo que no fuera la vida; la vida significa mucho. Tampoco quería practicar el resignarme a menos que fuera muy necesario. No quería vivir superficialmente sino sacarle todo el jugo a la vida, acorralarla y simplificarla. Y si se demostraba que era sublime, quería saberlo por experiencia y ser capaz de dar un verdadero testimonio de ello.

Las multitudes viven vidas de desesperación en silencio. Lo que llaman resignarse es la confirmación de la desesperación. Pero una característica de los sabios es no hacer cosas con desesperación.

Llevamos una vida vil, como las hormigas. Malgastamos nuestra vida con pequeñeces. Un hombre honesto apenas tiene que contar más que sus diez dedos; o, en caso extremo, añade los diez dedos de los pies y aguanta el resto. Sencillez; Sencillez; Sencillez. Les digo: dejen que sus asuntos sean dos o tres y no cien o mil. En vez de un millón, cuente media docena y mantenga las cuentas en miniatura.

Simplifique. Simplifique. En vez de tres comidas al día, si es necesario cómase una; en vez de cien platos, cinco; y reduzca otras cosas en proporción. La nación misma, con todas sus denominadas mejoras internas (que, por cierto, son todas externas y superficiales) es tan solo un establecimiento rígido y demasiado grande, atrapado en sus propias redes, arruinado por lujos y gastos irresponsables, por falta de cálculo y objetivos dignos, como millones de hogares del país. Y el único remedio para ello, como para ellos, está en una economía severa, una austera y más que espartana sencillez de vida con más altos propósitos.

¿Por qué hemos de vivir con ese afán y derroche de la vida?

Pasemos un día con tranquilidad como la naturaleza, y no descarrilemos de nuestra vía ante cualquier cáscara de nuez o ala de mosca que caiga en los rieles. Levantémonos temprano y rápido, con suavidad y sin perturbación. ¿Por qué hemos de volar bajo e ir con la corriente? ¿Por qué tenemos que correr cuando suena la campana?

Las necesidades básicas de un hombre en este clima pueden, con suficiente exactitud, distribuirse bajo los títulos de alimentación, vivienda, ropa y combustible. Porque hasta que no hayamos asegurado éstas, no estamos preparados para atraer los problemas fidedignos de la vida con libertad y probabilidades de éxito. Pero la mayoría de los lujos, y muchas de las llamadas comodidades de la vida, no solamente no son indispensables sino que representan obstáculos para el crecimiento de la humanidad. No han habido hombres tan pobres en las riquezas externas como los filósofos antiguos, pero tampoco ha habido nadie tan rico en su interior.

Jamás he tenido a nadie en poca estima por tener un parche en la ropa; sin embargo, estoy seguro de que normalmente hay mayor ansiedad por tener ropa de moda que por tener una conciencia sana. Si mi chaqueta y pantalones, mi sombrero y zapatos son adecuados para adorar a Dios, lo harán, ¿o no? Les digo algo, cuidado con todas las empresas que exigen ropa nueva en lugar de un nuevo vestidor.

En cuanto a la vivienda, no voy a negar que sea una necesidad de la vida. Pero cuando considero a mis vecinos, los granjeros de Concord, veo que la mayor parte de su vida han trabajado sin descanso veinte, treinta y cuarenta años para llegar a ser los propietarios de sus granjas. Se estima que un tercio de ese trabajo es para pagar.

Con consumada habilidad, el granjero ha colocado su trampa con un finísimo resorte para atrapar la comodidad y la independencia y luego, al darse la vuelta, mete su propio pie. Y cuando el granjero posee una casa, quizás no sea el más rico sino el más pobre, y tal vez sea la casa la que lo posee a él.

La mayoría de los hombres no parecen haber considerado lo que es una casa; y sin embargo se empobrecen toda su vida sin necesidad porque piensan que deben tener una como la del vecino. Es posible inventar una casa aun más conveniente y lujosa que la que tenemos, tanto que todos confesarían no poder pagarla. ¿Es que siempre hemos de estudiar cómo conseguir más de estas cosas y no cómo estar contentos con menos? Nuestras casas están atestadas e infestadas de muebles. Preferiría sentarme al aire libre, porque en la hierba no se acumula polvo.

Pero vayamos directamente a mi experiencia en los bosques de Walden Pond. He construido una casa fuerte de teja plana y delgada, de madera y yeso, de tres metros de ancho por cinco de largo y postes de dos metros y medio con una buhardilla y un closet, una ventana grande en cada lado; una puerta al final y una chimenea de ladrillo al lado contrario. Antes de terminar mi casa, para poder ganarme diez o doce dólares para cumplir con mis gastos extraordinarios, sembré como trece hectáreas de terreno liviano y arenoso mayormente de fríjol, pero también una pequeña parte de papa, maíz, arvejas y nabo.

Aprendí que si uno viviera con sencillez se alimentara solo de su propia cosecha, sin sembrar más de lo necesario para su mantenimiento, podría hacer todas las labores de la granja prácticamente con la mano izquierda, y así no estaría amarrado a un buey, un caballo o un compañero de trabajo. Yo era más independiente que cualquier granjero en Concord ya que no estaba atado a ninguna casa o granja, sino que podía seguir la inclinación de mi intelecto, que es bastante sinuosa, a cada instante.

Me he mantenido solo con el trabajo de mis manos, y he comprobado que, con trabajar seis semanas al año, puedo afrontar todos los gastos para vivir. Todos los inviernos y todos los veranos he estado libre y sin deudas para estudiar.

En resumen, estoy convencido, por fe y por experiencia, de que mantenerse en esta tierra no es una dificultad sino un pasatiempo, si vivimos con sencillez y sabiduría.

¿Por qué hemos de estar tan desesperados en nuestra prisa por el éxito y en tales empresas? Si un hombre no mantiene el mismo ritmo que sus compañeros, quizás es porque baila al ritmo de otro tambor. Que se acople a la música que oye, no importa lo acompasado o desacompasado que esté.

Insisto, Thoreau escribió esa obra clásica hace más de siglo y medio. Aunque dudo que muchos de nosotros nos peleemos por construir chozas o cuidar jardines al lado de una laguna en los bosques, las ideas subyacentes estimulan nuestro pensamiento y nos hacen preguntarnos: «¿Qué es lo que más valoro?» y «¿Sin qué cosas puedo sobrevivir?

Lo que aprendemos de Thoreau es que si queremos conservar la sencillez de la vida debemos determinar de qué hemos de prescindir en nuestras vidas, y aprender a decir no a actividades secundarias. Pero Rachel Simon estaba tan atrapada en la vida que no veía la necesidad de simplificar, hasta que pasó un día en un autobús.

Paseo en bus con Beth

Rachel Simon

—¡Despierta! —dice Beth—, o perderemos el primer autobús.

Son las 6 de la mañana y mi hermana ya está vestida. Se puso una camiseta de color lila y pantalón corto verde pistacho. Amodorrada, me levanto y me pongo mi ropa de «escritora y maestra en día de asueto»: suéter negro y pantalón ajustado.

Beth y yo rozamos los 40 (solo soy once meses mayor que ella) pero, a diferencia de mí, mi rolliza hermana tiene un guardarropa de colores chillones y suele saltar de la cama antes de que amanezca. Hay algo más que la distingue: tiene retraso mental. Durante seis años ha vivido sola en un apartamento subsidiado, en una ciudad mediana de Pennsylvania. Despedida del empleo que tenía en un local de comida rápida, ahora le sobra el tiempo y, como recibe ayuda económica del gobierno por su discapacidad, dispone de lo necesario para vivir.

Además es ingeniosa, cualidad que normalmente no se reconoce en las personas que viven en la periferia del campo de visión de la sociedad. Así que toma autobuses; no para ir de un lugar a otro, sino para pasearse a su manera. Mientras da vueltas por la ciudad desde el alba hasta que anochece, hace migas con los conductores y los pasajeros. Así es como se entera de cumpleaños, aniversarios, dónde hace sus compras la gente y lo que desayuna. Ayuda a otros a llegar a su destino y carga con bolsas de comestibles; a cambio, recibe amistad.

De esa forma ha descubierto una comunidad viajera, que ahora me dispongo a conocer también. A partir de este año le haré visitas periódicas y tomaré autobuses con ella; será la primera vez en mi vida de adulta que le dedique todo mi tiempo y atención.

Echamos a andar por una avenida hasta un restaurante de comida rápida, donde Beth compra un vaso de café, pero no lo destapa. Luego nos dirigimos a la parada de autobuses. Al llegar el nuestro, Claude, el conductor, se apresura a abrir la puerta como si nos estuviera recibiendo en su casa. Mi hermana sube y le da el café; él lo toma y pone unas monedas en la mano de ella.

—Es nuestro trato —me explica Claude.

Beth ocupa entonces «su» asiento: el único en diagonal junto al conductor. Me acomodo a su lado y, cuando el autobús arranca, mi hermana anuncia que Claude tiene 42 años y pronto cumplirá uno más; luego menciona la fecha exacta y él se ríe.

—Nada se le olvida —me dice el hombre.

Beth lo hace reír todo el tiempo.

De hecho, a lo largo del día y conforme cambiamos de autobús, un conductor tras otro —primero Jacob, luego Estella y más tarde Rodolfo— recibe a mi hermana con regocijo. Ella los ayuda: les recuerda dónde dar una vuelta en rutas que no han recorrido por algún tiempo; los pone al día de los cambios de horario y de personal, y les enseña las canciones de moda.

Cuando Beth era más joven, las miradas curiosas y burlonas de la gente la destrozaban. Ahora, esas pequeñeces la tienen sin cuidado; al parecer, disfruta al andar por el mundo a su propio ritmo. *¡Esa es mi hermana!*, me digo. Es muy sociable y segura de sí misma, muy diferente de mí, que por ser adicta al trabajo me he privado de mucho de lo bueno que ofrece la vida.

Mientras Beth tomaba autobuses, yo hacía viajes frecuentes en coche, tren y avión, pensando que iba a llegar muy alto. Además de haber publicado varios libros, colaboraba con un periódico, daba clases de creación literaria y era presentadora de novedades en una librería. Trabajaba los siete días de la semana, desde que me quitaba las sábanas de encima, a las 7, hasta que volvía a meterme debajo de ellas rendida de cansancio, a la una de la madrugada. Me volví una mujer terriblemente ocupada, crítica y explosiva.

Tanto consumía el trabajo mi vida, que me quedé sin amigos. Pero quizá mi pérdida más grande fue la del amor. Cuando, unos años atrás, mi novio de mucho tiempo, Sam, me propuso casarnos, no me atreví a asumir ese compromiso. Entonces, aunque con renuencia y dolor, terminamos. Entonces me dediqué con tal obsesión al trabajo, que casi me olvidé de que estaba sola.

Ir a visitar a Beth me pareció una forma de volver a congraciarme con la gente. Jamás imaginé que mi hermana tuviera amigos que fueran conductores de autobús, ni que ellos pudieran ser tan bondadosos. Para Beth vinieron luego problemas con los ojos, y para su hermana mayor, otra serie de lecciones.

El oftalmólogo me da el diagnóstico por teléfono: queratitis intersticial. Beth tiene las córneas insensibles y rasguñadas.

—Hay otro problema —prosigue el médico—: las pestañas le están creciendo hacia los ojos. —Necesita una operación—. Por supuesto que la decisión es de ella. Si le pide que la acompañe, espero que lo haga y la ayude.

Si bien mi hermana me invita a pasear en autobús, no estoy segura de haberme ganado su corazón. Es tan orgullosa. ¿Me dejará que la ayude?

Le explico que, si no se opera, los ojos se le podrían dañar más. Refunfuñando acepta, pero me advierte que no se quedará en casa esperando a que las suturas sanen: en cuanto pase el efecto de la anestesia, irá derecho a tomar un autobús.

—Tengo un deseo —le digo de repente.

—¿Cuál?

—Encontrar un libro sobre cómo ayudar a cualquier persona que lo necesite.

Lo que quiero es una guía para ser una buena hermana, para hacer algo positivo por Beth. Un libro que me enseñe a moderar mi tendencia a controlarla, a doblegar su naturaleza autosuficiente; que me muestre cómo distinguir entre cuidar y dominar. En vez de eso, le digo:

—Quisiera un libro que me ayudara a encontrarte un nuevo par de ojos.

—Eso estaría bien —conviene y, medio en broma, añade—: ¿Me conseguirías unos de color violeta?

—Tengo miedo —me dice en la mañana de la operación.

Estoy sorprendida e impresionada: Beth me está confesando lo que siente, algo que jamás había hecho. Le aseguro que va a salir bien, que estaré con ella todo el tiempo. Y resulta que también nos acompañará su amigo Jacob, el conductor de autobús.

Cuando él llega en su coche para llevarnos al hospital, mi hermana parece más tranquila. Jacob sintoniza en la radio la canción *She Loves You*, de los Beatles, y desde el asiento trasero Beth canturrea el estribillo: «¡Yeah, yeah, yeah!»

En la sala de espera del hospital llenamos juntos los formularios. Mi hermana comenta que está nerviosa.

—Estaré contigo —le repito—, no te preocupes.

—Todo tu séquito esperará aquí —añade Jacob, animadamente.

Beth se relaja. Luego me pide que entre con ella a un cuarto, donde la interrogan sobre su salud general, le miden la presión arterial y le dan una bata de hospital. Me pregunta si me quedaré con ella mientras se desviste.

La ayudo a ponerse la bata y unas pantuflas. Luego nos dirigimos a la unidad de cirugía, donde Jacob aguarda junto a una camilla rodante.

—Me siento rara con esta ropa —dice Beth—. No estoy acostumbrada a estos zapatos.

Cuando nos avisan que ha llegado la hora, le pido en tono suave que se tienda en la camilla.

—Sí —contesta, mas no se mueve.

—¡Anda! —la apremio—, debes hacerlo ahora.

—Necesito tomarme mi tiempo.

Entonces me subo a la camilla, me acuesto y le indico:

—Haz lo mismo que yo.

Ante los ruegos de Jacob y míos, por fin se tiende.

Una enfermera se acerca con la temible jeringa de la anestesia. Le digo a Beth que se ponga de lado.

—No quiero —responde.

Con una mirada su amigo y yo nos ponemos de acuerdo. Entre los dos le damos la vuelta y ella se ríe, feliz de ser el centro de atención. Una vez que la enfermera la inyecta, la colocamos de nuevo boca arriba y el forcejeo se acaba.

Se deja llevar dócilmente hasta el quirófano. Me siento en un banco junto a ella en el recinto de espera, donde la anestesia empieza a surtir efecto, y le acaricio el brazo.

Observo sus ojos, desprovistos ahora de su mirada traviesa y desafiante. Noto algo más: mi hermana me mira con absoluta confianza, como pocas veces.

Jacob permanece con nosotras hasta que cae la noche. Después de la operación nos lleva al apartamento de Beth; compra algo para cenar y se queda un rato haciéndonos compañía mientras mi hermana reposa con los ojos cerrados.

Al día siguiente viene a visitarla otro de los conductores de autobús, Rodolfo, y más tarde un tercero, Rick, quien le trae un batido de chocolate. Y una dependienta llamada Betty le envía un ramo de flores en nombre de los demás conductores.

Durante 48 horas Beth acata las indicaciones del médico: dejarse aplicar compresas frías sobre los párpados y un ungüento en los ojos. Luego, para sorpresa mía, Jacob invita a mi hermana a su casa. Como necesito regresar a la mía por un tiempo, Jacob y su esposa, Carol, se han ofrecido a cuidar a Beth hasta que sane. «¿Así que ésta es la vida de mi hermana?», pienso.

—Esos conductores parecen demasiado buenos para ser reales —le comento un día—. ¿Cómo encontraste en un solo sitio a tanta gente agradable y sabia?

—Ocurrió así, sin más —responde—. Me subía a los autobuses… y ahí estaban.

Miro su rostro, desbordante de vida, y me doy cuenta de que nada ocurre «así, sin más». Beth ha encontrado amigos donde cualquier otra persona no buscaría. Ha aprendido a distinguir a los conductores buenos y decentes de los que son indiferentes u hostiles. Comprendo también que la invitación a pasear en autobuses tampoco ocurrió «así, sin más»: probablemente mi hermana quería que conociera a sus amigos porque pensaba que a mí también me hacían falta.

Cerca del final de mis paseos con Beth decidí llevar una vida diferente de la que tenía, y al cabo de un mes telefoneé a Sam, mi ex novio. Conversamos durante un largo rato y ya no me sentí asustada. Iniciamos una sorprendente y maravillosa relación que culminó con nuestra boda, en mayo de 2001.

Cuando le conté a mi hermana que me iba a casar, se tomó la molestia de enviarme una tarjeta llena de estrellitas y signos de exclamación fosforescentes:

«Querida Rachel», decía, «¡Bien hecho! ¡Me siento tan feliz por ti! Beth».

Estaba escrita con tinta violeta y la firmaban también varios de sus amigos conductores: Len, Jack, Melanie, Henry, Lisa, Jerry y —al final, aunque no por eso el menos importante— Jacob. El hombre que tanto me había ayudado a cuidar a mi hermana me escribió: «¡Que tengan siempre mucha dicha y prosperidad! Con cariño, Jacob».

La vida de Rachel estaba llena de ambiciones y ascensos profesionales. La vida de su hermana Beth era sencilla, centrada en las relaciones. Al experimentar la naturalidad de Beth y sentir el impacto de las relaciones que había desarrollado en las rutas de buses, Rachel comprendió que se estaba perdiendo una parte importante de la vida. Se dio cuenta de que si quería disfrutar esas mismas cosas sencillas tendría que abandonar algunas cosas y decir no a otras en su futuro. Hay que decir en su favor que así lo hizo.

Como observara Thoreau, en ocasiones es una preocupación con las «cosas» lo que de maneras muy sutiles se traga nuestro tiempo y nos impide disfrutar los placeres que acompañan a una vida sencilla.

Aligere su carga

Edward Sussman

Hace tres años, Ann Richards, ex gobernadora de Texas, cuidó a su madre enferma hasta que murió. En ese tiempo observó en ella un cambio impresionante. Después de pasarse la vida coleccionando piezas de cristal, cuberterías de plata, manteles de encaje, vajillas de porcelana y joyería de fantasía, de pronto perdió el interés en sus preciados objetos.

«Solo le importaba quién iba a venir a visitarla, su familia y sus amigos», dice. «Fue un cambio radical».

Luego de la muerte de su madre, Richards se deshizo de las antigüedades que algunas veces le interesaban a su madre más que las personas. Tuvo una venta de garage. «No podríamos competir con Jackie en calidad», dijo Richards. «Pero en cantidad, eran competitivas».

En un día se había vendido todo. «Aprendí que si iba a disfrutar del aquí y ahora, necesito aliviarme de las cosas que aminoran mi marcha. Ahora puedo hacer lo que quiero en cualquier instante».

Renunciar a algunas cosas rinde enormes dividendos —tanto económica como emocionalmente— en la economía de la vida. En el caso de Ann Richards, el rendimiento fue libertad: quedó libre para levantarse y hacer algo que quisiera inmediatamente y sin vacilación. ¿Hay «cosas» en su vida sin las cuales usted sería más «libre»?

～つ

Elaboración final

Hace años, mi familia hizo un viaje por Europa, transportando nuestro equipaje de país en país, de hotel en hotel. En el camino adquiríamos pequeños recuerdos y literatura interesante que nos recordaran los hermosos lugares y sitios históricos. En cierto momento, uno de los miembros de la familia debía regresar a casa, así que decidió enviar algunas cajas llenas de ropa y recuerdos que habíamos cargado todo el viaje. Una vez liberados de lo no indispensable nos sentimos libres... libres para ir de un sitio a otro sin cargas, libres para disfrutar los lugares de interés turístico sin equipaje extra que minara nuestra energía. Así pasa con muchos aspectos de la vida.

Solo cuando dentro de usted arda un sí acerca de lo que en realidad es importante podrá decir no en tono agradable, sonriente y alegre a todo lo que es urgente pero no importante de veras. Nuestra culpa más profunda viene de hacer lo contrario, diciendo implícitamente no a lo que en realidad es importante y sí, sí, sí a lo urgente que no es importante. Cuanto más nos liberemos de cosas no indispensables, más seremos libres para realizar las acciones más significativas de nuestras vidas.

Reflexiones

- Si usted fuera a crear una papelera mental, ¿qué actividades de la última semana debería poner en ella? ¿Realiza usted actividades regulares que es necesario reducir o eliminar?

- ¿Cuándo fue la última vez que usted dijo *no* a una petición *no* importante? ¿Qué temores, si los hay, le impiden decir *no* más a menudo? ¿A qué actividades dirá *no* en esta semana?

- Mire a su alrededor. ¿Hay «cosas» o «cachivaches» frívolos que le roban un tiempo valioso? ¿Pasa usted horas limpiando, reparando o pagando cosas que en su plan global de vida no son importantes? ¿A qué cosas puede renunciar?

MÁS REFLEXIONES SOBRE LA
Sencíllez

~

CÓMO MANTENER LA VIDA SENCILLA

Para sacar lo mejor de nuestra vida quizás debamos quitar algunas cosas de ella.

Una vida sencilla es su propia recompensa.

—GEORGE SANTAYANA

■ ■ ■

Aminore la marcha, abrevie y sea amable.

—NAOMI JUDD

■ ■ ■

Todo se debería hacer tan sencillo como sea posible, pero no más.

—ALBERT EINSTEIN

■ ■ ■

El lema que se debería grabar en la entrada de toda universidad e institución de aprendizaje superior es la propuesta del filósofo Alfred North Whitehead para los científicos: «Busque la sencillez, y no se fíe de ella».

—SYDNEY J. HARRIS

■ ■ ■

Por lo general todos estamos cargados con mil y un estorbos y deberes que con sus telarañas y cadenas impiden el movimiento a nuestras alas. Para simplificar sus deberes, sus asuntos y su vida un hombre debe saber cómo desconectar lo esencial de los detalles en que está envuelto, porque no se puede considerar todo por igual. La falta de orden es la que nos esclaviza; la confusión del presente reduce la libertad del futuro.

—HENRI-FREDERICK AMIEL,
AMIEL'S JOURNAL IN TIME

CÓMO SOLTAR

Mantener la vida sencilla exige soltar viejos equipajes y cosas que no tienen valor perdurable.

Debo deshacer mis vides de todo follaje inútil y concentrarme en lo que es la verdad, la justicia y la caridad.

—PAPA JOHN XXIII

■ ■ ■

Las personas más agradables y útiles son las que dejan algunos de los problemas del universo para que Dios se preocupe de ellos.

—DON MARQUIS

■ ■ ■

Para entender la vida de un hombre es necesario no solo saber qué hace sino también qué deja a propósito sin hacer. Hay un límite para el trabajo que puede obtener de un cuerpo o un cerebro humano, y es prudente quien no gasta energía en ir tras lo que no es apropiado; y es aun más prudente quien, entre las cosas que puede hacer bien, escoge y sigue con firmeza la mejor.

—WILLIAM E. GLADSTONE

■ ■ ■

Además del noble arte de terminar lo que se empieza, existe el noble arte de dejar las cosas a medias. La sabiduría de la vida consiste en la eliminación de lo no esencial.

—LIN YUTANG

■ ■ ■

El arte de ser sabio es el arte de saber qué pasar por alto.

—WILLIAM JAMES

■ ■ ■

Algunas personas creen que guardar es lo que las hace fuertes. A veces es soltar.

—SYLVIA ROBINSON,
EN *THE CHRISTIAN SCIENCE MONITOR*

CÓMO DECIR NO

Junto a la capacidad de soltar lo no necesario está el noble arte de decir *No*. Decida sus máximas prioridades y luego tenga el valor, grata y firmemente, de decir No a las distracciones.

Aprenda a decir no. Esto le será más útil que saber latín.

—CHARLES HADDON SPURGEON

■ ■ ■

Una encuesta a ejecutivos de doscientas grandes empresas estadounidenses dirigida por Accountemps, una transnacional de servicios de personal, revela que las personas pierden aproximadamente dos meses al año asistiendo a reuniones «innecesarias». Gastan otro mes en leer y escribir notas recordatorias sin importancia. La encuesta también descubre que las grandes empresas tienden a perder más tiempo que las pequeñas, las cuales están más dispuestas a «sencillamente decir no» a procedimientos que no tienen propósitos útiles.

—RANDALL POE,
ACROSS THE BOARD [A TRAVÉS DE LA JUNTA DIRECTIVA]

■ ■ ■

Todos los errores que alguna vez cometí en mi vida fueron cuando deseaba decir «no» y decía «sí».

—MOSS HART

■ ■ ■

Si tengo un vicio, y no lo llamo de otro modo, es mi incapacidad para decir «no».

—ABRAHAM LINCOLN

■ ■ ■

Puede resultar difícil decir No. Tantea temores de no caer bien y, en especial, de no ser productivo. En realidad, si nos esforzamos por estar más centrados, negándonos a tomar más tareas podemos ser más productivos.

—RALPH KEYES,
TIMELOCK

Eficiencia

La sencillez se logra por la eficiencia de los pasos que intervienen en su creación.

Cuando le preguntaron a Henry Ford por qué iba a las oficinas de sus ejecutivos en vez de hacer que ellos vinieran a la suya, dijo: «He descubierto que puedo salir de la oficina de otro más rápido de lo que hago que él salga de la mía».

—E. E. Edgar

■ ■ ■

Mientras era vicepresidente, Coolidge fue visitado por Channing Cox, su sucesor como gobernador de Massachusetts. Cox le preguntó cómo había podido ver a tantos visitantes al día y aún salir del despacho a las cinco de la tarde, en tanto que él mismo a menudo salía a las nueve de la noche. «¿A qué se debe la diferencia?», preguntó Cox. Coolidge respondió: «Dígamelo usted».

—Paul F. Boller, hijo,
Presidential Anecdotes [Anécdotas presidenciales]

■ ■ ■

En el programa de la era espacial de la nación: «Nuestros dos problemas mayores son la gravedad y el papeleo. Podemos vencer la gravedad, pero algunas veces el papeleo es abrumador».

—Dr. Wernher von Braun

■ ■ ■

El Dr. Benjamin Spock, autor del Common Sense Book of Baby and Child Care [Libro del sentido común sobre el cuidado del bebé y el niño], dice que una vez hizo un estudio de los rasgos faciales de los recién nacidos para determinar si le podían mostrar el sexo del bebé. «Hoy día —dice el Dr. Spock—, estoy convencido de que la manera antigua de averiguarlo es mas rápida».

—*Insider's Newsletter*

DESPERDICIO DE TIEMPO

Tan ocupadas como las personas afirman estar, con frecuencia simplificarían en gran manera sus vidas si no perdieran el tiempo en cosas no esenciales... en particular frente a la pantalla de televisión.

¿Le gusta a usted la vida? Entonces no desperdicie el Tiempo, porque es la materia de la que está hecha la Vida.

—BENJAMÍN FRANKLIN

■ ■ ■

De una carta a Ann Landers:

En casa
Del Sr. y la Sra. Consorte
Él y ella
Solían ver la televisión,
Y nunca una palabra
Entre ellos se dirigían
Hasta cuando
El aparato se estropeó.
—¿Cómo está usted? —dijo entonces él.
—No creo que nos hayan presentado.
—Consorte es mi nombre. ¿Cuál es el suyo? —preguntó él.
—Vaya, ¡igual que el mío! —le dijo ella.
—¿Cree usted que podríamos ser...?
Pero de repente el aparato se arregló
Y nunca lo averiguaron.

■ ■ ■

Siempre nos estamos quejando de que nuestros días son pocos y actuando como si no se fueran a terminar.

—Séneca

■ ■ ■

El principal peligro del televisor no está tanto en el comportamiento que produce como en el comportamiento que impide.

—Urie Bronfenbrenner,
Breaking the TV Habit [Cómo romper el hábito de la televisión]
por Joan Anderson Wilkins

■ ■ ■

Si un hombre ve tres partidos seguidos de fútbol, se le debería declarar legalmente muerto.

—Erma Bombeck

21

RENOVACIÓN

Sentir el tiempo sin prisa es en sí una forma de riqueza.

—BONNIE FRIEDMAN

Después de regresar de Walden Pond, las frecuentes caminatas bajo el cielo nocturno llegaron a ser una de las particularidades de Henry David. Al final de uno de esos paseos en la penumbra escribió acerca de «esperar sobre las cumbres a que el cielo caiga, y que yo pueda agarrar algo». Lo que Thoreau sabía y que muchas personas hoy día han olvidado es que la mente necesita ocasiones para relajarse y renovarse, oportunidades para estimular la mente y refrescar el cuerpo.

Pero en el mundo de hoy expresiones como tiempo libre, soledad y relajación han desarrollado, en algunos casos, una connotación despectiva, y los valores de renovación han disminuido. Sin embargo, las siguientes historias, comenzando con «Lección de una ensenada tranquila», nos recuerdan que todos necesitamos ubicaciones y recursos regulares para encontrar refugio de las tormentas y las turbulencias cotidianas de la vida.

Lección de una ensenada tranquila

William J. Buchanan

Habíamos acampado a la orilla norte del lago Skilak, a unos treinta kilómetros de donde las aguas turbias del glaciar desembocaban al Cook Inlet, en la costa oeste de la península Kenai en Alaska. Se aproximaba la media noche pero seguía habiendo luz, como cada noche de ese verano de 1968. Un salmón envuelto en papel aluminio se cocinaba de manera lenta en la parrilla. Miré a mi compañero, Ed Gallant, arrodillado, al borde del agua. Extraía las huevas conseguidas en nuestro día de caza y las colocaba en papel de cera para secarlas. Mientras meditaba con el tranquilo paisaje, recordé los sucesos de discordia que nos habían traído hasta aquí.

Seis semanas atrás, el recién ascendido teniente coronel había llegado a la fuerza aérea de Elmendorf, en Anchorage, para asumir la jefatura de la división de ingeniería de civiles de la agencia de comunicaciones de la defensa de Alaska. Yo esperaba un trabajo exigente, pero no estaba preparado para la realidad. La red de mando militar en Alaska era una mezcolanza de componentes rudimentarios obsoletos que se expandía por un área tremenda que a menudo se bloqueaba por el hielo. Las averías eran comunes. Mantener el funcionamiento de esta red de caballos y calesas era equivalente al mantenimiento de una flota de B-52 con alambre y cinta adhesiva.

El encargado ingeniero principal Ed Gallant era mi subalterno inmediato. De cincuenta años, estatura media y robusto, tenía una trayectoria loable como motor de la división de ingeniería. Sin embargo, nuestros primeros encuentros fueron fríos, el nuevo evaluando al profesional y viceversa.

Así eran las cosas cuando, a finales de la segunda semana, después de días frustrantes y noches sin dormir, llamé a Gallant a mi oficina. «Ed, todavía hay docenas de áreas donde una avería podría ser desastrosa en una emergencia», dije con voz que me traicionaba de exasperación. «Tenemos que establecer prioridades».

Me miró con firmeza por unos instantes.

—¿Puedo sugerir la prioridad número uno?

—Por supuesto.

—Ir de pesca.

—¿Qué? —Era increíble.

—Conmigo. Este fin de semana. Le prometo que cuando regresemos el lunes se establecerán las prioridades.

Era absurdo. Sin embargo, algo en su forma de ser me dio tranquilidad. Encogí los hombros.

—¿Por qué no?

Cuando llegamos al lago ese sábado, vi que estaba disfrutando. Con la intuición de un dedicado amante de la naturaleza, Ed nos guió de un grupo a otro de salmones rojos que emigraban. A la hora de acampar había llegado al límite. Sin embargo, no podía sentirme culpable de estar allí y no en mi escritorio, donde quedaba tanto por hacer.

Al borde del agua, Ed roció algo de bórax sobre las huevas. Después de la cena le pregunté: «¿Para qué es el bórax?»

—Endurece las huevas. Las congelaré cuando lleguemos a casa. Servirá de carnada para...

Dejó de hablar. Intuí que decía: «Para el próximo año».

Fue un giro desconcertante en la conversación. «No entiendo», dije.

Recogió un palo y atizó el fuego: «Tengo hipertensión maligna», dijo. «Debió haberme matado hace un año». Y me contó la historia.

En 1960 se trasladó a Alaska para establecerse en la última frontera de Norte América que conserva su belleza natural. Firmó contrato con la agencia de comunicaciones. El trabajo era un atolladero. Como adicto al trabajo, procuró compensar la insuficiencia de fondos y la falta de equipo moderno doblando su propia carga laboral, trabajando 15 horas al día.

Una noche del verano de 1966, solo en su escritorio, de repente no podía leer los planos. Se le alivió solo y no dijo nada al respecto. Luego, dos semanas después, sufrió un colapso.

Los resultados indicaban que tenía hipertensión severa. «Me dieron a escoger: siga trabajando y muérase dentro de noventa días; o renuncie, tome los medicamentos y quizás viva un año».

«Consentí con tomar medicamentos», continuó. «Pero, ¿dejar de trabajar? Eso me mataría ahí mismo».

Me esforcé para que me saliera la voz: «¿Qué hizo?»

Se puso de pie. «Vamos, se lo mostraré».

Acampábamos en un istmo de una ensenada que tenía forma de pera y llegaba a doscientos metros bosque adentro. Caminamos hacia el interior, al punto más interior de la ensenada. Allí, protegidos del viento y la corriente, las aguas estaban tranquilas como un espejo.

Ed se sentó en un tronco caído y señaló: «Mire con detenimiento».

Justo debajo de la superficie varios salmones grandes nadaban en círculos a la velocidad de un caracol. Otros estaban quietos en el fondo; su único movimiento era un lento y rítmico abanicar de branquias y aletas.

«Cuando los doctores me dieron esa última noticia hace dos veranos, vine aquí», dijo Ed. «Me senté en este mismo tronco, tratando de poner en orden mi vida. Luego, por alguna razón, empecé a mirar el salmón. No como antes, sino que *en realidad los observaba*». Se dio la vuelta y señaló fuera de la ensenada. «Mire, en el canal».

Una franja que apenas rizaba el agua mostraba la migración río arriba de miles de salmones.

Ed dijo: «Son recién llegados del mar y están fuertes. Pero mañana llegarán al Russian River Falls. Darán saltos desesperados frente de las cataratas. Algunos de ellos estarán demasiado agotados para sobrevivir y se dejarán caer contra las rocas. Y luego, finalmente, morirán de puro agotamiento».

Retornó su mirada al salmón de la ensenada. «Estos son diferentes. Algún instinto los ha traído a este lugar tranquilo. Es como si supieran que las cataratas están justo adelante. Mañana continuarán su migración, tranquilos por lo que venga.

«Se me ocurrió que yo era como los salmones del canal: tomando la delantera sin cesar. En ese instante sabía lo que haría. Seguiría trabajando pero, cuando las presiones se amontonaran, tomaría tiempo para ir a la ensenada. Así fue como manejé las cosas desde ese entonces. ¿Cuánto puede durar? No sé. Pero ya tengo un año más de los que habían dicho los doctores.

Se volvió y se puso frente a mí: «Coronel, usted no es la primera persona que asignan aquí para que vea que estamos operando un sistema de carretas en la era del espacio. No es el primero en nadar río arriba contra una corriente más fuerte».

—Muy bien, Ed. ¿Qué podemos hacer?

Sonrió, aliviado por cómo reaccioné. «Conozco el sistema de comunicaciones de aquí como la palma de mi mano. Puedo manejar la parte técnica. Lo que no puedo manejar es la burocracia. Si puede mantener a los mandamases lejos de nosotros, los ingenieros y yo mantendremos el sistema en funcionamiento».

Y allí, a orillas de la ensenada, hicimos un pacto. Desde aquel fin de semana en adelante, Ed se encargó de las miles de decisiones técnicas diarias mientras yo asistía a reuniones, sorteaba dudas de oficiales quisquillosos y apaciguábamos a gente con egos alborotados. Y nunca vacilé en darle permiso cuando Ed me pedía tiempo libre para ir a la ensenada.

Nuestro pacto solo estuvo a prueba una vez. Como la mayoría de los que están en la tecnología, entrábamos en la era del computador. Venían instrucciones de Washington para convertir nuestras órdenes de ingeniero en lenguaje computacional. «Es absurdo», dijo Ed. «Nuestro sistema no lo necesita. Debe persuadir a los de la oficina central para que nos eximan de eso».

Reflexioné sobre el asunto durante dos días y luego lo llamé para que viniera a mi despacho. «Ed, voy a invalidar lo que dijiste sobre esto», dije. «Puede que nos toque sobrellevar esto con un sistema obsoleto, pero eso no es razón para que aquí trabajen ingenieros obsoletos. Se deben adaptar a los nuevos métodos. Su futuro depende de ello».

Apretó la mandíbula. «Como quiera», dijo con calma. Y se fue. Durante el resto del día nuestra relación fue tensa.

Cuando llegué a mi despacho a la mañana siguiente, Ed me esperaba. «He estado pensando en lo que usted dijo: lo de los ingenieros. Tiene razón, desde luego; que tengan futuro».

La semana siguiente, Ed diseñó un programa de capacitación para adentrar suavemente a nuestros ingenieros en la era del computador. Su éxito se hizo evidente cuando más tarde los de la oficina central pidieron una copia de su programa para usarlo como guía para otros mandos.

Cuando el invierno azotaba Anchorage y sellaba el acceso a la península de Kenai, Ed se puso inquieto. A menudo lo sorprendía mirando a un calendario bien antiguo en la pared de su escritorio. Tenía una foto aérea del lago Skidak. En la costa norte se veía muy bien la forma de pera de la ensenada. «Debo regresar; por lo menos una vez», decía.

Pero en un domingo por la tarde, el 16 de marzo, el oficial de turno me llamó: «Al señor Gallant le dio un ataque cardíaco».

Corrí al hospital de la base. Ed estaba acostado, sin moverse, mirando al techo. Luego me vio. El brazo izquierdo, que se le había paralizado, estaba de lado; pero movía la mano derecha y procuraba hablar, aunque en vano. Le agarré la mano derecha. «Todo va bien, Ed; no intentes hablar».

Conduje hasta la agencia y bajé el calendario viejo. Luego regresé al hospital y lo pegué en la pared más cercana de su cama. Puso su mirada en el calendario y por fin pareció estar tranquilo. Y fue así como murió, con su rostro mirando hacia esa foto desteñida de la ensenada que quería.

En el verano de 1970 terminó mi temporada en Alaska. Regresé a la ensenada una vez más. Los salmones todavía estaban allí, descansaban esperando que llegaran duras pruebas. Mientras miraba, reflexioné en aquella otra noche cuando un hombre sabio y amable compartió lo que había aprendido en este lugar especial: una lección que lo había sostenido en la horas más negras, la lección de una ensenada tranquila.

Todo el mundo se puede beneficiar de los lugares de refugio, tranquilas ensenadas personales. Y aunque espero que cada uno de nosotros tenga uno o dos lugares favoritos para retirarse durante períodos amplios, también necesitamos lugares de fácil acceso. Algunas personas encuentran refugio al cerrar sencillamente los ojos y meditar. Otros lo encuentran mientras descansan y escuchan música tranquila. Otros al participar en actividades físicas, tales como caminar o hacer deporte. La localización y el método no son tan importantes como el hecho de que debemos encontrar maneras de relajarnos, refrescar nuestras mentes y volver a estimular nuestro pensamiento.

Ed descubrió su tranquila ensenada para renovarse. En la siguiente historia un médico recomienda a un paciente que busque renovarse en una playa que le traía recuerdos felices de su juventud. Y lo envió allí con cuatro recomendaciones.

EL DÍA EN LA PLAYA

Arthur Gordon

No hace mucho tiempo me llegó una de esas épocas de desierto que muchos de nosotros enfrentamos de vez en cuando; un repentino y drástico bajón en el cuadro de la vida, cuando todo sale mal y al revés: la energía se esfuma y el entusiasmo se va. El efecto en mi trabajo fue espantoso. Todas las mañanas apretaba los dientes y refunfuñaba: Hoy voy a orientar la vida como debe ser. Hay que romper con todo esto. Hay que hacerlo.

Pero los días negros pasaban y crecía la parálisis. Llegó un punto en que sabía que tenía que pedir ayuda.

El hombre a quien acudí fue un doctor, no un siquiatra. Era solo un doctor. Era mayor que yo, y debajo de esa piel seca reposaba gran sabiduría y compasión. «No sé qué pasa», le dije con lástima, «pero parece que he llegado al fin. ¿Me puede ayudar?»

«No sé», me dijo sin prisa. Arqueó los dedos y me miró pensativo por largo rato. Luego, de repente, me preguntó:

—¿Era más feliz cuando era niño?

—¿Cuando era niño? —Repetí—. ¿Por qué? En la playa, pienso yo. Teníamos allí una cabaña de verano. A todos nos encantaba.

Miró por la ventana y vio las hojas de octubre que caían.

—¿Es usted capaz de seguir instrucciones solo por un día?

—Creo que sí —dije—. Listo para probar lo que sea.

—Muy bien. Quiero que haga lo siguiente:

Me dijo que condujera a la playa, solo, a la mañana siguiente, sin llegar después de las nueve en punto. Podía almorzar un poco, pero no debía leer, ni escribir, ni escuchar la radio, ni hablar con nadie. Además dijo, le daré una receta para que la tome cada tres horas.

Arrancó cuadro papelitos en blanco de receta y escribió unas palabras en cada uno: los dobló, los enumeró y me los entregó.

—Tómese esto a las nueve, a las doce, a las tres y a las seis.

—¿En serio? —le pregunté.

—Verá que no bromeo cuando le llegue la cuenta —dijo soltando una carcajada.

A la mañana siguiente, con poca fe, conduje hasta la playa. No había nadie. Muy bien. Soplaba un viento que venía del noreste; el mar se veía gris y furioso. Me senté en el auto, todo el día estirándome solo. Luego tomé el primero de mis pedazos de papel doblados. En el papel estaba escrito lo siguiente: *Escuche con atención.*

Miré las dos palabras. *¿Por qué?*, pensé, *el hombre debe estar loco. Había excluido la música, los noticieros y el hablar. ¿Qué más había para escuchar?*

Levanté mi rostro y sí escuché. No había ruidos sino bramido constante del mar, el chirrido de una gaviota, el zumbido de algún avión que volaba alto. Todos estos sonidos eran conocidos.

Me bajé del auto. Una ráfaga de viento cerró con violencia la puerta con un repentino sonido como una palmada. *¿Se supone*, me pregunté, *que tengo que escuchar cosas como esa?*

Me subí a una duna y miré sobre la playa desértica. Aquí el mar bramaba tan fuerte que ahogaba los demás sonidos. Y sin embargo, pensé de repente, debe de haber sonidos debajo de los sonidos: el suave sonido áspero de la arena que se levanta; el pequeño susurro del viento en los matorrales de las dunas. Esto si el que escucha se acerca bien para oírlos.

Sin pensarlo, me agaché y, con cierto sentido de ridículo, introduje la cabeza entre un puñado de junquillos. Ahí descubrí algo: si escucha con atención, hay una fracción de segundo en la cual todo parece detenerse. En ese instante de tranquilidad, los pensamientos apresurados se detienen. Por un momento, cuando usted pone su oído a algo que no está en usted, tiene que silenciar las voces vociferantes de su interior. La mente descansa.

Regresé al auto y me senté al volante. *Escuche con atención.* Mientras escuchaba de nuevo el bramido profundo del mar, me encontraba pensando en su inmensidad, su estupendo ritmo, la red de terciopelo que atrapa la luz de la luna, la furia de las tormentas.

Pensé en las lecciones que nos había enseñado de niños. Cierto grado de paciencia: no se puede meter prisa a la marea. Bastante respeto: el mar no tiene mucha paciencia con las estupideces de la gente. La conciencia de la vasta y misteriosa interdependencia de las cosas: el viento, la marea y la corriente: calma, aguaceros y huracán, todos se combinan para determinar los caminos de los pájaros en el aire y de los peces en el agua. Y la limpieza de todo, con la gran escoba del mar que barre dos veces al día cada playa.

Sentado allí, me di cuenta de que estaba pensando en cosas más grandes que yo; y eso me dio alivio.

Aún así, la mañana transcurría con lentitud. El hábito de lanzarme a un problema era tan fuerte que me sentía perdido sin ello. En una ocasión, cuando miraba con ganas la radio del carro, una frase de Carlyle me vino a la mente: El silencio es el elemento en el que se forman grandes cosas.

A mediodía, el viento había quitado las nubes del cielo y el mar tenía un duro y alegre brillo. Desdoblé la segunda «receta». Y seguí sentado allí, medio aterrado, medio exasperado. Tres palabras esta vez: *Procure volver atrás.*

¿Atrás dónde? Al pasado, era obvio. Pero, ¿por qué, si todas mis preocupaciones tenían que ver con el presente o el futuro?

Dejé el auto y empecé a caminar reflexionando por las dunas. El doctor me había mandado a la playa porque era un lugar de felices recuerdos. Quizás *eso* era lo que se suponía debía alcanzar: la riqueza de la felicidad que reposaba medio congelada en mi pasado.

Encontré un lugar cubierto y me acosté en la arena caliente por el sol. Cuando intenté mirar en el pozo de mi pasado, los recuerdos que sobresalieron eran de felicidad, pero no eran muy claros: los rostros no se veían y estaban lejos, como si no hubiera pensado en ellos en mucho tiempo.

Decidí experimentar: trabajar en estos rostros que no se veían como lo haría un pintor, dándole un retoque a los colores, dándole fuerza al bosquejo. Escogía episodios específicos y recordaba cuantos detalles podía. Visualizaba la gente completa con su ropa y sus gestos. Escuchaba, con atención, el sonido exacto de su voz y el eco de su risa.

La marea ya iba a salir ahora pero todavía había estruendo en el oleaje. Así que opté por regresar veinte años al último paseo de pesca que hice con mi hermano menor. (Él murió en el Pacífico durante la Segunda Guerra Mundial y lo enterraron en las Filipinas). Sabía que si cerraba mis ojos ahora y lo intentaba de verdad, lo podría ver con asombrosa viveza; aun el humor y el entusiasmo de sus ojos aquella lejana mañana.

De hecho, lo podía ver todo. La cimitarra de marfil de la playa donde pescábamos, el cielo del este manchado con la salida del sol, las grandes y espumosas olas, majestuosas y lentas. Podía sentir el remolino caliente por detrás alrededor de mis rodillas, ver el arco inesperado de la caña de mi hermano al picar los peces, oír su grito alborozado. Pieza a pieza lo volví a construir: claro y sin cambios bajo el barniz transparente del tiempo. Luego desapareció.

Me senté sin prisa. *Procure regresar al pasado.* La gente feliz por lo general era gente segura, confiada. Si, entonces, regresaba deliberadamente al pasado y lograba ser feliz, ¿no sería que había pequeños destellos de poder, pequeñas fuentes de fortaleza?

Esta segunda parte del día transcurrió más rápido. Mientras el sol empezaba su largo declive por el cielo, mi mente fluctuaba con ansia por el pasado, revelando algunos episodios, descubriendo otros que habían permanecido totalmente olvidados. Por ejemplo, cuando yo tenía más o menos trece años y mi hermano diez, papá nos había prometido llevarnos al circo. Pero durante el almuerzo entró una llamada: algún negocio urgente requería de su atención en el centro de la ciudad. Nos quedamos muy desilusionados. Luego lo escuchábamos decir: No, no iré al centro. Eso tendrá que esperar.

Cuando regresó a la mesa, mamá sonrió. El circo puede volver, ¿sabes?

Lo sé, dijo papá; pero la infancia no.

Siempre lo recordé, y supe, gracias al repentino resplandor del cariño que la bondad nunca se desperdicia ni se pierde por completo.

Hacia las tres en punto ya no había marea; el sonido de las olas era solo un susurro con ritmo, como un gran respiro. Me quedé en mi nido de arena, sintiéndome relajado y contento, y un poco complacido. *Las recetas del doctor*, pensé, *eran fáciles de tomar.*

Pero no estaba preparado para la siguiente. Esta vez las tres palabras no daban una sugerencia suave. Parecía más como una orden: *Vuelva a revisar sus motivos.*

Mi primera reacción fue del todo defensiva. *No hay nada malo en mis motivos,* me dije. *Quiero tener éxito. ¿Quién no? Quiero cierto grado de reconocimiento. Como todo el mundo. Quiero más seguridad de la que tengo. ¿Y por qué no?*

Quizás, dijo una pequeña voz en algún lugar de mi mente, *esos motivos no son lo suficiente buenos. Quizás sea esa la razón por la cual ya no andan las ruedas.*

Recogí un puñado de arena y la dejé caer por entre los dedos. En el pasado, cuando mi trabajo iba bien, siempre había algo de espontaneidad; algo no planeado, algo libre. Últimamente se había vuelto calculado, adecuado y muerto. ¿Por qué? Porque había estado mirando más allá del trabajo mismo hacia los premios que esperaba que trajesen. El trabajo había dejado de ser un fin en sí mismo; había sido solo un medio para hacer dinero y pagar cuentas. El sentir de dar algo, de ayudar a las personas, de hacer una donación, se había perdido en un maniático aferrarse a la seguridad.

En un destello de certeza, vi que si los motivos de uno están mal, nada puede salir bien. No importa si usted es cartero, estilista, vendedor de seguros, ama de casa, lo que sea. Mientras sienta que está sirviendo a los demás, usted hace bien el trabajo. Cuando se preocupa solamente de ayudarse a sí mismo, no hace bien el trabajo. Esta es una ley tan inexorable como la ley de la gravedad.

Me quedé allí sentado un largo rato. Lejos en el bar oí el murmullo del oleaje que cambiaba a un vacío bramido al retirarse la marea. Tras de mí los rayos de luz eran casi horizontales. El tiempo en la playa casi se había terminado, y sentí admiración y envidia por el doctor y las "recetas" que con tanto disimulo y astucia había planeado. Ahora vi que en ellas había una terapia progresiva que le puede servir a cualquiera que enfrente una dificultad.

Escuche con detenimiento: Para calmar la mente frenética, vaya despacio, desplace el enfoque desde los problemas internos hacia cosas externas.

Procure ir al pasado: Siendo que la mente del ser humano solo puede sostener una idea a la vez, borre lo que le preocupe en la actualidad cuando recuerde la felicidad del pasado.

Vuelva a revisar sus motivos: Este es el meollo del "tratamiento"; este desafío a la reconsideración, a alinear nuestros motivos con nuestras capacidades y conciencia. Pero la mente debe estar libre y receptiva para hacer esto: de ahí las seis horas de tranquilidad que pasaron antes.

El cielo del oeste era una llamarada carmesí mientras sacaba el último pedazo de papel. Esta vez eran seis palabras. Caminé lentamente a la playa. Unos metros por debajo de la raya de la marea alta, me detuve y leí las palabras de nuevo: *Escriba sus preocupaciones en la arena.*

Dejé que el viento se llevara el papel, me agaché y recogí un fragmento de concha. Allí arrodillado bajo la bóveda celeste, escribí varias palabras en la arena, una encima de otra.

Luego me fui y no miré atrás. Había escrito mis problemas en la arena y la marea ya venía.

Ninguna receta arregla todas las preocupaciones y tensiones. Pero todos debemos renovarnos. En momentos así lo animo a encontrar un sitio lleno de recuerdos felices y a probar los remedios. Primero, escuche. Donde sea posible, oiga los tranquilizadores sonidos de la naturaleza. Escuche sus pensamientos y deseos más profundos, porque en su corazón están los asuntos más importantes de su vida. Recuerde los buenos momentos de su pasado. Concéntrese en detalles como vistas, sonidos y aromas. Reflexione en sus motivaciones más profundas y examine si están alineadas con principios eternos y con la persona que usted quiere llegar a ser. Finalmente trate de escribir dos o tres palabras o frases que reflejen tensiones de su vida y luego deshágase de ellas, de modo figurado o práctico. Véalas desaparecer con las arenas del tiempo.

No, estos pasos no harán desaparecer todas sus preocupaciones. Sin embargo, si los sigue ayudará a su cuerpo y su mente a encontrar descanso, y pondrá a su alma en un mejor estado para tratar con la tensión.

Aunque en las dos historias anteriores se encontró renovación en una cueva tranquila y en la playa (o en los altos cielos), Nancy Blakey encontró sus momentos de renovación y gozo entre los varios caminos de su vida.

LA ATRACCIÓN DE UN DESVÍO

Nancy H. Blakey

El poeta William Stafford dijo una vez que nos caracterizamos más por nuestros desvíos y distracciones en la vida que por el camino angosto hacia las metas. Me gusta esa descripción. Pero luego soy una persona que se distrae mucho.

Ah, tengo metas como todo el mundo, y en mi caso se llevan a cabo las tareas. Pero es la locura de las cosas de un día la que me conduce a territorio fructífero.

Como un buen viaje por carretera. Para mi familia esto significa un largo y ocioso desvío tras otro: un paseo tranquilo por carreteras secundarias que, con el tiempo, nos llevan a nuestro destino final. La cubierta lleva tiempo apagada y más allá de cada curva hay posibilidades. Nos detenemos en ventas de graneros, o a inspeccionar algún animal atropellado y comprar los duraznos más jugosos del mundo en puestos de frutas locales. Y como no tenemos prisa, hablamos.

No fue siempre así. Descubrimos el lado exuberante de los viajes por carretera por puro accidente; o por desvío, se podría decir.

Durante años condujimos los ochocientos kilómetros desde nuestra casa en Seattle hasta la puerta de la casa de mis padres en Boise en nueve horas. Viajamos como la mayoría de la gente: la ruta más rápida, más corta y más fácil. Especialmente si mi esposo Greg no podía ir y yo iba sola con cuatro niños ruidosos e inquietos que odiaban el encierro y decían a gritos todas sus impresiones.

Los viajes por carretera son un riesgo, así que debía conducir rápido y parar solo cuando fuera necesario. Había educado a mis hijos con la vista puesta en la carretera y haciendo señales con mi brazo por todos los rincones del carro. No nos salíamos de las autopistas. Contábamos las horas y los minutos y llegábamos cansados e irritables.

Pero luego nació Banner.

Banner es nuestro carnero. Su mamá lo rechazó días antes de un viaje que planeamos a Boise. Yo tenía dos alternativas: dejar al cordero con mi esposo, que lo tendría que llevar a la oficina, alimentarlo cada dos horas y acordarse de cambiarle los pañales. O llevármelo a Boise. Greg decidió por mí.

Así fue como terminé en la carretera con cuatro niños, un corderito, cinco bicicletas y un necesario optimismo permanente para mantenerme a flote. Tomamos las carreteras secundarias por pura necesidad. Teníamos que parar cada hora y dejar que Banner sacudiera sus largas y tambaleantes patas. Los niños lo perseguían y él a ellos. Volvían al auto sin aliento y con vigor, oliendo al fresco de afuera.

Empezamos a vernos maravillosamente raros. Mientras el mundo zumbaba por ahí; nosotros no. En vez de llegar a Boise de un solo tirón, nos quedamos en un pequeño motel en Baker, Oregon. Esto nos llevó a descubrir un restaurante en la mañana que servía los panecillos de canela más tiernos y fragantes que jamás hayamos comido.

Exploramos carreteras secundarias de las secundarias, entregándonos a antojos como la captura de saltamontes entre hierbas que nos llegaban por la cintura. Solo con mirar por la ventana del auto la ropa que se agitaba en un carril, o a los marranitos que caminaban como patos tras su madre, o el saltar de una trucha en un recodo de un riachuelo, era mejor que el mejor paseo por la autopista. Esto era vida. Y nuevos horizontes.

Con el tiempo llegamos a la puerta de mis padres, con asombro, frescos y llenos de historias. Nos había tomado cinco horas de más de carretera, pero no importa; solíamos pasar cinco horas solo recuperándonos.

Esta aventura me dio más valor y un poco de mareo. De regreso a casa serpenteé por la manga de Idaho para visitar a mi abuela. Nos detuvimos en unas aguas termales por las que había pasado a toda prisa sin prestarle atención durante años. Y me hice más creativa en la técnica de mi disciplina. En un tramo vacío de una carretera al oriente de Washington, todos empezaron a pelear. Detuve el auto, les ordené a todos los niños que salieran y les dije que nos encontraríamos más adelante. Conduje como una milla, estacioné a un lado y leí mi libro en dulce silencio.

Ese viaje con Banner nos abrió los ojos a un mundo disponible para cualquiera que sea lo suficientemente temerario para estar de ocio y hacer un poco de esto y aquello. Descubrimos que podemos detenernos en un río solo porque tenemos calor en los dedos de los pies y el agua está fría. El mundo puede esperar mientras nos detenemos en la cuneta a leer los paneles de información histórica de la carretera, imaginando por un corto instante el valor y las agallas que hacían falta para sobrevivir hace un siglo y medio.

Algunos viajes por carretera son por necesidad rápidos y rectos. Pero hizo falta un corderito negro para darme cuenta de que un desvío puede descubrir la mejor parte de un viaje, y la mejor parte de uno mismo.

El mundo saldría ganando con más madres (y padres) como Nancy: personas que reconocen el valor de una brisa de aire fresco y que también saben cómo exponer a sus hijos a una amplia gama de panoramas.

ELABORACIÓN FINAL

La renovación es un componente asombroso y fundamental de la naturaleza. Lo vemos no solo en bosques que se reponen después de un incendio, sino también en nuestros cuerpos, cuando nuestra piel se restaura regularmente, la sangre se reemplaza y las heridas se curan. Pero como humanos no siempre somos tan eficientes para aplicar el principio de renovación a nuestras vidas. Muy a menudo permitimos que nos venza el estrés. Ya sea en un paseo a una tranquila ensenada, un viaje a una playa, o en un recorrido a lo largo de una de las carreteras secundarias de la vida, todos debemos encontrar maneras de controlarnos, disfrutar algún tiempo libre y aspirar una bocanada de aire fresco. Porque hasta la Grandeza para cada día requiere renovarse.

Reflexiones

- ¿Tiene usted una tranquila ensenada donde pueda retirarse de su ambiente inmediato? ¿Va allá con bastante frecuencia?

- ¿Qué tranquilas ensenadas «cotidianas» usa usted como escapes temporales? ¿Saca tiempo para actividades sin prisa como meditación, caminatas, ejercicio o lectura para relajar su mente?

¿Cuándo fue la última vez que sacó tiempo para *escuchar* cosas «externas» a fin de desviar su vista de las preocupaciones internas? ¿Cuándo fue la última vez que trató de *volver atrás* concentrándose en momentos felices del pasado para borrar preocupaciones actuales? ¿Cuándo fue la última vez que *reexaminó sus motivos* para asegurarse que están alineados con sus valores y su conciencia? ¿Escribió alguna vez *sus preocupaciones en la arena*? ¿Tiene más cosas para escribir?

- En sus viajes cotidianos por la vida, ¿toma usted carreteras secundarias para descubrir los muchos placeres de la vida?

MÁS REFLEXIONES SOBRE LA
Renovación

~

CÓMO MARCAR PAUTAS

Las personas que desean disfrutar la vida mucho tiempo deben aprender a dominar sus agendas y a marcar su propio ritmo.

Un amigo mío, distinguido explorador que pasó un par de años entre nativos del alto Amazonas, intentó una vez una marcha contra reloj a través de la selva. El grupo anduvo a una velocidad extraordinaria los dos primeros días, pero en la tercera mañana, a la hora de salir, mi amigo descubrió a todos los nativos en cuchillas, con aspecto muy solemne, y sin hacer preparación alguna para salir.

«Están esperando —explicó el jefe a mi amigo—. No se pueden mover más hasta que sus almas hallan alcanzado a sus cuerpos».

No me puedo imaginar mejor ilustración para nuestra situación actual. ¿No hay manera de dejar que nuestras almas, por así decirlo, alcancen a nuestros cuerpos?

—JAMES TRUSLOW ADAMS,
THE TEMPO OF MODERN LIFE [EL RITMO DE LA VIDA MODERNA]

■ ■ ■

La vida no es una distancia corta de cien metros lisos, es más una carrera campo a través. Si salimos a toda potencia no solo no ganamos la carrera sino que ni siquiera logramos llegar a la meta.

—JOSEPH A. KENNEDY,
RELAX AND LIVE [DESCANSE Y VIVA]

■ ■ ■

Al ganarse la vida muchos no dejan espacio para vivir.

—JOSEPH R. SIZOO

■ ■ ■

Si alguien me dice: «Trabajo noventa horas a la semana», le digo: «Usted está haciendo algo terriblemente malo. Yo voy a esquiar los fines de semana. Salgo los viernes. Haga una lista de veinte cosas que le hacen trabajar noventa horas, y diez de ellas tienen que ser estupideces».

—JACK WELCH

Si usted quema la vela por los dos extremos quizás no sea tan brillante como cree.

—HERBERT V. PROCHNOW

Con el paso de los años, muchos ejecutivos me han dicho con orgullo: «¡Vaya! Trabajé tan duro el año pasado que no tuve vacaciones». Siempre siento contestar: «Qué tonto. ¿Quieres decirme que te puedes responsabilizar de un proyecto de ochenta millones de dólares y no puedes planificar dos semanas del año para divertirte un poco?»

—LEE IACOCCA,
IACOCCA

Es necesario hacer una pausa

Como aprendimos de la tranquila ensenada, a veces debemos pedir un receso para reagrupar y reenfocar nuestras prioridades.

Salga de vez en cuando, tómese un pequeño descanso, porque cuando vuelva a su trabajo su capacidad de juicio será más certera. Permanecer trabajando constantemente le hará perder esa capacidad. Tome distancia, porque entonces la obra parece más pequeña y puede apreciar más en una mirada, y es más fácil ver cualquier falta en la armonía o la proporción».

—LEONARDO DA VINCI

■ ■ ■

Un día de fiesta nos da la oportunidad de mirar hacia atrás y adelante, y así poner en su sitio una brújula interior.

—MAY SARTON

■ ■ ■

Todo ser humano necesita cierta cantidad de tiempo para estar tranquilo. La paz podría tomar la forma de ejercicio, lectura, o alguna ocupación agradable; pero lo único con lo que no debemos estar relacionados es con una sensación de obligación para hacer algo concreto en un tiempo particular. Días atrás yo tenía doscientas cartas en espera y una enorme cantidad de trabajo por realizar y decidí pasar dos horas leyendo poesía.

—ELEANOR ROOSEVELT,
CITADA EN *HOLLYWOOD REPORTER*

■ ■ ■

A veces lo más urgente y vital que se puede hacer es tomarse un descanso total.

—ASHLEIGH BRILLIANT

■ ■ ■

Nunca tenga miedo a sentarse un rato y pensar.

—LORRAINE HANSBERRY

Cómo disfrutar los desvíos

Con frecuencia la naturaleza y los pequeños desvíos de la vida brindan aire fresco y renovación de energía en maneras que ninguna otra actividad puede hacer.

Oscar Wilde dijo: «La regularidad es el último refugio de la falta de imaginación». Así que deje de levantarse a las 06:05. Levántese a las 05:06. Camine dos kilómetros al amanecer. Encuentre una nueva ruta para ir al trabajo. Estudie las flores silvestres. Lea para los ciegos. Suscríbase a un periódico de fuera de la ciudad. Monte en canoa a medianoche. Enseñe a algún muchacho lo que usted hace mejor. Escuche dos horas de Mozart sin interrupción.

Salga de ese anquilosamiento. Saboree la vida. Recuerde que transitamos solo una vez este camino.

—Mensaje de United Technologies Corp.

■ ■ ■

Recuerdo una noche de noviembre, hace mucho tiempo, en que ya se había apagado la última lámpara y todos estaban durmiendo menos papá. De repente, saltó de la cama y corrió a la ventana. Entonces, a los pocos minutos tuvo a todo el mundo levantado.

—¡Afuera! —exclamó—. No se vistan. Solo arrópense con una cobija. ¡Rápido!

Al salir lo único que pudimos ver era que todo estaba helado y cubierto de una capa blanca, y que la gruesa y vaporosa luna brillaba como un millón de diamantes.

—¡Escuchen! —ordenó.

Haciendo todo lo posible por acallar el castañeo de dientes aguzamos el oído y miramos hacia la parte del cielo a la que él estaba mirando. Sí, ahora los veíamos. Gansos salvajes que volaban a través de la luna.

—Debe de haber miles —dijo papá.

Después, mientras él nos indicaba que volviéramos al calor de nuestras camas, todo lo que dijo fue:

—Creo que valió la pena un minuto de escalofríos.

Me parece trágico que hoy día no tengamos ni el tiempo ni la inclinación para ese tipo de educación paterna. También es trágico que a medida que pasan los años ya no parece haber minutos en ellos.

—H. GORDON GREEN

■ ■ ■

Una mañana de primavera me detuve junto a la fuente de un parque a observar cómo los aspersores difuminaban la luz de sol en resplandecientes arco iris. Una joven madre, seguida por una pequeña niña rubia, venía corriendo por el camino. Cuando la niña vio la fuente extendió los brazos.

—Mami, ¡espera! —gritó la niña —. ¡Mira todos estos hermosos colores!

La madre agarró la mano de la hija.

—Vamos —la instó—. ¡Vamos a perder el autobús!

Entonces, al ver el gozo del rostro de su hijita, transigió.

—Está bien —asintió—. Pronto vendrá otro bus.

Al arrodillarse con los brazos alrededor de la niña, el gozo también inundaba el rostro de la madre; ese gozo raro y especial de compartir algo precioso con alguien que amamos.

Desde ese día he descubierto que los niños más felices, más observadores y más creativos pertenecen a familias ricas en arco iris compartidos.

—ALETHA JANE LINDSTROM

■ ■ ■

El arquitecto Frank Lloyd Wright contó cómo una clase que recibió a los nueve años de edad le ayudó a establecer su filosofía de vida. Un tío, de esos impasibles y sensatos, lo había llevado a dar un largo paseo por un campo cubierto de nieve. En el extremo lejano, su tío le dijo que mirara atrás sus dos conjuntos de huellas. «¿Ves hijo mío —le preguntó—, cómo tus huellas van sin rumbo fijo de atrás para adelante, desde esos árboles hasta el ganado, regresan a la cerca y luego llegan hasta donde estuviste lanzando ramitas? Pero observa cómo mi sendero atraviesa derecho, directamente a mi meta. ¡Nunca deberías olvidar esta lección!»

«Y nunca lo hice —dijo Wright, sonriendo—. Decidí en ese instante no perderme la mayoría de las cosas en la vida, como hacía mi tío».

—John Keasler

■ ■ ■

Parece que han desaparecido las hamacas, igual que la paz y tranquilidad de los veranos rurales. Hace tiempo era símbolo de descanso campestre, de comodidad y de lujo modesto. En ella uno se podía tender en una tarde perezosa, casi regodeándose en la indolencia. Los ruidos lejanos de abejas, aves y actividad de granja surtían un efecto arrullador. Llegaba el sueño. A todo aquel que se permitía esta cimbreante y blanda relajación se le consideraba que estaba viviendo la buena vida.

—Des Moines Register

Cómo estar solo

Algunos de los mejores momentos de la vida se experimentan en soledad. Pero usted no necesita una tediosa aventura de ermitaño para encontrar renovación; hasta los cortos retiros brindan refrigerio.

Un hombre debe tener un pequeño taller donde pueda ser él mismo sin reservas. Solo en soledad se puede conocer la verdadera libertad.

—Montaigne

■ ■ ■

Si uno aparta tiempo para una cita de negocios o una salida de compras, ese tiempo se acepta como inviolable. Pero si uno dice: «No puedo ir porque esa es mi hora de estar a solas», se le considera grosero, egoísta o extraño. Qué buena ilustración de nuestra civilización.

—Anne Morrow Lindbergh,
Gift from the Sea [Regalo del mar]

■ ■ ■

En los últimos días de la Segunda Guerra Mundial le preguntaron al presidente Harry Truman cómo se las arreglaba para tener tanta calma bajo el estrés y la tensión de la presidencia. Su respuesta fue: «Tengo una trinchera en la mente». Explicó que, así como un soldado se retira a su trinchera en busca de protección y descanso, él periódicamente se retiraba a su propia «trinchera mental», donde no permitía que nada lo molestara.

—Maxwell Malts,
PsychoCybernetics

■ ■ ■

Las personas inteligentes pasan tiempo a solas. No llenan sus días con citas entre las ocho de la mañana y las diez de la noche, como hacen muchos ejecutivos. La inspiración se alimenta con actividades como cortar leña, preparar alimentos y leerles a los niños. Estas actividades suavizan el ritmo rígido de las búsquedas del día y permiten que nuestra bendita intuición obre su magia ilógica.

—Philip K. Howard

CÓMO ENCONTRAR ALIVIO

Existen muchos métodos que usan las personas para hacer desaparecer el estrés. ¿Cuáles son algunos de los suyos?

Todo lo que es estrés, está ausente en la jardinería. El estrés tiene prisa y acoso; la jardinería tiene la regularidad de los ritmos de las largas estaciones de la naturaleza. El estrés es sentirse indefenso y tratado injustamente; la jardinería es control sobre el suministro de alimentos y su ambiente inmediato. Cuando usted trabaja en el jardín está sano, de cuerpo y mente, de corazón y alma.

—WILLIAM GOTTLIEB,
ORGANIC GARDENING [JARDINERÍA ORGÁNICA]

■ ■ ■

«Después de un día difícil con los niños —dice una joven madre—, me gusta agarrar el auto y dar un paseo; quiero tener algo en mis manos que pueda controlar».

—LAWRENCE P. FITZGERALD

■ ■ ■

El mejor borrador del mundo es una buena noche de sueño.

—O. A. BATTISTA

■ ■ ■

Pronuncie palabras de pesar. La pena que no se expresa susurra al corazón sobrecargado y lo trata de romper.

—WILLIAM SHAKESPEARE

■ ■ ■

Quienes creen que no tienen tiempo para el ejercicio corporal tarde o temprano tendrán que hallar tiempo para la enfermedad.

—EDWARD STANLEY

■ ■ ■

En el canal de la Isla de Jersey, sobre un acantilado con vista al puerto, me encontré un banco gastado y cubierto de musgo. Hace un siglo, cuando Víctor Hugo estaba exiliado, enfermo y perseguido por su amada Francia, era aquí donde subía cada noche y, mirando el anochecer, se entregaba a profunda meditación, al final de la cual se levantaba y, seleccionando una piedrecilla —a veces pequeña, a veces grande— la lanzaba al agua. Este comportamiento no pasó desapercibido para algunos niños que jugaban cerca y una noche, una muchachita más osada que el resto, avanzó hacia él.

«Monsieur Hugo, ¿por qué viene aquí a lanzar estas piedras?»

El gran escritor se quedó en silencio; luego sonrió gravemente.

«No son piedras, mi pequeña. Estoy lanzando al mar la autocompasión».

—A. J. CRONIN

■ ■ ■

Una caminata por la mañana temprano es una bendición para todo el día.

—HENRY DAVID THOREAU

Epílogo

¡Qué formidable selección de personas representa esta recopilación! Personas que, en varios momentos de sus vidas, han optado por actuar, han optado por el propósito y por los principios.

Así que ahora la decisión es de usted. ¿Seguirá estas tres opciones? ¿Convertirá a la Grandeza para cada día en parte más integral de su vida?

Repito, la vida no siempre es fácil. Golpea como las olas del océano mientras aparece un desafío tras otro. En medio de tantas prisas parece cada vez más difícil detenerse el tiempo suficiente para reflexionar sobre nuestras decisiones cotidianas y sobre lo que queremos hacer con los preciosos momentos que llamamos vida. Pero sacar tiempo para hacer esas pausas a fin de clarificar quiénes somos y en qué andamos es muy importante para nuestro progreso como seres humanos.

Bill Tammeus describió vívidamente el poder de tales pausas en una anotación de diciembre de 1989:

Hay un momento especial cuando las olas hacen espuma. Ocurre exactamente en el instante en que una ola ha perdido su fuerza en la arena pero, suspendida, aún no ha comenzado a retroceder al mar. Durante menos de un segundo, las aguas dejan de agitarse y, a través de su claridad, puedo ver el terreno abajo, ver las rocas, las conchas, la arena.

En ocasiones pienso hasta qué punto hemos llegado a vislumbrar qué es lo que hay realmente en la vida. Recibimos un pequeño fragmento de tiempo como fuerzas que nos llevan a alcanzar un precario equilibrio ocasional. Luego se retiran y la ola siguiente choca y perdemos esa especial claridad momentánea.

> *Pero mientras la claridad esté allí, mientras la acción esté suspendida*
> *y tranquila, debemos recogerla y almacenarla muy dentro de nosotros para*
> *que cuando golpee la próxima ola —que inevitablemente lo hará— poda-*
> *mos mantener nuestro equilibrio.*

Espero que esta recopilación le haya proporcionado esos momentos de claridad, momentos en que usted pueda ver claramente el potencial que hay en su interior. Momentos en que usted pueda mirar más allá de las conchas rotas y del remolino de adversidades de la vida, y ver cómo puede influir en las vidas de quienes lo rodean. Valore y conserve esos momentos. Manténgalos en un primer plano en su mente, para que cuando el embate de las olas de trivialidades y ajetreos choque contra usted pueda mantener la vista elevada y enfocada en sus más altos sueños.

ES HORA DE PONER EN PRÁCTICA LOS PRINCIPIOS

Imagino que al leer esta recopilación algunos de los artículos no le impactaron mucho. Habrá encontrado otros buenos y entretenidos. Pero entonces de algún modo aparecieron ante usted unos cuantos razonamientos que tocaron alguna fibra interna y dijo: «Esto tengo que hacerlo mejor». Al tener en cuenta estas reflexiones considere las siguientes sugerencias para sacar lo mejor de este libro.

SUGERENCIA #1: EMPIECE CONSIGO MISMO

Espero que usted haga partícipe de esta recopilación a otras personas. Así es, espero que los padres cuenten las historias y los principios a sus hijos, los patrones a sus empleados, los maestros a sus estudiantes y los amigos a sus amigos. Pero creo firmemente que el mayor valor que usted puede recibir de este libro llegará al asimilar primero y aplicar después los principios a su propia vida. Por tanto, abra las puertas al cambio interior y reflexione primero en esas áreas de su vida donde siente la mayor necesidad de mejorar.

SUGERENCIA #2: EMPIECE CON AMPLITUD, PARA LUEGO IR CONCENTRÁNDOSE

Revise esta recopilación en su totalidad para obtener una amplia perspectiva de los principios y de cómo aplicarlos. Resalte sus razonamientos favoritos. Después organice dos o tres principios o razonamientos específicos que si los aplica mejor en su vida le ayudarán más directamente a lograr sus sueños y su potencial. Trabaje un tiempo en esas dos o tres áreas, luego continúe. Resista la tentación de tratar de mejorar todo a la vez.

SUGERENCIA #3: ESTABLEZCA PROPÓSITOS ESPECÍFICOS Y REALISTAS

Póngase metas de mejora que no sean demasiado difíciles pero tampoco demasiado suaves. Establezca marcos de tiempo que no sean muy lejanos ni demasiado cercanos. Pero sea específico. No solo diga: «Esta semana trataré de ser más afable», más bien determine maneras específicas de serlo. En la mayoría de los casos ayuda fijar momentos concretos en que tratará de ser más afable, como en la merienda con sus hijos adolescentes, a la hora de acostar a sus niños pequeños, o en el momento de revisar el rendimiento de sus empleados. Hay un enorme poder en programar sus planes y metas.

Sugerencia #4: Empiece con poco, pero empiece

Muy a menudo, cuando experimentamos impulsos para hacer una mayor contribución, los primeros pensamientos que entran a nuestras mentes son negativos: *Ah, estoy muy ocupado, ¿cómo voy a poder hacer más?* O, *No tengo abundancia de talentos o recursos, así que, ¿a quién le sería de algún valor?* Algunos de nosotros hasta podríamos sorprendernos deseando haber vivido en una época anterior, y pensando: *Podría haber llegado a ser alguien si hubiera nacido en esa época.* Pero la realidad es que no es bueno desperdiciar tiempo sintiéndose inferior, albergando dudas o queriendo vivir en otro tiempo. Estos son nuestros días y debemos extraer lo mejor de ellos si queremos sentirnos en paz con quiénes somos y para qué estamos aquí. Así que empiece hoy y haga algo, aunque sea algo pequeño, aunque sea por una sola persona.

Sugerencia #5: Hable con otros

Una de las mejores maneras de aprender un principio es enseñarlo. Si usted es padre o madre, por ejemplo, tal vez quiera seleccionar un principio por semana para enseñarlo e incorporarlo a las vidas de sus hijos. Cuente una historia durante una comida o en otro momento conveniente y luego utilice las citas o anécdotas de apoyo durante toda la semana para ampliar y reforzar el principio. O, si es usted un director de empresa tal vez desee encontrar maneras de integrar los principios durante reuniones semanales para estimular la eficacia del equipo. Así como hay individuos que tienen Grandeza para cada día, también hay equipos y organizaciones que exhiben Grandeza para cada día, en particular al ser comparados con organizaciones y equipos cuyos triunfos han tenido corta vida. Cualquiera que sea su papel, confíe en su creatividad para explorar cómo enseñar los principios de esta recopilación. Usted será quien más aprenderá.

Sugerencia #6: Tenga paciencia

Esto no significa que sea muy condescendiente consigo mismo, porque usted quiere retarse. Pero al mismo tiempo, no se quede atascado ante cada contratiempo o equivocación. No olvide darse mérito por el bien que hace. El crecimiento personal es territorio delicado: merece tiempo y respeto. Por eso, esfuércese, progrese a diario y prémiese en los hitos significativos. Recuerde que DeWitt y Lila Wallace dejaron su legado en una cita, una historia y una edición, una cosa tras otra. No lo hicieron de la noche a la mañana o todo a la vez. De igual manera, la Grandeza para cada día es una manera de vivir —una oportunidad diaria paso a paso— no un suceso de una sola vez. Así que tenga paciencia con usted mismo, persevere y sucederá.

Creo que cada una de estas seis sugerencias le ayudará a aplicar los principios contenidos en esta recopilación. Pero deseo brindar una sugerencia final: Dibuje un cuadro mental, una imagen visual de usted como una persona de transición. Recordará que en la Introducción expresé mi esperanza en que esta recopilación tendría tres consecuencias. Primera, esperaba que usted encontrara una sensación de paz y gozo en su lectura: un refugio en la tormenta, un remanso de esperanza. Segunda, esperaba que usted descubriera ideas sobre cómo podría sacar personalmente un poco más de la vida, además de dar un poco más. Y espero que esta recopilación haya cumplido esos dos objetivos.

Pero la tercera consecuencia es la que espero de corazón que se convierta en una imagen fija en su mente. Se trata de su propia imagen llegando a ser más que una persona de transición: alguien que agarra lo negativo o neutral que encuentra en el camino y lo convierte en algo positivo. Véase como alguien que busca de manera muy activa oportunidades de realizar una contribución importante; como alguien que no solo llena su vida con propósito, sino que ayuda a otros a llenar también de propósito sus vidas. Véase como un catalizador de cambios. Comprométase consigo mismo a llegar a ser luz, no juez; un modelo, no un crítico.

El mundo moderno necesita personas como usted. Por tanto, confíe en sí mismo. Confíe en los principios, y empiece ya. Opte por actuar. Opte por el propósito. Opte por los principios. Mientras lo hace, que nunca deje de experimentar la paz interior y la satisfacción personal que surge al vivir la Grandeza para cada día.

RECONOCIMIENTOS

Por supuesto, hay muchos que merecen tributo por su arte y su trabajo para lograr que se reúna esta recopilación. Queremos hacer extensivo un gran agradecimiento al equipo de *Reader's Digest* formado por Jackie Leo, Harold Clarke, Sandy McCormick Hill, Marcia Rockwood y Maureen Mackey, por su participación práctica al producir la recopilación, así como también a Raimo Moysa, Chris Cavanaugh y Eric Schrier por su ánimo y apoyo a este proyecto en sus primeras etapas. También brindamos un efusivo agradecimiento en particular a Nancy Clark por su destreza editorial y su paciente capacidad para complacer diversos intereses. Además, un sentido agradecimiento para Boyd Craig de FranklinCovey Company por su contribución integral y su liderazgo en todo el proyecto, a Julie Gillman por su ayuda administrativa y técnica, y a mi agente literaria Jan Miller y su socia Shannon Miser-Marven. También hacemos extensivo nuestro afectuoso reconocimiento a la magia editorial de Grupo Nelson, que incluye los talentos de Larry Downs, Sam Rodriguez, Graciela Lelli, Gretchen Abernathy, Brooke del Villar y Claudia Duncan. Finalmente, quiero expresar mi profunda gratitud a mi esposa, Sandra, a nuestros hijos y sus cónyuges, y a todos nuestros nietos por su apoyo e inspiración y por vivir vidas de Grandeza para cada día.

NOTAS

Todas las historias presentes en esta recopilación aparecieron previamente en ediciones de la revista *Selecciones de Reader's Digest*. Nos gustaría agradecer a los siguientes colaboradores y editores su permiso para reimprimir el material.

Historias

"El cellista de Sarajevo" por Paul Sullivan de *Hope* (marzo/abril 1996). Copyright © 1996 por Paul Sullivan.

"La ley de la generosidad" por Fulton Oursler de *Christian Herald* (agosto 1946). Copyright © 1946 por Christian Herald Assn., Inc.

"El chico que no podía leer" por Tyler Currie de *The Washington Post Magazine* (23 febrero 2003). Copyright © 2003 por Tyler Currie.

"Una lección desde el montículo" por Beth Mullally de *Times Herald-Record* (28 septiembre 1993). Copyright © 1993 por *Times Herald-Record*.

"Cómo volvió el amor" por Tom Anderson de *Guideposts* (agosto 1985). Copyright © 1985 por *Guideposts*.

"Intento hacerlo" por Betty Ford con Chris Chase de *The Times of My Life*, Copyright © 1978 por Betty Ford. Usado con permiso de la William Morris Agency.

"Viaje de Maya a casa" por Maya Angelou de *I Know Why the Caged Bird Sings*, Copyright © 1969 y renovado 1997 por Maya Angelou. Publicado por Random House, Inc., (EUA) y Virago Press (RU).

"El hombre que le dijo «no» a un millón de dólares" por Joseph V. Paterno y Bernard Asbell de *Paterno: By the Book*. Copyright © 1989 por Joseph V. Paterno y Bernard Asbell. Reimpreso con permiso de Regina Ryan Publishing Enterprises, Inc.

"Si otra vez volviera a vivir" por Erma Bombeck. Copyright © 1979 por Field Enterprises Inc.

"Ladrillo sobre ladrillo" por Bill Shore de *The Cathedral Within*, copyright © 1999 por William H. Shore. Publicado por Random House, Inc. Reimpreso con el permiso de Random House y SLL/Sterling Lord Literistic, Inc.

"Paseo en bus con Beth" por Rachel Simon de *Riding the Bus with My Sister*, copyright © 2002 por Rachel Simon. Publicado por Houghton Mifflin Co.

"Aligere su carga" por Edward Sussman de *Worth* (septiembre 1999). Copyright © 1999 por *Worth*.

"La atracción de un desvío" por Nancy Blakey de *Eastside Parent* (julio 1995). Copyright © 1995 por Nancy H. Blakey.

Citas

Ricky Byrdsong, [página 293] *Coaching Your Kids in the Game of Life*, Copyright © 2000 por Ricky Byrdsong con Dave y Neta Jackson. Bethany House Publishers.

Bud Greenspan, [página 339] "The Greater Part of Glory" por Bud Greenspan, de *Parade* (21 abril 1994), Copyright © 1994 por Bud Greenspan.

David Wallechinsky, [página 339] *The Complete Book of the Olympics: 1992 Edition*, Copyright © 1992 por David Wallechinsky. Con permiso de Ed Victor Ltd.

Jeffrey K. Salkin, [página 432], *Being God's Partner: How to Find the Hidden Link between Spirituality and Your Work*, Copyright © 1994 Jeffrey K. Salkin. Permiso dado por Jewish Lights Publishing, P. O. 237, Woodstock, VT 05091, www.jewishlights.com.